汽车与桥梁耦合振动
理论及工程应用

李 岩◎著

知识产权出版社
全国百佳图书出版单位
—北京—

图书在版编目（CIP）数据

汽车与桥梁耦合振动理论及工程应用/李岩著. —北京：知识产权出版社，2021.3

ISBN 978-7-5130-7462-9

Ⅰ.①汽… Ⅱ.①李… Ⅲ.①汽车试验—桥梁试验—振动试验 Ⅳ.①U467②U446.1

中国版本图书馆 CIP 数据核字（2021）第 055676 号

内容提要

汽车与桥梁耦合振动是影响桥梁结构性能和行车舒适性、安全性的重要因素，相关研究可为桥梁设计和运营维护提供理论和技术支撑。本书主要介绍汽车与桥梁耦合振动的研究现状及展望，汽车与桥梁耦合振动分析理论和方法及相关计算模型的建立，桥梁车载动力性能的分析与评估，考虑随机车流、汽车制动和曲线梁桥等特殊条件的车桥振动分析，考虑车桥振动的装配式梁桥横向联系疲劳评估，考虑腐蚀与风车联合作用的斜拉桥拉索疲劳可靠性分析，基于车激动力响应的桥梁下部结构损伤诊断方法，以及上述研究内容在公路和城市桥梁工程中的应用实例。

本书可供土木工程和交通运输工程等领域的科研和工程技术人员参考，也可作为高等院校相关专业的研究生教材和教学参考书。

责任编辑：张雪梅　　　　　　责任印制：刘译文

封面设计：杨杨工作室·张　冀

汽车与桥梁耦合振动理论及工程应用
QICHE YU QIAOLIANG OUHE ZHENDONG LILUN JI GONGCHENG YINGYONG

李　岩　著

出版发行：	知识产权出版社 有限责任公司	网　　址：	http://www.ipph.cn
电　　话：	010-82004826		http://www.laichushu.com
社　　址：	北京市海淀区气象路 50 号院	邮　　编：	100081
责编电话：	010-82000860 转 8171	责编邮箱：	laichushu@cnipr.com
发行电话：	010-82000860 转 8101	发行传真：	010-82000893
印　　刷：	三河市国英印务有限公司	经　　销：	各大网上书店、新华书店及相关专业书店
开　　本：	720mm×1000mm　1/16	印　　张：	18.75
版　　次：	2021 年 3 月第 1 版	印　　次：	2021 年 3 月第 1 次印刷
字　　数：	340 千字	定　　价：	109.00 元
ISBN 978-7-5130-7462-9			

出版权专有　侵权必究

如有印装质量问题，本社负责调换。

前　　言

汽车荷载是公路和城市桥梁运营期内最主要的外部作用，移动汽车与桥梁的动力相互作用已成为影响桥梁结构性能、安全状态和车辆运行平顺性等指标的重要因素。随着公路物流业朝着高速化和重型化方向快速发展，同时新工艺、新材料、新技术的应用促使桥梁结构不断向大跨和轻型化方向发展，移动车辆引起的桥梁动力效应越发显著，汽车与桥梁耦合振动问题正得到越来越多的关注与重视。

近年来国内外桥梁垮塌事故频发，究其原因，除洪水、地震等自然因素和施工等人为因素的影响外，桥梁长期累积损伤和外部环境的联合作用是最重要的因素。工程实例表明，汽车荷载与桥梁的耦合动力行为已成为导致桥梁结构性能持续劣化乃至发生恶性事故的重要影响因素，移动车辆动力作用对桥梁结构工作性能和长期服役安全的影响问题不容忽视。同时，汽车与桥梁动力相互作用也是影响过桥车辆运行舒适性和安全性的重要因素。此外，基于车桥耦合振动的桥梁结构诊断与检测研究也成为新的研究热点。

基于上述背景，笔者近年来在汽车与桥梁耦合振动理论及工程应用方面开展了一系列研究工作，本书是对其中部分工作的总结。全书共分为七章，第1章介绍了汽车与桥梁振动领域的相关研究现状及发展展望；第2章推导建立了公路常见车型的动力分析模型，形成了基于模态综合技术的车桥耦合振动分析方法，并开发了相应的分析程序，进而通过工程实例进行了验证；第3章依托工程实例介绍了桥梁车载动力性能分析与评价方法；第4章介绍了复杂条件下车桥振动分析方法及工程应用实例；第5章介绍了考虑车桥振动的装配式梁桥横向联系疲劳评估方法，并依托工程实例对车辆超载等多种影响因素进行了分析；第6章在随机车辆-风荷载-桥梁系统动力响应分析理论框架下开展了考虑腐蚀影响的运营条件下斜拉桥拉索疲劳可靠性分析方法和使用性能预测研究；第7章将移动车辆制动作为外部激励，提出一种联合车桥振动和小波包分析的桥梁下部结构损伤诊断方法，并进行了算例的数值模拟验证研究。

本书中的研究工作先后得到了国家自然科学基金项目（51008102，51108132，51308156，52078164）、黑龙江省自然科学基金项目（E201431，LH2019E049）和山东省住房和城乡建设厅科技项目（2019－k4－1）等的资助；

研究生刘佳锋、吴志文、马小龙、商贺嵩、夏梁钟、杨婷婷、李朝、刘文等同学参加了部分研究工作，张振浩、施雪晴、韩仲禹同学协助进行了书稿部分插图的绘制和文字整理工作。长期以来课题组的相关研究工作得到了哈尔滨工业大学盛洪飞教授、美国路易斯安那州立大学蔡春声教授、北京工业大学陈彦江教授的帮助和支持，在此一并表示衷心的感谢。

由于笔者水平有限，书中不足之处在所难免，恳请各位读者批评指正。

李岩

2020 年 11 月

目 录

第 1 章 绪论 ··· 1
　1.1 汽车与桥梁耦合振动概述 ··· 1
　1.2 汽车与桥梁耦合振动研究现状 ··· 3
　　1.2.1 车桥耦合振动分析理论与数值仿真研究现状 ······································ 5
　　1.2.2 车桥耦合振动应用研究 ··· 9
　1.3 汽车与桥梁耦合振动研究展望 ··· 13
　参考文献 ·· 14
第 2 章 汽车与桥梁动力相互作用分析方法 ··· 19
　2.1 汽车动力分析模型 ··· 19
　　2.1.1 汽车类型 ··· 19
　　2.1.2 车辆分析模型 ··· 20
　　2.1.3 典型车型运动方程推导 ·· 23
　　2.1.4 多车运动方程 ··· 41
　2.2 桥梁动力分析模型 ··· 42
　　2.2.1 桥梁分析模型 ··· 42
　　2.2.2 桥梁运动方程的建立 ··· 43
　2.3 桥面不平度 ··· 44
　　2.3.1 桥面不平顺的概念 ··· 44
　　2.3.2 随机桥面不平度的表示方法 ·· 44
　　2.3.3 桥面不平度的数值模拟 ·· 47
　2.4 汽车与桥梁耦合振动分析模型 ··· 48
　　2.4.1 车桥耦合运动方程的建立和求解 ·· 48
　　2.4.2 车桥耦合振动响应的后处理方法 ·· 53
　2.5 车桥振动分析程序及试验验证 ··· 53
　　2.5.1 车桥振动分析程序简介 ·· 53
　　2.5.2 试验桥梁概况 ··· 55
　　2.5.3 桥梁现场动力试验 ··· 57
　　2.5.4 车桥振动分析模型 ··· 57

2.5.5 程序验证 ········· 59

参考文献 ········· 61

第3章 移动汽车作用下桥梁动力性能的分析与评价 ········· 63

3.1 桥梁车载动力性能的评价标准 ········· 63
3.1.1 汽车对桥梁的动力冲击系数 ········· 63
3.1.2 行车舒适性评价指标与方法 ········· 64
3.1.3 行人振动舒适性评价标准 ········· 67

3.2 工程概况与分析模型的建立 ········· 67
3.2.1 工程概况 ········· 67
3.2.2 车桥振动分析模型 ········· 69

3.3 桥梁动力试验及结构性能评价 ········· 71
3.3.1 动力试验 ········· 71
3.3.2 桥梁动力参数识别及性能评价 ········· 72

3.4 车桥振动分析模型验证 ········· 75
3.4.1 桥梁有限元模型修正 ········· 75
3.4.2 车桥耦合振动分析程序的验证 ········· 76

3.5 基于数值分析的桥梁车载动力性能分析与评价 ········· 77
3.5.1 移动车辆对桥梁的冲击效应分析 ········· 77
3.5.2 振动舒适性评价 ········· 80

参考文献 ········· 84

第4章 特殊条件下汽车与桥梁动力相互作用分析方法 ········· 85

4.1 基于维度时变原理的随机车流与桥梁耦合振动分析方法 ········· 85
4.1.1 研究背景 ········· 85
4.1.2 随机车流模拟方法 ········· 86
4.1.3 车桥耦合振动分析原理 ········· 86
4.1.4 分析流程与关键步骤处理 ········· 87
4.1.5 方法实现过程算例 ········· 89
4.1.6 工程实例分析 ········· 92
4.1.7 结论 ········· 96

4.2 曲线梁桥车桥振动分析方法 ········· 96
4.2.1 研究背景 ········· 96
4.2.2 曲线梁桥车桥振动分析模型 ········· 97
4.2.3 工程实例分析 ········· 102

  4.2.4 结论 …… 114
 4.3 汽车制动激励下桥梁动力响应分析方法 …… 115
  4.3.1 研究背景 …… 115
  4.3.2 考虑车辆制动的车桥耦合振动分析模型 …… 115
  4.3.3 考虑汽车制动激励的车桥耦合振动分析程序的试验验证 …… 118
  4.3.4 汽车制动作用下桥梁下部结构动力响应特征分析 …… 121
  4.3.5 结论 …… 132
 参考文献 …… 133

第5章 考虑车桥振动的装配式梁桥横向联系疲劳评估 …… 135
 5.1 面向疲劳评估的移动汽车下桥梁动力行为分析 …… 135
  5.1.1 典型汽车荷载 …… 135
  5.1.2 桥例及其有限元模型的建立 …… 137
  5.1.3 横向联系结构疲劳热点位置分析 …… 141
  5.1.4 典型重车下横隔梁动力放大系数分析 …… 144
 5.2 考虑多因素影响的既有混凝土梁桥横隔梁的疲劳损伤评估 …… 149
  5.2.1 简述 …… 149
  5.2.2 疲劳车辆荷载谱 …… 150
  5.2.3 横隔梁热点部位应力谱计算 …… 155
  5.2.4 疲劳损伤评估理论 …… 158
  5.2.5 随机车载下的横隔梁疲劳损伤评定 …… 163
  5.2.6 考虑桥面不平度状况退化影响的横隔梁疲劳损伤分析 …… 167
  5.2.7 多向应力效应对疲劳损伤的影响分析 …… 171
  5.2.8 结论 …… 172
 5.3 车辆超载对横隔梁疲劳损伤的影响 …… 173
  5.3.1 车辆超限超载评定依据 …… 173
  5.3.2 超载运营实测数据 …… 175
  5.3.3 车辆超载对横隔梁连接钢板疲劳损伤的影响 …… 176
  5.3.4 超载条件下横隔梁疲劳损伤的影响参数 …… 181
  5.3.5 在役桥梁的疲劳寿命评估及运营管理建议 …… 183
  5.3.6 主要结论 …… 184
 参考文献 …… 185

第6章 风车联合作用下斜拉桥拉索疲劳可靠性分析 …… 187
 6.1 风车联合作用下大跨桥梁动力响应的叠加分析方法 …… 187
  6.1.1 桥例概况与有限元建模 …… 188

  6.1.2 风-车-桥系统的动力分析模型 …………………………………… 192
  6.1.3 风车联合作用叠加分析方法的原理和理论框架 …………………… 197
  6.1.4 风车联合作用下结构响应叠加分析方法的适用性 ………………… 209
 6.2 考虑双重随机性的风车联合作用下斜拉桥拉索疲劳可靠性分析 … 215
  6.2.1 随机交通荷载模拟 ………………………………………………… 215
  6.2.2 风荷载概率模型 …………………………………………………… 220
  6.2.3 运营条件下桥梁结构应力循环块的计算流程 ……………………… 222
  6.2.4 斜拉索疲劳可靠性分析方法 ………………………………………… 223
  6.2.5 算例分析 …………………………………………………………… 225
 6.3 腐蚀对运营斜拉桥拉索疲劳可靠性的影响 ………………………… 232
  6.3.1 考虑腐蚀影响的斜拉索疲劳抗力模型 ……………………………… 233
  6.3.2 考虑腐蚀影响的斜拉索疲劳可靠性分析方法 ……………………… 236
  6.3.3 算例分析 …………………………………………………………… 239
参考文献 …………………………………………………………………………… 244

第7章 基于车桥耦合振动的桥梁下部结构损伤识别研究 …………… 247
 7.1 概述 ……………………………………………………………………… 247
  7.1.1 研究背景 …………………………………………………………… 247
  7.1.2 研究意义 …………………………………………………………… 248
 7.2 桥梁下部结构损伤对移动车辆下桥梁动力响应的影响 …………… 248
  7.2.1 支座损伤的影响 …………………………………………………… 249
  7.2.2 桥墩损伤的影响 …………………………………………………… 250
  7.2.3 基础冲刷的影响 …………………………………………………… 252
 7.3 基于小波包能量的结构损伤识别理论 ………………………………… 253
  7.3.1 小波变换 …………………………………………………………… 254
  7.3.2 小波包的基本原理 ………………………………………………… 257
  7.3.3 小波包子空间分解 ………………………………………………… 258
  7.3.4 小波包节点能量 …………………………………………………… 261
  7.3.5 小波包能量方差变化率指标 ………………………………………… 262
  7.3.6 小波基函数与小波包分解层的选择 ………………………………… 263
 7.4 基于车辆制动与小波包分解的桥梁下部结构损伤识别方法 …… 264
 7.5 基于WPEVVR的损伤识别方法数值分析 ………………………… 265
  7.5.1 动力响应数据采集位置 ……………………………………………… 265
  7.5.2 支座损伤识别 ……………………………………………………… 265
  7.5.3 桥墩损伤识别 ……………………………………………………… 267

		7.5.4　基础冲刷识别 …………………………………………………………… 269
	7.6　多种因素对下部结构损伤识别的影响 ……………………………………… 271
		7.6.1　桥面不平度的影响 ………………………………………………………… 272
		7.6.2　汽车制动位置的影响 ……………………………………………………… 273
		7.6.3　车辆初始速度的影响 ……………………………………………………… 275
		7.6.4　车重的影响 ………………………………………………………………… 276
	7.7　损伤识别方法的抗噪性能分析 ……………………………………………… 277
	7.8　基于损伤模式反演的基础冲刷深度诊断方法 ……………………………… 278
		7.8.1　多桥墩基础冲刷对损伤识别指标的耦合影响 …………………………… 279
		7.8.2　基于损伤模式反演分析的基础冲刷深度诊断 …………………………… 280
		7.8.3　反演分析样本数对识别结果的影响 ……………………………………… 283
	7.9　结论 …………………………………………………………………………… 286
参考文献 ……………………………………………………………………………… 286

第 1 章 绪 论

1.1 汽车与桥梁耦合振动概述

移动车辆荷载作为公路桥梁运营期内最主要的动力荷载形式，对桥梁的使用性能和运营安全有着重大影响。现阶段我国公路客运与货运的交通量迅速增长，车流密度随之提高，车辆载重量也在不断增加，公路运输业正朝着高速、重型化的方向发展。与此同时，由于新工艺、新材料的应用，桥梁构造形式日趋复杂化、轻型化，移动车辆引起的桥梁动力效应越发显著，汽车与桥梁的耦合振动问题正受到越来越多的关注与重视。

随着运营时间的增加，在初始缺陷、自然环境、外部荷载（交通荷载、地震作用等）及材料自身特性的共同作用下，桥梁不可避免地会出现不同程度的损伤破坏。结构损伤带来的桥梁健康状况改变将导致桥梁使用功能的不足或丧失，甚至威胁桥梁运营安全。近年来国内外桥梁垮塌事故频发，究其原因，除洪水、地震等自然因素和施工等人为因素的影响外，桥梁长期累积损伤和外部环境的联合作用是最重要的因素。2001 年 11 月 7 日凌晨，四川宜宾小南门大桥发生桥面局部塌毁，调查表明动力车载对短吊杆的冲击作用、长期重载交通及环境因素造成的吊杆锚固端腐蚀疲劳为直接诱因；1994 年 10 月 21 日，在车流量高峰时刻，韩国汉城跨汉江的圣水大桥中央 48m 长的混凝土桥板整体垮塌落水，导致 33 人死亡，17 人受伤；2007 年 7 月 31 日，美国明尼苏达州密西西比河上一座高架桥在交通高峰时段突然垮塌，造成 4 人死亡，30 人失踪，79 人受伤。工程实例表明，汽车荷载与桥梁的耦合动力行为已成为导致桥梁结构性能持续劣化乃至发生恶性事故的重要影响因素，移动车辆动力作用对桥梁结构工作性能和长期服役安全的影响问题不容忽视[1]。同时，汽车与桥梁动力相互作用也是影响过桥车辆运行舒适性和安全性的重要因素。此外，基于车桥耦合振动的桥梁结构诊断与检测研究也成为新的研究热点。

目前国内外学界和工程界在车桥耦合振动分析理论、风（浪）车桥耦合振动、交通环境减噪、基于车桥振动的结构识别与诊断等方面已开展了大量卓有成效的研究工作。汽车与桥梁耦合振动已成为一个涉及桥梁工程、交通工程、车辆动力学、风工程、地震工程及振动控制等多个工程科学领域的复杂研究体系[2-4]。梳理近年来汽车与桥梁耦合振动研究热点和方向，可以总结出该领域的一些主要研究内容如下。

(1) 车桥耦合振动分析理论和方法研究

研究内容包括：车桥耦合振动分析方法；车辆特殊行驶状态下车桥动力分析理论；车桥共振机理及减振；随机车流与桥梁耦合振动分析等。

(2) 车桥振动系统相关的各种荷载特性及模拟研究

研究内容包括：移动车辆、随机车流、地震作用、风荷载、撞击作用等荷载特性及其数值模拟方法；桥面不平度、基础沉降、桥面线形等车桥系统自激励特性。

(3) 车桥耦合振动数值仿真应用研究

利用车桥系统仿真分析可得到各类桥梁在汽车作用下的结构总体和动力响应（桥跨动位移、动力冲击系数、杆件动应力、支座动反力、墩台动位移和振幅等)，以及桥上运行车辆振动与桥梁振动的相关关系等，这些车桥振动仿真分析数据可用于桥梁结构动力优化设计、车辆平顺性评价研究等。

(4) 地震作用下车桥耦合系统的动力行为分析及其应用

随着交通运输业和社会经济快速发展，近年来我国城市和公路桥梁总量迅速增长，但同时也产生了过桥交通流量、密度、车重等不断提高的问题，甚至一些大城市和高速枢纽工程在部分时段中的高密度车流或交通拥堵已趋常态化。地震发生时桥上有运营重车作用的概率较以往大幅增加。运营车辆过桥时，桥梁结构体系会发生变化，桥梁固有频率并不能准确反映车桥耦合系统的自振特性；同时，由于车辆与桥梁的相互耦联作用，车桥耦合体系与单座桥梁的地震响应存在明显的差异。公路和城市桥梁重车与地震极端荷载联合作用下的桥梁和车辆安全问题等相关研究值得关注。

(5) 风车桥耦合系统的动力响应分析及其应用

对于大跨桥梁，风荷载作用下车桥系统振动及相应的车辆运行安全是一个重要问题。通过建立风车桥耦合振动分析系统，可模拟得到风载下桥梁和桥上运行车辆的动力响应，从而为灾害气象条件下车辆运行安全、风车联合作用下桥梁的性能评估提供理论基础，进而给出保证车辆运行安全的桥梁振动阈值和交通控制的风速阈值。

(6) 撞击荷载作用下车桥耦合系统的振动分析

对于跨越河流或其他交通线路的桥梁，船舶、车辆、漂流物等作用下的车桥耦合振动及相应的车辆运行安全是一个重要的问题。将撞击荷载时程输入车桥系统，可得到撞击荷载作用下车桥系统的动力响应，结果可用于车辆运行安全性评估。

(7) 考虑运营车辆动力效应的桥梁结构振动控制研究

传统振动控制方法一般仅考虑桥梁结构自身的动力特性，而运营桥梁振动本质上为车载下的受迫振动，因此有必要考虑车辆荷载特点，进行更具有针对性的振动控制研究。近年来有学者开始考虑车辆动力效应影响，将车桥耦合振动分析引入桥梁减隔振的研究中，用于控制参数的确定、控制效果的评估等。

(8) 桥梁的车载动力性能分析、评估和加固改造

随着汽车速度的提高、车重的加大，桥梁结构车载下的动力问题日益突出，车辆过桥引起的桥梁振动对结构安全性、适用性、动力承载特性和使用可靠性等方面的影响正成为业界关注的重要问题。针对既有桥梁的动力评估和加固、新型桥梁结构的车载动力性能分析和评估等成为车桥耦合振动研究的重要方面。

(9) 考虑车桥耦合振动的桥梁疲劳损伤评估

桥梁结构疲劳累积损伤的合理评估和预测对于桥梁设计和运营安全都至关重要，移动车辆荷载的反复作用是导致桥梁结构产生疲劳损伤的最重要因素。获取实际车辆荷载作用下的疲劳应力谱是准确评估桥梁结构疲劳损伤的基础，结合检测数据进行车桥耦合振动仿真分析能够有效提高疲劳损伤分析的能力和精度。此外，环境与车辆复合作用下桥梁结构的疲劳评估等相关研究也值得关注。

(10) 基于车桥耦合振动的桥梁损伤诊断方法

近年来基于车桥耦合振动的桥梁损伤诊断方法得到了广泛关注，相关研究结果也表明该方法具有良好的应用前景。该方法大幅降低了检测难度，具有易于实现、成本低、可考虑损伤时变性和反映桥梁真实服役状态下工作状况的优点。目前国内外学者在该领域主要在移动车辆下桥梁的动力响应和移动车辆的动力响应两个方面进行桥梁参数识别、损伤诊断和状态评估等研究工作。

(11) 基于车桥耦合振动的移动荷载识别研究

基于车桥耦合振动的车辆荷载动态识别方法不仅能快速、准确地识别车辆荷载，同时具有施工简便、不中断交通、不破坏路面等优点，在超载车辆监控特别是城市桥梁超重车辆监测和车辆快速计重收费等方面具有巨大的应用潜力。近年该研究方向得到国内外学者的广泛关注，相关研究成果对于桥梁健康监测、控制超载、降低桥梁损伤和安全事故都具有重要的意义。

1.2 汽车与桥梁耦合振动研究现状

车桥耦合振动受多种因素影响，机理非常复杂。早期主要通过试验方法研究移动车辆作用下桥梁结构的动力行为特点。早在1844年，英国和法国就有工程

师开始利用模型试验对桥梁进行车桥动力性能研究；此后瑞士联邦材料实验室、加拿大安大略省交通厅、美国佛罗里达州交通厅和中国交通运输部都对汽车与桥梁振动问题进行过系统的试验研究[2]。20 世纪 70 年代之后，随着有限元方法和计算机技术的高速发展，研究人员提出了众多的车桥耦合振动数值模型和计算方法，对桥梁、车辆及外部因素的模拟更加精细化和符合实际，数值仿真已成为车桥振动研究的主要手段。总体而言，车桥耦合振动研究方法目前主要有解析法、数值模拟法和试验研究法三类。

（1）解析法

对车桥系统各组成部分采用理论模型进行描述，主要利用数学和力学方法进行理论推导，过程比较严谨，既可让科研人员从更深层次的理论上理解问题，也能为数值模拟和经验预测的验证提供参考。但是因为车桥耦合振动是一个相当复杂的系统性问题，理论建模过程需要做必要的简化，且须对结构几何和材料特性等进行某些限制，或直接选取理想状态，所以截至目前完全精确的解析结果实际并不存在。即使在理想状态下一些复杂工况的完全解析解也很难获得，只能利用数值积分等方法对解析公式进行计算。

（2）数值模拟法

早期对车桥耦合振动问题的研究多采用解析法和试验法，近年来各种数值仿真分析方法已逐步成为模拟车桥振动问题的有效途径，大部分研究者采用这种方法。但受分析手段和参数条件等限制，数值模拟方法仍需采用各种近似假设，进而建立便于计算的简化模型，而分析模型的合理性和有效性一般仍需要通过试验予以验证。

（3）试验研究法

有限元方法出现之前，试验测试是车桥振动相关研究的主要方式，通过对车辆和桥梁进行大量现场和模型试验测试，总结经验公式或理论，用于指导工程实践。有限元方法出现以后，将数值分析与试验方法相结合，可大幅提高研究效率，降低试验成本。

目前开展车桥耦合振动相关问题的研究时通常采用理论分析（解析法和数值模拟法）与试验相结合的方法，以试验结果验证理论方法的正确性，利用验证过的、正确的理论方法进行车桥振动有关研究。车桥耦合振动仿真技术已被应用到很多相关问题的研究中，并取得了许多重要的成果，有力地推动了桥梁相关研究领域的发展。本节将对车桥耦合振动的理论和应用现状进行综述，介绍车辆、桥梁分析模型和车桥耦合振动数值分析方法研究现状，并对车桥耦合振动仿真技术在桥梁动力性能评估、振动控制、疲劳评估、损伤识别、行车舒适性及桥上车辆荷载动态识别等领域的应用和研究进展进行介绍。

1.2.1 车桥耦合振动分析理论与数值仿真研究现状

车桥耦合振动分析理论研究主要包括：①车辆、桥梁和桥面不平度等因素的数值模型表达；②车桥耦合时变系统动力学方程的求解。目前车桥振动分析模型已从古典的移动力解析模型逐步发展为现代精细有限元模型，能够充分考虑桥面不平度等多种因素的影响，同时，众多数值方法和模拟技术的提出和应用也极大提高了车桥振动方程求解的精度和效率。

1. 车辆模型

（1）车辆分析模型

从 20 世纪 90 年代开始，国内外学者建立了比较符合实际的空间多自由度车辆分析模型，并取得了满意的效果，代表性模型有文献［5-7］中提出的及奥布赖恩（O'Brien）等[8]于 2010 年提出的模型。这些模型充分考虑了车辆自身的振动特征，将车体、悬挂及车轮等以质量、弹簧和阻尼器进行模拟。图 1.1 所示为一典型的空间多自由度车辆分析模型。波兰华沙工业大学克瓦希涅夫斯基（Kwasniewski）等[9]建立了一辆拖挂车高仿真分析模型，全车模型包含 12934 个单元和 9 种不同材质。该模型是目前仿真度最高的车辆模型之一，可精确反映车桥耦合系统尤其是车辆各个部位的响应细节，但过大的建模难度和代价仍是其应用于快速仿真分析和工程推广中需要克服的困难。

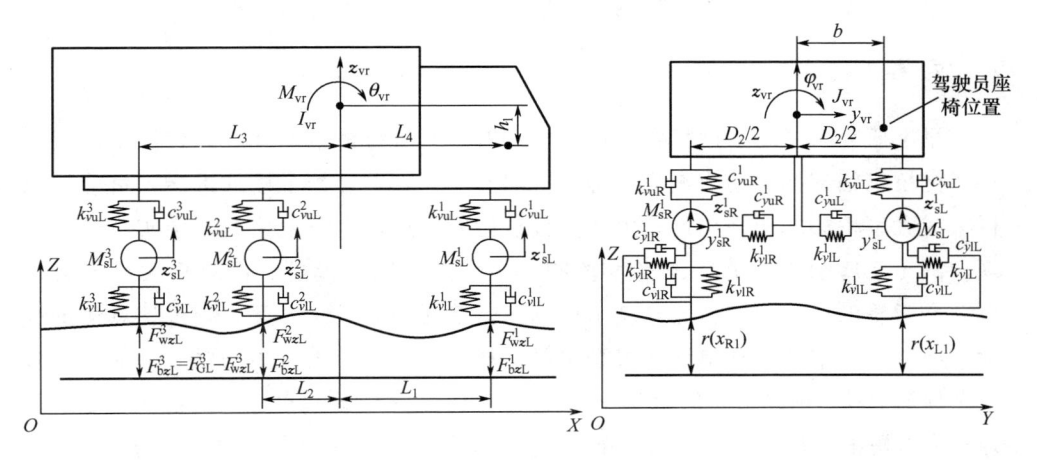

图 1.1 典型三轴车分析模型

(2) 车轮与桥面接触模型

目前车桥振动研究中一般将轮胎与桥面作为点接触关系进行模拟。一些学者发现车轮单点模型［图 1.2（a）］在数值模拟中可能高估了车辆对桥梁的冲击作用[10]或引入了一些不合理的桥梁响应高频成分。为此，有学者提出了更符合实际情况的圆盘模型［图 1.2（b）］[10,11]、计算更简便的多点模型［图 1.2（c）］[12]。研究表明，当桥面不平度状况较好时采用几种模型计算的桥梁整体位移相差不大，但在桥面状况较差或主要关注桥梁振动速度或加速度等高阶响应时，选用圆盘或多点模型精度更高。

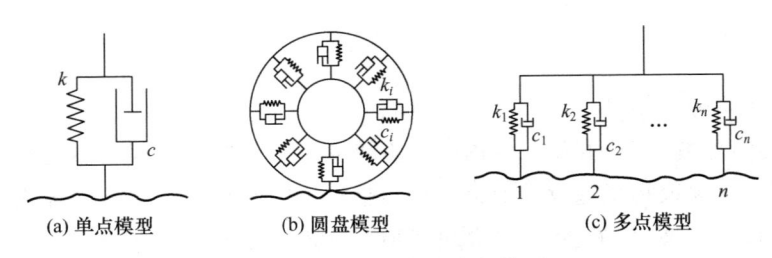

(a) 单点模型　　(b) 圆盘模型　　(c) 多点模型

图 1.2　车轮与桥面接触模型

(3) 适于中国公路车桥振动研究的车辆动力模型

目前我国车桥振动研究较常采用国外学者提出的车辆模型，而不同国家车辆特点存在一定的差异。为此，我国学者[13-16]根据中国公路交通车辆类型调查和分析数据提出了一些典型重车的动力分析模型及参数，可为相关研究提供参考。但由于我国道路通行的车辆种类繁多，各类型车辆组成比例等可能随时间变化，所以这些模型对不同分析场景的适应情况仍需进一步检验和改进。

2. 桥梁模型

早期研究中主要采用杆系、梁格模型对桥梁进行模拟，计算比较简单，但无法考虑桥梁细部构件动力响应及部分空间效应。随着计算手段的进步，目前常规桥梁或大型桥梁的局部构件动力行为分析已能通过建立精细化的三维实体模型实现。图 1.3 所示是一座简支 T 梁桥的实体单元高精度模型。但对于大跨径斜拉桥、悬索桥的整体响应计算，基于精细实体单元的有限元模型会导致计算代价过大，所以基于空间梁杆单元的模型仍是车桥动力分析中常用的方法。同时，为有效平衡局部动力响应分析需求与计算代价之间的关系，多尺度建模方法正越来越多地在大型桥梁或复杂桥梁的振动分析中得到应用。这种建模方法对关注的局部构件采用小尺度精细单元模拟，而其他部分采用尺度较大的简化单元模拟，再将两部分通过合适的耦合单元连接，从而兼顾计算精度和效率，具有很好的应用潜力。

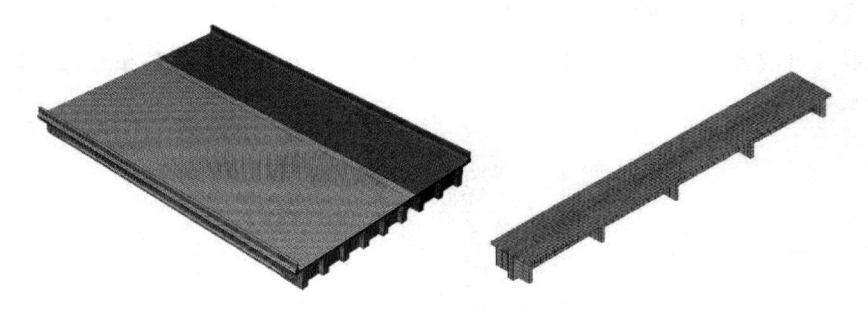

图1.3 典型桥梁的空间有限元模型

3. 桥面不平度模型

桥面不平顺是影响车桥振动响应的重要因素，一般将桥面不平度视为平稳、各态历经零均值的高斯随机过程[17]。桥面不平整程度可用功率谱密度（PSD）表征。目前有多种根据PSD生成不平度样本的数值方法，其中三角级数法和傅里叶逆变换法最常用。一般的车桥耦合振动分析中两侧车轮使用相同的不平度样本，这种处理方式可能导致计算结果与实际存在偏差。由于桥面不平度中的横向不一致性对于数值分析结果具有一定的影响，耦合响应计算中应尽可能采用符合实际情况的横向相关系数。当使用相同的左右轮桥面不平度样本时，计算得到的桥梁响应结果将稍大于实际响应[18]。奥利瓦（Oliva）等[19]给出了基于傅里叶变换生成具有相关性的路面不平度样本的算法。由于傅里叶逆变换法生成样本的功率谱与原始功率谱更接近，且该方法计算速度更快，成为桥面不平度仿真计算的首选方法。

4. 车桥耦合动力方程及其解法

将桥梁和车辆分别离散为多节点有限元模型，可建立如下的车桥振动方程：

$$\left. \begin{array}{l} \boldsymbol{M}_\mathrm{b}\ddot{\boldsymbol{y}} + \boldsymbol{C}_\mathrm{b}\dot{\boldsymbol{y}} + \boldsymbol{K}_\mathrm{b}\boldsymbol{y} = \boldsymbol{F}_\mathrm{vb} \\ \boldsymbol{M}_\mathrm{v}\ddot{\boldsymbol{z}} + \boldsymbol{C}_\mathrm{b}\dot{\boldsymbol{z}} + \boldsymbol{K}_\mathrm{v}\boldsymbol{z} = \boldsymbol{F}_\mathrm{bv} + \boldsymbol{F}_\mathrm{vg} \end{array} \right\} \qquad (1.1)$$

式中 $\boldsymbol{M}$，$\boldsymbol{C}$，$\boldsymbol{K}$——质量、阻尼、刚度矩阵；

$\boldsymbol{y}$，$\boldsymbol{z}$——桥梁和车辆系统节点的位移向量；

$\boldsymbol{F}_\mathrm{vg}$——车辆自重引起的等效节点荷载列向量；

$\boldsymbol{F}_\mathrm{vb}$，$\boldsymbol{F}_\mathrm{bv}$——将轮胎和桥面接触点的相互作用力通过形函数分配得到的节点荷载向量，其中车桥接触力是接触点处桥梁、车辆位移及路面不平度的函数。

式(1.1) 中的下脚标 v，b 分别代表车辆与桥梁。式(1.1) 可在时域和频域内求解，目前多数研究采用时域方法，常见的时域分析方法及其相互之间的联系如图 1.4 所示。

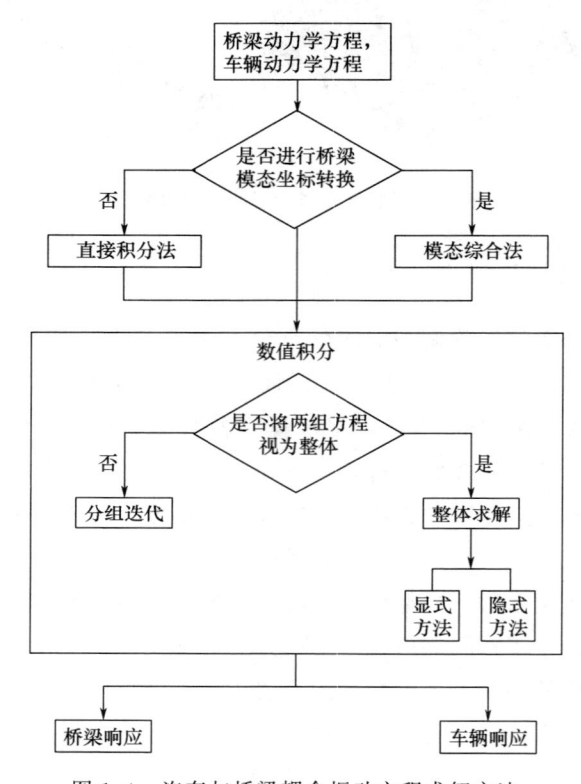

图 1.4　汽车与桥梁耦合振动方程求解方法

车桥动力方程时域求解方法可分为两类：第一类将桥梁和车辆分别作为独立的子系统，通过分组迭代求解[6]，计算车桥两个子系统的响应，通过车桥接触点处位移协调和相互作用力大小相等的条件进行迭代收敛判断。基于迭代的方法稳定性较高，耦合关系清晰，便于编程实现。第二类是将车辆、桥梁视为整体系统的整体耦合求解方法[20]，将两组方程联立为一个整体方程组，进而通过显式和隐式两种方式进行求解：显式方法将荷载项中与未知系统响应相关的部分移项到方程左边直接求解；隐式方法不移项，直接将动力方程以迭代方式进行求解。

对于复杂体系或大型桥梁，其自由度数量庞大，直接求解式(1.1) 计算代价很大，甚至无法求解，模态综合方法的应用为该问题提供了很好的解决路径。通过将桥梁响应由物理空间转换到模态空间，在实际分析中可忽略高阶模态贡献，仅需取少量模态成分参与积分计算，可大幅降低计算代价。目前很多研究通过通用有限元软件平台建立高精度单元的复杂桥梁有限元模型并获取其模态信息,进而应用模态综合法进行车桥耦合振动响应分析,从而以较小的计算代价获得满足精度要求的系统动力仿真。模态综合法通用性强,工程应用广泛,但由于该方法依赖引入结构线性模态参与计算,故不适用于考虑非线性振动的车桥振动分析。

1.2.2 车桥耦合振动应用研究

目前车桥耦合振动仿真分析在桥梁动力设计、桥梁性能评估、车辆运行安全性和舒适性评价、损伤识别等众多领域得到了广泛应用,以下选取该领域涉及的主要方面进行简要介绍。

1. 桥梁的动力冲击系数研究

冲击系数一般定义为车载下结构动效应与静效应的比值,可通过试验或数值模拟方法得到。试验测试成本高、过程复杂,且有限的实测结果不具有代表性。而数值模拟方法具有高效便捷且可模拟不同桥梁、不同工况的特点,正受到越来越多的关注。合理确定冲击系数对于桥梁设计和既有结构的评估十分重要。国内外众多学者通过对车桥耦合振动进行大量模拟分析,发现桥面不平度、桥梁结构类型、跨度、结构基频、车速、车型、轴重、轴距、车辆悬挂参数等都会对动力冲击系数产生影响[20-23]。车桥振动的强耦合特性使得该问题更加复杂。由于冲击系数本质上受多重因素复合影响,未来研究中可考虑进一步改进车桥振动模型,进行更广泛的多参数敏感性研究。近年来一些新的结构形式和建筑材料〔如纤维增强复合材料(Fiber Reinforced Polymer,FRP)、高性能混凝土(High Performance Concrete,HPC)材料、波形钢腹板等〕在桥梁工程中得到应用,这些桥梁的冲击系数值得深入研究[22-25]。同时,考虑实际交通流和道路状况及桥面不平度退化影响的动力冲击系数研究也有必要进一步开展。此外,可在车桥耦合仿真基础上通过引入概率方法、区间估计方法及神经网络等新型算法来改进冲击系数估计的准确度[3]。

2. 桥梁结构疲劳研究

交通荷载往复作用是导致桥梁构件产生疲劳损伤的主要因素,当疲劳超限后将发生脆性破坏,甚至造成桥梁垮塌。获取实际交通荷载下的结构应力谱是评估疲劳损伤的前提,可通过长期监测系统和随机车流下车桥耦合振动仿真分析获得。实测方法一般仅能得到有限测点的响应结果,且仅可用于被测桥梁;基于实测车辆动态称重数据的车桥耦合模拟则能够得到区域内任意桥梁、任意位置的应力响应,具有更好的适应性。

基于车桥耦合的桥梁疲劳分析方法主要步骤为:首先由车桥振动数值分析得到结构动应力响应,进而得到应力幅和循环次数,再依据疲劳损伤准则进行疲劳设计和评估。也有学者考虑风荷载和车辆荷载联合作用,提出风车桥耦合作用下大跨桥梁疲劳研究的理论框架[26,27]。

采用基于车桥耦合的桥梁疲劳分析方法,国内外学者针对桥梁钢构件的疲劳问题开展了广泛的研究。邓露等[28]通过研究简支钢梁桥腹板间隙的疲劳问题发现路面不平度对应力幅冲击系数的影响大于对应力冲击系数的影响;刘扬等[29]研究了考虑实际运营状态和交通量增长的悬索桥钢箱梁顶板-U肋构造细节的疲劳可靠度分析方法;李岩等依托工程实例研究了随机交通的动力冲击效应、车流运行状态、车辆超载和桥面退化等因素对装配式梁桥横向联系钢板构造疲劳损伤的影响规律[30,31]。

当前基于车桥振动分析可方便地获取结构的动力响应,提高了桥梁疲劳分析能力,但目前相关研究中使用的分析模型的准确性和精度仍有待继续改进,考虑环境与车辆复合作用的桥梁疲劳研究还有待深入开展。

3. 基于车桥耦合振动的桥梁结构诊断与识别研究

桥梁在运营过程中主要承受车辆动荷载,且检测过程中往往难以中断交通。近年来很多学者提出了一些基于车桥耦合振动的桥梁结构诊断和损伤识别方法,可大幅简化桥梁检测过程,具有简便易行、成本低、能反映损伤时变性和结构实际服役状态的优点,正得到越来越多的关注[32]。这些方法按照利用的动力响应类型可分为基于车激结构动力响应和基于车辆动力响应进行桥梁诊断和检测两大类,下面分别进行简单介绍。

(1) 基于车激桥梁响应的损伤检测方法

该类方法通过测量得到的车辆激励下桥梁的响应来识别结构损伤。许多学者将灵敏度分析与车桥耦合振动结合起来进行桥梁损伤识别。例如,有的学者忽略车桥相互作用,开展了利用灵敏度分析理论对移动荷载下的桥梁进行参数识别和损伤识别的研究[33];安宁、夏禾、战家旺[34]利用互相关函数计算损伤灵敏度,进一步提高了识别结果的准确性和计算效率,还可以处理桥梁多单元损伤的情况;杨秋伟、刘济科在基于灵敏度分析的损伤识别迭代过程中引入加速公式来快速获取足够精度的识别结果[35]。基于灵敏度的损伤识别方法具有可最大限度利用桥梁响应信息、损伤指数物理意义明确、原理简明和便于应用的优势。

此外,小波变换等信号处理方法在基于车桥振动的桥梁损伤诊断中也有很多应用。霍拉姆（Khorram）等[36]基于小波理论提出了移动荷载下简支梁桥两种裂纹的检测方法。赫斯特（Hester）等[37]建立了两轴车辆和简化桥梁模型，利用小波能进行损伤识别，发现随着车速的提升车辆对损伤的敏感性降低。小波变换因其在信号处理方面的突出优势，在桥梁损伤识别中有较大的发展潜力。也有学者基于经验模态分解和希尔伯特-黄（Hilbert-Huang）变换方法进行了基于车桥振动的损伤识别的研究。梅雷迪思（Meredith）等[38]利用移动荷载作用下简支梁跨中加速度响应的经验模态分解识别多处损伤，且具有一定的抗噪性。罗韦尔（Roveri）等[39]对移动荷载作用下跨中加速度响应进行Hilbert-Huang变换，数值模拟表明它能够较好地识别损伤位置。

（2）基于桥上通行车辆响应的检测方法

该类方法的提出参见文献[40，41]，研究者利用一辆由轻型卡车牵引的两轮测量车对一连续梁桥进行实测，验证了方法的可行性和适用性。另有学者[42]研究认为桥上车辆在经过裂纹处时会对车辆响应产生小的扰动，可从车辆响应小波变换的峰值点位置确定损伤位置。文献[43]对这类桥梁损伤间接识别方法做了详细的综述。利用车辆响应的损伤识别方法具有很大的优越性，且具有巨大的工程应用潜力和前景。目前该方法面向工程实际应用还存在一些问题需要深入研究和解决。

4. 公路桥梁的振动控制研究

传统的振动控制方法一般仅考虑结构自身的动力特性，不考虑外荷载的特性。近年来有学者提出考虑交通荷载动力效应影响，将车桥耦合振动分析引入桥梁减隔振研究[44]，建立了基于车辆多体模型和分布质量体系桥梁模型的振动控制方程，用于重载车辆桥梁耦合振动的仿真分析与振动控制，分析了调质阻尼器（Tuned Mass Damper，TMD）对桥梁振动的抑制效果[45,46]，为控制器设计提供了理论参考。也有学者研究了控制策略时变性对控制效果的影响，指出基于时变的振动控制策略相较于非时变的策略可以更有效地耗散车桥耦合时变系统的振动能量[46,47]。

目前考虑车桥耦合振动的桥梁振动控制研究虽已取得一些成果，但总体上减隔振装置仍较为简单，功能上单个装置仅针对单一频率。今后面向振动控制的车桥耦合振动时域、频域快速仿真技术改进、提高宽频带下消振能力和简化减隔振装置参数设计等方面仍有大量工作需要开展。考虑风、地震等环境荷载作用下的车桥耦合振动及其对应的振动控制技术仍有待深入研究。

5. 桥上行车舒适性研究

车辆行驶过程中产生的不规则振动会影响驾乘人员的舒适感和车辆零件寿命，因此行车舒适性研究主要在道路工程和车辆工程领域开展[48]，并提出了一些舒适性评定标准。当车辆过桥时，车桥耦合振动可能加剧车辆振动，从而使桥上行车舒适性成为桥梁设计中的一项重要内容[49]。车桥耦合数值仿真可获得车辆各部位的动力响应，非常适于行车舒适性研究。李江龙等[50]对南京长江二桥南汊主桥、韩万水等[51]对杭州湾大桥都利用数值方法分析了车桥动力响应，然后依据相关舒适度评价标准计算舒适度评价参数，最后进行舒适度评价。

随着桥型、外部环境和荷载越来越多样化，进一步增大了行车舒适性问题的复杂程度。人体感受的舒适度与振动强度和振动持续时间都密切相关，今后的研究中应综合考虑车桥振动幅值特性和累积效应。此外，还应注意桥梁与周边环境的相互关系，如引道或引桥衔接及风荷载等外部荷载同时作用等。

6. 过桥车辆荷载的动态识别研究

准确、快速识别过桥超载车辆并进行预警，对控制超载、降低桥梁损伤和减少安全事故具有重要意义。桥梁动态称重是一类基于车桥耦合振动的车辆荷载动态识别方法，能快速、准确识别车辆荷载，且不中断交通、不破坏路面，在超载监控和车辆快速计重收费等方面应用潜力巨大。桥梁动态称重技术包括以识别车辆静轴重为目标的桥梁动态称重（Bridge Weight-In-Motion，BWIM）和以识别车辆轮载整个时程动态响应为目标的移动荷载识别（Moving Force Identification，MFI）。

（1）桥梁动态称重

桥梁动态称重的概念和算法由摩西（Moses）[52]在1979年首次提出，他利用简支梁桥理论弯矩影响线和待定车辆轴重建立桥梁响应预测值，以预测值和桥梁实测响应之差的欧拉模量作为误差函数，建立关于车辆荷载的待定系数方程，然后利用最小二乘法求解未知的车辆轴重。目前主流的BWIM系统算法基础仍是Moses算法及其衍生算法。

对于Moses算法，准确的桥梁影响线（面）和车辆速度、轴距信息是获得准确轴重的前提。王宁波等[53,54]利用桥梁动力响应的小波分析方法拾取车轴信号，提升方法的适用性；文献[55]则提出了用于车轴识别的虚拟简支梁（Virtual Simply Supported Beam，VSSB）法和等效剪力（Equivalent Shear Force，ESF）

法，直接从梁底应变信号中提取车轴信息，避免了复杂的信号处理运算，具有更好的鲁棒性，适用的桥梁范围也更加广泛。此外，随着计算机视觉技术的飞速发展，使用卷积神经网络（Convolutional Neural Network，CNN）配合视频信息来识别车辆的车轴信息和实时空间位置已成为未来车轴检测技术的一个重要的发展方向。

（2）移动荷载识别

移动荷载识别的目标在于基于桥梁响应获得车辆过桥时各轮载的完整时程信息，进而得到更准确的车辆静轴重。移动荷载识别的主要方法包括基于微分和最小二乘优化的解析Ⅰ型方法（IMⅠ）、通过引入模态叠加法改进的解析Ⅱ型方法（IMⅡ）、基于卷积过程离散化获得线性优化方程的时程法（TDM）和结合频域分析的频时域求解法（FTDM）。也有学者提出其他一些移动荷载识别方法，如文献[56]提出一种基于车桥耦合振动的 MFI 方法，基于三维车桥耦合振动模型和荷载叠加法，利用响应面直接计算任意时刻的车辆荷载；文献[57]提出基于车桥系统随机激励和结构响应统计关系的统计识别法，在车辆外载不确定性较大的情况下仍能达到较好的识别效果。

目前，如何提高车轴检测和定位精度以满足 Moses 方法的要求仍然是桥梁动态称重研究的重点，同时多车道多车同时过桥互相干扰问题也有待解决。

1.3 汽车与桥梁耦合振动研究展望

在国内外学者的持续共同努力和探索下，车桥耦合振动理论和仿真技术在近30年内得到了较快的发展。目前，这些技术在桥梁振动和安全相关的其他领域的研究中也发挥了重要的作用，并取得了许多重要的研究成果。基于大量的调研和分析[3,4]，现对当前汽车与桥梁耦合振动的相关研究中仍有待进一步完善和改进之处及后续的研究方向进行如下展望，供读者参考。

1）以往动力冲击系数的研究往往局限于特定桥梁结构在特定简单工况下的整体动力响应，后续研究中需加强对实际交通荷载和道路情况下的动力冲击系数研究。老旧桥梁评估时采用的动力冲击系数与新桥梁设计应区别对待，并进一步加强适用于桥梁评估的动力冲击系数的研究。

2）桥梁振动控制（减振）方面，可基于车桥耦合振动仿真研究开发出更合理的减振装置，以提高复杂荷载情况下的桥梁减振能力。多种环境荷载共同作用下的车桥耦合振动分析和减振理论还有待进一步深入研究。减振设施的相关参数设计方法也有待简化和标准化，以便于工程应用。

3）桥梁结构疲劳分析与评估方面，目前相关研究中所采用的桥梁模型对关键部位的模拟还不够精细和准确，尤其是桥梁疲劳构件及其连接处。此外，车辆荷载和环境腐蚀的耦合作用涉及较少。后续研究可从多尺度精细化桥梁建模和风、车、桥、腐蚀多因素耦合方面开展。

4）桥梁结构损伤识别方面，基于车桥耦合振动的损伤检测方法拥有较大的发展空间和应用潜力，后续研究中应着重于方法的实用性研究，简化或消除对结构有限元模型的依赖，同时应考虑到非线性和时变损伤对车桥系统响应的影响。

5）桥上行车舒适性受到车辆与桥梁上部结构、桥梁基础、桥梁与道路的相互关系及风荷载等其他环境荷载共同作用的影响，后续研究中应针对实际情况对这些因素进行综合考虑。人体感受到的不舒适程度还与振动作用时间相关，因此后续研究中应考虑车桥振动的幅值特性和累积效应。

6）现有的识别车辆静轴重和动轴载的两类桥上车辆荷载识别技术各有利弊。后续研究中，对于基于 Moses 算法的桥梁动态称重（BWIM）方法，一方面可引入图像识别、视频跟踪等非接触式测量技术来改进车轴检测技术，以降低单辆车通行情况下的轴载识别误差，另一方面要改进轴重识别算法，提高多车辆同时过桥时的轴载识别精度。而对于移动荷载识别（MFI），则应致力于提高算法的计算效率和适用性，以便应用于真实车辆通行环境下桥梁所受车辆动态轮载的识别。

参考文献

[1] 肖盛燮.桥梁承载力演变理论及其应用技术［M］.北京：科学出版社，2009.

[2] 夏禾，张楠，郭薇薇.车桥耦合振动工程［M］.北京：科学出版社，2014.

[3] 邓露，何维，俞扬，等.公路车-桥耦合振动的理论和应用研究进展［J］.中国公路学报，2018，31（7）：38-54.

[4] 李小珍，张黎明，张洁.公路桥梁与车辆耦合振动研究现状与发展趋势［J］.工程力学，2008，25（3）：230-240.

[5] WANG E H, NOWARK A S. Simulation of dynamic load for bridges［J］. Journal of Structural Engineering, 1991, 117（5）: 1413-1434.

[6] WANG T L, HUAN D Z. Cable-stayed bridge vibration due to road surface roughness［J］. Journal of Structural Engineering, 1992, 118（5）: 1354-1374.

[7] YANG Y B, LIN B H. Vehicle-bridge interaction analysis by dynamic condensation method

[J]. Journal of Structural Engineering, 1995, 121 (11): 1636-1643.

[8] O'BRIEN J, CANTERO D, ENRIGHT B, et al. Characteristic dynamic increment for extreme traffic loading events on short and medium span highway bridges [J]. Engineering Structures, 2010, 32 (12): 3827-3835.

[9] KWASNIEWSKI L, LI H, WEKEZE R J, et al. Finite element analysis of vehicle-bridge interaction [J]. Finite Elements in Analysis & Design, 2006, 42 (11): 950-959.

[10] YIN X, CAI C S, FAN G Z, et al. Bridge vibration under vehicular loads: tire patch contact versus point contact [J]. International Journal of Structural Stability & Dynamics, 2010, 10 (3): 529-554.

[11] CHANG K C, WU F B, YANG Y B. Disk model for wheels moving over highway bridges with rough surfaces [J]. Journal of Sound & Vibration, 2011, 330 (20): 4930-4944.

[12] DENG L, CAO R, WANG W, et al. A multi-point tire model for studying bridge-vehicle coupled vibration [J]. International Journal of Structural Stability & Dynamics, 2016, 16 (8): 1550-1562.

[13] 邓露, 段林利, 何维, 等. 中国公路车-桥耦合振动车辆模型研究 [J]. 中国公路学报, 2018, 31 (7): 92-100.

[14] 韩万水, 闫君媛, 武隽, 等. 基于长期监测的特重车流作用下桥梁动态放大系数研究 [J]. 振动工程学报, 2014, 27 (2): 222-232.

[15] 李岩, 商贺嵩, 李朝, 等. 典型重车作用下混凝土简支空心板桥冲击效应分析 [J]. 兰州理工大学学报, 2018, 44 (3): 134-141.

[16] 张喜刚. 公路桥梁汽车荷载标准研究 [M]. 北京: 人民交通出版社, 2014: 220-241.

[17] YANG Y B, YAU J D, HSU L C. Vibration of simple beams due to trains moving at high speeds [J]. Engineering Structures, 1997 (11): 936-944.

[18] ZOU Q, DENG L, GUO T, et al. Comparative study of different numerical models for vehicle-bridge interaction analysis [J]. International Journal of Structural Stability and Dynamics, 2016, 16 (9): 1636-1643.

[19] OLIVA J, GOICOLEA J M, ANTOLIN P, et al. Relevance of a complete road surface description in vehicle-bridge interaction dynamics [J]. Engineering Structures, 2013 (56): 446-476.

[20] CAI C S, SHI X M, ARAUJO M, et al. Effect of approach span condition on vehicle-induced dynamic response of slab-on-girder road bridges [J]. Engineering Structures, 2007, 29 (12): 3210-3226.

[21] MOGHIMI H, ROUNAGH H R. Impact factors for a composite steel bridge using nonlinear dynamic simulation [J]. International Journal of Impact Engineering, 2008, 35 (11): 1228-1243.

[22] DENG L, HE W, SHAO Y. Dynamic impact factors for sheer and bending moment of simply

[23] ZHANG Y, CAI C S, SHI X, et al. Vehicle-induced dynamic performance of FRP versus concrete slab bridge [J]. Journal of Bridge Engineering, 2006, 11 (4): 410 – 419.

[24] LI Y, CAI C S, LIU Y, et al. Dynamic analysis of a large span specially shaped hybrid girder bridge with concrete-filled steel tube arches [J]. Engineering Structures, 2016 (106): 243 – 260.

[25] LI YAN, MA XIAOLONG, ZHANG WEI. Dynamic performance of a concrete-filled steel tube high-pier curved continuous truss girder bridge due to moving vehicles [J]. Advances in Structural Engineering, 2019, 22 (6): 1297 – 1311.

[26] CHEN S R, CAI C S. Equivalent wheel load approach for slender cable-stayed bridge fatigue assessment under traffic and wind: feasibility study [J]. Journal of Bridge Engineering, 2007, 12 (6): 755 – 764.

[27] 李岩,吕大刚,盛洪飞.考虑随机车载-风载联合作用的斜拉桥拉索疲劳可靠性分析 [J].中国公路学报,2012,25 (2): 60 – 66.

[28] 邓露,屈夏霞,王维.考虑车桥耦合振动的钢梁桥腹板间隙的疲劳分析 [J].中外公路,2017,37 (4): 89 – 95.

[29] 刘扬,李明,鲁乃唯,等.随机车流作用下悬索桥钢箱梁细节疲劳可靠度 [J].长安大学学报(自然科学版),2016,36 (2): 44 – 51.

[30] 李岩,杨婷婷,商贺嵩,等.考虑多因素影响的装配式梁桥横向联系疲劳损伤评估 [J].湖南大学学报(自然科学版),2019,46 (9): 79 – 88.

[31] 李岩,林雪琦,商贺嵩.超载对装配式梁桥横向联系疲劳损伤的影响 [J].深圳大学学报(理工版),2020,37 (2): 158 – 164.

[32] KONG X. Framework of damage detection in vehicle-bridge coupled system and application to bridge scour monitoring [D]. Baton Rouge: Louisiana State University, 2013.

[33] LU Z R, LIU J K. Identification of both structural damages in bridge deck and vehicular parameters using measured dynamic responses [J]. Computers and Structures, 2011, 89 (13): 1397 – 1405.

[34] 安宁,夏禾,战家旺.一种利用车激桥梁响应的互相关函数识别桥梁损伤的方法 [J].北京交通大学学报,2012,36 (6): 74 – 78.

[35] 杨秋伟,刘济科.结构损伤诊断的改进灵敏度方法 [J].固体力学学报,2012,33 (1): 112 – 118.

[36] KHORRAM A, BAKHTIARI-NEJAD F, REZAEIAN M. Comparison studies between two wavelet based crack detection methods of a beam subjected to a moving load [J]. International Journal of Engineering Science, 2012 (51): 204 – 215.

[37] HESTER D, GONZALEZ A. A wavelet-based damage detection algorithm based on bridge acceleration response to a vehicle [J]. Mechanical Systems and Signal Processing, 2012

(28): 145 - 166.

[38] MEREDITH J, GONZALEZ A, HESTER D. Empirical mode decomposition of the acceleration response of a prismatic beam subject to a moving load to identify multiple damage locations [J]. Shock and Vibration, 2012, 19 (5): 845 - 856.

[39] ROVERI N, CARCATERRA A. Damage detection in structures under traveling loads by Hilbert-Huang transform [J]. Mechanical Systems and Signal Processing, 2012 (28): 128 - 144.

[40] YANG Y B, LIN C W, YAU J D. Extracting bridge frequencies from the dynamic response of a passing vehicle [J]. Sound Vib., 2004 (272): 471 - 493.

[41] YANG Y B, CHANG K C, LI Y C. Filtering techniques for extracting bridge frequencies from a test vehicle moving over the bridge [J]. Engineering Structures, 2013 (46): 353 - 362.

[42] KHOA V N, HAI T T. Multi-cracks detection of a beam-like structure based on the vehicle vibration signal and wavelet analysis [J]. Journal of Sound and Vibration, 2010, 329 (21): 4455 - 4465.

[43] YANG Y B, YANG J P. State-of-the-art review on modal identification and damage detection of bridges by moving test vehicles [J]. International Journal of Structural Stability and Dynamics, 2018 (18): 1 - 32.

[44] 彭献, 殷新锋, 茆秋华. 车-桥系统的振动分析及控制 [J]. 动力学与控制学报, 2006, 4 (3): 253 - 258.

[45] DAN S, OUYANG H. Optimal vibration control of beams subjected to a mass moving at constant speed [J]. Journal of Vibration & Control, 2015, 22 (14): 3202 - 3217.

[46] ZRIBI M, ALMUTAIRI N B, ABDEL-ROHMAN M. Control of vibrations due to moving loads on suspension bridges [J]. Nonlinear Analysis Modelling & Control, 2006 (11): 293 - 318.

[47] 黎明安, 崔凯, 雷霜. 车-桥耦合振动系统的半主动控制法 [J]. 应用力学学报, 2011, 28 (4): 376 - 380.

[48] STIKELEATHER L F. Review of ride vibration standards and tolerance criteria [J]. Transactions of SAE, 1976 (85): 1460 - 1467.

[49] MOGHIMI H, RONAGH H R. Development of a numerical model for bridge-vehicle interaction and human response to traffic-induced vibration [J]. Engineering Structures, 2008, 30 (12): 3808 - 3819.

[50] 李江龙, 李岩, 盛洪飞, 等. 基于车桥耦合振动分析的斜拉桥行车舒适性评价分析 [J]. 科学技术与工程, 2009, 9 (7): 1792 - 1796.

[51] 韩万水, 陈艾荣. 风环境下大跨度斜拉桥上的车辆驾驶舒适性评价 [J]. 中国公路学报, 2008, 21 (2): 54 - 60.

[52] MOSES F. Weight-in-motion system using instrumented bridges [J]. Journal of Transportation Engineering, 1979, 105 (3): 233-249.

[53] 王宁波, 任伟新, 贺文宇. 桥上移动车辆车轴识别小波变换方法 [J]. 振动工程学报, 2013, 26 (4): 539-544.

[54] YU Y, CAI C, DENG L. Vehicle axle identification using wavelet analysis of bridge global responses [J]. Journal of Vibration & Control, 2015, 95 (11): 523-526.

[55] HE W, DENG L, SHI H, et al. Novel virtual simply supported beam method for detecting the speed and axles of moving vehicles on bridges [J]. Journal of Bridge Engineering, 2016, 22 (4): 1-16.

[56] DENG L, CAI C S. Identification of parameters of vehicles moving on bridges [J]. Engineering Structures, 2009, 31 (10): 2474-2485.

[57] WU S Q, LAW S S. Moving force identification based on stochastic finite element model [J]. Engineering Structures, 2010, 32 (4): 1016-1027.

第 2 章　汽车与桥梁动力相互作用分析方法

本章依据交通荷载调查分类将公路常见车辆分为 8 种典型车型，分别建立各车型的空间动力分析模型并推导其运动方程，进而提出桥梁动力方程的建立方法。介绍了随机桥面不平度的数值模拟方法，分析了汽车与桥梁的耦合关系，并基于整体法和模态综合技术建立汽车与桥梁耦合振动方程，给出求解及后处理策略和方法。依据以上理论开发了车桥耦合振动分析程序，结合实际工程的现场跑车动力试验对所推导的车桥振动方程及计算程序进行了验证。

2.1　汽车动力分析模型

2.1.1　汽车类型

在汽车与桥梁耦合振动研究中，通过对目前道路上常见运营车辆的轴距、轴重、车重等数据进行调查和采集，根据各车型出现频率选取参数加权平均值，以与《中国汽车车型手册》中最相近的车型为代表，同时结合道路管理部门的车型划分标准，将汽车划分为四类共 13 个车型[1-4]，具体车辆类型及特征见表 2.1。

表 2.1　车辆类型及特征

车型		运输性质	轴数	图式(轴距单位为 mm，轴重单位为 kg)
一类	V1	小车	二	850　2500　910
	V2	越野	二	1020　2730　920
二类	V3	中客	二	1700　3600　2870
	V4	中货	二	1995　3750　1000

续表

车型		运输性质	轴数	图式(轴距单位为 mm,轴重单位为 kg)
三类	V5	大客	二	6000　5000　10000
	V6	大货	三	5500　3750　1300　3750　4100
	V7	大客	三	4305　1900　4305　5259　9000
	V8	大货	三	7000　4800　9000　1350　9000
	V9	大货	四	6490　1900　6490　4500　9000　1350　9000
四类	V10	拖挂	三	6590　3600　11400　9900　9900
	V11	拖挂	四	6500　3750　11500　8600　8970　1300　8970
	V12	拖挂	五	6590　3600　11400　6800　7600　1310　7600　1310　7600
	V13	拖挂	六	6590　3300　6590　1300　11400　6800　7600　1310　7600　1310　7600

根据表 2.1 中的车型分类,分别建立每种车型所对应的空间动力分析模型。其中,V1~V5 对应两轴车型,V6~V8 对应三轴车型(其中 V7 是双前轴,V6 与 V8 是双后轴),V9 为四轴车型,V10 为三轴拖挂车,V11 是四轴拖挂车,V12 是五轴拖挂车,V13 是六轴拖挂车,共 8 种车型,其中 4 种为整车车型,另外 4 种为拖挂车车型。

2.1.2 车辆分析模型

车辆分析模型发展过程中,最初人们将车辆模拟为匀速移动常量力,后来又发展到模拟为移动常量力加上一个移动简谐力、一个质量块等多个阶段。随着有限元方法和计算机技术的广泛应用,车辆模型也向着更符合实际情况的方向发展。目前车桥耦合振动分析研究中一般将车辆视为一个多自由度振动系统,由车体通过弹簧-阻尼器悬挂装置连接车轴和车轮构成[4]。本书采用阻尼器模拟车辆悬挂系统和轮胎的能量耗散能力,且与车重及轴重相比弹簧-阻尼器悬挂装置的质量可忽略不计。本章所建立的车辆空间多自由度动力分析模型服从如下假设:

1) 车辆匀速行驶,不考虑纵向振动。
2) 车辆各构件作小位移振动。
3) 车辆悬挂系统弹簧为线性,阻尼为黏性阻尼。

所建立的车辆分析模型中每个车体包含 4 个自由度(浮沉、点头、侧滚及横移),每个车轮视为具有 2 个独立自由度(竖移和横移)的质量块,整车模型总的独立自由度数为 $4n+4$ 个(n 为车轴数)。拖挂车型有两个车体,但两个车体的点头自由度不独立,故拖挂车模型独立自由度为 $4n+7$(n 为车轴数)。各类车型的分析模型如图 2.1 所示,车辆模型横断面图如图 2.2 所示。各类车型基本动力参数参见表 2.2 及表 2.3。

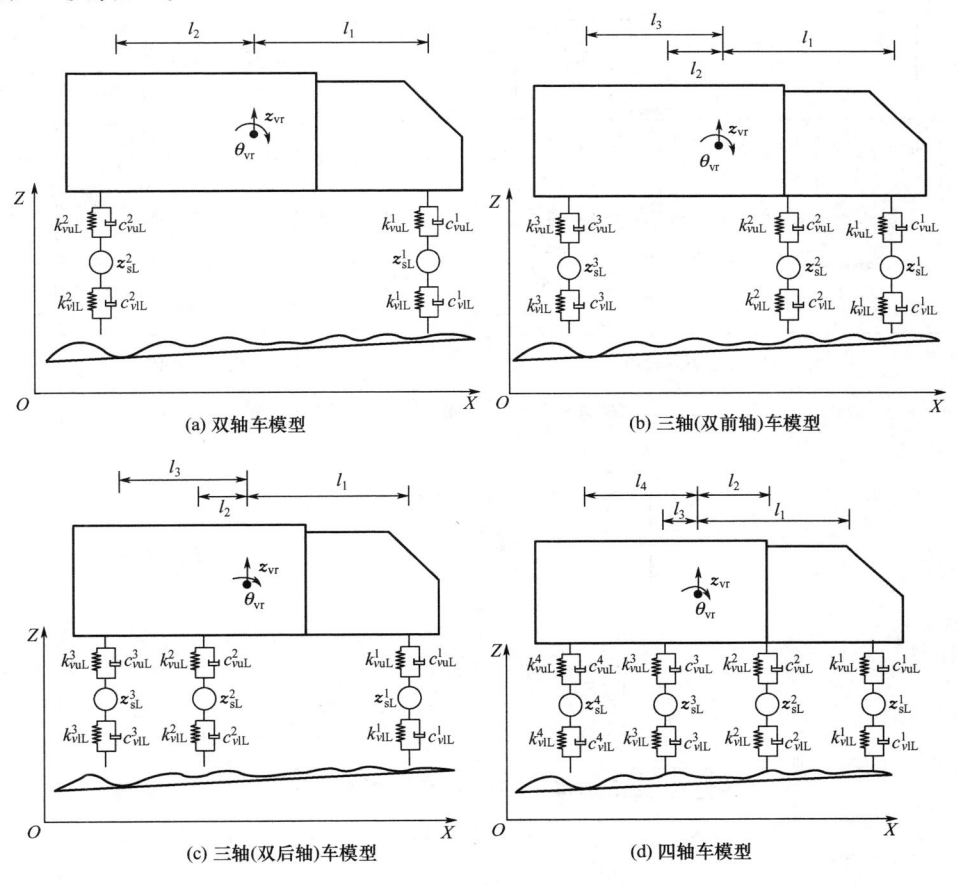

图 2.1 不同车辆动力分析模型立面图

(e) 三轴拖挂车模型

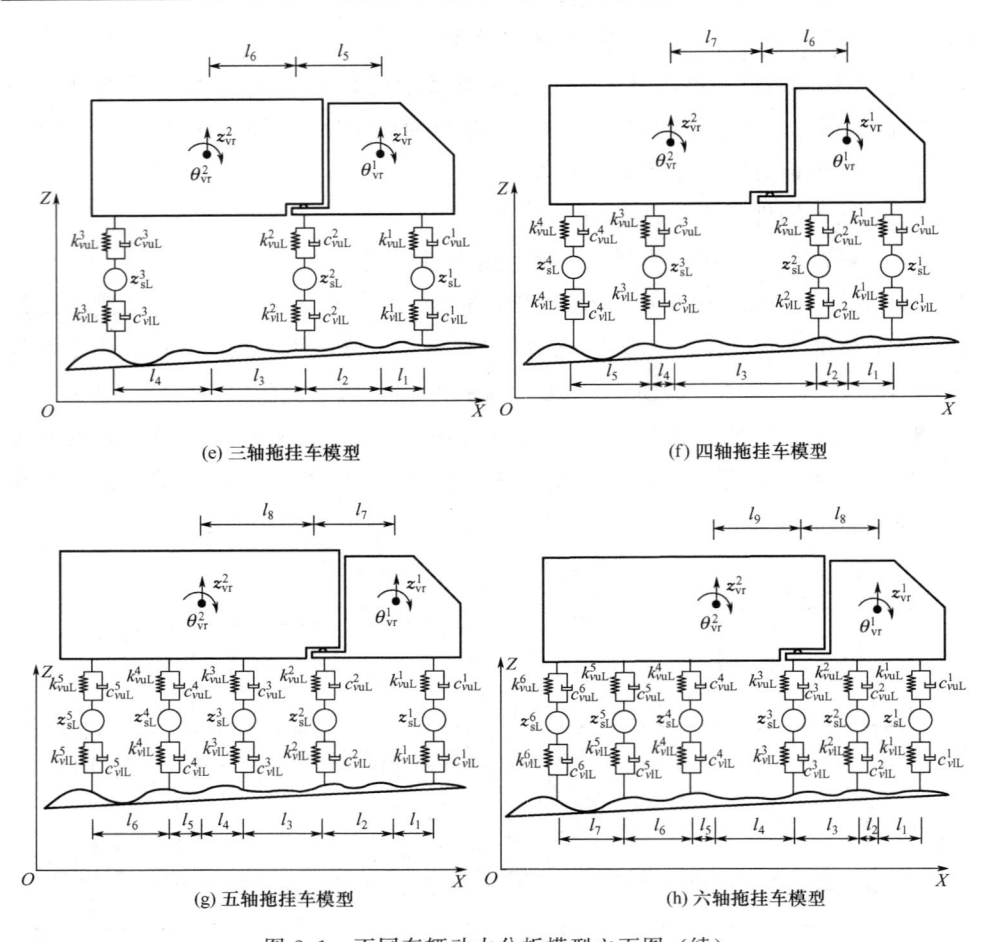

(f) 四轴拖挂车模型

(g) 五轴拖挂车模型

(h) 六轴拖挂车模型

图 2.1 不同车辆动力分析模型立面图（续）

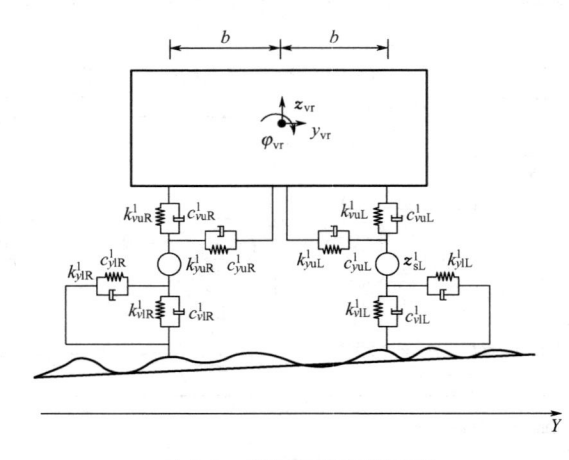

图 2.2 车辆模型横断面图

表 2.2 车辆模型动力参数

参数	参数意义
M_{vr}^i	第 i 个车体质量(kg)
I_{vr}^i	第 i 个车体仰俯转动惯性矩(kg·m²)
J_{vr}^i	第 i 个车体侧滚转动惯性矩(kg·m²)
m_{sL}^i, m_{sR}^i	车辆第 i 轴左右两车轮质量(kg)
k_{vuL}^i, k_{vuR}^i	上层悬挂第 i 轴的竖向左右弹簧刚度(N/m)
k_{yuL}^i, k_{yuR}^i	上层悬挂第 i 轴的横向左右弹簧刚度(N/m)
c_{vuL}^i, c_{vuR}^i	上层悬挂第 i 轴的竖向阻尼系数(N·s/m)
c_{yuL}^i, c_{yuR}^i	上层悬挂第 i 轴的横向阻尼系数(N·s/m)
k_{vlL}^i, k_{vlR}^i	下层悬挂第 i 轴的竖向弹簧刚度(N/m)
k_{ylL}^i, k_{ylR}^i	下层悬挂第 i 轴的横向弹簧刚度(N/m)
c_{vlL}^i, c_{vlR}^i	下层悬挂第 i 轴的竖向阻尼系数(N·s/m)
c_{ylL}^i, c_{ylR}^i	下层悬挂第 i 轴的横向阻尼系数(N·s/m)
l_i	车体重心距第 i 轴的距离(m)
b	左右轮对距离的一半(m)

表 2.3 车辆模型各自由度参数

参数	参数意义
z_{vr}^i	第 i 个车体的浮沉位移
y_{vr}^i	第 i 个车体的横向位移
θ_{vr}^i	第 i 个车体的点头位移
φ_{vr}^i	第 i 个车体的侧滚位移
z_{sL}^i, z_{sR}^i	第 i 个车轴两车轮的竖向位移
y_{sL}^i, y_{sR}^i	第 i 个车轴两车轮的横向位移
z_{bL}^i, z_{bR}^i	第 i 个车轴两车轮与桥面接触点处桥面竖向位移
y_{cL}^i, y_{cR}^i	第 i 个车轴两车轮接触点的侧移不平度
r_L^i, r_R^i	第 i 个车轴两车轮与桥面接触点不平度

2.1.3 典型车型运动方程推导

本节将对前述各类典型车型的动力方程进行推导。车辆分析模型的动力方程可通过直接集成质量、刚度和阻尼矩阵的方法建立,也可通过能量法建立,此处采用基于拉格朗日方程的能量法建立车辆运动方程。

1. 两轴车辆运动方程

两轴整车模型（图2.2）可看作5个刚体，包括1个车体（有浮沉、点头、侧滚及侧移4个自由度）、4个车轮（各有竖向和横向移动2个自由度），总共有12个独立自由度，即

$$\{z_{vr}, \theta_{vr}, \varphi_{vr}, y_{vr}, z_{sL}^1, z_{sR}^1, z_{sL}^2, z_{sR}^2, y_{sL}^1, y_{sR}^1, y_{sL}^2, y_{sR}^2\}$$

车辆上层两侧弹簧的竖向变形为

$$\Delta_{vuL}^1 = z_{vr} - l_1\theta_{vr} - b\varphi_{vr} - z_{sL}^1, \quad \Delta_{vuR}^1 = z_{vr} - l_1\theta_{vr} + b\varphi_{vr} - z_{sR}^1$$

$$\Delta_{vuL}^2 = z_{vr} + l_2\theta_{vr} - b\varphi_{vr} - z_{sL}^2, \quad \Delta_{vuR}^2 = z_{vr} + l_1\theta_{vr} + b\varphi_{vr} - z_{sR}^2$$

车辆下层两侧弹簧的竖向变形为

$$\Delta_{vlL}^i = z_{sL}^i - z_{bL}^i - r_L^i \ (i=1,2), \quad \Delta_{vlR}^i = z_{sR}^i - z_{bR}^i - r_R^i \ (i=1,2)$$

车辆上层两侧弹簧的横向变形为

$$\Delta_{yuL}^i = y_{vr} - y_{sL}^i \ (i=1,2), \quad \Delta_{yuR}^i = y_{vr} - y_{sR}^i \ (i=1,2)$$

车辆下层两侧弹簧的横向变形为

$$\Delta_{ylL}^i = y_{sL}^i - y_L^i \ (i=1,2), \quad \Delta_{ylR}^i = y_{sR}^i - y_R^i \ (i=1,2)$$

采用拉格朗日运动方程的方法推导空间两轴车模型的运动方程，其他车型运动方程的推导以此为例。拉格朗日运动方程的表达式为[5]

$$\frac{\mathrm{d}}{\mathrm{d}t}\left(\frac{\partial T}{\partial \dot{Z}}\right) - \frac{\partial T}{\partial Z} + \frac{\partial V}{\partial Z} + \frac{\partial Q}{\partial \dot{Z}} = 0 \tag{2.1}$$

式中 T——车辆系统运动的总动能；

V——总弹性势能（弹簧变形势能）；

Q——阻尼总耗散能量；

Z——广义自由度。

车辆振动的总动能为

$$T = \frac{1}{2}(M_{vr}\dot{z}_{vr}^2 + I_{vr}\dot{\theta}_{vr}^2 + J_{vr}\dot{\varphi}_{vr}^2 + M_{vr}\dot{y}_{vr}^2)$$

$$+ \frac{1}{2}\sum_{i=1}^{2}[m_{sL}^i(\dot{z}_{sL}^{i2} + \dot{y}_{sL}^{i2}) + m_{sR}^i(\dot{z}_{sR}^{i2} + \dot{y}_{sR}^{i2})] \tag{2.2}$$

车辆振动的总弹簧变形势能为

$$V = \frac{1}{2}\sum_{i=1}^{2}[k_{vuL}^i(\Delta_{vuL}^i)^2 + k_{vuR}^i(\Delta_{vuR}^i)^2 + k_{yuL}^i(\Delta_{yuL}^i)^2 + k_{yuR}^i(\Delta_{yuR}^i)^2]$$

$$+ \frac{1}{2}\sum_{i=1}^{2}[k_{vlL}^i(\Delta_{vlL}^i)^2 + k_{vlR}^i(\Delta_{vlR}^i)^2 + k_{ylL}^i(\Delta_{ylL}^i)^2 + k_{ylR}^i(\Delta_{ylR}^i)^2] \tag{2.3}$$

车辆振动的阻尼总耗散能量为

$$Q = \frac{1}{2}\sum_{i=1}^{2}\left[c_{vuL}^{i}(\dot{\Delta}_{vuL}^{i})^{2} + c_{vuR}^{i}(\dot{\Delta}_{vuR}^{i})^{2} + \dot{c}_{yuL}^{i}(\Delta_{yuL}^{i})^{2} + \dot{c}_{yuR}^{i}(\Delta_{yuR}^{i})^{2}\right]$$

$$+ \frac{1}{2}\sum_{i=1}^{2}\left[c_{vlL}^{i}(\dot{\Delta}_{vlL}^{i})^{2} + c_{vlR}^{i}(\dot{\Delta}_{vlR}^{i})^{2} + c_{ylL}^{i}(\dot{\Delta}_{ylL}^{i})^{2} + c_{ylR}^{i}(\dot{\Delta}_{ylR}^{i})^{2}\right] \quad (2.4)$$

将上面求得的各能量表达式代入式(2.1)中,并以车辆各自由度分别代替 Z,计算后可得到车辆的运动方程,同时得到刚度矩阵$[K_v]$为 12×12 阶对称阵,各元素如下,其中未列出部分为 0 的元素:

$k_{11} = \sum_{i=1}^{2}(k_{vuL}^{i} + k_{vuR}^{i}); k_{12} = l_2(k_{vuL}^{2} + k_{vuR}^{2}) - l_1(k_{vuL}^{1} + k_{vuR}^{1});$

$k_{13} = b\sum_{i=1}^{2}(k_{vuR}^{i} - k_{vuL}^{i}); k_{15} = -k_{vuL}^{1}; k_{16} = -k_{vuR}^{1}; k_{17} = -k_{vuL}^{2};$

$k_{18} = -k_{vuR}^{2}; k_{22} = \sum_{i=1}^{2}l_{i}^{2}(k_{vuL}^{i} + k_{vuR}^{i}); k_{23} = b[l_2(k_{vuR}^{2} - k_{vuL}^{2}) - l_1(k_{vuR}^{1} - k_{vuL}^{1})];$

$k_{25} = l_1 k_{vuL}^{1}; k_{26} = l_1 k_{vuR}^{1}; k_{27} = -l_2 k_{vuL}^{2}; k_{28} = -l_2 k_{vuR}^{2};$

$k_{33} = b^2\sum_{i=1}^{2}(k_{vuL}^{i} + k_{vuR}^{i}); k_{35} = -bk_{vuL}^{1}; k_{36} = bk_{vuR}^{1}; k_{37} = -bk_{vuL}^{2};$

$k_{38} = bk_{vuR}^{2}; k_{44} = \sum_{i=1}^{2}(k_{yuL}^{i} + k_{yuR}^{i}); k_{49} = -k_{vuL}^{1}; k_{4,10} = -k_{vuR}^{1};$

$k_{4,11} = -k_{vuL}^{2}; k_{4,12} = -k_{vuR}^{2}; k_{55} = k_{vuL}^{1} + k_{vlL}^{1}; k_{66} = k_{vuR}^{1} + k_{vlR}^{1};$

$k_{77} = k_{vuL}^{2} + k_{vlL}^{2}; k_{88} = k_{vuR}^{2} + k_{vlR}^{2}; k_{99} = k_{yuL}^{1} + k_{ylL}^{1};$

$k_{10,10} = k_{yuR}^{1} + k_{ylR}^{1}; k_{11,11} = k_{yuL}^{2} + k_{ylL}^{2}; k_{12,12} = k_{yuR}^{2} + k_{ylR}^{2}$

通过两轴车运动方程的推导,可知车辆阻尼矩阵与刚度矩阵具有相同的形式,只需用 c 代替刚度矩阵中的 k 即可得到车辆阻尼矩阵。其他车型的运动方程也都具有此性质,故此后只给出各种车辆模型的刚度矩阵。

车辆质量矩阵为

$[M_v] = \mathrm{diag}[M_{vr} \quad I_{vr} \quad J_{vr} \quad M_{vr} \quad m_{sL}^{1} \quad m_{sR}^{1} \quad m_{sL}^{2} \quad m_{sR}^{2} \quad m_{sL}^{1} \quad m_{sR}^{1} \quad m_{sL}^{2} \quad m_{sR}^{2}]$

车辆各刚体的位移为

$\{U_v\} = \{z_{vr} \quad \theta_{vr} \quad \varphi_{vr} \quad y_{vr} \quad z_{sL}^{1} \quad z_{sR}^{1} \quad z_{sL}^{2} \quad z_{sR}^{2} \quad y_{sL}^{1} \quad y_{sR}^{1} \quad y_{sL}^{2} \quad y_{sR}^{2}\}^{\mathrm{T}}$

可得单车动力平衡方程如下,为了表达简单且便于编程计算,将其写成矩阵形式:

$$[M_v]\{\ddot{U}_v\} + [C_v]\{\dot{U}_v\} + [K_v]\{U_v\} = \{F_v\} \quad (2.5)$$

式中 $[M_v]$,$[C_v]$,$[K_v]$——车辆的质量、阻尼和刚度矩阵;

$\{U_v\}, \{\dot{U}_v\}, \{\ddot{U}_v\}$——车辆各刚体的位移、速度和加速度向量；

$\{F_v\}$——作用于车轮的力向量，$\{F_v\} = \mathrm{col}\{0,0,0,0, F_{wvL}^1,$
$F_{wvR}^1, F_{wvL}^2, F_{wvR}^2, F_{wyL}^1, F_{wyR}^1, F_{wyL}^2, F_{wyR}^2\}$，详细表达式将在后续推导中给出。

2. 三轴（双前轴）车运动方程

整辆车（图 2.3）可以看作 7 个刚体，包括 1 个车体（有浮沉、点头、侧滚及侧移 4 个自由度）、6 个车轮（各有竖向和横向移动 2 个自由度）。车辆总共有 16 个独立自由度，即

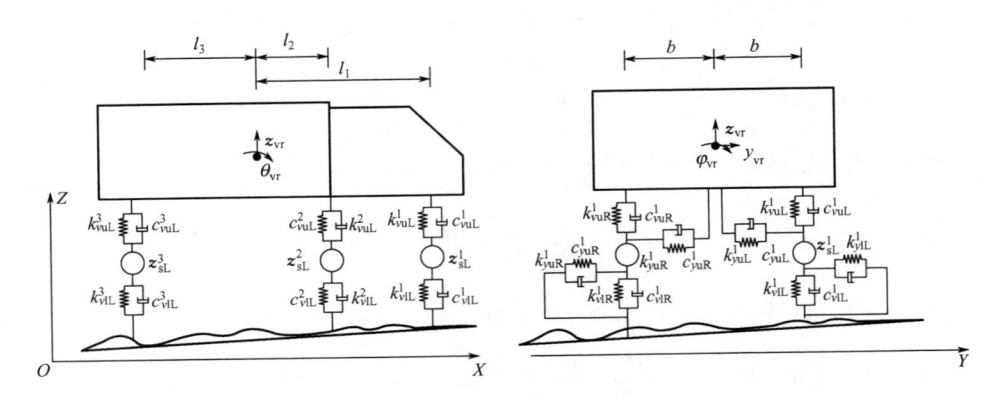

$$\{z_{vr}, \theta_{vr}, \varphi_{vr}, y_{vr}, z_{sL}^1, z_{sR}^1, z_{sL}^2, z_{sR}^2, z_{sL}^3, z_{sR}^3, y_{sL}^1, y_{sR}^1, y_{sL}^2, y_{sR}^2, y_{sL}^3, y_{sR}^3\}$$

图 2.3 三轴（双前轴）车辆动力分析模型

车辆上层两侧弹簧的竖向变形为

$$\Delta_{vuL}^1 = z_{vr} - l_1\theta_{vr} - b\varphi_{vr} - z_{sL}^1, \quad \Delta_{vuR}^1 = z_{vr} - l_1\theta_{vr} + b\varphi_{vr} - z_{sR}^1$$

$$\Delta_{vuL}^2 = z_{vr} - l_2\theta_{vr} - b\varphi_{vr} - z_{sL}^2, \quad \Delta_{vuR}^2 = z_{vr} - l_2\theta_{vr} + b\varphi_{vr} - z_{sR}^2$$

$$\Delta_{vuL}^3 = z_{vr} + l_3\theta_{vr} - b\varphi_{vr} - z_{sL}^3, \quad \Delta_{vuR}^3 = z_{vr} - l_3\theta_{vr} + b\varphi_{vr} - z_{sR}^3$$

车辆下层两侧弹簧的竖向变形为

$$\Delta_{vlL}^i = z_{sL}^i - z_{bL}^i - r_L^i \, (i=1,2,3), \quad \Delta_{vlR}^i = z_{sR}^i - z_{bR}^i - r_R^i \, (i=1,2,3)$$

车辆上层两侧弹簧的横向变形为

$$\Delta_{yuL}^i = y_{vr} - y_{sL}^i \, (i=1,2,3), \quad \Delta_{yuR}^i = y_{vr} - y_{sR}^i \, (i=1,2,3)$$

车辆下层两侧弹簧的横向变形为

$$\Delta_{ylL}^i = y_{sL}^i - y_L^i \, (i=1,2,3), \quad \Delta_{ylR}^i = y_{sR}^i - y_R^i \, (i=1,2,3)$$

同两轴车运动方程推导方法（过程从略），得到三轴（双前轴）车的 16×16 阶对称刚度矩阵 $[K_v]$ 各元素如下：

第 2 章　汽车与桥梁动力相互作用分析方法

$$k_{11} = \sum_{i=1}^{3}(k_{vuL}^i + k_{vuR}^i); \quad k_{12} = l_3(k_{vuL}^3 + k_{vuR}^3) - \sum_{i=1}^{2} l_i(k_{vuL}^i + k_{vuR}^i);$$

$$k_{13} = b\sum_{i=1}^{2}(k_{vuR}^i - k_{vuL}^i); k_{15} = -k_{vuL}^1; k_{16} = -k_{vuR}^1; k_{17} = -k_{vuL}^2; k_{18} = -k_{vuR}^2;$$

$$k_{19} = -k_{vuL}^3; k_{1,10} = -k_{vuR}^3; k_{22} = \sum_{i=1}^{3} l_i^2(k_{vuL}^i + k_{vuR}^i);$$

$$k_{23} = b\sum_{i=1}^{2} l_i(k_{vuL}^i - k_{vuR}^i) - bl_3(k_{vuL}^3 - k_{vuR}^3); k_{25} = l_1 k_{vuL}^1; k_{26} = l_1 k_{vuR}^1;$$

$$k_{27} = l_2 k_{vuL}^2; k_{28} = l_2 k_{vuR}^2; k_{29} = -l_3 k_{vuL}^3; k_{2,10} = -l_3 k_{vuR}^3;$$

$$k_{33} = b^2 \sum_{i=1}^{3}(k_{vuL}^i + k_{vuR}^i); k_{35} = bk_{vuL}^1; k_{36} = -bk_{vuR}^1; k_{37} = bk_{vuL}^2;$$

$$k_{38} = -bk_{vuR}^2; k_{39} = bk_{vuL}^3; k_{3,10} = -bk_{vuR}^3; k_{44} = \sum_{i=1}^{3}(k_{yuL}^i + k_{yuR}^i);$$

$$k_{4,11} = -k_{yuL}^1; k_{4,12} = -k_{yuR}^1; k_{4,13} = -k_{yuL}^2; k_{4,14} = -k_{yuR}^2; k_{4,15} = -k_{yuL}^3;$$

$$k_{4,16} = -k_{yuR}^3; k_{55} = k_{vuL}^1 + k_{vlL}^1; k_{66} = k_{vuR}^1 + k_{vlR}^1; k_{77} = k_{vuL}^2 + k_{vlL}^2;$$

$$k_{88} = k_{vuR}^2 + k_{vlR}^2; k_{99} = k_{vuL}^3 + k_{vlL}^3; k_{10,10} = k_{vuR}^3 + k_{vlR}^3; k_{11,11} = k_{yuL}^1 + k_{ylL}^1;$$

$$k_{12,12} = k_{yuR}^1 + k_{ylR}^1; k_{13,13} = k_{yuL}^2 + k_{ylL}^2; k_{14,14} = k_{yuR}^2 + k_{ylR}^2; k_{15,15} = k_{yuL}^3 + k_{ylL}^3;$$

$$k_{16,16} = k_{yuR}^3 + k_{ylR}^3$$

3. 三轴（双后轴）车运动方程

整辆车（图 2.4）可以看作 7 个刚体，包括 1 个车体（有浮沉、点头、侧滚及侧移 4 个自由度）、6 个车轮（各有竖向和横向移动 2 个自由度）。车辆总共有 16 个独立自由度，即

$$\{z_{vr}, \theta_{vr}, \varphi_{vr}, y_{vr}, z_{sL}^1, z_{sR}^1, z_{sL}^2, z_{sR}^2, z_{sL}^3, z_{sR}^3, y_{sL}^1, y_{sR}^1, y_{sL}^2, y_{sR}^2, y_{sL}^3, y_{sR}^3\}$$

车辆上层两侧弹簧的竖向变形为

$$\Delta_{vuL}^1 = z_{vr} - l_1\theta_{vr} - b\varphi_{vr} - z_{sL}^1, \quad \Delta_{vuR}^1 = z_{vr} - l_1\theta_{vr} + b\varphi_{vr} - z_{sR}^1$$

$$\Delta_{vuL}^2 = z_{vr} + l_2\theta_{vr} - b\varphi_{vr} - z_{sL}^2, \quad \Delta_{vuR}^2 = z_{vr} + l_2\theta_{vr} + b\varphi_{vr} - z_{sR}^2$$

$$\Delta_{vuL}^3 = z_{vr} + l_3\theta_{vr} - b\varphi_{vr} - z_{sL}^3, \quad \Delta_{vuR}^3 = z_{vr} + l_3\theta_{vr} + b\varphi_{vr} - z_{sR}^3$$

车辆下层两侧弹簧的竖向变形为

$$\Delta_{vlL}^i = z_{sL}^i - z_{bL}^i - r_L^i (i=1,2,3), \quad \Delta_{vlR}^i = z_{sR}^i - z_{bR}^i - r_R^i (i=1,2,3)$$

车辆上层两侧弹簧的横向变形为

$$\Delta_{yuL}^i = y_{vr} - y_{sL}^i (i=1,2,3), \quad \Delta_{yuR}^i = y_{vr} - y_{sR}^i (i=1,2,3)$$

车辆下层两侧弹簧的横向变形为

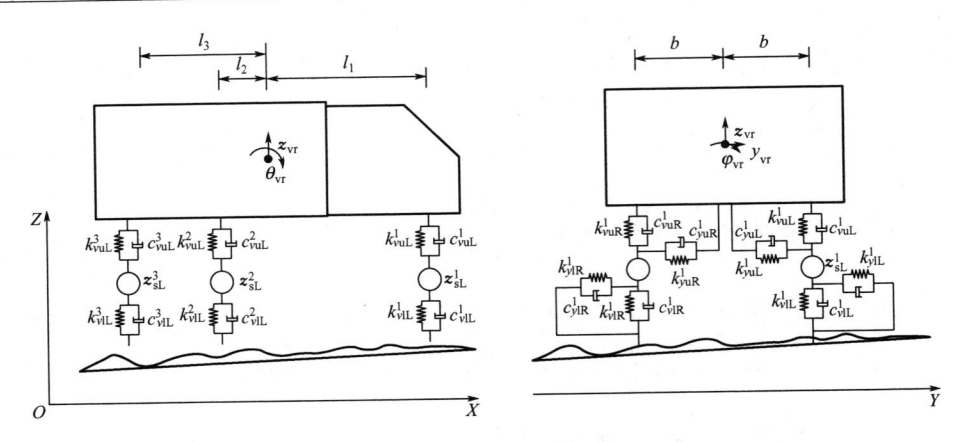

图 2.4 三轴（双后轴）车辆动力分析模型

$$\Delta_{y1L}^i = y_{sL}^i - y_L^i (i=1,2,3), \Delta_{y1R}^i = y_{sR}^i - y_R^i (i=1,2,3)$$

三轴（双后轴）车的 16×16 阶对称刚度矩阵 $[K_v]$ 各元素如下：

$$k_{11} = \sum_{i=1}^{3}(k_{vuL}^i + k_{vuR}^i); k_{12} = \sum_{i=2}^{3}l_i(k_{vuL}^i + k_{vuR}^i) - l_1(k_{vuL}^1 + k_{vuR}^1);$$

$$k_{13} = b\sum_{i=1}^{3}(k_{vuR}^i - k_{vuL}^i); k_{15} = -k_{vuL}^1; k_{16} = -k_{vuR}^1; k_{17} = -k_{vuL}^2; k_{18} = -k_{vuR}^2;$$

$$k_{19} = -k_{vuL}^3; k_{1,10} = -k_{vuR}^3; k_{22} = \sum_{i=1}^{3}l_i^2(k_{vuL}^i + k_{vuR}^i);$$

$$k_{23} = bl_1(k_{vuL}^1 - k_{vuR}^1) - b\sum_{i=2}^{3}l_i(k_{vuL}^i - k_{vuR}^i); k_{25} = l_1 k_{vuL}^1; k_{26} = l_1 k_{vuR}^1;$$

$$k_{27} = l_2 k_{vuL}^2; k_{28} = l_2 k_{vuR}^2; k_{29} = -l_3 k_{vuL}^3; k_{2,10} = -l_3 k_{vuR}^3;$$

$$k_{33} = b^2 \sum_{i=1}^{3}(k_{vuL}^i + k_{vuR}^i); k_{35} = bk_{vuL}^1; k_{36} = -bk_{vuR}^1; k_{37} = bk_{vuL}^2;$$

$$k_{38} = -bk_{vuR}^2; k_{39} = bk_{vuL}^3; k_{3,10} = -bk_{vuR}^3; k_{44} = \sum_{i=1}^{3}(k_{yuL}^i + k_{yuR}^i); k_{4,11} = -k_{yuL}^1;$$

$$k_{4,12} = -k_{yuR}^1; k_{4,13} = -k_{yuL}^2; k_{4,14} = -k_{yuR}^2; k_{4,15} = -k_{yuL}^3; k_{4,16} = -k_{yuR}^3;$$

$$k_{55} = k_{vuL}^1 + k_{vlL}^1; k_{66} = k_{vuR}^1 + k_{vlR}^1; k_{77} = k_{vuL}^2 + k_{vlL}^2; k_{88} = k_{vuR}^2 + k_{vlR}^2;$$

$$k_{99} = k_{vuL}^3 + k_{vlL}^3; k_{10,10} = k_{vuR}^3 + k_{vlR}^3; k_{11,11} = k_{yuL}^1 + k_{ylL}^1; k_{12,12} = k_{yuR}^1 + k_{ylR}^1;$$

$$k_{13,13} = k_{yuL}^2 + k_{ylL}^2; k_{14,14} = k_{yuR}^2 + k_{ylR}^2; k_{15,15} = k_{yuL}^3 + k_{ylL}^3; k_{16,16} = k_{yuR}^3 + k_{ylR}^3$$

4. 四轴车运动方程

整辆车（图 2.5）可以看作 9 个刚体，包括 1 个车体（有浮沉、点头、侧滚

及侧移 4 个自由度)、8 个车轮(各有竖向和横向移动 2 个自由度)。车辆总共有 20 个独立自由度,即

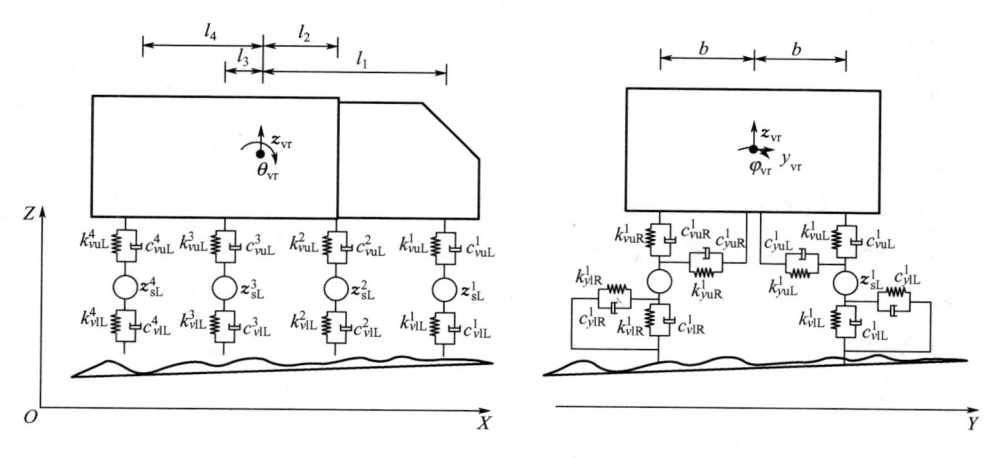

$$\{z_{vr}, \theta_{vr}, \varphi_{vr}, y_{vr}, z_{sL}^1, z_{sR}^1, z_{sL}^2, z_{sR}^2, z_{sL}^3, z_{sR}^3, z_{sL}^4, z_{sR}^4, y_{sL}^1, y_{sR}^1, y_{sL}^2, y_{sR}^2, y_{sL}^3, y_{sR}^3, y_{sL}^4, y_{sR}^4\}$$

图 2.5 四轴车辆动力分析模型

车辆上层两侧弹簧的竖向变形为

$$\Delta_{vuL}^1 = z_{vr} - l_1\theta_{vr} - b\varphi_{vr} - z_{sL}^1, \quad \Delta_{vuR}^1 = z_{vr} - l_1\theta_{vr} + b\varphi_{vr} - z_{sR}^1$$

$$\Delta_{vuL}^2 = z_{vr} - l_2\theta_{vr} - b\varphi_{vr} - z_{sL}^2, \quad \Delta_{vuR}^2 = z_{vr} - l_2\theta_{vr} + b\varphi_{vr} - z_{sR}^2$$

$$\Delta_{vuL}^3 = z_{vr} + l_3\theta_{vr} - b\varphi_{vr} - z_{sL}^3, \quad \Delta_{vuR}^3 = z_{vr} + l_3\theta_{vr} + b\varphi_{vr} - z_{sR}^3$$

$$\Delta_{vuL}^4 = z_{vr} + l_4\theta_{vr} - b\varphi_{vr} - z_{sL}^4, \quad \Delta_{vuR}^4 = z_{vr} + l_4\theta_{vr} + b\varphi_{vr} - z_{sR}^4$$

车辆下层两侧弹簧的竖向变形为

$$\Delta_{vlL}^i = z_{sL}^i - z_{bL}^i - r_L^i (i=1,2,3,4), \quad \Delta_{vlR}^i = z_{sR}^i - z_{bR}^i - r_R^i (i=1,2,3,4)$$

车辆上层两侧弹簧的横向变形为

$$\Delta_{yuL}^i = y_{vr} - y_{sL}^i (i=1,2,3,4), \quad \Delta_{yuR}^i = y_{vr} - y_{sR}^i (i=1,2,3,4)$$

车辆下层两侧弹簧的横向变形为

$$\Delta_{ylL}^i = y_{sL}^i - y_L^i (i=1,2,3,4), \quad \Delta_{ylR}^i = y_{sR}^i - y_R^i (i=1,2,3,4)$$

四轴车的 20 阶对称刚度矩阵 $[K_v]$ 各元素如下:

$$k_{11} = \sum_{i=1}^{4}(k_{vuL}^i + k_{vuR}^i); k_{12} = \sum_{i=3}^{4}l_i(k_{vuL}^i + k_{vuR}^i) + l_2(k_{vuL}^2 - k_{vuR}^2) - l_1(k_{vuL}^1 + k_{vuR}^1);$$

$$k_{13} = b\sum_{i=1}^{2}(k_{vuR}^i - k_{vuL}^i); k_{15} = -k_{vuL}^1; k_{16} = -k_{vuR}^1; k_{17} = -k_{vuL}^2; k_{18} = -k_{vuR}^2;$$

$$k_{19} = -k_{vuL}^3; k_{1,10} = -k_{vuR}^3; k_{1,11} = -k_{vuL}^4; k_{1,12} = -k_{vuR}^4; k_{22} = \sum_{i=1}^{4}l_i^2(k_{vuL}^i + k_{vuR}^i);$$

$$k_{23} = b\sum_{i=1}^{2} l_i(k_{vuL}^i - k_{vuR}^i) - b\sum_{i=3}^{4} l_i(k_{vuL}^i - k_{vuR}^i); k_{25} = l_1 k_{vuL}^1; k_{26} = l_1 k_{vuR}^1;$$

$$k_{27} = l_2 k_{vuL}^2; k_{28} = l_2 k_{vuR}^2; k_{29} = -l_3 k_{vuL}^3; k_{2,10} = -l_3 k_{vuR}^3; k_{2,11} = -l_4 k_{vuL}^4;$$

$$k_{2,12} = -l_4 k_{vuR}^4; k_{33} = b^2 \sum_{i=1}^{4}(k_{vuL}^i + k_{vuR}^i); k_{35} = bk_{vuL}^1; k_{36} = -bk_{vuR}^1; k_{37} = bk_{vuL}^2;$$

$$k_{38} = -bk_{vuR}^2; k_{39} = bk_{vuL}^3; k_{3,10} = -bk_{vuR}^3; k_{3,11} = bk_{vuL}^4; k_{3,12} = -bk_{vuR}^4;$$

$$k_{44} = \sum_{i=1}^{4}(k_{yuL}^i + k_{yuR}^i); k_{4,13} = -k_{yuL}^1; k_{4,14} = -k_{yuR}^1; k_{4,15} = -k_{yuL}^2;$$

$$k_{4,16} = -k_{yuR}^2; k_{4,17} = -k_{yuL}^3; k_{4,18} = -k_{yuR}^3; k_{4,19} = -k_{yuL}^4; k_{4,20} = -k_{yuR}^4;$$

$$k_{55} = k_{vuL}^1 + k_{vlL}^1; k_{66} = k_{vuR}^1 + k_{vlR}^1; k_{77} = k_{vuL}^2 + k_{vlL}^2; k_{88} = k_{vuR}^2 + k_{vlR}^2;$$

$$k_{99} = k_{vuL}^3 + k_{vlL}^3; k_{10,10} = k_{vuR}^3 + k_{vlR}^3; k_{11,11} = k_{vuL}^4 + k_{vlL}^4; k_{12,12} = k_{vuR}^4 + k_{vlR}^4;$$

$$k_{13,13} = k_{yuL}^1 + k_{ylL}^1; k_{14,14} = k_{yuR}^1 + k_{ylR}^1; k_{15,15} = k_{yuL}^2 + k_{ylL}^2; k_{16,16} = k_{yuR}^2 + k_{ylR}^2;$$

$$k_{17,17} = k_{yuL}^3 + k_{ylL}^3; k_{18,18} = k_{yuR}^3 + k_{ylR}^3; k_{19,19} = k_{yuL}^4 + k_{ylL}^4;$$

$$k_{20,20} = k_{yuR}^4 + k_{ylR}^4$$

5. 三轴挂车运动方程

整辆车（图 2.6）可以看作 8 个刚体，包括 2 个车体（有浮沉、点头、侧滚及侧移 4 个自由度）、6 个车轮（各有竖向和横向移动 2 个自由度），但由于 θ_{vr}^1 与 θ_{vr}^2 相关，故车辆总共的独立自由度是 19 个，即

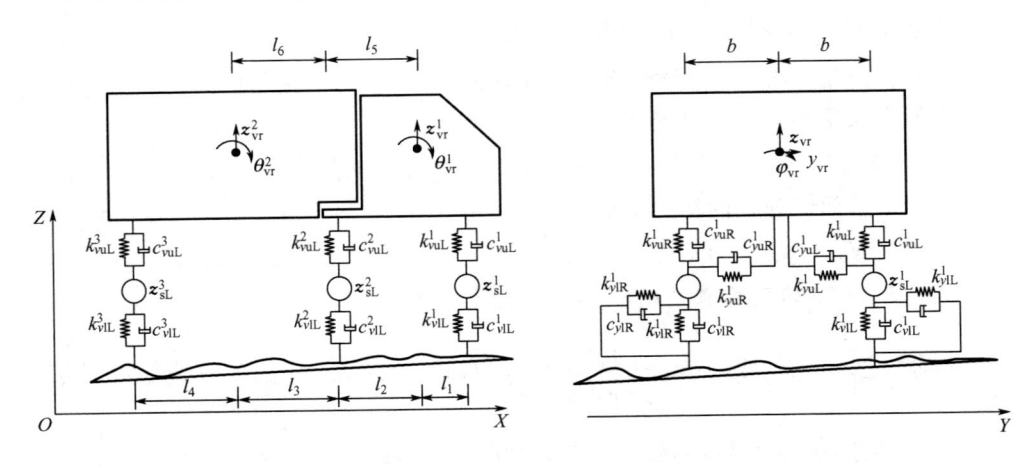

$$\{z_{vr}^1, \theta_{vr}^1, \varphi_{vr}, y_{vr}^1, z_{vr}^2, \varphi_{vr}^2, y_{vr}^2, z_{sL}^1, z_{sR}^1, z_{sL}^2, z_{sR}^2, z_{sL}^3, z_{sR}^3, y_{sL}^1, y_{sR}^1, y_{sL}^2, y_{sR}^2, y_{sL}^3, y_{sR}^3\}$$

图 2.6 三轴挂车车辆动力分析模型

车辆上层两侧弹簧的竖向变形为

$$\Delta_{v\mathrm{uL}}^1 = z_{\mathrm{vr}}^1 - l_1\theta_{\mathrm{vr}}^1 - b\varphi_{\mathrm{vr}}^1 - z_{\mathrm{sL}}^1, \quad \Delta_{v\mathrm{uR}}^1 = z_{\mathrm{vr}}^1 - l_1\theta_{\mathrm{vr}}^1 + b\varphi_{\mathrm{vr}}^1 - z_{\mathrm{sR}}^1$$

$$\Delta_{v\mathrm{uL}}^2 = z_{\mathrm{vr}}^1 + l_2\theta_{\mathrm{vr}}^1 - b\varphi_{\mathrm{vr}}^1 - z_{\mathrm{sL}}^2, \quad \Delta_{v\mathrm{uR}}^2 = z_{\mathrm{vr}}^1 + l_2\theta_{\mathrm{vr}}^1 + b\varphi_{\mathrm{vr}}^1 - z_{\mathrm{sR}}^2$$

$$\Delta_{v\mathrm{uL}}^3 = z_{\mathrm{vr}}^2 + l_4\theta_{\mathrm{vr}}^2 - b\varphi_{\mathrm{vr}}^2 - z_{\mathrm{sL}}^3, \quad \Delta_{v\mathrm{uR}}^3 = z_{\mathrm{vr}}^2 + l_4\theta_{\mathrm{vr}}^2 + b\varphi_{\mathrm{vr}}^2 - z_{\mathrm{sR}}^3$$

车辆下层两侧弹簧的竖向变形为

$$\Delta_{v\mathrm{lL}}^i = z_{\mathrm{sL}}^i - z_{\mathrm{bL}}^i - r_{\mathrm{L}}^i\,(i=1,2,3), \quad \Delta_{v\mathrm{lR}}^i = z_{\mathrm{sR}}^i - z_{\mathrm{bR}}^i - r_{\mathrm{R}}^i\,(i=1,2,3)$$

车辆上层两侧弹簧的横向变形为

$$\Delta_{y\mathrm{uL}}^i = y_{\mathrm{vr}}^1 - y_{\mathrm{sL}}^i\,(i=1,2), \quad \Delta_{y\mathrm{uR}}^i = y_{\mathrm{vr}}^1 - y_{\mathrm{sR}}^i\,(i=1,2)$$

$$\Delta_{y\mathrm{uL}}^3 = y_{\mathrm{vr}}^2 - y_{\mathrm{sL}}^3, \quad \Delta_{y\mathrm{uR}}^3 = y_{\mathrm{vr}}^2 - y_{\mathrm{sR}}^3$$

车辆下层两侧弹簧的横向变形为

$$\Delta_{y\mathrm{lL}}^i = y_{\mathrm{sL}}^i - y_{\mathrm{L}}^i\,(i=1,2,3), \quad \Delta_{y\mathrm{lR}}^i = y_{\mathrm{sR}}^i - y_{\mathrm{R}}^i\,(i=1,2,3)$$

由拖挂车在连接点的竖向位移协调条件可得

$$z_{\mathrm{vr}}^1 + l_5\theta_{\mathrm{vr}}^1 = z_{\mathrm{vr}}^2 - l_6\theta_{\mathrm{vr}}^2$$

即

$$\theta_{\mathrm{vr}}^2 = \frac{1}{l_6}(z_{\mathrm{vr}}^2 - z_{\mathrm{vr}}^1 - l_5\theta_{\mathrm{vr}}^1)$$

三轴拖挂车的 19×19 阶对称质量矩阵 $[M_v]$ 各元素如下：

$$m_{11} = M_{\mathrm{vr}}^1 + \left(\frac{1}{l_6}\right)^2 I_{\mathrm{vr}}^2; \quad m_{12} = l_5\left(\frac{1}{l_6}\right)^2 I_{\mathrm{vr}}^2; \quad m_{15} = -\left(\frac{1}{l_6}\right)^2 I_{\mathrm{vr}}^2;$$

$$m_{22} = I_{\mathrm{vr}}^1 + \left(\frac{l_5}{l_6}\right)^2 I_{\mathrm{vr}}^2; \quad m_{25} = l_5\left(\frac{1}{l_6}\right)^2 I_{\mathrm{vr}}^2; \quad m_{33} = J_{\mathrm{vr}}^1; \quad m_{44} = M_{\mathrm{vr}}^1;$$

$$m_{55} = M_{\mathrm{vr}}^2 + \left(\frac{1}{l_6}\right)^2 I_{\mathrm{vr}}^2; \quad m_{66} = J_{\mathrm{vr}}^2; \quad m_{77} = M_{\mathrm{vr}}^2; \quad m_{88} = m_{\mathrm{sL}}^1; \quad m_{99} = m_{\mathrm{sR}}^1;$$

$$m_{10,10} = m_{\mathrm{sL}}^2; \quad m_{11,11} = m_{\mathrm{sR}}^2; \quad m_{12,12} = m_{\mathrm{sL}}^3; \quad m_{13,13} = m_{\mathrm{sR}}^3; \quad m_{14,14} = m_{\mathrm{sL}}^1;$$

$$m_{15,15} = m_{\mathrm{sR}}^1; \quad m_{16,16} = m_{\mathrm{sL}}^2; \quad m_{17,17} = m_{\mathrm{sR}}^2; \quad m_{18,18} = m_{\mathrm{sL}}^3; \quad m_{19,19} = m_{\mathrm{sR}}^3$$

三轴拖挂车的 19×19 阶对称刚度矩阵 $[K_v]$ 各元素如下：

$$k_{11} = \sum_{i=1}^{2}(k_{v\mathrm{uL}}^i + k_{v\mathrm{uR}}^i) + \left(\frac{l_5}{l_6}\right)^2 (k_{v\mathrm{uL}}^3 + k_{v\mathrm{uR}}^3);$$

$$k_{12} = -l_1(k_{v\mathrm{uL}}^1 + k_{v\mathrm{uR}}^1) + l_2(k_{v\mathrm{uL}}^2 + k_{v\mathrm{uR}}^2) + \left(\frac{l_4}{l_6}\right)^2 l_5(k_{v\mathrm{uL}}^3 + k_{v\mathrm{uR}}^3);$$

$$k_{13} = -b(k_{v\mathrm{uL}}^1 - k_{v\mathrm{uR}}^1) - b(k_{v\mathrm{uL}}^2 - k_{v\mathrm{uR}}^2); \quad k_{15} = \frac{l_4}{l_6}\left(1 + \frac{l_4}{l_6}\right)(k_{v\mathrm{uL}}^3 + k_{v\mathrm{uR}}^3);$$

$$k_{16} = \frac{l_4}{l_6}b(k_{v\mathrm{uL}}^3 - k_{v\mathrm{uR}}^3); \quad k_{18} = -k_{v\mathrm{uL}}^1; \quad k_{19} = -k_{v\mathrm{uR}}^1; \quad k_{1,10} = -k_{v\mathrm{uL}}^2;$$

$$k_{1,11} = -k_{v\mathrm{uR}}^2; \quad k_{1,12} = \frac{l_4}{l_6}k_{v\mathrm{uL}}^3; \quad k_{1,13} = \frac{l_4}{l_6}k_{v\mathrm{uR}}^3;$$

$$k_{22} = l_1^2(k_{v\mathrm{uL}}^1 + k_{v\mathrm{uR}}^1) + l_2^2(k_{v\mathrm{uL}}^2 + k_{v\mathrm{uR}}^2) + \left(\frac{l_5 l_4}{l_6}\right)^2 (k_{v\mathrm{uL}}^3 + k_{v\mathrm{uR}}^3);$$

$$k_{23} = bl_1(k_{vuL}^1 - k_{vuR}^1) - bl_2(k_{vuL}^2 - k_{vuR}^2); k_{25} = -\frac{l_5 l_4}{l_6}\left(1 + \frac{l_4}{l_6}\right)(k_{vuL}^3 + k_{vuR}^3);$$

$$k_{26} = \frac{l_5 l_4 b}{l_6}(k_{vuL}^3 - k_{vuR}^3); k_{28} = l_1 k_{vuL}^1; k_{29} = l_1 k_{vuR}^1; k_{2,10} = -l_2 k_{vuL}^2; k_{2,11} = -l_2 k_{vuR}^2;$$

$$k_{2,12} = \frac{l_5 l_4}{l_6}k_{vuL}^3; k_{2,13} = \frac{l_5 l_4}{l_6}k_{vuR}^3; k_{33} = b^2(k_{vuL}^1 + k_{vuR}^1 + k_{vuL}^2 + k_{vuR}^2); k_{38} = bk_{vuL}^1;$$

$$k_{39} = -bk_{vuR}^1; k_{3,10} = bk_{vuL}^2; k_{3,11} = -bk_{vuR}^2; k_{44} = \sum_{i=1}^{3}(k_{yuL}^i + k_{yuR}^i); k_{4,14} = -k_{yuL}^1;$$

$$k_{4,15} = -k_{yuR}^1; k_{4,16} = -k_{yuL}^2; k_{4,17} = -k_{yuR}^2; k_{55} = \left(1 + \frac{l_4}{l_6}\right)^2(k_{vuL}^3 + k_{vuR}^3);$$

$$k_{56} = -\left(1 + \frac{l_4}{l_6}\right)b(k_{vuL}^3 - k_{vuR}^3); k_{5,12} = -\left(1 + \frac{l_4}{l_6}\right)k_{vuL}^3; k_{5,13} = -\left(1 + \frac{l_4}{l_6}\right)k_{vuR}^3;$$

$$k_{66} = b^2(k_{vuL}^3 + k_{vuR}^3); k_{6,12} = bk_{vuL}^3; k_{6,13} = -bk_{vuR}^3; k_{77} = k_{vuL}^3 + k_{vuR}^3; k_{7,18} = -k_{yuL}^3;$$

$$k_{7,19} = -k_{yuR}^3; k_{88} = k_{vuL}^1 + k_{vlL}^1; k_{99} = k_{vuR}^1 + k_{vlR}^1; k_{10,10} = k_{vuL}^2 + k_{vlL}^2; k_{11,11} = k_{vuR}^2 + k_{vlR}^2;$$

$$k_{12,12} = k_{vuL}^3 + k_{vlL}^3; k_{13,13} = k_{vuR}^3 + k_{vlR}^3; k_{14,14} = k_{yuL}^1 + k_{ylL}^1; k_{15,15} = k_{yuR}^1 + k_{ylR}^1;$$

$$k_{16,16} = k_{yuL}^2 + k_{ylL}^2; k_{17,17} = k_{yuR}^2 + k_{ylR}^2; k_{18,18} = k_{yuL}^3 + k_{ylL}^3; k_{19,19} = k_{yuR}^3 + k_{ylR}^3$$

三轴挂车的阻尼矩阵与刚度矩阵形式相同，只需将刚度阵中的 k 用 c 代替即可。其动力平衡方程与两轴车型的形式相同。

6. 四轴挂车运动方程

整辆车（图 2.7）可以看作 10 个刚体，包括 2 个车体（有浮沉、点头、侧滚及侧移 4 个自由度）、8 个车轮（各有竖向和横向移动 2 个自由度），但由于 θ_{vr}^1 与 θ_{vr}^2 相关，故车辆总共有 23 个独立自由度，即

$$\{z_{vr}^1, \theta_{vr}^1, \varphi_{vr}^1, y_{vr}^1, z_{vr}^2, \varphi_{vr}^2, y_{vr}^2, z_{sL}^1, z_{sR}^1, z_{sL}^2, z_{sR}^2, z_{sL}^3, z_{sR}^3, z_{sL}^4, z_{sR}^4,$$
$$y_{sL}^1, y_{sR}^1, y_{sL}^2, y_{sR}^2, y_{sL}^3, y_{sR}^3, y_{sL}^4, y_{sR}^4\}$$

车辆上层两侧弹簧的竖向变形为

$$\Delta_{vuL}^1 = z_{vr}^1 - l_1\theta_{vr}^1 - b\varphi_{vr}^1 - z_{sL}^1, \quad \Delta_{vuR}^1 = z_{vr}^1 - l_1\theta_{vr}^1 + b\varphi_{vr}^1 - z_{sR}^1$$

$$\Delta_{vuL}^2 = z_{vr}^1 + l_2\theta_{vr}^1 - b\varphi_{vr}^1 - z_{sL}^2, \quad \Delta_{vuR}^2 = z_{vr}^1 + l_2\theta_{vr}^1 + b\varphi_{vr}^1 - z_{sR}^2$$

$$\Delta_{vuL}^3 = z_{vr}^2 + l_4\theta_{vr}^2 - b\varphi_{vr}^2 - z_{sL}^3, \quad \Delta_{vuR}^3 = z_{vr}^2 + l_4\theta_{vr}^2 + b\varphi_{vr}^2 - z_{sR}^3$$

$$\Delta_{vuL}^4 = z_{vr}^2 + (l_5 + l_4)\theta_{vr}^2 - b\varphi_{vr}^2 - z_{sL}^4, \quad \Delta_{vuR}^4 = z_{vr}^2 + (l_5 + l_4)\theta_{vr}^2 + b_2\varphi_{vr}^2 - z_{sR}^5$$

车辆下层两侧弹簧的竖向变形为

$$\Delta_{vlL}^i = z_{sL}^i - z_{bL}^i - r_L^i (i=1,2,3), \quad \Delta_{vlR}^i = z_{sR}^i - z_{bR}^i - r_R^i (i=1,2,3)$$

车辆上层两侧弹簧的横向变形为

$$\Delta_{yuL}^i = y_{vr}^1 - y_{sL}^i (i=1,2), \quad \Delta_{yuR}^i = y_{vr}^1 - y_{sR}^i (i=1,2)$$

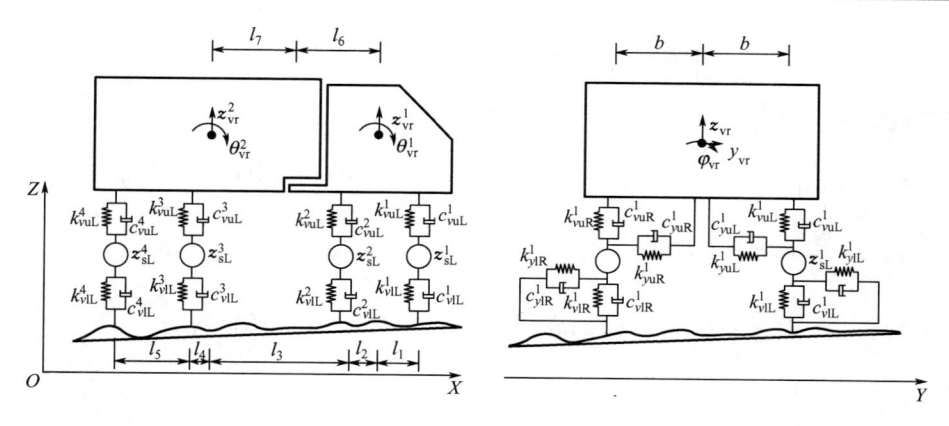

第 2 章 汽车与桥梁动力相互作用分析方法

图 2.7 四轴挂车车辆动力分析模型

$$\Delta_{yuL}^i = y_{vr}^2 - y_{sL}^i (i=3,4), \quad \Delta_{yuR}^i = y_{vr}^2 - y_{sR}^i (i=3,4)$$

车辆下层两侧弹簧的横向变形为

$$\Delta_{ylL}^i = y_{sL}^i - y_L^i (i=1,2,3,4), \quad \Delta_{ylR}^i = y_{sR}^i - y_R^i (i=1,2,3,4)$$

由拖挂车在连接点的竖向位移协调条件可得

$$z_{vr}^1 + l_6 \theta_{vr}^1 = z_{vr}^2 - l_7 \theta_{vr}^2$$

即

$$\theta_{vr}^2 = \frac{1}{l_7}(z_{vr}^2 - z_{vr}^1 - l_6 \theta_{vr}^1)$$

四轴挂车的 23×23 阶对称质量矩阵 $[M_v]$ 各元素如下：

$m_{11} = M_{vr}^1 + \left(\frac{1}{l_7}\right)^2 I_{vr}^2 ; \quad m_{12} = l_6 \left(\frac{1}{l_7}\right)^2 I_{vr}^2 ; \quad m_{15} = -\left(\frac{1}{l_7}\right)^2 I_{vr}^2 ;$

$m_{22} = I_{vr}^1 + \left(\frac{l_6}{l_7}\right)^2 I_{vr}^2 ; m_{25} = -l_6 \left(\frac{1}{l_7}\right)^2 I_{vr}^2 ; m_{33} = J_{vr}^1 ; m_{44} = M_{vr}^1 ;$

$m_{55} = M_{vr}^2 + \left(\frac{1}{l_7}\right)^2 I_{vr}^2 ; m_{66} = J_{vr}^2 ; m_{77} = M_{vr}^2 ; m_{88} = m_{sL}^1 ;$

$m_{99} = m_{sR}^1 ; m_{10,10} = m_{sL}^2 ; m_{11,11} = m_{sR}^2 ; m_{12,12} = m_{sL}^3 ;$

$m_{13,13} = m_{sR}^3 ; m_{14,14} = m_{sL}^4 ; m_{15,15} = m_{sR}^4 ; m_{16,16} = m_{sL}^1 ; m_{17,17} = m_{sR}^1 ; m_{18,18} = m_{sL}^2 ;$

$m_{19,19} = m_{sR}^2 ; m_{20,20} = m_{sL}^3 ; m_{21,21} = m_{sR}^3 ; m_{22,22} = m_{sL}^4 ; m_{23,23} = m_{sR}^4$

四轴挂车的 23×23 阶对称刚度矩阵 $[K_v]$ 各元素如下：

$k_{11} = \sum_{i=1}^{2}(k_{vuL}^i + k_{vuR}^i) + \left(\frac{l_6}{l_7}\right)^2 (k_{vuL}^3 + k_{vuR}^3) + \left(\frac{l_4+l_5}{l_7}\right)^2 (k_{vuL}^4 + k_{vuR}^4) ;$

$k_{12} = -l_1(k_{vuL}^1 + k_{vuR}^1) + l_2(k_{vuL}^2 + k_{vuR}^2) + \left(\frac{l_4}{l_7}\right)^2 l_6(k_{vuL}^3 + k_{vuR}^3)$

$$+\left(\frac{l_4+l_5}{l_7}\right)^2 l_6(k_{vuL}^4+k_{vuR}^4);$$

$$k_{13}=-b(k_{vuL}^1-k_{vuR}^1)-b(k_{vuL}^2-k_{vuR}^2);$$

$$k_{15}=\frac{l_4}{l_7}\left(1+\frac{l_4}{l_7}\right)(k_{vuL}^3+k_{vuR}^3)-\frac{l_4+l_5}{l_7}\left(1+\frac{l_4+l_5}{l_7}\right)(k_{vuL}^4+k_{vuR}^4);$$

$$k_{16}=\frac{l_4}{l_7}b(k_{vuL}^3-k_{vuR}^3)+\frac{l_4+l_5}{l_7}b(k_{vuL}^4-k_{vuR}^4);k_{18}=-k_{vuL}^1;k_{19}=-k_{vuR}^1;$$

$$k_{1,10}=-k_{vuL}^2;k_{1,11}=-k_{vuR}^2;k_{1,12}=\frac{l_4}{l_7}k_{vuL}^3;k_{1,13}=\frac{l_4}{l_7}k_{vuR}^3;k_{1,14}=\frac{l_4+l_5}{l_7}k_{vuL}^4;$$

$$k_{1,15}=\frac{l_4+l_5}{l_7}k_{vuR}^4;$$

$$k_{22}=l_1^2(k_{vuL}^1+k_{vuR}^1)+l_2^2(k_{vuL}^2+k_{vuR}^2)+\left(\frac{l_4 l_6}{l_7}\right)^2(k_{vuL}^3+k_{vuR}^3)$$
$$+\left[\frac{(l_5+l_4)l_6}{l_7}\right]^2(k_{vuL}^4+k_{vuR}^4);$$

$$k_{23}=bl_1(k_{vuL}^1-k_{vuR}^1)-bl_2(k_{vuL}^2-k_{vuR}^2);$$

$$k_{25}=-\frac{l_6 l_4}{l_7}\left(1+\frac{l_4}{l_7}\right)(k_{vuL}^3+k_{vuR}^3)-\frac{(l_5+l_4)l_6}{l_7}\left(1+\frac{l_5+l_4}{l_7}\right)(k_{vuL}^4+k_{vuR}^4);$$

$$k_{26}=\frac{l_5 l_4 b}{l_6}(k_{vuL}^3-k_{vuR}^3)+\frac{(l_5+l_4)l_6 b}{l_7}(k_{vuL}^4-k_{vuR}^4);k_{28}=l_1 k_{vuL}^1;k_{29}=l_1 k_{vuR}^1;$$

$$k_{2,10}=-l_2 k_{vuL}^2;k_{2,11}=-l_2 k_{vuR}^2;k_{2,12}=\frac{l_6 l_4}{l_7}k_{vuL}^3;k_{2,13}=\frac{l_6 l_4}{l_7}k_{vuR}^3;$$

$$k_{2,14}=\frac{(l_5+l_4)l_6}{l_7}k_{vuL}^4;k_{2,15}=\frac{(l_5+l_4)l_6}{l_7}k_{vuR}^4;$$

$$k_{33}=b^2(k_{vuL}^1+k_{vuR}^1+k_{vuL}^2+k_{vuR}^2);k_{38}=bk_{vuL}^1;k_{39}=-bk_{vuR}^1;k_{3,10}=bk_{vuL}^2;$$

$$k_{3,11}=-bk_{vuR}^2;k_{44}=\sum_{i=1}^{2}(k_{yuL}^i+k_{yuR}^i);k_{4,14}=-k_{yuL}^1;k_{4,15}=-k_{yuR}^1;$$

$$k_{4,16}=-k_{yuL}^2;k_{4,17}=-k_{yuR}^2;$$

$$k_{55}=\left(1+\frac{l_4}{l_7}\right)^2(k_{vuL}^3+k_{vuR}^3)+\left(1+\frac{l_4+l_5}{l_7}\right)^2(k_{vuL}^4+k_{vuR}^4);$$

$$k_{56}=-\left(1+\frac{l_4}{l_7}\right)b(k_{vuL}^3-k_{vuR}^3)-\left(1+\frac{l_4+l_5}{l_7}\right)b(k_{vuL}^4-k_{vuR}^4);$$

$$k_{5,12}=-\left(1+\frac{l_4}{l_7}\right)k_{vuL}^3;k_{5,13}=-\left(1+\frac{l_4}{l_7}\right)k_{vuR}^3;k_{5,14}=-\left(1+\frac{l_4+l_5}{l_7}\right)k_{vuL}^4;$$

$$k_{5,15}=-\left(1+\frac{l_4+l_5}{l_7}\right)k_{vuR}^4;k_{66}=b^2(k_{vuL}^3+k_{vuR}^3+k_{vuL}^4+k_{vuR}^4);k_{6,12}=bk_{vuL}^3;$$

$$k_{6,13}=-bk_{vuR}^3;k_{6,14}=bk_{vuL}^4;k_{6,15}=-bk_{vuR}^4;k_{77}=k_{vuL}^3+k_{vuR}^3;k_{7,20}=-k_{yuL}^3;$$

$k_{7,21} = -k_{yuR}^3; k_{7,22} = -k_{yuL}^4; k_{7,23} = -k_{yuR}^4; k_{88} = k_{vuL}^1 + k_{vlL}^1; k_{99} = k_{vuR}^1 + k_{vlR}^1;$

$k_{10,10} = k_{vuL}^2 + k_{vlL}^2; k_{11,11} = k_{vuR}^2 + k_{vlR}^2; k_{12,12} = k_{vuL}^3 + k_{vlL}^3; k_{13,13} = k_{vuR}^3 + k_{vlR}^3;$

$k_{14,14} = k_{vuL}^4 + k_{vlL}^4; k_{15,15} = k_{vuR}^4 + k_{vlR}^4; k_{16,16} = k_{vuL}^1 + k_{ylL}^1; k_{17,17} = k_{yuR}^1 + k_{ylR}^1;$

$k_{18,18} = k_{yuL}^2 + k_{ylL}^2; k_{19,19} = k_{yuR}^2 + k_{ylR}^2; k_{20,20} = k_{yuL}^3 + k_{ylL}^3; k_{21,21} = k_{yuR}^3 + k_{ylR}^3;$

$k_{22,22} = k_{yuL}^4 + k_{ylL}^4; k_{23,23} = k_{yuR}^4 + k_{ylR}^4$

7. 五轴挂车运动方程

整辆车（图 2.8）可以看作 12 个刚体，包括 2 个车体（有浮沉、点头、侧滚及侧移 4 个自由度）、10 个车轮（各有竖向和横向移动 2 个自由度），但由于 θ_{vr}^1 与 θ_{vr}^2 相关，故车辆总共有 27 个独立自由度，即

$$\begin{Bmatrix} z_{vr}^1, \theta_{vr}^1, \varphi_{vr}^1, y_{vr}^1, z_{vr}^2, \varphi_{vr}^2, y_{vr}^2, z_{sL}^1, z_{sR}^1, z_{sL}^2, z_{sR}^2, z_{sL}^3, z_{sR}^3, z_{sL}^4, \\ z_{sR}^4, z_{sL}^5, z_{sR}^5, y_{sL}^1, y_{sR}^1, y_{sL}^2, y_{sR}^2, y_{sL}^3, y_{sR}^3, y_{sL}^4, y_{sR}^4, y_{sL}^5, y_{sR}^5 \end{Bmatrix}$$

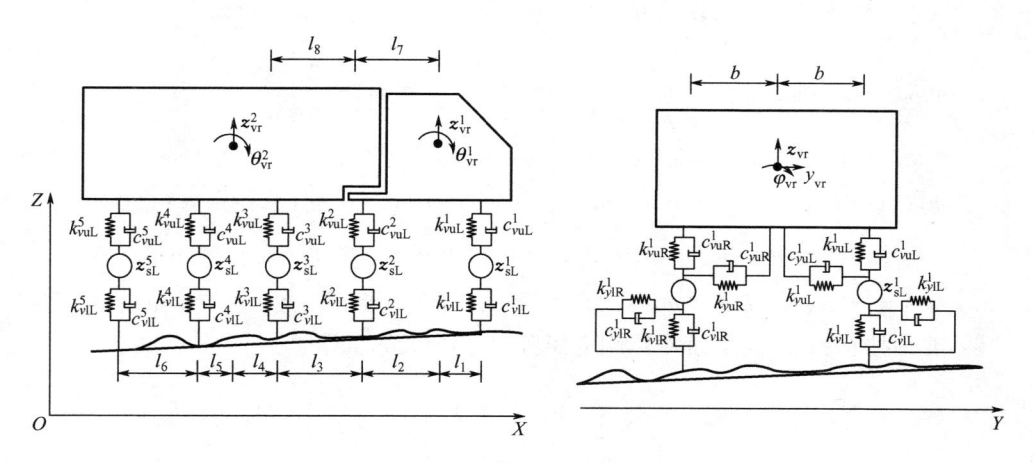

图 2.8 五轴挂车车辆动力分析模型

车辆上层左右侧弹簧的竖向变形为

$$\Delta_{vuL}^1 = z_{vr}^1 - l_1 \theta_{vr}^1 - b_1 \varphi_{vr}^1 - z_{sL}^1, \quad \Delta_{vuR}^1 = z_{vr}^1 - l_1 \theta_{vr}^1 + b_1 \varphi_{vr}^1 - z_{sR}^1$$

$$\Delta_{vuL}^2 = z_{vr}^1 + l_2 \theta_{vr}^1 - b\varphi_{vr}^1 - z_{sL}^2, \quad \Delta_{vuR}^2 = z_{vr}^1 + l_2 \theta_{vr}^1 + b\varphi_{vr}^1 - z_{sR}^2$$

$$\Delta_{vuL}^3 = z_{vr}^2 - l_4 \theta_{vr}^2 - b\varphi_{vr}^2 - z_{sL}^3, \quad \Delta_{vuR}^3 = z_{vr}^2 - l_4 \theta_{vr}^2 + b\varphi_{vr}^2 - z_{sR}^3$$

$$\Delta_{vuL}^4 = z_{vr}^2 + l_5 \theta_{vr}^2 - b\varphi_{vr}^2 - z_{sL}^4, \quad \Delta_{vuR}^4 = z_{vr}^2 + l_5 \theta_{vr}^2 + b\varphi_{vr}^2 - z_{sR}^4$$

$$\Delta_{vuL}^5 = z_{vr}^2 + (l_5+l_6) \theta_{vr}^2 - b\varphi_{vr}^2 - z_{sL}^5, \quad \Delta_{vuR}^5 = z_{vr}^2 + (l_5+l_6) \theta_{vr}^2 + b\varphi_{vr}^2 - z_{sR}^5$$

车辆下层左右侧弹簧的竖向变形为

$$\Delta_{vlL}^i = z_{sL}^i - z_{bL}^i - r_L^i (i=1,\cdots,5), \quad \Delta_{vlR}^i = z_{sR}^i - z_{bR}^i - r_R^i (i=1,\cdots,5)$$

车辆上层左右侧弹簧的横向变形为

$$\Delta_{yuL}^i = y_{vr}^1 - y_{sL}^i (i=1,2), \quad \Delta_{yuR}^i = y_{vr}^1 - y_{sR}^i (i=1,2)$$

$$\Delta_{yuL}^i = y_{vr}^2 - y_{sL}^i (i=3,4,5), \quad \Delta_{yuR}^i = y_{vr}^2 - y_{sR}^i (i=3,4,5)$$

车辆下层左右侧弹簧的横向变形为

$$\Delta_{ylL}^i = y_{sL}^i - y_L^i (i=1,\cdots,5), \quad \Delta_{ylR}^i = y_{sR}^i - y_R^i (i=1,\cdots,5)$$

由拖挂车在连接点的竖向位移协调条件可得

$$z_{vr}^1 + l_7 \theta_{vr}^1 = z_{vr}^2 - l_8 \theta_{vr}^2$$

即

$$\theta_{vr}^2 = \frac{1}{l_8}(z_{vr}^2 - z_{vr}^1 - l_7 \theta_{vr}^1)$$

五轴挂车的 27×27 阶对称刚度矩阵 $[M_v]$ 各元素如下：

$$m_{11} = M_{vr}^1 + \left(\frac{1}{l_8}\right)^2 I_{vr}^2; \quad m_{12} = l_7 \left(\frac{1}{l_8}\right)^2 I_{vr}^2; \quad m_{15} = -\left(\frac{1}{l_8}\right)^2 I_{vr}^2;$$

$$m_{22} = I_{vr}^1 + \left(\frac{l_7}{l_8}\right)^2 I_{vr}^2; \quad m_{25} = -l_7 \left(\frac{1}{l_8}\right)^2 I_{vr}^2; \quad m_{33} = J_{vr}^1; \quad m_{44} = M_{vr}^1;$$

$$m_{55} = M_{vr}^2 + \left(\frac{1}{l_8}\right)^2 I_{vr}^2; \quad m_{66} = J_{vr}^2; \quad m_{77} = M_{vr}^2; \quad m_{88} = m_{sL}^1;$$

$$m_{99} = m_{sR}^1; \quad m_{10,10} = m_{sL}^2; \quad m_{11,11} = m_{sR}^2; \quad m_{12,12} = m_{sL}^3;$$

$$m_{13,13} = m_{sR}^3; \quad m_{14,14} = m_{sL}^4; \quad m_{15,15} = m_{sR}^4; \quad m_{16,16} = m_{sL}^5; \quad m_{17,17} = m_{sR}^5;$$

$$m_{18,18} = m_{sL}^1; \quad m_{19,19} = m_{sR}^1; \quad m_{20,20} = m_{sL}^2; \quad m_{21,21} = m_{sR}^2; \quad m_{22,22} = m_{sL}^3;$$

$$m_{23,23} = m_{sR}^3; \quad m_{24,24} = m_{sL}^4; \quad m_{25,25} = m_{sR}^4; \quad m_{26,26} = m_{sL}^5; \quad m_{27,27} = m_{sR}^5$$

五轴挂车的 27×27 阶对称刚度矩阵 $[K_v]$ 各元素如下：

$$k_{11} = \sum_{i=1}^{2}(k_{vuL}^i + k_{vuR}^i) + \left(\frac{l_7}{l_8}\right)^2 (k_{vuL}^3 + k_{vuR}^3) + \left(\frac{l_5}{l_8}\right)^2 (k_{vuL}^4 + k_{vuR}^4)$$
$$+ \left(\frac{l_5+l_6}{l_8}\right)^2 (k_{vuL}^5 + k_{vuR}^5);$$

$$k_{12} = -l_1(k_{vuL}^1 + k_{vuR}^1) + l_2(k_{vuL}^2 + k_{vuR}^2) + \left(\frac{l_4}{l_8}\right)^2 l_7 (k_{vuL}^3 + k_{vuR}^3)$$
$$+ \left(\frac{l_5}{l_8}\right)^2 l_7 (k_{vuL}^4 + k_{vuR}^4) + \left(\frac{l_5+l_6}{l_8}\right)^2 l_7 (k_{vuL}^5 + k_{vuR}^5);$$

$$k_{13} = -b(k_{vuL}^1 - k_{vuR}^1) - b(k_{vuL}^2 - k_{vuR}^2);$$

$$k_{15} = -\frac{l_4}{l_8}\left(1 + \frac{l_4}{l_8}\right)(k_{vuL}^3 + k_{vuR}^3) - \frac{l_5}{l_8}\left(1 + \frac{l_5}{l_8}\right)(k_{vuL}^4 + k_{vuR}^4)$$
$$- \frac{l_5+l_6}{l_8}\left(1 + \frac{l_5+l_6}{l_8}\right)(k_{vuL}^5 + k_{vuR}^5);$$

$$k_{16} = \frac{l_4}{l_8}b(k_{vuL}^3 - k_{vuR}^3) + \frac{l_5}{l_8}b(k_{vuL}^4 - k_{vuR}^4) + \frac{l_6 + l_5}{l_8}b(k_{vuL}^5 - k_{vuR}^5); k_{18} = -k_{vuL}^1;$$

$$k_{19} = -k_{vuR}^1; k_{1,10} = -k_{vuL}^2; k_{1,11} = -k_{vuR}^2; k_{1,12} = -\frac{l_4}{l_8}k_{vuL}^3; k_{1,13} = -\frac{l_4}{l_8}k_{vuR}^3;$$

$$k_{1,14} = \frac{l_5}{l_8}k_{vuL}^4; k_{1,15} = \frac{l_5}{l_8}k_{vuR}^4; k_{1,16} = \frac{l_5 + l_6}{l_8}k_{vuL}^5; k_{1,17} = \frac{l_5 + l_6}{l_8}k_{vuR}^5;$$

$$k_{22} = l_1^2(k_{vuL}^1 + k_{vuR}^1) + l_2^2(k_{vuL}^2 + k_{vuR}^2) + \left(\frac{l_4 l_7}{l_8}\right)^2(k_{vuL}^3 + k_{vuR}^3) + \left(\frac{l_5 l_7}{l_8}\right)^2(k_{vuL}^4 + k_{vuR}^4)$$
$$+ \left[\frac{(l_5 + l_6)l_7}{l_8}\right]^2(k_{vuL}^5 + k_{vuR}^5);$$

$$k_{23} = bl_1(k_{vuL}^1 - k_{vuR}^1) - bl_2(k_{vuL}^2 - k_{vuR}^2);$$

$$k_{25} = \frac{l_7 l_4}{l_8}\left(1 + \frac{l_4}{l_8}\right)(k_{vuL}^3 + k_{vuR}^3) - \frac{l_7 l_5}{l_8}\left(1 + \frac{l_5}{l_8}\right)(k_{vuL}^4 + k_{vuR}^4)$$
$$- \frac{(l_5 + l_6)l_7}{l_8}\left(1 + \frac{l_5 + l_6}{l_8}\right)(k_{vuL}^5 + k_{vuR}^5);$$

$$k_{26} = -\frac{l_7 l_4 b}{l_8}(k_{vuL}^3 - k_{vuR}^3) - \frac{l_7 l_5 b}{l_8}(k_{vuL}^4 - k_{vuR}^4) + \frac{(l_5 + l_6)l_7 b}{l_8}(k_{vuL}^5 - k_{vuR}^5);$$

$$k_{28} = l_1 k_{vuL}^1; k_{29} = l_1 k_{vuR}^1; k_{2,10} = -l_2 k_{vuL}^2; k_{2,11} = -l_2 k_{vuR}^2; k_{2,12} = -\frac{l_7 l_4}{l_8}k_{vuL}^3;$$

$$k_{2,13} = -\frac{l_7 l_4}{l_8}k_{vuR}^3; k_{2,14} = \frac{l_5 l_7}{l_8}k_{vuL}^4; k_{2,15} = \frac{l_5 l_7}{l_8}k_{vuR}^4; k_{2,16} = \frac{(l_5 + l_6)l_7}{l_8}k_{vuL}^5;$$

$$k_{2,17} = \frac{(l_5 + l_6)l_7}{l_8}k_{vuR}^5; k_{33} = b^2(k_{vuL}^1 + k_{vuR}^1 + k_{vuL}^2 + k_{vuR}^2); k_{38} = bk_{vuL}^1;$$

$$k_{39} = -bk_{vuR}^1; k_{3,10} = bk_{vuL}^2; k_{3,11} = -bk_{vuR}^2; k_{44} = \sum_{i=1}^{2}(k_{yuL}^i + k_{yuR}^i);$$

$$k_{4,18} = -k_{yuL}^1; k_{4,19} = -k_{yuR}^1; k_{4,20} = -k_{yuL}^2; k_{4,21} = -k_{yuR}^2;$$

$$k_{55} = \left(1 - \frac{l_4}{l_8}\right)^2(k_{vuL}^3 + k_{vuR}^3) + \left(1 + \frac{l_5}{l_8}\right)^2(k_{vuL}^4 + k_{vuR}^4) + \left(1 + \frac{l_6 + l_5}{l_7}\right)^2(k_{vuL}^5 + k_{vuR}^5);$$

$$k_{56} = -\left(1 - \frac{l_4}{l_8}\right)b(k_{vuL}^3 - k_{vuR}^3) - \left(1 + \frac{l_5}{l_8}\right)b(k_{vuL}^4 - k_{vuR}^4) - \left(1 + \frac{l_6 + l_5}{l_7}\right)b(k_{vuL}^5 - k_{vuR}^5);$$

$$k_{5,12} = -\left(1 - \frac{l_4}{l_8}\right)k_{vuL}^3; k_{5,13} = -\left(1 - \frac{l_4}{l_8}\right)k_{vuR}^3; k_{5,14} = -\left(1 + \frac{l_5}{l_8}\right)k_{vuL}^4;$$

$$k_{5,15} = -\left(1 + \frac{l_5}{l_8}\right)k_{vuR}^4; k_{5,16} = -\left(1 + \frac{l_6 + l_5}{l_7}\right)k_{vuL}^5;$$

$$k_{5,17} = -\left(1 + \frac{l_6 + l_5}{l_8}\right)k_{vuR}^5; k_{66} = b^2\sum_{i=3}^{5}(k_{vuL}^i + k_{vuR}^i); k_{6,12} = b_2 k_{vuL}^3;$$

$$k_{6,13} = -b_2 k_{vuR}^3; k_{6,14} = b_2 k_{vuL}^4; k_{6,15} = -b_2 k_{vuR}^4; k_{6,16} = b_2 k_{vuL}^5; k_{6,17} = -b_2 k_{vuR}^5;$$

$$k_{77} = \sum_{i=3}^{5}(k_{vuL}^i + k_{vuR}^i); k_{7,22} = -k_{yuL}^3; k_{7,23} = -k_{yuR}^3; k_{7,24} = -k_{yuL}^4;$$

$k_{7,25} = -k_{yuR}^4$；$k_{7,26} = -k_{yuL}^5$；$k_{7,27} = -k_{yuR}^5$；$k_{88} = k_{vuL}^1 + k_{vlL}^1$；

$k_{99} = k_{vuR}^1 + k_{vlR}^1$；$k_{10,10} = k_{vuL}^2 + k_{vlL}^2$；$k_{11,11} = k_{vuR}^2 + k_{vlR}^2$；$k_{12,12} = k_{vuL}^3 + k_{vlL}^3$；

$k_{13,13} = k_{vuR}^3 + k_{vlR}^3$；$k_{14,14} = k_{vuL}^4 + k_{vlL}^4$；$k_{15,15} = k_{vuR}^4 + k_{vlR}^4$；$k_{16,16} = k_{vuL}^5 + k_{vlL}^5$；

$k_{17,17} = k_{vuR}^5 + k_{vlR}^5$；$k_{18,18} = k_{yuL}^1 + k_{ylL}^1$；$k_{19,19} = k_{yuR}^1 + k_{ylR}^1$；$k_{20,20} = k_{yuL}^2 + k_{ylL}^2$；

$k_{21,21} = k_{yuR}^2 + k_{ylR}^2$；$k_{22,22} = k_{yuL}^3 + k_{ylL}^3$；$k_{23,23} = k_{yuR}^3 + k_{ylR}^3$；$k_{24,24} = k_{yuL}^4 + k_{ylL}^4$；

$k_{25,25} = k_{yuR}^4 + k_{ylR}^4$；$k_{26,26} = k_{yuL}^5 + k_{ylL}^5$；$k_{27,27} = k_{yuR}^5 + k_{ylR}^5$

8. 六轴挂车运动方程

整辆车（图 2.9）可以看作 14 个刚体，包括 2 个车体（有浮沉、点头、侧滚及侧移 4 个自由度）、12 个车轮（各有竖向和横向移动 2 个自由度），但由于 θ_{vr}^1 与 θ_{vr}^2 相关，故车辆总共有 31 个独立自由度，即

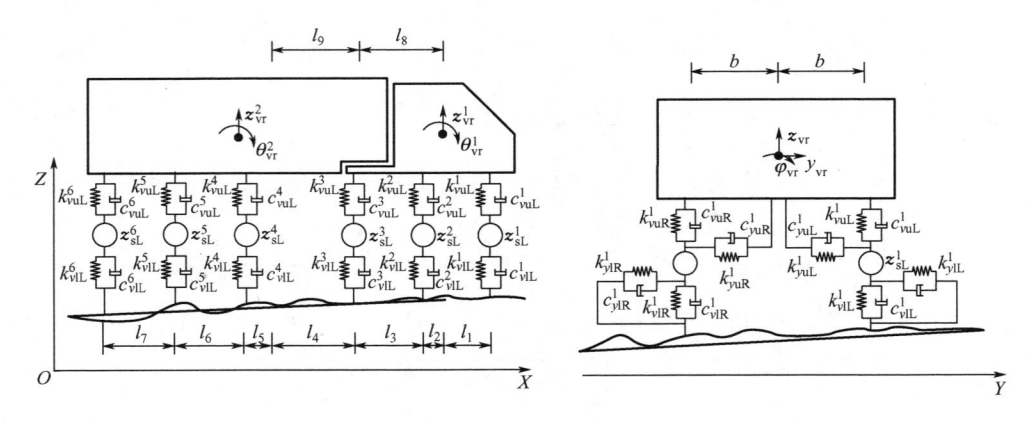

$$\left\{ \begin{array}{l} z_{vr}^1, \theta_{vr}^1, \varphi_{vr}^1, y_{vr}^1, z_{vr}^2, \theta_{vr}^2, \varphi_{vr}^2, y_{vr}^2, z_{sL}^1, z_{sR}^1, z_{sL}^2, z_{sR}^2, z_{sL}^3, z_{sR}^3, z_{sL}^4, z_{sR}^4, z_{sL}^5, \\ z_{sR}^5, z_{sL}^6, z_{sR}^6, y_{sL}^1, y_{sR}^1, y_{sL}^2, y_{sR}^2, y_{sL}^3, y_{sR}^3, y_{sL}^4, y_{sR}^4, y_{sL}^5, y_{sR}^5, y_{sL}^6, y_{sR}^6 \end{array} \right\}$$

图 2.9 六轴拖挂车动力分析模型

车辆上层左右侧弹簧的竖向变形为

$\Delta_{vuL}^1 = z_{vr}^1 - l_1\theta_{vr}^1 - b_1\varphi_{vr}^1 - z_{sL}^1$，$\Delta_{vuR}^1 = z_{vr}^1 - l_1\theta_{vr}^1 + b_1\varphi_{vr}^1 - z_{sR}^1$

$\Delta_{vuL}^2 = z_{vr}^1 + l_2\theta_{vr}^1 - b\varphi_{vr}^1 - z_{sL}^2$，$\Delta_{vuR}^2 = z_{vr}^1 + l_2\theta_{vr}^1 + b\varphi_{vr}^1 - z_{sR}^2$

$\Delta_{vuL}^3 = z_{vr}^1 - (l_2+l_3)\theta_{vr}^1 - b\varphi_{vr}^1 - z_{sL}^3$，$\Delta_{vuR}^3 = z_{vr}^1 - (l_2+l_3)\theta_{vr}^1 + b\varphi_{vr}^1 - z_{sR}^3$

$\Delta_{vuL}^4 = z_{vr}^2 + l_5\theta_{vr}^2 - b\varphi_{vr}^2 - z_{sL}^4$，$\Delta_{vuR}^4 = z_{vr}^2 + l_5\theta_{vr}^2 + b\varphi_{vr}^2 - z_{sR}^4$

$\Delta_{vuL}^5 = z_{vr}^2 + (l_5+l_6)\theta_{vr}^2 - b\varphi_{vr}^2 - z_{sL}^5$，$\Delta_{vuR}^5 = z_{vr}^2 + (l_5+l_6)\theta_{vr}^2 + b\varphi_{vr}^2 - z_{sR}^5$

$\Delta_{vuL}^6 = z_{vr}^2 + (l_5+l_6+l_7)\theta_{vr}^2 - b\varphi_{vr}^2 - z_{sL}^6$，$\Delta_{vuR}^6 = z_{vr}^2 + (l_5+l_6+l_7)\theta_{vr}^2 + b\varphi_{vr}^2 - z_{sR}^6$

车辆下层左右侧弹簧的竖向变形为

车辆上层左右侧弹簧的竖向变形为

$$\Delta_{vlL}^i = z_{sL}^i - z_{bL}^i - r_L^i (i=1,\cdots,6), \quad \Delta_{vlR}^i = z_{sR}^i - z_{bR}^i - r_R^i (i=1,\cdots,6)$$

车辆上层左右侧弹簧的横向变形为

$$\Delta_{yuL}^i = y_{vr}^1 - y_{sL}^i (i=1,2,3), \quad \Delta_{yuR}^i = y_{vr}^1 - y_{sR}^i (i=1,2,3)$$

$$\Delta_{yuL}^i = y_{vr}^2 - y_{sL}^i (i=4,5,6), \quad \Delta_{yuR}^i = y_{vr}^2 - y_{sR}^i (i=4,5,6)$$

车辆下层左右侧弹簧的横向变形为

$$\Delta_{ylL}^i = y_{sL}^i - y_L^i (i=1,\cdots,6), \quad \Delta_{ylR}^i = y_{sR}^i - y_R^i (i=1,\cdots,6)$$

由拖挂车在连接点的竖向位移协调条件可得

$$z_{vr}^1 + l_8 \theta_{vr}^1 = z_{vr}^2 - l_9 \theta_{vr}^2$$

即

$$\theta_{vr}^2 = \frac{1}{l_9}(z_{vr}^2 - z_{vr}^1 - l_8 \theta_{vr}^1)$$

六轴挂车的 31×31 阶对称刚度矩阵 $[M_v]$ 各元素如下：

$$m_{11} = M_{vr}^1 + \left(\frac{1}{l_9}\right)^2 I_{vr}^2; \ m_{12} = l_8 \left(\frac{1}{l_9}\right)^2 I_{vr}^2; \ m_{15} = -\left(\frac{1}{l_9}\right)^2 I_{vr}^2; \ m_{22} = I_{vr}^1 + \left(\frac{l_8}{l_9}\right)^2 I_{vr}^2;$$

$$m_{25} = -l_8 \left(\frac{1}{l_9}\right)^2 I_{vr}^2; \ m_{33} = J_{vr}^1; \ m_{44} = M_{vr}^1; \ m_{55} = M_{vr}^2 + \left(\frac{1}{l_9}\right)^2 I_{vr}^2; \ m_{66} = J_{vr}^2;$$

$$m_{77} = M_{vr}^2; \ m_{88} = m_{sL}^1; \ m_{99} = m_{sR}^1; \ m_{10,10} = m_{sL}^2; \ m_{11,11} = m_{sR}^2; \ m_{12,12} = m_{sL}^3;$$

$$m_{13,13} = m_{sR}^3; \ m_{20,20} = m_{sL}^1; \ m_{21,21} = m_{sR}^1; \ m_{22,22} = m_{sL}^2; \ m_{23,23} = m_{sR}^2; \ m_{24,24} = m_{sL}^3;$$

$$m_{25,25} = m_{sR}^3; \ m_{26,26} = m_{sL}^4; \ m_{27,27} = m_{sR}^4; \ m_{28,28} = m_{sL}^5; \ m_{29,29} = m_{sR}^5; \ m_{30,30} = m_{sL}^6;$$

$$m_{31,31} = m_{sR}^6$$

六轴挂车的 31×31 阶对称刚度矩阵 $[K_v]$ 各元素如下：

$$k_{11} = \sum_{i=1}^{3}(k_{vuL}^i + k_{vuR}^i) + \left(\frac{l_5}{l_9}\right)^2 (k_{vuL}^4 + k_{vuR}^4) + \left(\frac{l_5 + l_6}{l_9}\right)^2 (k_{vuL}^5 + k_{vuR}^5)$$

$$+ \left(\frac{l_5 + l_6 + l_7}{l_9}\right)^2 (k_{vuL}^6 + k_{vuR}^6);$$

$$k_{12} = -l_1(k_{vuL}^1 + k_{vuR}^1) + l_2(k_{vuL}^2 + k_{vuR}^2) + (l_2 + l_3)(k_{vuL}^3 + k_{vuR}^3)$$

$$+ \left(\frac{l_5}{l_9}\right)^2 l_8(k_{vuL}^4 + k_{vuR}^4) + \left(\frac{l_5 + l_6}{l_9}\right)^2 l_8(k_{vuL}^5 + k_{vuR}^5)$$

$$+ \left(\frac{l_5 + l_6 + l_7}{l_9}\right)^2 l_8(k_{vuL}^6 + k_{vuR}^6);$$

$$k_{13} = -b(k_{vuL}^1 - k_{vuR}^1) - b(k_{vuL}^2 - k_{vuR}^2) - b(k_{vuL}^3 - k_{vuR}^3);$$

$$k_{15} = -\frac{l_5}{l_9}\left(1 + \frac{l_5}{l_9}\right)(k_{vuL}^4 + k_{vuR}^4) - \frac{l_5 + l_6}{l_9}\left(1 + \frac{l_5 + l_6}{l_9}\right)(k_{vuL}^5 + k_{vuR}^5)$$

$$-\frac{l_5 + l_6 + l_7}{l_9}\left(1 + \frac{l_5 + l_6 + l_7}{l_9}\right)(k_{vuL}^6 + k_{vuR}^6);$$

$$k_{16} = \frac{l_5}{l_9}b(k_{vuL}^4 - k_{vuR}^4) + \frac{l_5 + l_6}{l_9}b(k_{vuL}^5 - k_{vuR}^5) + \frac{l_6 + l_5 + l_7}{l_8}b(k_{vuL}^6 - k_{vuR}^6);$$

$$k_{18} = -k_{vuL}^1; k_{19} = -k_{vuR}^1; k_{1,10} = -k_{vuL}^2; k_{1,11} = -k_{vuR}^2; k_{1,12} = -k_{vuL}^3;$$

$$k_{1,13} = -k_{vuR}^3; k_{1,14} = \frac{l_5}{l_9}k_{vuL}^4; k_{1,15} = \frac{l_5}{l_9}k_{vuR}^4; k_{1,16} = \frac{l_5 + l_6}{l_8}k_{vuL}^5;$$

$$k_{1,17} = \frac{l_5 + l_6}{l_8}k_{vuR}^5; k_{1,18} = \frac{l_5 + l_6 + l_7}{l_9}k_{vuL}^6; k_{1,19} = \frac{l_5 + l_6 + l_7}{l_9}k_{vuR}^6;$$

$$k_{22} = l_1^2(k_{vuL}^1 + k_{vuR}^1) + l_2^2(k_{vuL}^2 + k_{vuR}^2) + (l_2 + l_3)^2(k_{vuL}^3 + k_{vuR}^3)$$
$$+ \left(\frac{l_5 l_8}{l_9}\right)^2(k_{vuL}^4 + k_{vuR}^4) + \left[\frac{(l_5 + l_6)l_8}{l_9}\right]^2(k_{vuL}^5 + k_{vuR}^5)$$
$$+ \left[\frac{(l_5 + l_6 + l_7)l_8}{l_9}\right]^2(k_{vuL}^6 + k_{vuR}^6);$$

$$k_{23} = bl_1(k_{vuL}^1 - k_{vuR}^1) - bl_2(k_{vuL}^2 - k_{vuR}^2) - (l_2 + l_3)b(k_{vuL}^3 - k_{vuR}^3);$$

$$k_{25} = -\frac{l_5 l_8}{l_9}\left(1 + \frac{l_5}{l_9}\right)(k_{vuL}^4 + k_{vuR}^4) - \frac{(l_6 + l_5)l_8}{l_9}\left(1 + \frac{l_5 + l_6}{l_9}\right)(k_{vuL}^5 + k_{vuR}^5)$$
$$- \frac{(l_5 + l_6 + l_7)l_8}{l_9}\left(1 + \frac{l_5 + l_6 + l_7}{l_9}\right)(k_{vuL}^6 + k_{vuR}^6);$$

$$k_{26} = \frac{l_5 l_8 b}{l_9}(k_{vuL}^4 - k_{vuR}^4) + \frac{(l_5 + l_6)l_8 b}{l_9}((k_{vuL}^5 - k_{vuR}^5)$$
$$+ \frac{(l_5 + l_6 + l_7)l_8 b}{l_9}(k_{vuL}^6 - k_{vuR}^6);$$

$$k_{28} = l_1 k_{vuL}^1; k_{29} = l_1 k_{vuR}^1; k_{2,10} = -l_2 k_{vuL}^2; k_{2,11} = -l_2 k_{vuR}^2;$$

$$k_{2,12} = -(l_2 + l_3)k_{vuL}^3; k_{2,13} = -(l_2 + l_3)k_{vuR}^3; k_{2,14} = \frac{l_5 l_8}{l_9}k_{vuL}^4;$$

$$k_{2,15} = \frac{l_5 l_8}{l_9}k_{vuR}^4; k_{2,16} = \frac{(l_5 + l_6)l_8}{l_9}k_{vuL}^5; k_{2,17} = \frac{(l_5 + l_6)l_8}{l_9}k_{vuR}^5;$$

$$k_{2,18} = \frac{(l_5 + l_6 + l_7)l_8}{l_9}k_{vuL}^6; k_{2,19} = \frac{(l_5 + l_6 + l_7)l_8}{l_9}k_{vuR}^6;$$

$$k_{33} = b^2 \sum_{i=1}^{3}(k_{vuL}^i + k_{vuR}^i); k_{38} = bk_{vuL}^1; k_{39} = -bk_{vuR}^1; k_{3,10} = bk_{vuL}^2;$$

$$k_{3,11} = -bk_{vuR}^2; k_{3,12} = bk_{vuL}^3; k_{3,13} = -bk_{vuR}^3; k_{44} = \sum_{i=1}^{3}(k_{yuL}^i + k_{yuR}^i);$$

$$k_{4,18} = -k_{yuL}^1; k_{4,19} = -k_{yuR}^1; k_{4,20} = -k_{yuL}^2; k_{4,21} = -k_{yuR}^2; k_{4,22} = -k_{yuL}^3;$$

$$k_{4,23} = -k_{yuR}^3;$$

$$k_{55} = \left(1 + \frac{l_5}{l_9}\right)^2(k_{vuL}^4 + k_{vuR}^4) + \left(1 + \frac{l_5 + l_6}{l_9}\right)^2(k_{vuL}^5 + k_{vuR}^5)$$

$$+\left(1+\frac{l_6+l_5+l_7}{l_9}\right)^2(k_{v u L}^6+k_{v u R}^6);$$

$$k_{56}=-\left(1+\frac{l_5}{l_9}\right)b(k_{v u L}^4-k_{v u R}^4)-\left(1+\frac{l_5+l_6}{l_9}\right)b(k_{v u L}^5-k_{v u R}^5)$$

$$-\left(1+\frac{l_6+l_5+l_7}{l_9}\right)b(k_{v u L}^6-k_{v u R}^6);$$

$$k_{5,14}=-\left(1+\frac{l_5}{l_9}\right)k_{v u L}^4; k_{5,15}=-\left(1+\frac{l_5}{l_9}\right)k_{v u R}^4; k_{5,16}=-\left(1+\frac{l_5+l_6}{l_9}\right)k_{v u L}^5;$$

$$k_{5,17}=-\left(1+\frac{l_5+l_6}{l_9}\right)k_{v u R}^5; k_{5,18}=-\left(1+\frac{l_6+l_5+l_7}{l_9}\right)k_{v u L}^6;$$

$$k_{5,19}=-\left(1+\frac{l_6+l_5+l_7}{l_9}\right)k_{v u R}^6; k_{66}=b^2\sum_{i=4}^{6}(k_{v u L}^i+k_{v u R}^i); k_{6,14}=bk_{v u L}^4;$$

$$k_{6,15}=-bk_{v u R}^4; k_{6,16}=bk_{v u L}^5; k_{6,17}=-bk_{v u R}^5; k_{6,18}=bk_{v u L}^6; k_{6,19}=-bk_{v u R}^6;$$

$$k_{77}=\sum_{i=4}^{6}(k_{v u L}^i+k_{v u R}^i); k_{7,26}=-k_{y u L}^4; k_{7,27}=-k_{y u R}^4; k_{7,28}=-k_{y u L}^5;$$

$$k_{7,29}=-k_{y u R}^5; k_{7,30}=-k_{y u L}^6; k_{7,31}=-k_{y u R}^6; k_{88}=k_{v u L}^1+k_{v l L}^1; k_{99}=k_{v u R}^1+k_{v l R}^1;$$

$$k_{10,10}=k_{v u L}^2+k_{v l L}^2; k_{11,11}=k_{v u R}^2+k_{v l R}^2; k_{12,12}=k_{v u L}^3+k_{v l L}^3; k_{13,13}=k_{v u R}^3+k_{v l R}^3;$$

$$k_{14,14}=k_{v u L}^4+k_{v l L}^4; k_{15,15}=k_{v u R}^4+k_{v l R}^4; k_{16,16}=k_{v u L}^5+k_{v l L}^5; k_{17,17}=k_{v u R}^5+k_{v l R}^5;$$

$$k_{18,18}=k_{v u L}^6+k_{v l L}^6; k_{19,19}=k_{v u R}^6+k_{v l R}^6; k_{20,20}=k_{y u L}^1+k_{y l L}^1; k_{21,21}=k_{y u R}^1+k_{y l R}^1;$$

$$k_{22,22}=k_{y u L}^2+k_{y l L}^2; k_{23,23}=k_{y u R}^2+k_{y l R}^2; k_{24,24}=k_{y u L}^3+k_{y l L}^3; k_{25,25}=k_{y u R}^3+k_{y l R}^3;$$

$$k_{26,26}=k_{y u L}^4+k_{y l L}^4; k_{27,27}=k_{y u R}^4+k_{y l R}^4; k_{28,28}=k_{y u L}^5+k_{y l L}^5; k_{29,29}=k_{y u R}^5+k_{y l R}^5;$$

$$k_{30,30}=k_{y u L}^6+k_{y l L}^6; k_{31,31}=k_{y u R}^5+k_{y l R}^5$$

2.1.4 多车运动方程

当桥上不止一辆车时,可建立车队的基本动力平衡方程:

$$[M_{vv}]\{\ddot{U}_{vv}\}+[C_{vv}]\{\dot{U}_{vv}\}+[K_{vv}]\{U_{vv}\}=\{F_{vv}\} \tag{2.6}$$

车辆总质量矩阵为

$$[M_{vv}]=\mathrm{diag}[\boldsymbol{M}_{v1} \quad \boldsymbol{M}_{v2} \quad \cdots \quad \boldsymbol{M}_{vi} \quad \cdots \quad \boldsymbol{M}_{vN_v}]$$

车辆总位移向量为

$$\{U_{vv}\}=[\boldsymbol{U}_{v1} \quad \boldsymbol{U}_{v2} \quad \cdots \quad \boldsymbol{U}_{vi} \quad \cdots \quad \boldsymbol{U}_{vN_v}]^{\mathrm{T}}$$

车辆总刚度矩阵为

$$[K_{vv}]=\mathrm{diag}[\boldsymbol{K}_{v1} \quad \boldsymbol{K}_{v2} \quad \cdots \quad \boldsymbol{K}_{vi} \quad \cdots \quad \boldsymbol{K}_{vN_v}]$$

车辆总阻尼矩阵为

$$[C_{vv}] = \text{diag}[C_{v1} \quad C_{v2} \quad \cdots \quad C_{vi} \quad \cdots \quad C_{vN_v}]$$

以上式中，$\{U_{vv}\}$，$\{\dot{U}_{vv}\}$，$\{\ddot{U}_{vv}\}$ 分别为车辆的位移、速度和加速度向量，N_v 为总车辆数，$\{F_{vv}\}$ 为作用在车辆模型上的外荷载向量。现以两轴车为例给出车辆运动方程中的具体参数。

第 i 辆车的质量矩阵为

$$[M_{vi}] = \text{diag}[M_{vr}^i \quad I_{vr}^i \quad J_{vr}^i \quad M_{vr}^i \quad m_{sL}^{1i} \quad m_{sR}^{1i} \quad m_{sL}^{2i} \quad m_{sR}^{2i} \quad m_{sL}^{1i} \quad m_{sR}^{1i} \quad m_{sL}^{2i} \quad m_{sR}^{2i}]$$

第 i 辆车的位移为

$$\{U_{vi}\} = \{z_{vr}^i \quad \theta_{vr}^i \quad \varphi_{vr}^i \quad y_{vr}^i \quad z_{sL}^{1i} \quad z_{sR}^{1i} \quad z_{sL}^{2i} \quad z_{sR}^{2i} \quad y_{sL}^{1i} \quad y_{sR}^{1i} \quad y_{sL}^{2i} \quad y_{sR}^{2i}\}^T$$

第 i 辆车的刚度和阻尼矩阵为

$$[K_{vi}] = \begin{bmatrix} k_{11}^i & k_{12}^i & \cdots & k_{1,12}^i \\ k_{21}^i & k_{22}^i & \cdots & k_{2,12}^i \\ \vdots & \vdots & \ddots & \vdots \\ k_{12,1}^i & k_{12,2}^i & \cdots & k_{12,12}^i \end{bmatrix}, \quad [C_{vi}] = \begin{bmatrix} c_{11}^i & c_{12}^i & \cdots & c_{1,12}^i \\ c_{21}^i & c_{22}^i & \cdots & c_{2,12}^i \\ \vdots & \vdots & \ddots & \vdots \\ c_{12,1}^i & c_{12,2}^i & \cdots & c_{12,12}^i \end{bmatrix}$$

刚度与阻尼矩阵中的每个元素都已在 2.1.3 节中给出，则单辆车动力平衡方程为

$$[M_{vi}]\{\ddot{U}_{vi}\} + [C_{vi}]\{\dot{U}_{vi}\} + [K_{vi}]\{U_{vi}\} = \{F_{vi}\} \tag{2.7}$$

2.2 桥梁动力分析模型

2.2.1 桥梁分析模型

面向车桥振动分析的桥梁计算模型需能够较好地反映结构的动力特性。目前的车桥耦合振动数值模拟分析一般可分为关注总体动力效应、局部和细部动力行为等几种情况。对于不同的分析需求，可分别采用有限元方法建立不同尺度的桥梁动力分析模型。当主要关注结构总体动力响应时可采用桥梁整体分析模型，当主要关注局部和细部响应时可建立精细化中小尺度分析模型，当同时考虑整体和局部细观尺度响应时可考虑采用多尺度分析模型。根据车桥振动研究目标的差异，合理选择和建立适宜的桥梁动力分析模型可有效地平衡分析需求与计算代价之间的关系。本书将在后续章节中结合工程实例具体阐述桥梁分析模型的建立过程和策略。

2.2.2 桥梁运动方程的建立

桥梁动力分析模型一般采用有限单元方法建立，桥梁子系统的动力平衡方程可表示为

$$[M_b]\{\ddot{U}_b\} + [C_b]\{\dot{U}_b\} + [K_b]\{U_b\} = \{F_b\} \qquad (2.8)$$

式中 M_b——桥梁结构的节点质量矩阵；

C_b——桥梁结构的节点阻尼矩阵；

K_b——桥梁结构的节点刚度矩阵；

U_b——桥梁结构的节点位移向量；

F_b——车辆作用于桥梁的荷载向量，与车重、桥面不平度等有关。

桥梁的总体阻尼矩阵按照瑞利阻尼形式确定：

$$C_b = \frac{2\xi\omega_1\omega_2}{\omega_1+\omega_2}M_b + \frac{2\xi}{\omega_1+\omega_2}K_b \qquad (2.9)$$

式中 ξ——阻尼比，一般钢桥取 0.5%～1.5%，钢-混凝土结合梁桥取 1.5%～2%，混凝土桥取 2%～3%，有实测数据时按实测值取值；

ω_1, ω_2——桥梁的任意两阶圆频率，一般取前两阶整体振型相应的圆频率。

桥梁子系统也可基于模态综合技术通过广义坐标离散建模，此时桥梁的动力响应 $\{U_b\}$ 可用振型叠加方法表示为

$$\{U_b\} = [\{\Phi_1\}\{\Phi_2\}\cdots\{\Phi_{N_b}\}]\{q_1 \quad q_2 \quad \cdots \quad q_{N_b}\}^T = [\Phi_B]\{q_B\} \qquad (2.10)$$

式中 N_b——考虑参与动力分析的桥梁模态阶数；

$\{\Phi_i\}$, q_i——桥梁第 i 阶模态振型向量和其对应的广义坐标。

各阶振型基于质量进行归一化，即 $\{\Phi_i\}^T[M_b]\{\Phi_i\} = 1$。将式(2.10)代入式(2.8)，可得模态坐标下桥梁的运动方程为

$$[M_B]\{\ddot{q}_B\} + [C_B]\{\dot{q}_B\} + [K_B]\{q_B\} = \{F_B\} \qquad (2.11)$$

桥梁的模态质量、阻尼、刚度矩阵和广义力向量表达式为

$$[M_B] = \{\Phi_B\}^T[M_b]\{\Phi_B\} = [I] \qquad (2.12)$$

$$[C_B] = \{\Phi_B\}^T[C_b]\{\Phi_B\} = [2\omega_i\xi_i I] \qquad (2.13)$$

$$[K_B] = \{\Phi_B\}^T[K_b]\{\Phi_B\} = [\omega_i^2 I] \qquad (2.14)$$

$$\{F_B\} = [\Phi_B]^T\{F_b\} \qquad (2.15)$$

式中 ω_i, ξ_i——对应桥梁子系统第 i 阶振型的圆频率和阻尼比。

将式(2.12)～式(2.15)代入式(2.11)，可得

$$[I]\{\ddot{q}_B\} + [2\omega_i\xi_i I]\{\dot{q}_B\} + [\omega_i^2 I]\{q_B\} = \{F_B\} \qquad (2.16)$$

直接刚度法的桥梁动力平衡方程式(2.8) 及振型叠加法的桥梁动力平衡方程式(2.16) 均可用于车桥耦合动力计算，可根据桥梁模型的特点及所关心的动力响应指标选择。

当桥梁有限元模型规模较小时，由于振型叠加法计算过程较为繁琐，可考虑采用直接刚度法。当模型规模较大时，由于直接刚度法需计算和存储桥梁的动力矩阵，耗时长，对计算机内存要求高，此时建议采用振型叠加法。直接刚度法可认为包含了结构所有阶的振型，在计算中可体现桥梁结构的所有局部动力响应，而振型叠加法仅可计算结构前 N_b 阶振动响应。因此，如特别关心结构某一局部的状况，当 N_b 的取值过小时，采用振型叠加法往往会低估结构的动力响应。对 N_b 的取值，借鉴地震作用下结构动力计算经验，建议所取 N_b 值应保证桥梁各方向的质量参振比例达到 90% 以上[6]。然而，对一些特殊情况，如大跨度斜拉桥或悬索桥，由于桥塔质量较大，且各方向基本不参振，上述90%参振比例的要求可适当放宽。

2.3　桥面不平度

2.3.1　桥面不平顺的概念

桥面铺装由于自然环境、交通荷载和施工误差等因素导致的不平整称为桥面不平顺，是影响车桥耦合振动的一个重要因素。桥面不平顺可视为影响桥面轮廓与成桥初始状况的一种偏离，可分为无载下的静态不平顺和有载下的动态不平顺。静态不平顺可分为确定性和随机性两类，动态不平顺为移动车辆下桥梁产生的动位移。其中，确定性静态不平顺主要源于桥梁长期使用产生的挠度和桥面障碍等，随机性静态不平顺则可用不平度来表达。

获得桥面不平度样本的方法主要有：现场实测不平度样本，并采用相关仪器得出不平度指数 IRI；以数值模拟方式得到不平度样本，根据统计特征将桥面不平度功率谱密度函数转化为符合该函数特征的不平度样本。

2.3.2　随机桥面不平度的表示方法

随机桥面不平度一般可认为是平稳的、各态历经零均值的高斯随机过程，其不平整程度可用功率谱密度（Power Spectral Density，PSD）表征。当车辆以一定速度 v 通过，根据时间频率 f 与空间频率 n 的关系 $f=v \cdot n$，可将空间频率 (n_1,n_2) 内的桥面位移谱密度 $G_q(n)$ 转换为时间频率 (f_1,f_2) 内的桥面位移谱

密度 $G_q(f)$，即

$$G_q(f) = G_q(n_0) \cdot n_0^2 \cdot v/f^2 \tag{2.17}$$

由时间频率 f 与圆频率 ω 的关系 $\omega = f/2\pi$，时间频域内的功率谱密度函数可转化成圆频率域内的功率谱密度函数，即

$$S_{rr}(\omega) = 2\pi \cdot G_q(n_0) \cdot n_0^2 \cdot v/\omega^2 \tag{2.18}$$

各国规范对桥面位移谱密度函数 $G_q(n)$ 规定了不同的表达式和分类标准。

1. GB/T 7031—1986 国家标准谱

GB/T 7031—1986 建议的路面功率谱（以下简称 GB 7031 谱）表达式为

$$G_q(n) = G_q(n_0) |n/n_0|^{-w} \tag{2.19}$$

式中 n_0——空间参考频率，$n_0 = 0.1 \mathrm{m}^{-1}$；

$G_q(n_0)$——空间频率为 n_0 时的路面功率谱密度，与路面等级有关，分 A~F 级，常用路面等级为 A~D 级，对应参数分别取 $G_{qA}(n_0) = 16 \times 10^{-6} \mathrm{m}^3$，$G_{qB}(n_0) = 64 \times 10^{-6} \mathrm{m}^3$，$G_{qC}(n_0) = 256 \times 10^{-6} \mathrm{m}^3$，$G_{qD}(n_0) = 1024 \times 10^{-6} \mathrm{m}^3$，见表 2.4；

w——频率指数，决定路面谱的频率结构，一般取 $w = 2$；

n——有效频带中某一空间频率，其带宽为 (n_1, n_2)，n_1 和 n_2 为有效频带的下限和上限，频带宽需包括路面不平顺引起车辆振动的主要固有频率。

表 2.4 国家标准路面等级分类

路面等级	路面平整系数下限	$G_q(n_0)/(\times 10^{-6} \mathrm{m}^3)$	路面平整系数上限
A	—	16	32
B	32	64	128
C	128	256	512
D	512	1024	2048
E	2048	4096	8192
F	8192	16384	32768

2. 国际标准 ISO SC2/WG4

1972 年国际标准协会采纳了英国汽车工业研究协会（Motor Industry Research Association，MIRA）推荐的以功率谱进行道路分类的标准 ISO SC2/WG4（简称 ISO 1972 谱）。该标准将路面不平顺功率谱 $S_q(\Omega_0)$ 用分段函数表示：

$$\begin{cases} S_q(\Omega) = S_q(\Omega_0)(\Omega/\Omega_0)^{-w_1}, \Omega \leqslant \Omega_0 \\ S_q(\Omega) = S_q(\Omega_0)(\Omega/\Omega_0)^{-w_2}, \Omega > \Omega_0 \end{cases} \quad (2.20)$$

式中 Ω——角空间频率（rad/m）；

Ω_0——标准空间频率，$\Omega_0 = 1/2\pi = 0.16 \text{rad/m}$，它是路面谱低频和高频范围的分界；

w_1，w_2——低、高频两段频率的指数；

$S_q(\Omega_0)$——标准空间频率 Ω_0 所对应的功率谱密度，表示路面不平整的程度。

ISO SC2/WG4 标准将路面分为五类，A 为很好，B 为好，C 为一般，D 为差，E 为很差，对应 $S_q(\Omega_0)$ 的几何平均值分别为 $4\text{m}^3/\text{rad}$、$16\text{m}^3/\text{rad}$、$64\text{m}^3/\text{rad}$、$256\text{m}^3/\text{rad}$、$1024\text{m}^3/\text{rad}$，$w_1$ 和 w_2 分别取 2 和 1.5。根据取值不同，以路面不平度将路面分为五个等级，见表 2.5。

表 2.5 1972 年国际标准路面等级分类

路面分类	$S_q(\Omega_0)$	$S_q(\Omega_0)$ 平均值	w_1	w_2
A（很好）	2～8	4	2	1.5
B（好）	8～32	16	2	1.5
C（一般）	32～128	64	2	1.5
D（差）	128～512	256	2	1.5
E（很差）	512～2048	1024	2	1.5

3. ISO 8608

根据 ISO 8608，路面不平顺功率谱密度函数表达式为

$$S_d(\Omega) = S_d(\Omega_0)(\Omega/\Omega_0)^{-\alpha} \quad (2.21)$$

式中 $S_d(\Omega_0)$——路面不平顺系数；

Ω——角空间频率（rad/m）；

α——功率谱的形状系数，$\alpha = 2$。

根据 $S_d(\Omega_0)$ 的取值范围，可以将路面分为四个等级，见表 2.6。

表 2.6 1995 年国际标准路面等级分类

路面等级	很好	好	一般	差
$S_d(\Omega_0)/(\times 10^{-6} \text{m}^3/\text{rad})$	0.5	0.5～2	2～8	8～32

结合各国规范及有关学者提出的桥面谱表达式，可知不同等级桥面的区别在于粗糙程度不同。统计分析的桥面谱空间频率范围为 $0.011 \sim 2.83 \text{m}^{-1}$，取常用车速 $10 \sim 36 \text{m/s}$，可保证时间频率范围为 $0.33 \sim 28.3 \text{Hz}$，该时间频率范围可覆盖典型车辆车身

共振频率（1～1.5Hz）、座椅上乘客的频率（4～5Hz）和车轮跳动频率（10～12Hz）。

2.3.3 桥面不平度的数值模拟

桥面不平度的数值模拟目前常用的方法包括谐波叠加法（三角级数法）、积分单位白噪声法、滤波器整形白噪声法及自回归滑动平均模型（Autoregressive Moving Average Mode，ARMA）方法等。本节以前述 GB 7031—1986 建议的公路路面功率谱密度拟合表达式为例，获得分布在一定频率范围内的离散功率谱密度数据，利用离散傅里叶逆变换得到桥面不平度样本。桥面不平度功率谱密度函数为

$$G_x(n) = G_x(n_0)\left(\frac{n}{n_0}\right)^{-W} \tag{2.22}$$

式中　n——空间频率，表示每米长度中包含波的周期数（m^{-1}），$n=1/\lambda$，λ 为波长，一般取 0.125m；

n_0——参考空间频率，常取 $n_0=0.1m^{-1}$；

$G_x(n_0)$——参考空间频率 n_0 下的路面功率谱密度，称为路面不平度系数，取决于公路路面不平度等级（m^2/m）；

W——频率指数，为双对数坐标上斜线的频率，它决定了路面功率谱密度的频率结构，取 $W=2$。

计算桥面不平度时按需设置桥面空间频率成分的上下限 n_u 和 n_l，则有

$$G_x(n) = \begin{cases} G_x(n_0)\left(\dfrac{n}{n_0}\right)^{-W}, & n_l \leqslant n \leqslant n_u \\ 0, & \text{其他} \end{cases} \tag{2.23}$$

n_u 和 n_l 的选取要保证汽车以常用速度行驶时由桥面不平度激起的振动频率范围包括汽车系统振动主要固有频率。设车度为 $v(m/s)$，桥面不平度空间频率为 n，则汽车轮胎受到的激振频率为 $f=vn$。若汽车振动主要固有频率范围为（f_l, f_u），可得桥面不平度功率谱密度有效空间频率的上下限为

$$\begin{cases} n_u = \dfrac{f_u}{v} \\ n_l = \dfrac{f_l}{v} \end{cases} \tag{2.24}$$

设 $x_m (m=0, 1, \cdots, N-1)$ 是桥面不平度采样数据，对其进行傅里叶变换可得到 X_k，即

$$X_k = \sum_{m=0}^{N-1} x_m e^{-\frac{j \cdot 2\pi km}{N}} \quad (k=0,1,2,\cdots,N-1) \tag{2.25}$$

X_k 与 G_x 的关系为

$$|X_k| = \sqrt{\frac{N}{2\Delta l}G_x(n_k)} \quad \left(k=0,1,2,\cdots,\frac{N}{2}\right) \tag{2.26}$$

式中，$n_k = k\Delta n$。

由式（2.25）得到的只是离散傅里叶变换的模值，而 X_k 是复数，若相角为 ϕ_k，则

$$X_k = |X_k|e^{j\phi_k} \quad \left(k=0,1,2,\cdots,\frac{N}{2}\right) \tag{2.27}$$

ϕ_k 可在 [0，2π] 内随机选取。

桥面不平度可通过对 X_k 进行离散傅里叶逆变换得到，即

$$x_m = \frac{1}{N}\sum_{k=0}^{N-1}X_k e^{\frac{j\cdot 2\pi km}{N}} \quad (m=0,1,2,\cdots,N-1) \tag{2.28}$$

基于上述原理可编制给定不平度等级的随机桥面不平度样本的模拟程序。

2.4　汽车与桥梁耦合振动分析模型

2.4.1　车桥耦合运动方程的建立和求解

汽车与桥梁间的耦合关系主要包括车轮和桥面相互作用力平衡、车轮与桥面接触点的位移协调关系。现以 2.1.3 节的两轴车为例，对车桥耦合关系进行详细阐述。车辆动力模型包含上下两层弹簧阻尼减振装置，车桥耦合关系体现在车轮与桥面接触位置，现以该车型第 i 轴左轮为例说明车辆与桥梁的相互作用（图 2.10）。桥面与车轮相对位移对车辆第 i 轴左轮的作用力可表示为[7]

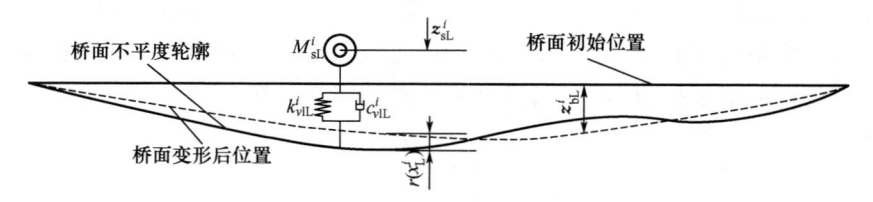

图 2.10　车桥耦合作用

$$\begin{Bmatrix} F_{wyL}^i \\ F_{wzL}^i \end{Bmatrix} = -\begin{bmatrix} k_{ylL}^i & \\ & k_{vlL}^i \end{bmatrix}\begin{Bmatrix} \Delta_{ylL}^i \\ \Delta_{vlL}^i \end{Bmatrix} - \begin{bmatrix} c_{ylL}^i & \\ & c_{vlL}^i \end{bmatrix}\begin{Bmatrix} \dot{\Delta}_{ylL}^i \\ \dot{\Delta}_{vlL}^i \end{Bmatrix} \tag{2.29}$$

式中　F_{wzL}^i，F_{wyL}^i——桥面作用于车辆第 i 轴左轮的竖向力和横向力；

Δ_{vlL}^i，Δ_{ylL}^i——第 i 轴左轮下层弹簧的竖向和横向相对变形（以伸长为正）。

车轮与桥面接触点的位移协调条件可采用如下公式表达：

$$\begin{Bmatrix} \Delta^i_{y\text{lL}} \\ \Delta^i_{v\text{lL}} \end{Bmatrix} = \begin{Bmatrix} y^i_{\text{sL}} \\ z^i_{\text{sL}} \end{Bmatrix} - \begin{Bmatrix} y^i_{\text{b}} \\ z^i_{\text{b}} \end{Bmatrix} - \begin{Bmatrix} 0 \\ r^i(x) \end{Bmatrix} \tag{2.30}$$

$$\begin{Bmatrix} \dot{\Delta}^i_{y\text{lL}} \\ \dot{\Delta}^i_{v\text{lL}} \end{Bmatrix} = \begin{Bmatrix} \dot{y}^i_{\text{sL}} \\ \dot{z}^i_{\text{sL}} \end{Bmatrix} - \begin{Bmatrix} \dot{y}^i_{\text{b}} \\ \dot{z}^i_{\text{b}} \end{Bmatrix} - \begin{Bmatrix} 0 \\ \dot{r}^i(x) \end{Bmatrix} \tag{2.31}$$

以上式中　　$\dot{r}^i(x)$——不平度速度项，$\dot{r}^i(x) = \dfrac{\mathrm{d}r^i(x)}{\mathrm{d}x}\dfrac{\mathrm{d}x}{\mathrm{d}t} = \dfrac{\mathrm{d}r^i(x)}{\mathrm{d}x}V(t) = r'V$，

$V(t)$表示车速；

y^i_{sL}，z^i_{sL}——车辆车轴悬架的横向和竖向位移（图2.10）；

$r(x)$——车轮与桥面接触点的桥面不平度高度；

y^i_{b}，z^i_{b}——与车轮接触点桥面的横向和竖向位移，可采用广义模态坐标表示为

$$\begin{Bmatrix} y^i_{\text{b}} \\ z^i_{\text{b}} \end{Bmatrix} = \sum_{n=1}^{N_{\text{b}}} \begin{Bmatrix} q_n \phi^n_h(x_i) \\ q_n \phi^n_v(x_i) \end{Bmatrix} \tag{2.32}$$

式中　　N_{b}——参与计算的桥梁振型阶数；

$\phi^n_h(x_i)$，$\phi^n_v(x_i)$——桥面x_i位置第n阶振型的水平和竖向分量；

x_i——第i车轴车轮在桥上的位置；

q_n——广义坐标。

车辆第i轴左轮作用于桥面的作用力F^i_{bL}可表示为

$$\{F^i_{\text{bL}}\} = \begin{Bmatrix} F^i_{\text{byL}} \\ F^i_{\text{bzL}} \end{Bmatrix} = \begin{Bmatrix} 0 \\ F^i_{\text{GL}} \end{Bmatrix} - \begin{Bmatrix} F^i_{\text{wyL}} \\ F^i_{\text{wzL}} \end{Bmatrix} \tag{2.33}$$

式中　　F^i_{GL}——由车辆自重产生的第i车轴左轮作用于桥面位置的重力，$F^i_{\text{GL}} = -(M^i_{\text{vrL}} + M^i_{\text{sL}})g$；

F^i_{byL}，F^i_{bzL}——作用于桥梁的水平力和竖向力。

作用于桥梁的第n阶模态广义力$F_{\text{B}n}$可表示为

$$F_{\text{B}n} = \sum_{i=1}^{3} (\phi^n_h(x_{i\text{L}})F^i_{\text{byL}} + \phi^n_v(x_{i\text{L}})F^i_{\text{bzL}} + \phi^n_h(x_{i\text{R}})F^i_{\text{byR}} + \phi^n_v(x_{i\text{R}})F^i_{\text{bzR}}) \tag{2.34}$$

式中　　$x_{i\text{L}}$，$x_{i\text{R}}$——车辆第i轴左轮和右轮在桥上的位置。

对于多车在桥上的情况，所有车辆在桥上的总接触力可由上式累加得到。

将式(2.29)～式(2.34)代入式(2.16)，可得到第n阶桥梁模态运动方程为

$$M_{Bn}\ddot{q}_n + C_{Bn}\dot{q}_n + K_{Bn}q_n = F_{Bn} \tag{2.35}$$

式中　M_{Bn}，C_{Bn}，K_{Bn}，F_{Bn}——桥梁第 n 阶模态质量、模态阻尼、模态刚度和模态广义力。

联合车辆运动方程式(2.5)和桥梁运动方程式(2.35)，可得到车桥耦合运动方程为

$$\begin{bmatrix} M_v & 0 \\ 0 & M_B \end{bmatrix}\begin{Bmatrix} \ddot{U}_v \\ \ddot{q}_B \end{Bmatrix} + \begin{bmatrix} C_v & C_{vB} \\ C_{Bv} & C_B + C_B^v \end{bmatrix}\begin{Bmatrix} \dot{U}_v \\ \dot{q}_B \end{Bmatrix} + \begin{bmatrix} K_v & K_{vB} \\ K_{Bv} & K_B + K_B^v \end{bmatrix}\begin{Bmatrix} U_v \\ q_B \end{Bmatrix} = \begin{Bmatrix} F_v^r \\ F_B^{rG} \end{Bmatrix} \tag{2.36}$$

式中　M，C，K——质量、阻尼和刚度矩阵；

U_v，q_B——车辆和桥梁位移响应向量，下标 v 和 B 分别表示车辆和桥梁；

F——车桥系统的荷载向量，上标 r 和 G 表示由于桥面不平度和车辆自重产生的作用力。

刚度和阻尼中的上标 v 表示车辆贡献项，下标 Bv 和 vB 表示车桥耦合项。将式(2.36)与式(2.5)、式(2.11)比较，发现车桥振动整体方程中多出了 C_{Bv}，C_{vB}，C_B^v，K_{Bv}，K_{vB} 和 K_B^v 等项，下面将给出其具体形式。

$$[K_B + K_B^v] = \begin{bmatrix} \omega_1^2 + K_B^{v11} & K_B^{v12} & \cdots & K_B^{v1N_b} \\ K_B^{v21} & \omega_2^2 + K_B^{v22} & \cdots & K_B^{v2N_b} \\ \vdots & \vdots & \ddots & \vdots \\ K_B^{vN_b1} & K_B^{vN_b2} & \cdots & \omega_{N_b}^2 + K_B^{vN_bN_b} \end{bmatrix} \tag{2.37}$$

$$[C_B + C_B^v] = \begin{bmatrix} 2\xi_1\omega_1 + C_B^{v11} & C_B^{v12} & \cdots & C_B^{v1N_b} \\ C_B^{v21} & 2\xi_2\omega_2 + C_B^{22} & \cdots & C_B^{v2N_b} \\ \vdots & \vdots & \ddots & \vdots \\ C_B^{vN_b1} & C_B^{vN_b2} & \cdots & 2\xi_{N_b}\omega_{N_b} + C_B^{vN_bN_b} \end{bmatrix} \tag{2.38}$$

其中

$$K_B^{vnm} = \sum_{i=1}^{2} \left\{ \begin{aligned} & k_{ylL}^i \phi_h^n(x_{Li})\phi_h^m(x_{Li}) + k_{vlL}^i \phi_v^n(x_{Li})\phi_v^m(x_{Li}) \\ & + k_{ylR}^i \phi_h^n(x_{Ri})\phi_h^m(x_{Ri}) + k_{vlR}^i \phi_v^n(x_{Ri})\phi_v^m(x_{Ri}) \\ & + \left[c_{ylL}^i \phi_h^n(x_{Li})\frac{\partial \phi_h^m(x_{Li})}{\partial x} + c_{ylR}^i \phi_h^n(x_{Ri})\frac{\partial \phi_h^m(x_{Ri})}{\partial x} \right. \\ & \left. + c_{vlL}^i \phi_v^n(x_{Li})\frac{\partial \phi_v^m(x_{Li})}{\partial x} + c_{vlR}^i \phi_v^n(x_{Ri})\frac{\partial \phi_v^m(x_{Ri})}{\partial x} \right] V \end{aligned} \right\}$$

$$C_B^{vnm} = \sum_{i=1}^{2} \left[c_{vlL}^i \phi_v^n(x_{Li})\phi_v^m(x_{Li}) + c_{ylL}^i \phi_h^n(x_{Li})\phi_h^m(x_{Li}) \right.$$

$$+ c_{vlR}^i \phi_v^n(x_{Ri}) \phi_v^m(x_{Ri}) + c_{ylR}^i \phi_h^n(x_{Ri}) \phi_h^m(x_{Ri})]$$

$$(1 \leqslant n, m \leqslant N_b)$$

$$[K_{vB}] = [K_{Bv}]^T = [K_{vB}^1 \quad K_{vB}^2 \quad \cdots \quad K_{vB}^{N_b}] \tag{2.39}$$

$$[C_{vB}] = [C_{Bv}]^T = [C_{vB}^1 \quad C_{vB}^2 \quad \cdots \quad C_{vB}^{N_b}] \tag{2.40}$$

其中

$$\boldsymbol{K}_{vB}^m = \begin{bmatrix} 0 \\ 0 \\ 0 \\ 0 \\ -k_{vlL}^1 \phi_v^m(x_{L1}) - c_{vlL}^1 \dfrac{\partial \phi_v^m(x_{L1})}{\partial x}V \\ -k_{vlR}^1 \phi_v^m(x_{R1}) - c_{vlR}^1 \dfrac{\partial \phi_v^m(x_{R1})}{\partial x}V \\ -k_{vlL}^2 \phi_v^m(x_{L2}) - c_{vlL}^2 \dfrac{\partial \phi_v^m(x_{L2})}{\partial x}V \\ -k_{vlR}^2 \phi_v^m(x_{R2}) - c_{vlR}^1 \dfrac{\partial \phi_v^m(x_{R2})}{\partial x}V \\ -k_{ylL}^1 \phi_h^m(x_{L1}) - c_{ylL}^1 \dfrac{\partial \phi_h^m(x_{L1})}{\partial x}V \\ -k_{ylR}^1 \phi_h^m(x_{R1}) - c_{ylR}^1 \dfrac{\partial \phi_h^m(x_{R1})}{\partial x}V \\ -k_{ylL}^2 \phi_h^m(x_{L2}) - c_{ylL}^1 \dfrac{\partial \phi_h^m(x_{L2})}{\partial x}V \\ -k_{ylR}^2 \phi_h^m(x_{R2}) - c_{ylR}^2 \dfrac{\partial \phi_h^m(x_{R2})}{\partial x}V \end{bmatrix}, \quad \boldsymbol{C}_{vB}^m = \begin{bmatrix} 0 \\ 0 \\ 0 \\ 0 \\ -c_{vlL}^1 \phi_v^m(x_{L1}) \\ -c_{vlR}^1 \phi_v^m(x_{R1}) \\ -c_{vlL}^2 \phi_v^m(x_{L2}) \\ -c_{vlR}^2 \phi_v^m(x_{R2}) \\ -c_{ylL}^1 \phi_h^m(x_{L1}) \\ -c_{ylR}^1 \phi_h^m(x_{R1}) \\ -c_{ylL}^2 \phi_h^m(x_{L2}) \\ -c_{ylR}^2 \phi_h^m(x_{R2}) \end{bmatrix} \quad (m=1, N_b)$$

$$\boldsymbol{F}_v^r = \mathrm{col}\begin{Bmatrix} 0,0,0,0, k_{vlL}^1 r(x_{L1}) + c_{vlL}^1 r'(x_{L1})V, k_{vlR}^1 r(x_{R1}) + c_{vlR}^1 r'(x_{R1})V, \\ k_{vlL}^2 r(x_{L2}) + c_{vlL}^2 r'(x_{L2})V, k_{vlR}^2 r(x_{R2}) + c_{vlR}^2 r'(x_{R2})V, 0,0,0,0 \end{Bmatrix}$$

$$(2.41)$$

车辆作用于桥梁的第 n 阶模态广义力可表示为

$$F_{bn}^{rG} = \sum_{i=1}^{2} \{[k_{vlL}^i r(x_{Li}) + c_{vlL}^i r'(x_{Li})V + F_G^{Li}] \phi_v^n(x_{Li}) \\ + [k_{vlR}^i r(x_{Ri}) + c_{vlR}^i r'(x_{Ri})V + F_G^{Ri}] \phi_v^n(x_{Ri})\} \tag{2.42}$$

综上，以两轴车为例，基于模态综合技术推导建立了车桥耦合振动方程。车辆在桥面上行驶，车轮与桥面的接触位置是不断变化的，导致车辆与桥梁系统振动方程中的刚度矩阵、阻尼矩阵和荷载项随时间不断变化。车桥系统振动方程具有典型的时变特性,目前主要借助时程积分技术如 Newmark-β 法、Wilson-θ 法等在时域内求解。基于上述原理,笔者利用 MATLAB 编制了对应的车桥耦合振动分析程序,程序流程如图 2.11 所示。

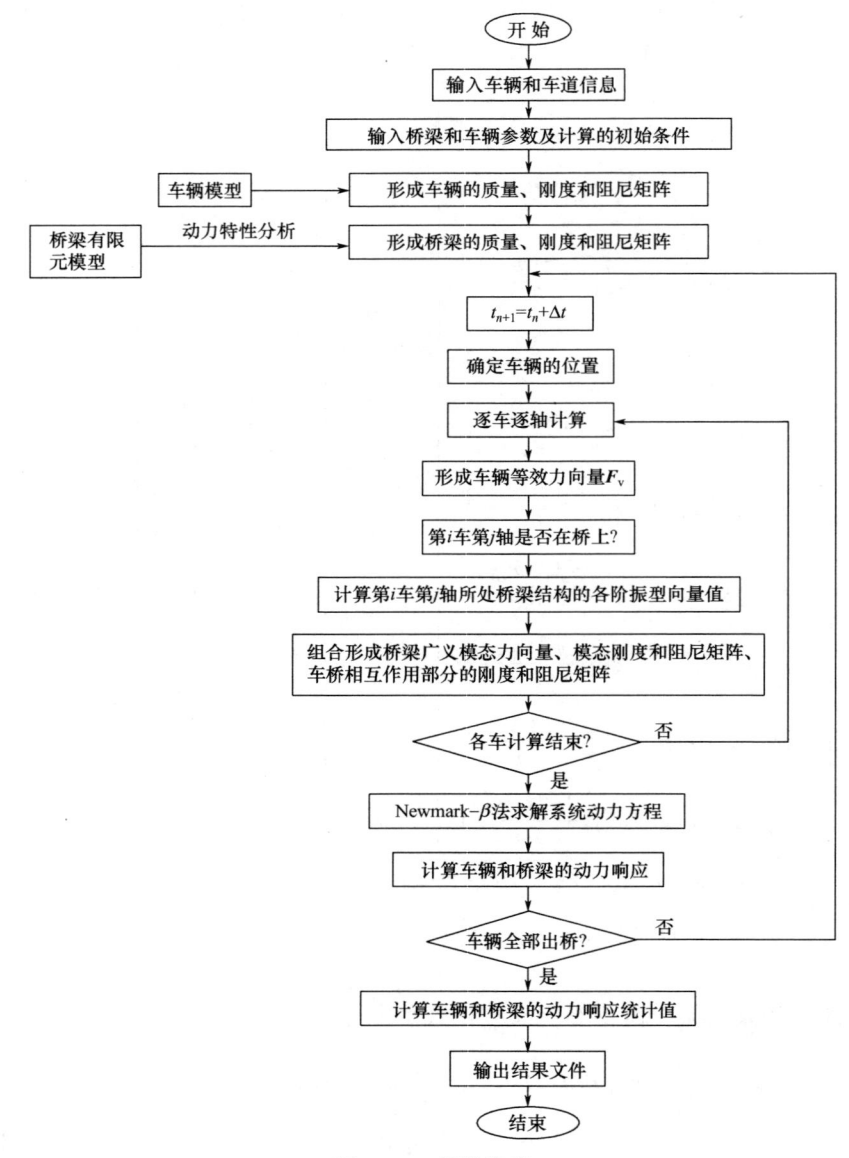

图 2.11 程序流程

2.4.2 车桥耦合振动响应的后处理方法

求解前述车桥耦合动力方程可得到桥梁各阶振型对应的广义坐标下的动力响应（广义位移、速度和加速度），进而可基于振型叠加原理利用式（2.10）将广义坐标下的动力响应变换至几何坐标响应，基于有限单元法原理求出结构的内力、应力等其他动力响应。

此外，基于通用有限元软件进行桥梁结构模态分析时，根据选取的单元类型和参数设置的不同，可直接提取得到模态应变、模态应力、模态内力和模态支反力等。求解车桥振动方程得到系统的广义响应后，可直接通过模态分析时提取得到的模态应力、内力向量，利用振型叠加方法得到结构应力和内力响应。以下以单元应力求解为例对其原理进行说明。求解车桥振动方程得到广义模态坐标下桥梁结构的动力响应后，不考虑初始应力和应变时第 j 单元应力 $\{\sigma_{bj}^e\}$ 可表示为

$$\{\sigma_{bj}^e\} = [\varGamma_{bj}]\{q_b\} \tag{2.43}$$

式中 $\{q_b\}$——模态坐标响应；

$[\varGamma_{bj}]$——第 j 单元对应的模态应力矩阵，其计算公式为

$$[\varGamma_{bj}] = [D_{bj}][L_{bj}][N_{bj}][\varPhi_{bj}] \tag{2.44}$$

式中 $[\varPhi_{bj}]$——第 j 单元所有节点组成的模态位移矩阵；

$[N_{bj}]$——将节点位移转化为单元位移场的形函数；

$[L_{bj}]$——将单元位移场转化为单元应变场的微分算子；

$[D_{bj}]$——反映应力-应变关系的弹性矩阵。

2.5 车桥振动分析程序及试验验证

2.5.1 车桥振动分析程序简介

基于前述车桥振动分析原理，笔者与所在的团队开发了汽车与桥梁动力相互作用分析程序，可实现单车、多车和随机车流等多种状况下的车桥耦合振动仿真分析。该程序基于模态综合技术进行车桥振动分析，包含文件存储和导入、车桥参数输入、求解、后处理和帮助等模块（图 2.12）。在使用该分析系统进行车桥振动仿真分析时，桥梁计算模型及模态分析结果采用有限元软件分析获得，提取数据文件后作为程序分析的基础。对于车辆分析模型，该分析程序中已建立丰富的常用车辆模型库，用户可根据需要进行参数调整。软件启动后首先建立或打开项目文件，然后进入桥梁和车辆信息的管理界面，输入桥梁参数和车队参数

(图 2.13、图 2.14)。分析系统中车桥运动方程采用 Newmark-β 法求解,求解界面如图 2.15 所示。求解并保存结果文件后可通过后处理绘制桥梁结构响应的时程曲线,如图 2.16 所示。

为验证所开发的车桥振动分析程序的有效性和适用性,后续以工程实例现场车桥动力试验数据进行验证。

图 2.12 软件主界面

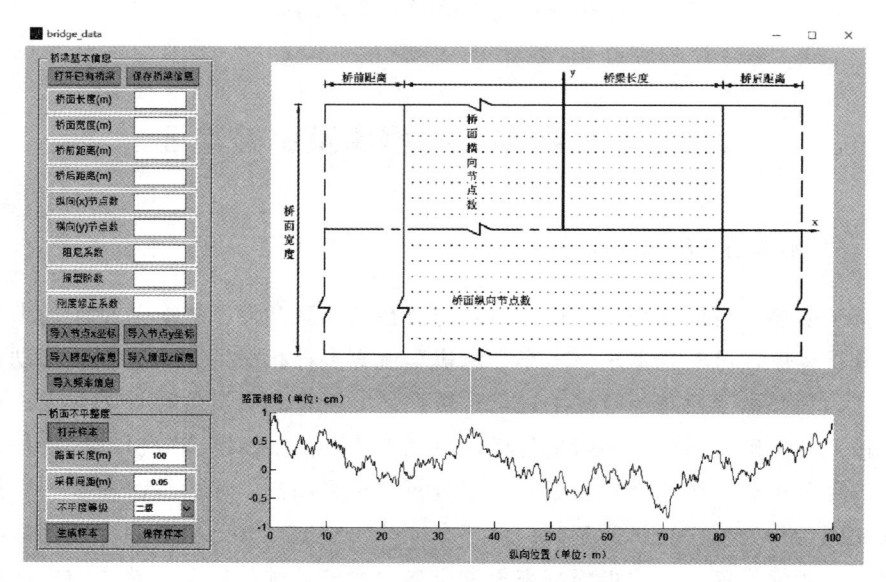

图 2.13 桥梁及桥面不平度参数设置和输入界面

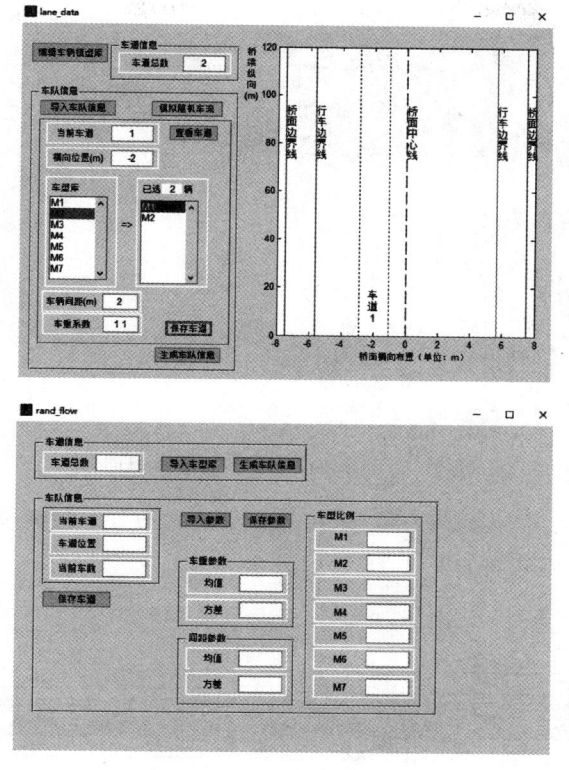

图 2.14 车辆参数输入界面

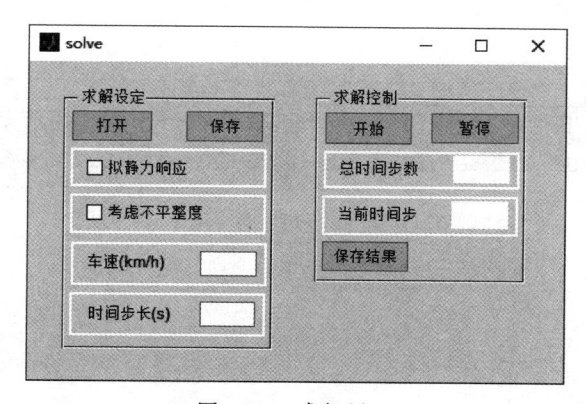

图 2.15 求解界面

2.5.2 试验桥梁概况

依托黑龙江省双鸭山市西福大桥工程，通过现场动力试验测试对车桥耦合振动程序进行验证。该桥孔跨布置为 $2\times13m$ 和 $5\times20m$，桥梁全长 147m，结构形

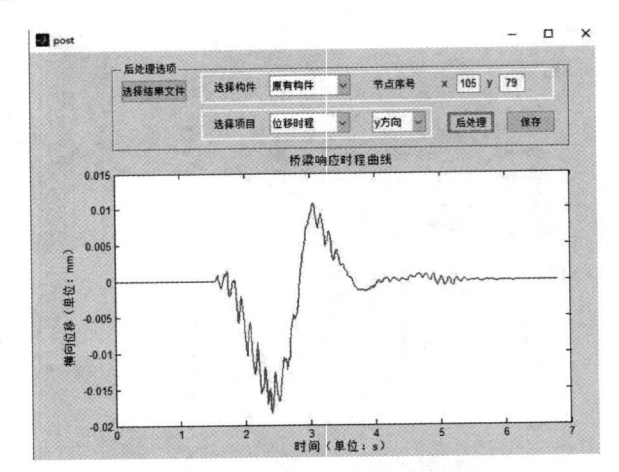

图 2.16 后处理桥梁动力响应界面

式为装配式混凝土简支空心板桥，采用双幅分离式布置，桥梁横断面（单幅）如图 2.17 所示，大桥外观如图 2.18 所示。

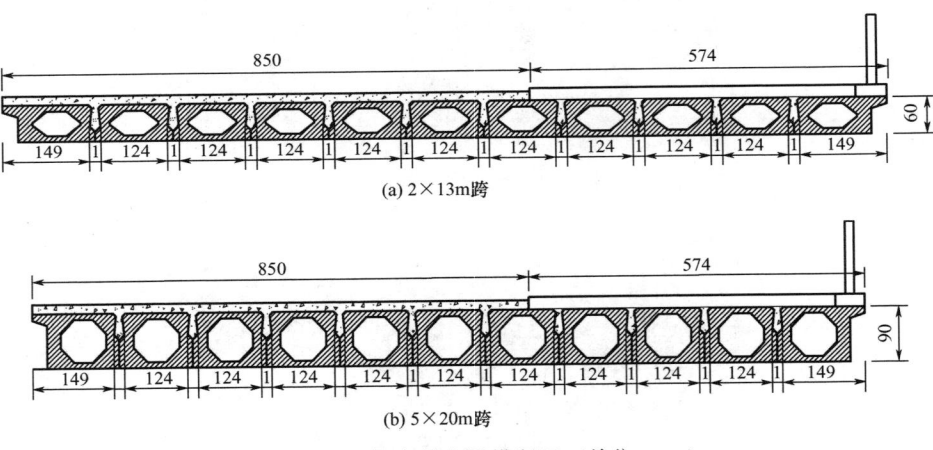

(a) 2×13m跨

(b) 5×20m跨

图 2.17 西福大桥主梁横断面（单位：cm）

图 2.18 西福大桥外观

2.5.3 桥梁现场动力试验

试验采用1辆总重45.82t的三轴载重汽车（图2.19），其中前轴重9.12t，中轴重18.35t，后轴重18.35t。汽车在桥面确定车道内以不同车速过桥，其横向位置如图2.20所示。试验车速以10km/h为一级，依次从20km/h增至60km/h。

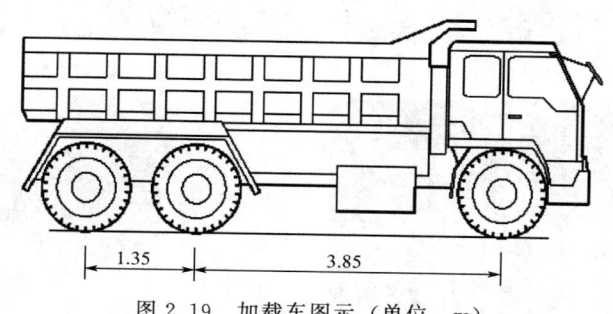

图2.19 加载车图示（单位：m）

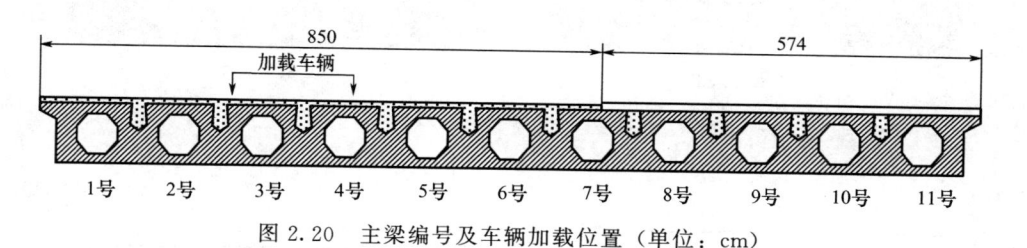

图2.20 主梁编号及车辆加载位置（单位：cm）

跑车动力测试中分别在7号梁跨中和1/4跨布置了加速度传感器，各主梁跨中布置位移传感器，试验过程中对桥梁位移和加速度响应进行了采集。现场传感器布设、跑车试验及数据采集情况如图2.21所示。具体试验数据将在后续分析比较中一并给出。

2.5.4 车桥振动分析模型

为验证前文提出的车桥耦合振动分析方法及对应的分析程序，依据试验车辆参数和桥梁结构数据建立桥梁空间有限元模型，桥面不平度状况按照桥梁实际情况取为"一般"，利用车桥振动分析程序进行动力响应数值分析，重现了相关动载试验工况。所采用的车辆动力分析模型如图2.22所示，相关参数见表2.7。

· 58 ·　　　　　　　　汽车与桥梁耦合振动理论及工程应用

(a) 位移传感器布设

(b) 加速度传感器布设

(c) 数据采集

(d) 跑车试验

图 2.21　现场试验过程

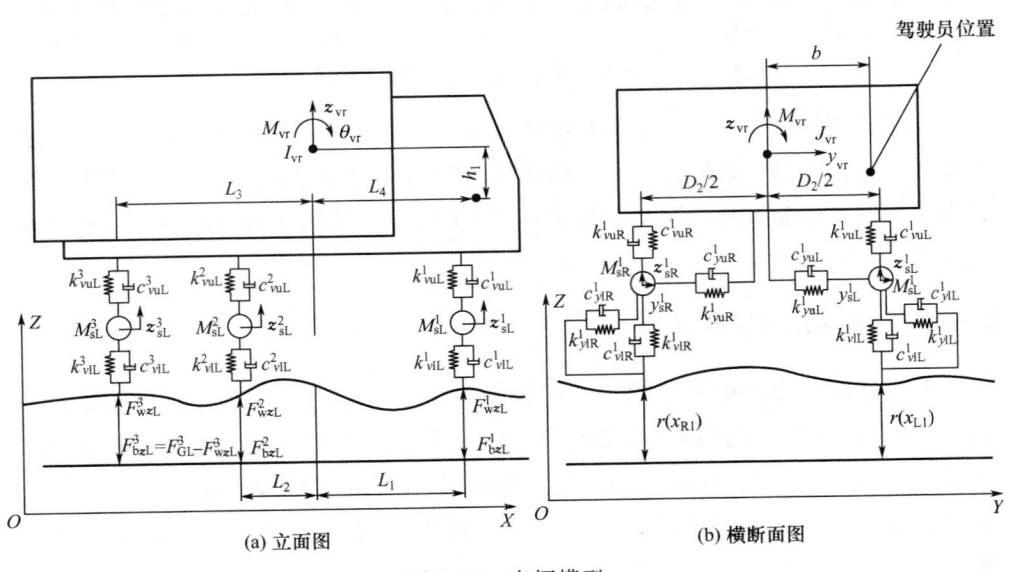

(a) 立面图

(b) 横断面图

图 2.22　车辆模型

表 2.7　车辆参数

参　数	数　值	单　位	参　数	数　值	单　位
M_{vr}	42800	kg	I_{vr}	172000	kg·m²
J_{vr}	61500	kg·m²	M_{sL}^1, M_{sR}^1	710	kg
$M_{sL}^2, M_{sR}^2, M_{sL}^3, M_{sR}^3$	400	kg	L_1	3.6243	m
L_2	0.2257	m	L_3	1.5757	m
b	0.9	m	L_4	1.42	m
k_{vuL}^1, k_{vuR}^1	1600	kN/m	$k_{vuL}^2, k_{vuR}^2, k_{vuL}^3, k_{vuR}^3$	2400	kN/m
k_{vlL}^1, k_{vlR}^1	3150	kN/m	$k_{vlL}^2, k_{vlR}^2, k_{vlL}^3, k_{vlR}^3$	2400	kN/m
c_{vuL}^1, c_{vuR}^1	27	kN·s/m	$c_{vuL}^3, c_{vuR}^3, c_{vuL}^2, c_{vuR}^2$	20	kN·s/m
c_{vlL}^1, c_{vlR}^1	22	kN·s/m	$c_{vlL}^2, c_{vlR}^2, c_{vlL}^3, c_{vlR}^3$	33	kN·s/m
k_{yuL}^1, k_{yuR}^1	4800	kN/m	$k_{yuL}^2, k_{yuR}^2, k_{yuL}^3, k_{yuR}^3$	7200	kN/m
k_{ylL}^1, k_{ylR}^1	9450	kN/m	$k_{ylL}^2, k_{ylR}^2, k_{ylL}^3, k_{ylR}^3$	7200	kN/m
c_{yuL}^1, c_{yuR}^1	81	kN·s/m	$c_{yuL}^2, c_{yuR}^2, c_{yuL}^3, c_{yuR}^3$	60	kN·s/m
c_{ylL}^1, c_{ylR}^1	66	kN·s/m	$c_{ylL}^2, c_{ylR}^2, c_{ylL}^3, c_{ylR}^3$	99	kN·s/m

以该桥 20m 跨简支梁为对象开展车桥振动分析。梁格法有限元模型如图 2.23 所示，铰缝选用虚拟横梁模拟，通过模态分析得到该桥跨前四阶振型频率分别为 5.4Hz（竖弯）、6.5Hz（竖弯）、10.1Hz（横弯）、13.8Hz（扭转），振型如图 2.24 所示。

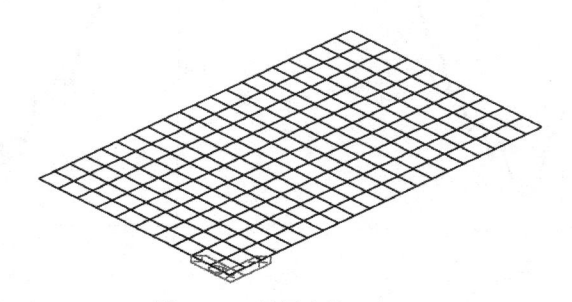

图 2.23　桥梁有限元模型

2.5.5　程序验证

将桥梁模态信息和车辆信息导入车桥耦合振动分析程序，可求解得到桥梁结构响应时程曲线。以试验车辆以 40km/h 通过桥梁的工况为例，对仿真分析和实

(a) 一阶振型

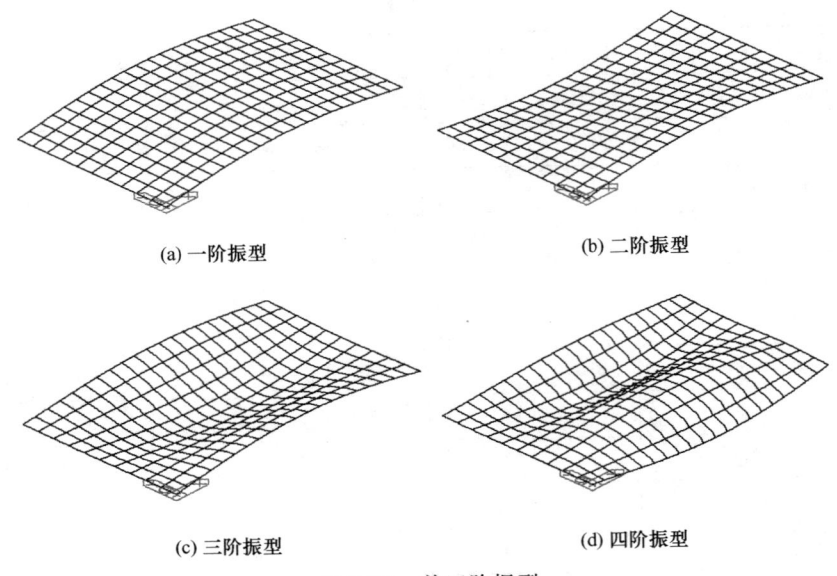

(b) 二阶振型

(c) 三阶振型

(d) 四阶振型

图 2.24 前四阶振型

测结果进行比较。图 2.25 和图 2.26 分别给出了跑车工况下 3 号梁和 5 号梁跨中竖向位移时程的实测值与数值模拟结果，图 2.27 为 5 号梁跨中竖向加速度响应结果。

(a) 数值模拟结果

(b) 试验测试结果

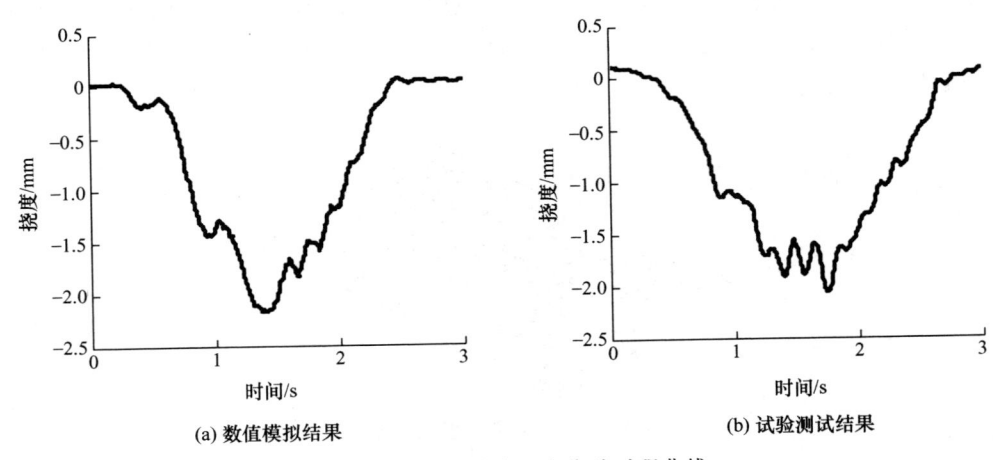

图 2.25 3 号梁跨中竖向位移时程曲线

分析可见，程序仿真分析结果与实测值吻合良好，动力响应时程曲线基本一致，响应幅值相对误差小于 5%，表明前述推导的车桥振动分析模型及编制的程序具有较好的精度和工程适用性。

(a) 数值模拟结果　　　　　　　　　　(b) 试验测试结果

图 2.26　5 号梁跨中竖向位移时程曲线

(a) 数值模拟结果　　　　　　　　　　(b) 试验测试结果

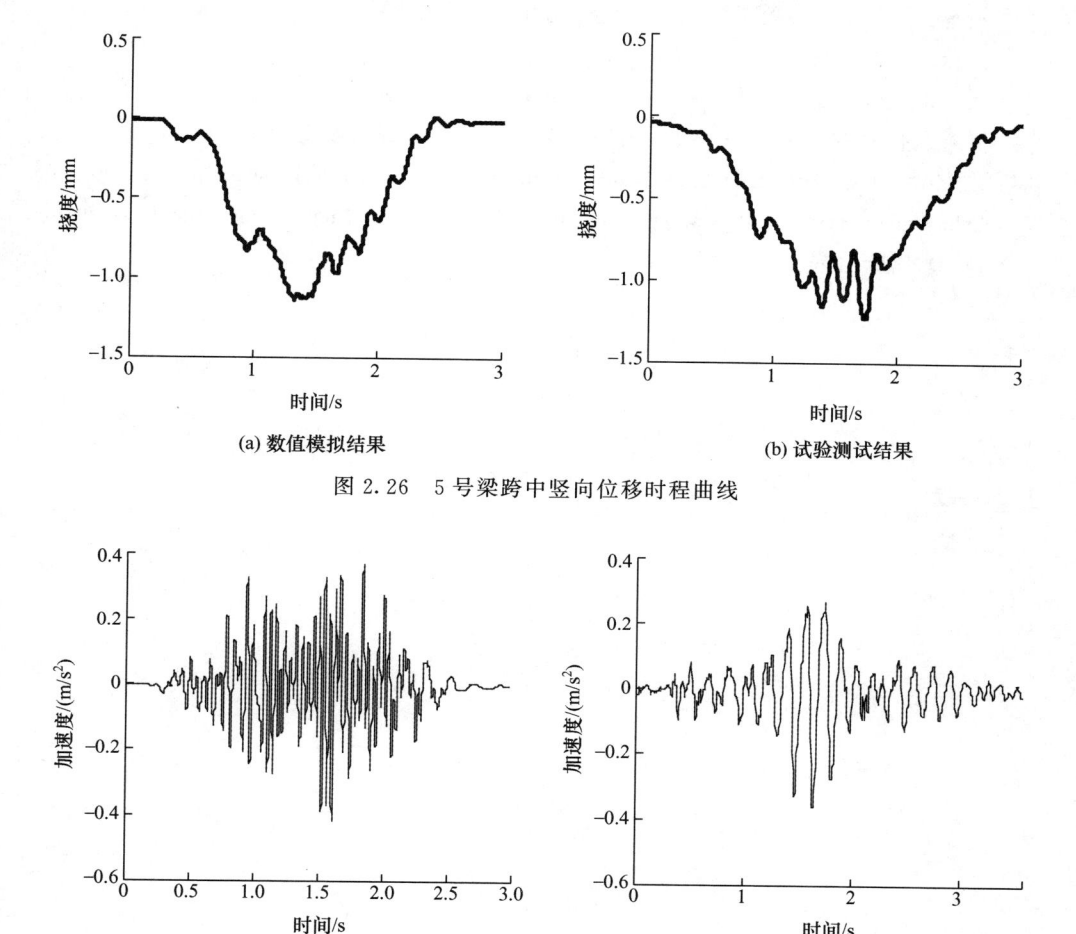

图 2.27　5 号梁跨中竖向加速度时程曲线

参考文献

[1] 中华人民共和国工业与信息化部. 车辆生产企业及产品公告 [EB/OL]. (2009-07-07) [2013-07-01]. http://www.miit.gov.cn/.

[2] 中国汽车工业总公司, 中国汽车技术研究中心. 中国汽车车型手册 [M]. 济南: 山东科学技术出版社, 1993.

[3] 韩万水, 马麟, 汪炳, 等. 随机车流-桥梁系统耦合振动精细化分析与动态可视化 [J]. 中国公路学报, 2013, 26 (4): 78-87.

［4］邓露，段林利，何维，等.中国公路车-桥耦合振动车辆模型研究［J］.中国公路学报，2018，31（7）：92-100.

［5］宋一凡.公路桥梁动力学［M］.北京：人民交通出版社，2000.

［6］夏禾，张楠，郭薇薇.车桥耦合振动工程［M］.北京：科学出版社，2014.

［7］LI YAN，CAI C S，LIU YANG，et al. Dynamic analysis of a large span specially shaped hybrid girder bridge with concrete-filled steel tube arches［J］. Engineering Structures，2016（106）：243-260.

第3章　移动汽车作用下桥梁动力性能的分析与评价

近年来，随着材料科学和工程设计建造技术的快速进步，一些与传统桥梁静动力特性有显著差异的新桥型不断涌现并投入实际应用。这些新桥型在汽车作用下的动力性能表现引起了业界的广泛关注，期望通过开展相关的研究，为这些新结构的车载动力性能设计、分析和评估提供理论依据和实践参考。本章依托一座大跨异形钢管混凝土拱桥工程实例，基于前述的车桥耦合振动分析理论与方法，对其开展了系统的动力性能分析与评价，并通过现场试验进行验证，有关方法和结果可为同类研究提供参考与借鉴。

3.1　桥梁车载动力性能的评价标准

3.1.1　汽车对桥梁的动力冲击系数

移动车辆荷载经过桥梁时，桥梁结构除承受车辆静载外，还须承受车辆的动力冲击效应。目前各国规范一般通过冲击系数对车辆荷载的动力效应进行简化确定。

汽车荷载冲击系数可表示为

$$\eta = \frac{Y_{\text{dmax}}}{Y_{\text{jmax}}} \tag{3.1}$$

式中　Y_{jmax}——汽车过桥时测得的效应时程曲线上最大静力效应处量取的最大静力效应值；

Y_{dmax}——在效应时程曲线上最大静力效应处量取的最大动力效应值。

显然，这种简化取值方法与特定桥梁结构实际承受的冲击效应存在较大差别，尤其是对于结构局部或新型桥梁的汽车冲击效应。因此，采用数值仿真或试验方法进行更为准确的模拟或测试十分必要，可为既有桥梁的长期性能评价或新型桥梁设计中作用参数的选取提供依据。由于桥梁动载试验耗时长、造价高、实现多参数影响难度大，采用经试验验证的数值模拟方法开展更为系统的冲击系数研究更具可行性。

汽车荷载冲击系数是桥梁结构设计和评估中的一个重要参数，也是桥梁车载动力性能评价的关键指标之一。

3.1.2 行车舒适性评价指标与方法

1. 评价指标

常用的汽车行车舒适性评价方法主要有 ISO 2631 评定法、等舒适度评定法、平稳性指标评定法和狄克曼（Dieckman）指标评定法等，目前有关研究主要采用 ISO 2631 给出的标准和评价方法，故下面仅对该评价方法进行介绍。

汽车振动对人的影响取决于振动频率与强度、作用方向和持时等因素，且个体对振动的敏感程度也存在很大差异，公认的评价方法和指标一直很难获得。直到 1974 年，国际标准化组织（ISO）基于大量的人体振动相关研究成果制定了国际标准《人体承受全身振动评价指南》（ISO 2631），后经修订形成《人体承受全身振动评价指南》（ISO 2631：1982），又于 1997 年发布了《人体承受全身振动评价 第一部分：通用要求》（ISO 2631-1：1997（E））。该标准在评价长时随机振动和多向振动对人体的影响时与人们的主观感觉符合得较好，因此得到了很多国家的参照执行，用于评价汽车行驶中振动和冲击对乘员舒适性的影响。我国在相应标准修订的基础上颁布了《汽车平顺性试验方法》（GB/T 4970—2009）。

ISO 2631-1：1997（E）规定了人体坐姿受振模型（图 3.1），并指出人体对不同频率振动的敏感度存在差异。当评价振动对人体舒适性的影响时需考虑 x，y，z 三个方向，且两水平轴向加权系数取 1.4，垂直轴向取 1.0。我国《汽车平顺性试验方法》（GB/T 4970—2009）中评价汽车平顺性采用考虑椅面 x，y，z 三个轴向振动的方法；就振动对人体健康、舒适性、振动知觉、运动疾病影响四个方面分别提出了人体承受全身振动的评价标准，前三项频率范围为 0.5～80Hz，第四项频率范围为 0.1～0.5Hz；未具体规定人体承受全身振动的界限和极限定量指标，提出以加权加速度均方根值作为基本评价方法。

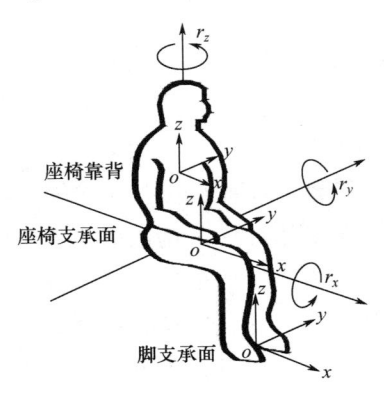

图 3.1 人体坐姿受振模型

2. 评价方法

ISO 2631-1：1997（E）规定，当振动波形峰值因数小于 9（峰值因数定义为加权加速度时程峰值与加权加速度均方根值的比值）时，可用基本评价方法加权加速度均方根值来评价振动对人体舒适性的影响。根据测量，各种汽车正常行驶工况下均适用该方法。

该方法的加速度均方根值计算带宽采用标准的 1/3 倍频程。汽车机械振动频率范围一般为 1～80Hz，将该频率范围划成若干小区段，称为频程、频段或频带。频程有上限频率 f_u、下限频率 f_b 和中心频率 f_c（该频段上、下限频率的比例中项，$f_c = \sqrt{f_u f_b}$）。上、下限频率的中间区称为频带宽度（带宽）Δf。频程则由公式 $f_u/f_b = 2^n$ 予以规定，汽车振动测量中通常采用 1/3 倍频程（$n=1/3$），此时带宽 Δf 按下式计算：

$$\Delta f = f_u - f_b = (2^{1/3} - 1) f_b = 0.26 f_b \tag{3.2}$$

我国标准推荐采用总加权加速度均方根指标对人体承受的振动进行评价，该评价方法主要步骤如下。

（1）计算各单轴向加权加速度均方根值 a_w

具体有三种计算方法：

1) 由等带宽频谱分析得到的加速度自功率谱密度函数 $G_a(f)$ 计算 a_w。

先按下式计算 1/3 倍频带加速度均方根谱值：

$$a_j = \left[\int_{f_{lj}}^{f_{uj}} G_a(f) \mathrm{d}f \right]^{\frac{1}{2}} \tag{3.3}$$

式中　a_j——中心频率 f_j 的第 j（$j=1, 2, \cdots, 20$）个 1/3 倍频带加速度均方根谱值（m/s²）；

f_{lj}, f_{uj}——1/3 倍频带的中心频带 f_j 的下、上限频率，具体可参考《汽车平顺性试验方法》（GB/T 4970—2009）中附表 A1 确定。

然后按下式计算 a_w：

$$a_w = \left[\sum_j (\omega_j a_j)^2 \right]^{\frac{1}{2}} \tag{3.4}$$

式中　ω_j——第 j 个 1/3 倍频带的加权系数，可参考《汽车平顺性试验方法》（GB/T 4970—2009）中附表 A2 确定；

a_w——单轴向加权加速度均方根值。

也可以通过 $G_a(f)$ 直接积分计算 a_w：

$$a_w = \left[\int_{0.9}^{90} W^2(f) G_a(f) \mathrm{d}f\right]^{\frac{1}{2}} \tag{3.5}$$

式中 $W(f)$——频率加权函数,可用以下公式表示:

x, y 轴向 $\qquad W(f) = \begin{cases} 1.0, & 0.9\mathrm{Hz} < f \leqslant 2\mathrm{Hz} \\ \dfrac{2}{f}, & f > 2\mathrm{Hz} \end{cases}$

z 轴向 $\qquad W(f) = \begin{cases} 0.5\sqrt{f}, & 0.9\mathrm{Hz} < f \leqslant 4\mathrm{Hz} \\ 1.0, & 4\mathrm{Hz} < f \leqslant 8\mathrm{Hz} \\ \dfrac{8}{f}, & f > 8\mathrm{Hz} \end{cases}$ (3.6)

通过频率加权函数,将人体敏感的频率范围以外的各频带加速度均方根值折算为等效于 4~8Hz(垂直振动 z 轴方向)、0.9~2Hz(水平振动 x, y 轴方向)的人体最敏感的频率范围加权加速度均方根值。

2) 对于采集的加速度时程 $a(t)$,通过频率加权函数 $W(f)$ 或《汽车平顺性试验方法》(GB/T 4970—2009)中的附表 A2 规定的频率加权滤波网络得到加权加速度时程 $a_w(t)$,进而由下式计算加权加速度均方根值:

$$a_w = \left[\frac{1}{T}\int_0^T a_w^2(t) \mathrm{d}t\right]^{\frac{1}{2}} \tag{3.7}$$

式中 T——振动统计持续时间。

3) 由 1/3 倍频带均方根谱值计算 a_w。如果数据处理仪器可对记录的加速度时程进行处理后直接得到 1/3 倍频带加速度均方根谱 a_j,则可直接由式(3.4)计算 a_w。

(2) 计算总加权加速度均方根值 a_{w0}

按下式计算:

$$a_{w0} = [(k_x a_{wx})^2 + (k_y a_{wy})^2 + (k_z a_{wz})^2]^{1/2} \tag{3.8}$$

式中 a_{wx}, a_{wy}, a_{wz}——座椅位置纵向、横向和垂直方向加速度的加权均方根值,相应的加权系数为 $k_x = 1.4$, $k_y = 1.4$ 和 $k_z = 1.0$。

有些人体振动测量仪采用加权振级 L_{aw},它与加权加速度均方根值 a_w 可按下式进行换算:

$$L_{aw} = 20\lg\frac{a_w}{a_0} \tag{3.9}$$

式中 a_0——参考加速度均方根值,$a_0 = 10^{-6} \mathrm{m/s^2}$。

加权加速度均方根指标和加权振级与人的主观感觉的关系见表 3.1,可作为舒适性的评价标准。

表 3.1 加权加速度均方根值和加权振级与人的主观感觉的关系

加权加速度均方根值 a_{w0}/(m/s²)	加权振级 L_{aw}/dB	人的主观感觉
<0.315	110	没有不舒适
0.315~0.63	110~116	有些不舒适
0.5~1	114~120	相当不舒适
0.8~1.6	118~124	不舒适
1.25~2.5	112~128	很不舒适
>2.0	126	极不舒适

3.1.3 行人振动舒适性评价标准

城市桥梁一般都会布置人行道，汽车激励下引起的桥梁振动将对过桥行人舒适性产生影响。各国设计规范和研究中对于人行桥行人舒适性的评价指标可分为桥梁振动频率和振动响应的限值两类，本书主要关注汽车诱发桥梁振动条件下的行人振动舒适性评价，因此选取振动响应作为标准。参考既有相关研究成果[1]，笔者选取德国人行桥设计规范（EN03-8，2007）给出的评价标准（表 3.2）用于行人舒适性评价。

表 3.2 EN03-8 中给出的行人振动舒适性评价标准

等级	舒适性	竖向加速度/(m/s²)	横向加速度/(m/s²)
CL1	很舒适	<0.50	<0.10
CL2	中度舒适	0.50~1.00	0.10~0.30
CL3	不舒适	1.00~2.50	0.30~0.80
CL4	不可忍受	>2.50	>0.80

3.2 工程概况与分析模型的建立

3.2.1 工程概况

伊通河大桥位于吉林省长春市，主桥总长 260m，由 51m+158m+51m 三跨组成（图 3.2）。该桥于 2009 年建成，是我国当时跨度最大的异形钢管混凝土拱桥。桥面总宽 40m，包括 8 条机动车道和 2 条 2.5m 宽的人行道。主跨拱肋按构造和使用功能分为主拱肋和稳定拱肋，主拱肋和稳定拱肋通过端锚板连接。主拱肋定位线为位于竖直平面上的二次抛物线,计算跨径为158m,矢跨比为1/4.23;稳定拱肋有两根,其轴线均为二次抛物线,计算跨径为120.5252m,拱肋平面内的矢高为29.9773m,稳定拱平面由竖直平面向两侧旋转21.8°而得。主拱肋截面为三根钢管通过拉板连接的略呈三角形的截面,截面中大钢管直径为1.8m,壁厚28mm,小钢管直径为1.2m,壁厚24mm,两侧拉板厚24mm,底部拉板厚16mm。大、小钢管均内灌C50微膨胀混凝土。主拱肋沿纵桥向划分为11段,拱肋安装时段与段之间首先通过法兰盘连接,然后通过嵌补段将主拱肋对接焊连形成整体。稳定拱肋直径为1.2m,壁厚26mm,拱脚段填充C50微膨胀混凝土。稳定拱肋安装时段与段之间首先通过法兰盘连接,然后通过嵌补段将稳定拱肋对接焊连形成整体。

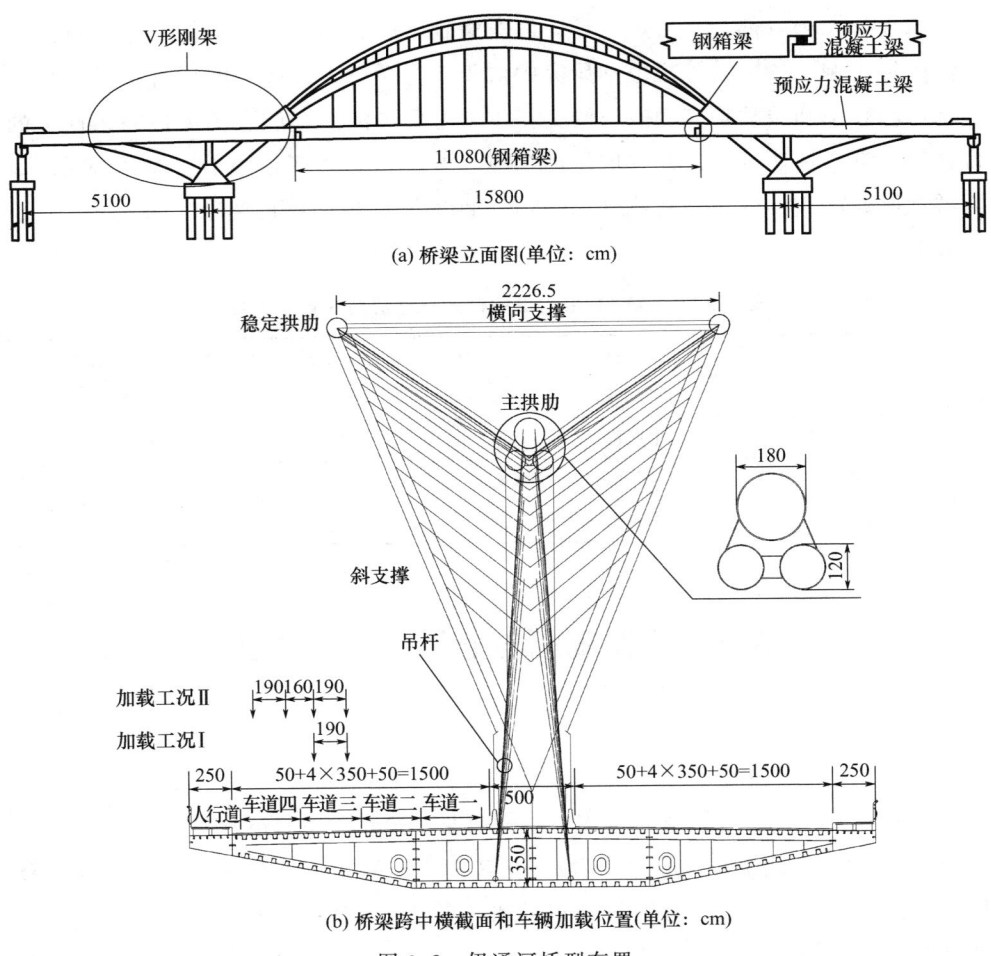

(a) 桥梁立面图(单位:cm)

(b) 桥梁跨中横截面和车辆加载位置(单位:cm)

图3.2 伊通河桥型布置

(c) 桥梁外观

图 3.2 伊通河桥型布置（续）

主跨钢箱梁长 110.8m，以简支的形式支撑在拱脚处牛腿上，牛腿处设置竖向支座、横向限位支座。边跨加劲梁采用预应力混凝土梁，与 V 腿及主拱拱脚段固结，混凝土加劲梁伸过梁拱节点，与主跨的钢箱梁通过牛腿连接。混凝土加劲梁和钢加劲梁均采用箱形断面，钢箱梁和混凝土箱梁外形保持一致。主拱共设 16 根吊杆，吊杆规格均为 LZM7-61 型，吊杆索体采用 PES（FD）系列新型低应力防腐拉索。吊杆顺桥向间距 6m，同一断面横桥向布置两根吊索，分别锚固在主拱拱肋和主梁钢锚箱内，主梁处为张拉端，横桥向间距 4.4m，主拱处为固定端，横桥向间距 0.7m。全桥共设置 6 根水平系杆，系杆布置在中央分隔带区域桥面上，两端锚固于边跨混凝土箱梁梁端横梁处梁顶锚体之上，锚体为钢筋混凝土结构，采用 C50 混凝土，锚体及拱座处埋设系杆预埋钢管。系杆拉索采用 PES（FD）系列新型低应力防腐拉索。拱座与承台连成一体。每个拱座之上设三根墩柱，墩柱截面尺寸为 2.0m×2.2m。承台厚 4m，纵桥向宽 13.2m，横桥向宽 33.2m。拱座高 5.7m，纵桥向宽度由 10.487m 变化至 2.5m，横桥向宽度由 30m 变化至 20m。基础采用群桩基础，承台下设 21 根 ϕ2.0m 钻孔桩，呈点阵布置，桩长 49.85m。

3.2.2 车桥振动分析模型

桥梁动载试验采用总重 34.3t 的三轴卡车（图 3.3），其中 P_1 为 6300kg，P_2 和 P_3 为 14000kg，D_1 为 4.15m，D_2 为 1.90m，D_3 为 1.40m。该类卡车常用于我国公路桥梁荷载试验。车辆动力分析模型如图 3.4 所示，共包含 16 个独立自由度，该车型力学和几何参数详见文献 [2]。

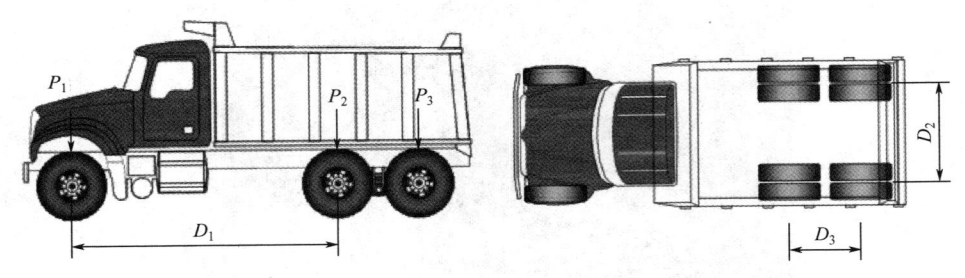

图 3.3 试验使用的卡车

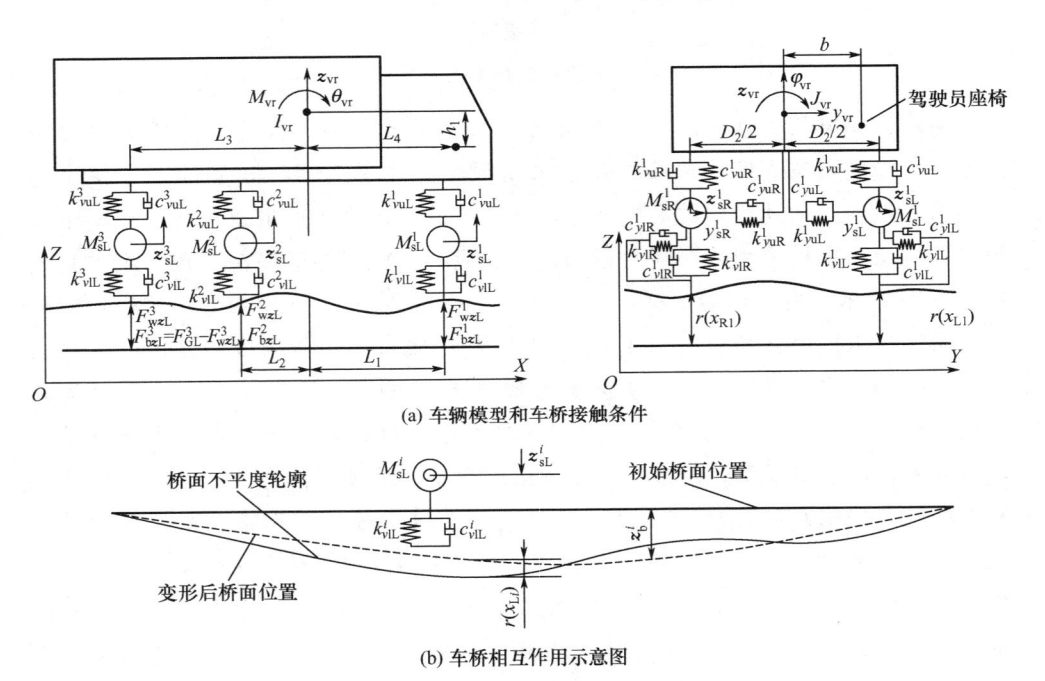

图 3.4 车辆模型与车桥相互作用示意图
(a) 车辆模型和车桥接触条件
(b) 车桥相互作用示意图

为更好地表征该桥复杂的动力特性，采用 ANSYS 建立了该桥精细的三维有限元模型。采用空间梁单元 Beam44 对拱肋、斜撑和侧撑进行模拟，采用实体单元 Solid65 对 V 形刚架、预应力混凝土梁、拱座和立柱等混凝土构件进行模拟，采用索单元 Link10 对吊杆和系杆进行模拟，用壳单元 Shell63 对钢箱梁和桥面铺装进行模拟。此外，对于模型的边界条件，对拱座底部采用固定约束，根据不同支座类型分别施加位移和转动约束。桥梁有限元模型如图 3.5 所示，包含 421358 个单元，该模型将用于后续的车桥振动分析。

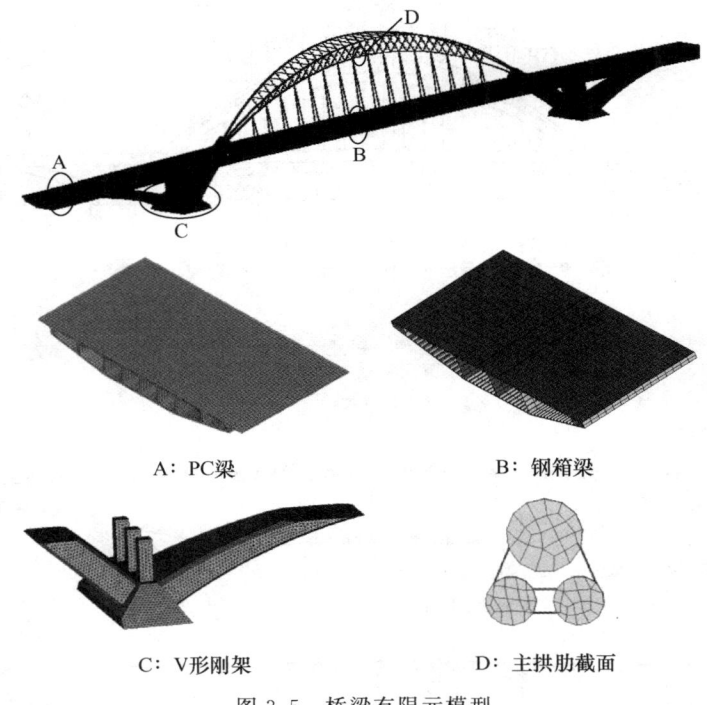

第 3 章 移动汽车作用下桥梁动力性能的分析与评价

A：PC梁　　B：钢箱梁

C：V形刚架　　D：主拱肋截面

图 3.5　桥梁有限元模型

3.3　桥梁动力试验及结构性能评价

3.3.1　动力试验

伊通河大桥通车前，课题组对该桥进行了包含跑车和环境激励的动力试验，对该桥的动力性能进行试验检测，相关试验结果将为后续的数值分析模型验证提供依据。根据理论分析结果，在动力测试过程中测量了构件典型截面的位移、应变和加速度响应，测点布置如图 3.6 所示。

跑车动力试验主要包含两种加载工况［图 3.2（b）］，分别为一辆试验车在右侧车道三过桥及两辆测试车在右侧车道三和车道四过桥，车速为 30km/h，40km/h 和 60km/h。为激发结构竖弯模态，单车 30km/h 过桥工况增加了跨中和四分之一跨桥面放置一块 60mm 高楔形木板工况，由此共进行 8 个跑车工况测试。同时，还进行了无车状况环境激励测试，选取两个不同时段，分别持续 15 分钟，采集结构加速度响应数据。动载试验过程如图 3.7 所示，典型动力响应测

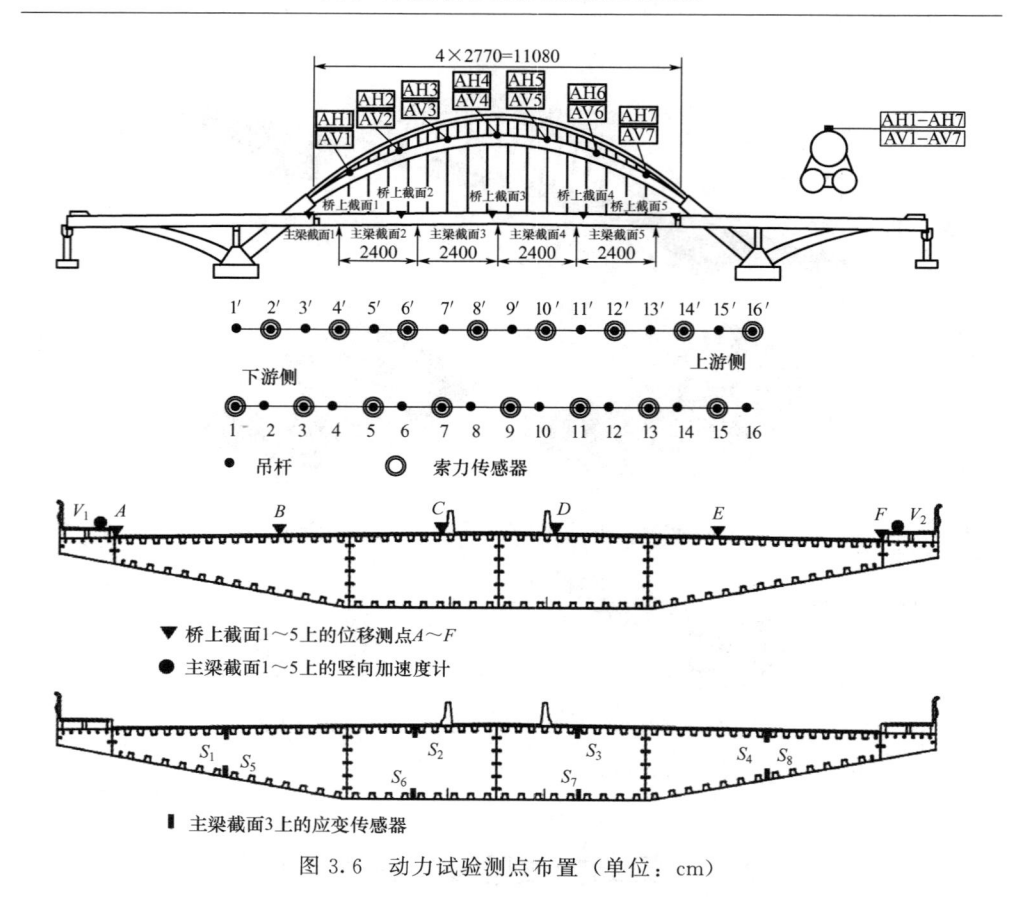

图 3.6 动力试验测点布置（单位：cm）

试结果如图 3.8 所示，基于实测数据的结构动力参数识别等工作将在下一节阐述。

3.3.2 桥梁动力参数识别及性能评价

根据实测的桥梁位移和加速度响应数据，可识别得到结构模态特征、动力冲击系数等动力特性参数。通过分析桥梁在环境激励和车辆行驶时的加速度时程数据，识别得到桥梁自振频率、振型和阻尼比等参数，结果见表 3.3。桥梁前两阶振型均为拱肋侧弯，表明拱肋面外刚度小于面内刚度。桥面一阶竖弯振型出现在第三阶，对应频率为 1.879Hz。主跨桥面扭转振型从第 7 阶开始重复出现多次，表明该桥扭转振型在结构整体动力特性中扮演重要角色，后续试验和仿真分析数据将进一步验证这一点。实测阻尼比在 0.59%～4.44% 之间，基本处于混凝土和钢-混凝土组合梁桥阻尼比经验值范围内。

第 3 章 移动汽车作用下桥梁动力性能的分析与评价

(a) 测试车辆

(b) 单车动载试验

(c) 动力响应数据记录

图 3.7 动载试验过程

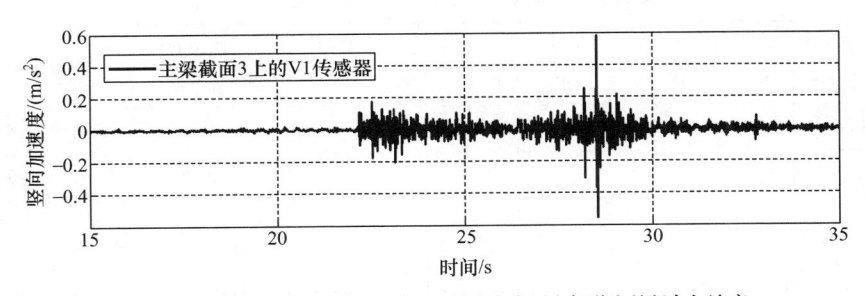

(a) 单车在车道三以 40km/h 过桥时跨中右侧人行道上的竖向加速度

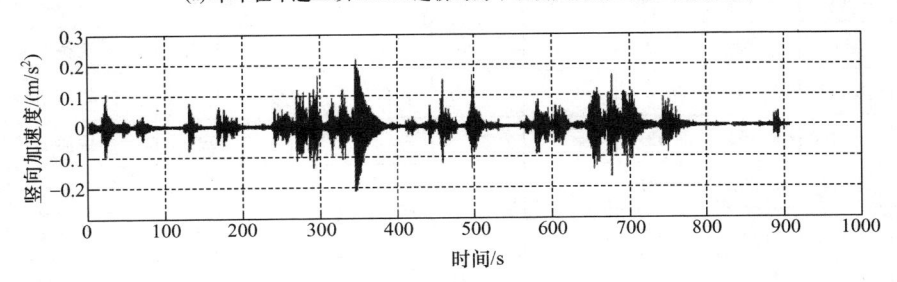

(b) 环境激励下右人行道跨中竖向加速度响应

图 3.8 现场试验得到的典型动力响应

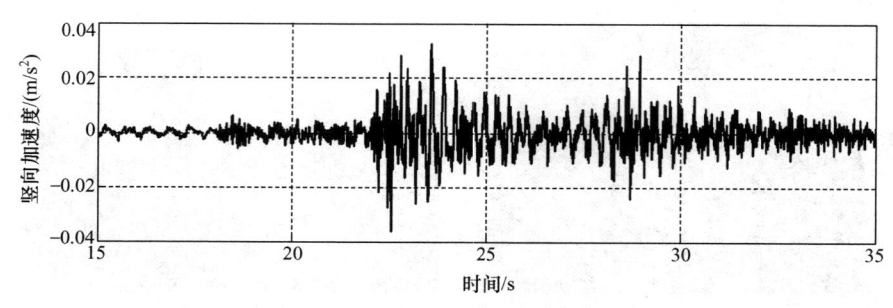

(c) 单车在车道三以40km/h过桥时主拱肋AV2测点的竖向加速度响应

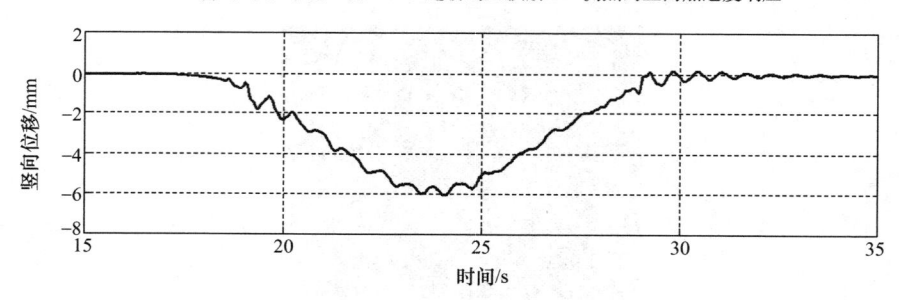

(d) 跨中测点A的竖向位移响应

图 3.8 现场试验得到的典型动力响应（续）

表 3.3 试验和有限元分析的动态性能比较

序号	实测频率 f_t/Hz	计算频率 f_c/Hz 修正前	修正后	$100(f_c-f_t)/f_t$/% 修正前	修正后	MAC 修正前	修正后	阻尼比 ζ/%	振型描述
1	0.606	0.525	0.582	−13.37	−3.96	0.914	0.911	1.48	拱肋对称侧弯
2	1.617	1.619	1.635	0.12	1.11	0.907	0.912	0.85	拱肋不对称侧弯
3	1.879	1.717	1.796	−8.62	−4.42	0.922	0.931	0.59	桥面不对称竖弯
4	—	2.583	2.572	—	—				全桥不对称竖弯
5	2.787	2.894	2.648	3.84	−4.99	0.901	0.912	1.12	桥面对称竖弯
6	2.904	3.125	2.791	7.61	−3.89	0.931	0.925	1.77	全桥竖弯
7	3.432	3.351	3.37	−2.36	−1.81	0.959	0.937	4.44	桥面扭转
8	—	3.493	3.521	—	—				桥面扭转
9	3.513	3.832	3.62	9.08	3.05	0.935	0.942	2.86	桥面竖弯扭转
10	4.946	4.711	4.88	−4.75	−1.33	0.977	0.948	2.12	全桥竖弯
11	5.315	4.842	5.096	−8.90	−4.12	0.924	0.917	2.96	桥面扭转

注：MAC 为模态置信度（Modal Assurance Criterion）。

移动车辆动力作用对结构造成的冲击效应也是本次试验关注的重点。根据伊通河大桥设计计算分析，在两种不对称荷载工况下［图 3.2（b）］最大竖向挠度出现在桥面跨中测点 A（图 3.6），因此本次试验取主梁截面 3 的测点 A 的动力响应（图 3.6）用于表征全桥整体冲击系数。在前述单车和双车无障碍跑车过桥工况下该桥实测最大冲击系数分别为 0.073 和 0.069，对应车速为 60km/h，与基于规范的设计冲击系数 0.082 基本一致。

此外，该桥设置了双向各 2.5m 宽的人行道，伊通河城区河段经过景观综合治理后，过桥和驻足观景人流量将大幅增加，因此考虑过桥车辆动力作用下的行人过桥舒适性指标十分必要。前述跑车试验工况下，桥面振动加速度最大值发生在跨中测点 V_1 处。对应单车和两车过桥工况，竖向加速度峰值分别为 $1.25m/s^2$ 和 $0.59m/s^2$，横向加速度峰值分别为 $0.17m/s^2$ 和 $0.11m/s^2$，均对应 60km/h 车速。依据 3.1 节中给出的德国人行桥设计标准（EN03-8，2007），按照竖向和横向加速度限值标准得到两车过桥工况下行人舒适度为"差"和"一般"等级，单车过桥对应的行人舒适度为"一般"等级。实际运营中两辆重型卡车并行过桥发生的概率相对较低，因此基于目前的试验将该桥行人振动舒适度评定为"一般"等级。

3.4　车桥振动分析模型验证

受现场试验条件、时间和费用等因素限制，对实际桥梁考虑各种可能的工况对结构整体和局部/细部响应进行全面测试非常困难，很多时候甚至是无法实现的。随着车桥耦合振动仿真分析理论的发展，当前利用经现场试验验证的数值分析方法考虑多参数工况的车桥动力试验模拟，可为更系统、深入地研究车桥振动系统提供可能。下面以伊通河大桥为例，基于现场试验数据开展桥梁分析模型修正及车桥耦合振动计算程序验证，为基于车桥振动分析的桥梁车载动力性能评价提供基础。

3.4.1　桥梁有限元模型修正

由表 3.3 中有关伊通河大桥实测与初始有限元模型计算结果，发现两者前 11 阶平均误差为 5.94%，最大误差达 13.37%，表明初始有限元模型在模拟该桥动力特性方面存在显著误差，在利用该模型进行后续车桥振动分析前有必要对其进行修正。一般来说，模态频率计算与实测值的误差主要受以下因素影响：①连续结构离散化；②结构几何和边界条件不确定性；③材料性能离散性；④动力响应采集和处理误差。其中，②和③是有限元模型修正中最常强调和考虑的因素。本章根据施工图和实测参数（吊杆和水平系杆受力）建立桥梁初始有限元模型，结构边界条件比较清晰、明确，可假定几何参数和边界条件不需要进一步修改。因此，选择结构材料特性作为主要修正变量，使用零阶近似法[3]修正初始有限元模型。以计算和实测频率相对误差平方和为优化目标函数，以误差小于5%为约束条件，参数变化范围为初始材料性能值变化的15%。关于模型修正和优化方法的更多细节可参考文献［3］，在此仅对模型修正结果进行讨论。

如表3.4所示，模型修正过程中设计变量变化率为0.49%～9.22%，其中主拱肋、稳定拱肋和吊杆弹性模量与主梁材料密度变化在8%以上，说明这些变量对结构动力特性具有较高的敏感性。修正后有限元模型的计算频率与实测值吻合良好，平均误差由原来的5.94%下降到2.99%，模型修正前后MAC值变化很小（表3.3）。结果表明，修正后的有限元模型能较好地反映实桥的动力特性，可用于后续车桥耦合振动仿真模拟。

表3.4　模型修正前后的结构材料特性

组件	弹性模量 E/MPa 修正前	弹性模量 E/MPa 修正后	设计变量变化率/%	密度 ρ/(kg/m³) 修正前	密度 ρ/(kg/m³) 修正后	设计变量变化率/%
主拱肋	2.06×10^5	2.25×10^5	9.22	12400	12700	2.42
稳定拱肋	2.06×10^5	2.25×10^5	9.22	7850	8230	4.84
横撑	2.06×10^5	2.07×10^5	0.49	7850	7140	−9.04
斜撑	2.06×10^5	2.15×10^5	4.37	7850	8150	3.82
吊杆	1.95×10^5	2.12×10^5	8.72	8010	8550	6.74
钢梁	2.06×10^5	2.07×10^5	0.49	7850	7210	−8.15
PC主梁	3.45×10^4	3.65×10^4	5.80	2550	2740	7.45
PC V形刚构	3.45×10^4	3.49×10^5	1.16	2550	2630	3.14

3.4.2　车桥耦合振动分析程序的验证

为验证修正后桥梁有限元模型的车桥耦合振动分析模型，利用所编制的车桥分析程序对一实际跑车试验工况进行重现模拟。该工况为单车以60km/h的速度于右侧车道三过桥，车辆模型及参数同前。现选取典型测点进行现场试验和数值分析，对获得的动力响应进行比较，结果如图3.9所示。由图3.9可见，实测和数值分析动力响应时程曲线形状及峰值均比较吻合；位移、吊杆力和应力响应极值相对误差小于5%，加速度响应误差小于8%。不同构件和响应类型的实测值与仿真结果吻合良好，表明所建立的车桥耦合振动模型和程序具有较高的精度和适用性，可用于预测模拟其他未在现场试验中进行的移动汽车荷载工况下的结构动力行为。

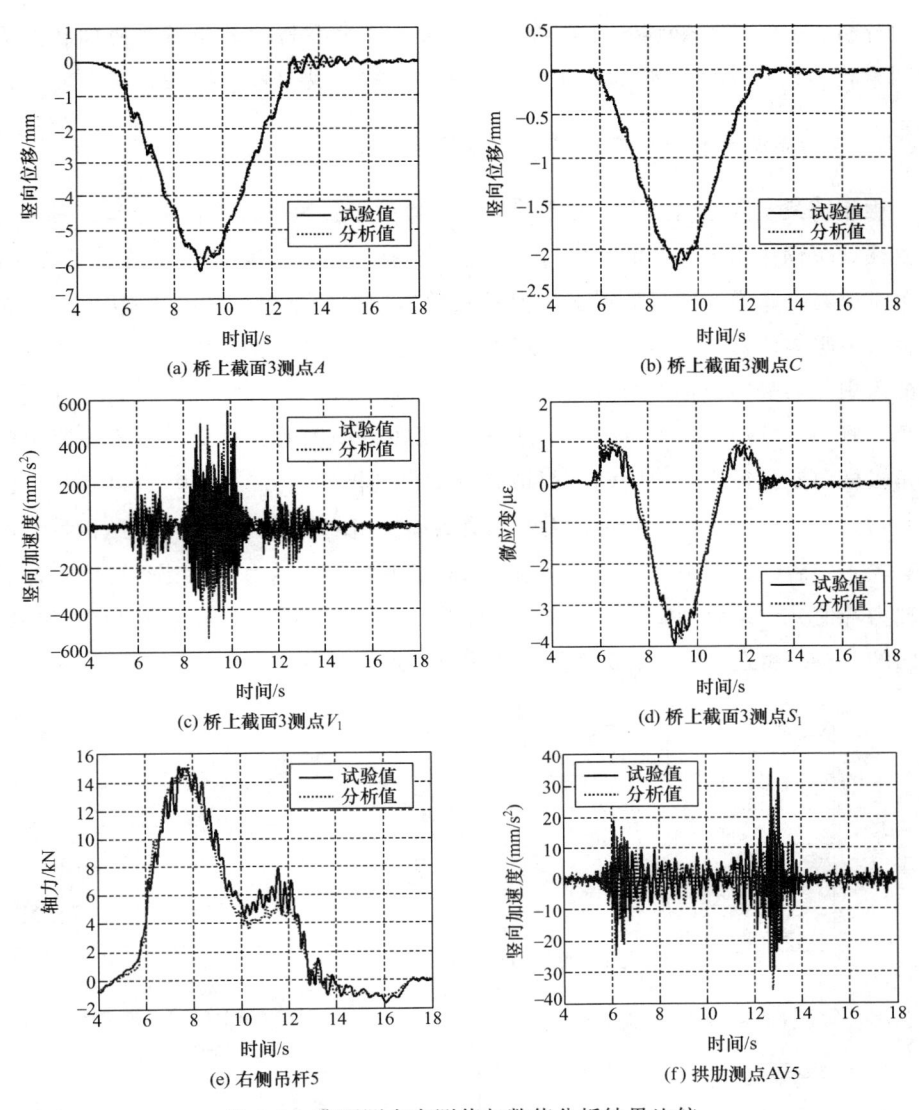

图 3.9 典型测点实测值与数值分析结果比较

3.5 基于数值分析的桥梁车载动力性能分析与评价

3.5.1 移动车辆对桥梁的冲击效应分析

由于试验条件限制，一些影响因素和动态响应无法在现场试验中得到考虑和测量。本节采用前述经验证的数值模拟分析模型和程序对伊通河大桥进行系统的动力分析。分析中综合考虑车辆数量、速度、车辆在桥面的位置、桥面状况等影响因素，力图更全面地揭示移动车辆作用下桥梁的动力行为特性。

1. 移动车辆作用下桥梁的动力行为特征

根据桥梁实际运营状况，载重货车一般集中于伊通河大桥右侧车道三和四。为考察移动车辆作用下该桥的动力行为特点，对路面不平度为"好"、车速为50km/h的单车于右侧车道三通过桥梁的工况进行数值模拟，结果如图3.10所示。分析可知，最大竖向位移响应出现在桥面跨中 [图3.10（a）]，与前期设计分析结果一致。桥面跨中截面竖向位移的横向分布如图3.10（b）所示，最大挠度6.8mm出现在与卡车同侧的人行道上，3.1mm反向位移出现在另一侧的人行道上。桥面跨中的扭转角沿横向变化很小，在两侧人行道处分别出现极值-2.23×10^{-4}rad 和-2.65×10^{-4}rad，如图3.10（c）所示，表明钢梁截面抗扭刚度较大，而主跨结构抗扭刚度相对较小。后续分析中将给予车辆通过边车道时桥梁的动力行为特性更多关注。吊杆轴力峰值分布结果如图3.10（d）所示，最大值从2号吊杆到8号吊杆逐渐减小，后面的分析中将选取2号、5号和8号吊杆作为代表构件。

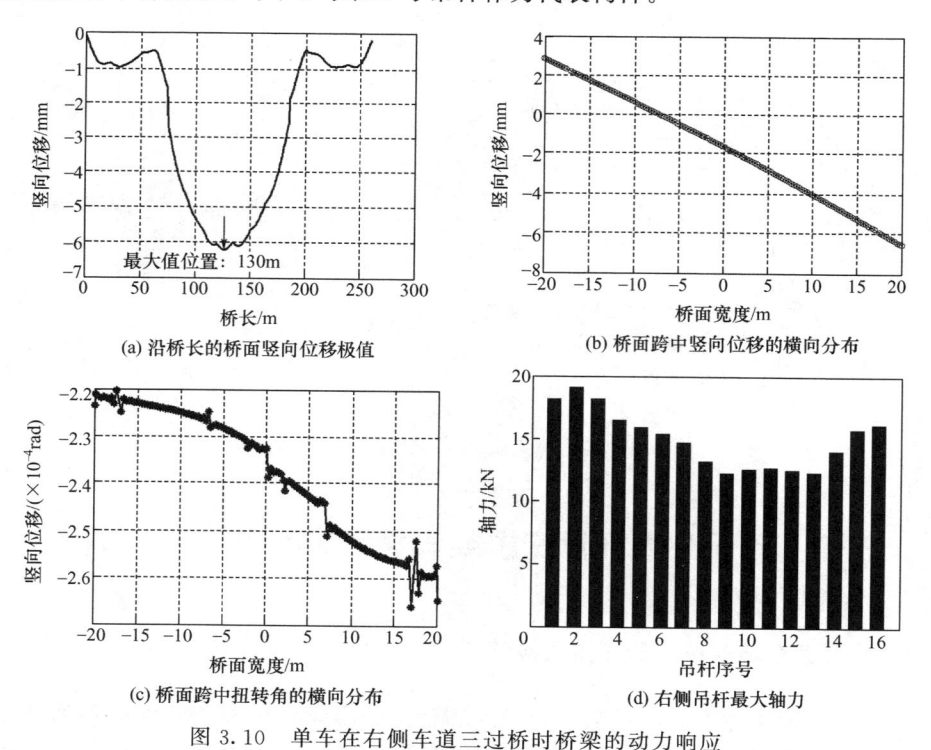

(a) 沿桥长的桥面竖向位移极值

(b) 桥面跨中竖向位移的横向分布

(c) 桥面跨中扭转角的横向分布

(d) 右侧吊杆最大轴力

图3.10 单车在右侧车道三过桥时桥梁的动力响应

2. 移动车辆作用下桥梁动力冲击效应分析

分别考虑单车和双车典型加载工况［图 3.2（b）］，基于数值分析方法研究车速、车道位置、卡车数量和路面状况等因素对移动车辆作用下桥梁动力冲击效应的影响。

首先分析桥面状况和车速的影响。考虑该桥可能的运营车速和实际维护水平，分析中考虑车速范围为 20~80km/h，桥面不平度等级分为"很好""好""一般"三个等级。按照前述两种跑车工况，得到以跨中测点 A 的位移响应表征桥梁整体冲击系数的分析结果，如图 3.11 所示。可见，冲击系数随桥面不平度等级的降低而增大，各级不平度水平下冲击系数峰值基本都出现在 60~70km/h 车速范围内；在不平度等级为"好"条件下，单车和两车对应的最大冲击系数分别为 0.079 和 0.075，与试验值基本一致，略小于设计值 0.082；而在"一般"等级不平度下，两车过桥对应的最大冲击系数 0.205 大于单车对应的冲击系数 0.138，这与常规钢管混凝土拱桥冲击系数[4]随车辆数增大而减小或无变化的规律明显不同，此时最大冲击系数为设计值的 2.5 倍，这种差异在今后的研究和工程实践中应加以重视。

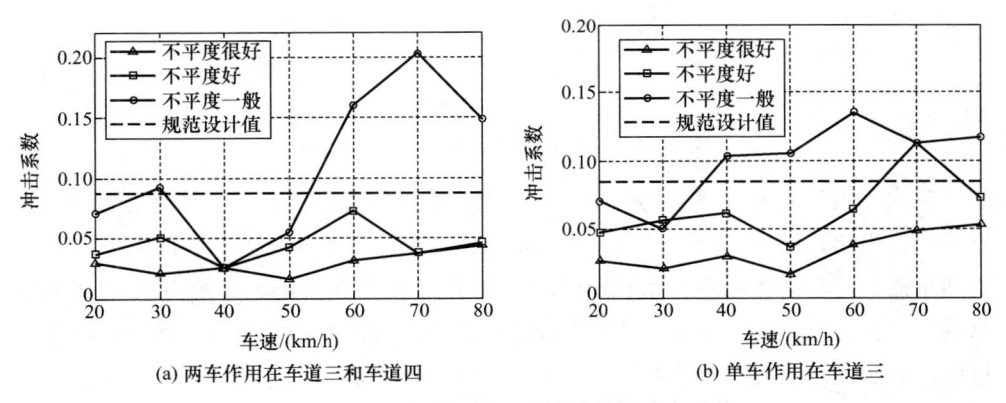

(a) 两车作用在车道三和车道四

(b) 单车作用在车道三

图 3.11 移动车辆作用下桥梁整体冲击系数

对于吊杆，这里仅给出两车作用下的分析结果，如图 3.12 所示，显然短吊杆在移动车辆下承受了更大的冲击。桥面不平度等级为"一般"时，2 号、5 号和 8 号吊杆冲击系数峰值分别为 0.255、0.221 和 0.204，设计车速 60km/h 对应的冲击系数分别为 0.162、0.221 和 0.154。桥面不平度为"好"时，2 号吊杆最大冲击系数为 0.093，较设计值 0.082 大 13%。因此，以短吊杆的冲击系数作为代表值对该桥而言更为适合。

(a) 2号吊杆

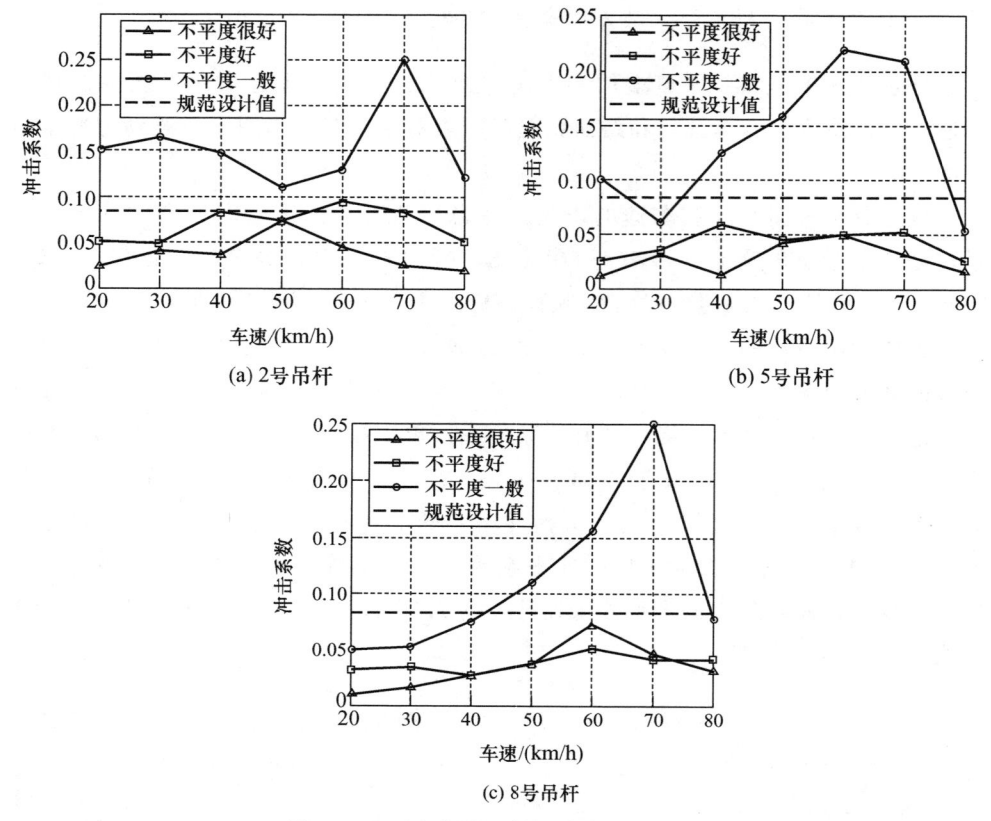

(b) 5号吊杆

(c) 8号吊杆

图 3.12 两车作用下桥梁吊杆冲击系数

其次，对于这座八车道的宽桥来说，重车横向位置对桥梁冲击效应的影响也值得关注。为此，此处分析了单车以 60km/h 的车速、桥面状况为"一般"条件下在不同车道上行驶的情况，图 3.13 给出了 2 号吊杆轴力和桥面跨中测点 A 的竖向位移响应。分析可见，两种典型动力响应都随着卡车靠近人行道而不断增大，但卡车横向位置对冲击系数没有显著影响。图 3.13 中 IF 为冲击系数（Impact Factor）。

3.5.2 振动舒适性评价

桥梁车载动力性能评价中，除车辆对结构的冲击效应外，另一个重要问题是车桥振动对桥上行人及车辆驾乘人员的影响。这种影响虽与安全问题无关，但可能对公众的心理产生影响，也是桥梁车载动力性能评价的重要内容。在此基于数值仿真方法，主要对该桥的行车舒适性和行人舒适性进行评价。

(a) 桥面跨中测点A (b) 2号吊杆

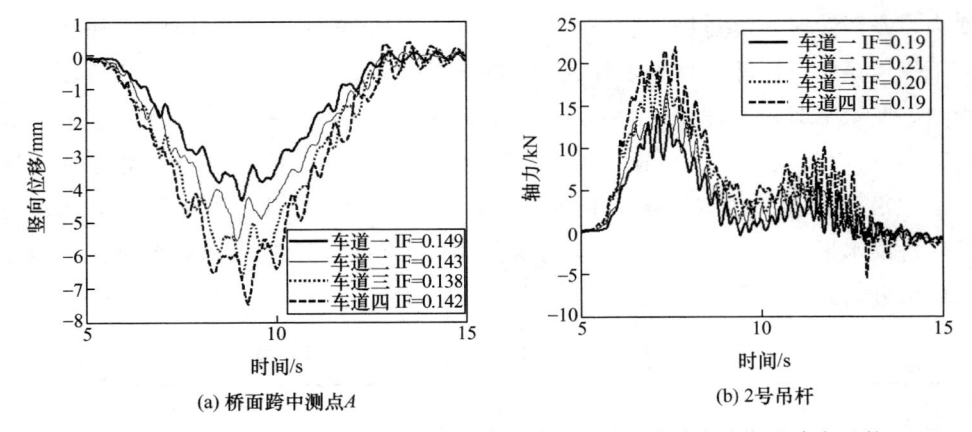

图 3.13 单车以 60km/h 的速度在不同车道上过桥时的动力响应及冲击系数

1. 汽车驾乘舒适性评价

如 3.1 节所述,对行车舒适性的评估目前基于 ISO 2631-1 (ISO 1997) 方法应用较多。在此采用振动加权加速度均方根值 (RMS) 作为舒适性指标进行评价,相关标准见表 3.1。考虑车辆振动具有显著的空间特点,对空间多向振动,加权加速度均方根指标计算公式为

$$a_w = [(k_x a_{wx})^2 + (k_y a_{wy})^2 + (k_z a_{wz})^2]^{1/2} \tag{3.10}$$

式中 a_{wx}, a_{wy}, a_{wz}——驾驶员座椅位置的纵向、横向和垂直加速度的均方根值,相应的加权系数为 $k_x=1.4$, $k_y=1.4$, $k_z=1.0$。

每个方向加权加速度均方根按下式计算:

$$a_{wj}|_{j=x,y,z} = \left[\int_1^{80} W^2(f) G_{aj}(f) df\right]^{\frac{1}{2}} \tag{3.11}$$

式中 $G_{aj}(f)$——从加速度时间历程中获得的第 j 个方向上的功率谱密度 (PSD)。

由车体振动特点,可通过以下公式求得驾驶员座椅位置的加速度:

$$\begin{cases} a_x = a_{v\theta} h_1 \\ a_y = a_{vy} - a_{v\varphi} h_1 \\ a_z = a_{vz} - a_{v\theta} L_4 - a_{v\varphi} b_1 \end{cases} \tag{3.12}$$

$W(f)$ 是一个频率加权函数,由公式 (3.6) 确定。

针对伊通河大桥,采用上述方法和标准,考虑多种桥面不平度状况,选取单辆卡车以不同速度于车道三通过桥梁,初步评价该桥的行车舒适性,结果见表 3.5。可见,桥面不平度对行车舒适性影响显著,当桥面不平度由"非常好"

变为"一般"时,舒适度评价从"没有不舒适"下降到"很不舒适"。在相同桥面不平度条件下,除个别测点外 a_w 值随车速的提高而增大。例如,当桥面状况为"好"水平时,车速超过 40km/h 时舒适性由"有些不舒适"变为"相当不舒适";当桥面状况降至"一般"时,除车速低于 20km/h 情况外行车舒适性均达到了"很不舒适"。总体而言,伊通河大桥的行车舒适性评价结果低于一般新建常规桥梁水平。今后工程实践中对该类桥型的行车舒适性问题有必要预先开展相关评估分析并给予更多关注。

表 3.5 桥梁在不同车速和不平度下的舒适度评定结果

速度 /(km/h)	$a_w/(m/s^2)$ (桥面不平度:非常好)	主观感觉	$a_w/(m/s^2)$ (桥面不平度:好)	主观感觉	$a_w/(m/s^2)$ (桥面不平度:一般)	主观感觉
20	0.230	没有不舒适	0.523	有些不舒适	0.931	相当不舒适
30	0.314	没有不舒适	0.566	有些不舒适	1.207	很不舒适
40	0.287	没有不舒适	0.604	有些不舒适	1.318	很不舒适
50	0.373	有些不舒适	0.746	相当不舒适	1.511	很不舒适
60	0.405	有些不舒适	0.870	相当不舒适	1.739	很不舒适
70	0.467	有些不舒适	0.930	相当不舒适	1.840	很不舒适
80	0.417	有些不舒适	0.941	相当不舒适	1.601	很不舒适

2. 行人舒适度分析与评价

该桥作为城市跨河桥梁,为行人过桥布设了人行道,因此有必要对车辆引起的桥梁振动条件下行人的舒适度进行分析和评价,从而更全面地评判桥梁的车载动力性能。此处采用 3.1 节提到的 EN03 标准(表 3.2)来评估行人振动舒适性。在桥梁现场跑车动力试验中,仅根据人行道上布置的关键截面测点获得的加速度数据进行了行人振动舒适性评价。这里通过车桥耦合振动数值仿真实现对全桥人行道上更完整振动信息的预测,从而更准确地评价该桥的行人舒适度。

图 3.14 给出了桥面状况为"好"条件下单车以不同车速过桥时人行道加速度峰值包络图分布,从图中可以发现最大竖向和横向加速度沿桥长分布在 75~100m,而不是和最大竖向位移一样出现在跨中,说明前述动力试验基于少数测点得到的行人舒适度评价结果可能存在局限。为此,基于已验证的车-桥耦合振动程序又对该桥进行了一系列数值分析,以期进行更完整、全面的行人舒适度评价。分析中考虑了车辆数量、车速和桥面状况等因素的影响。

(a) 竖向加速度峰值

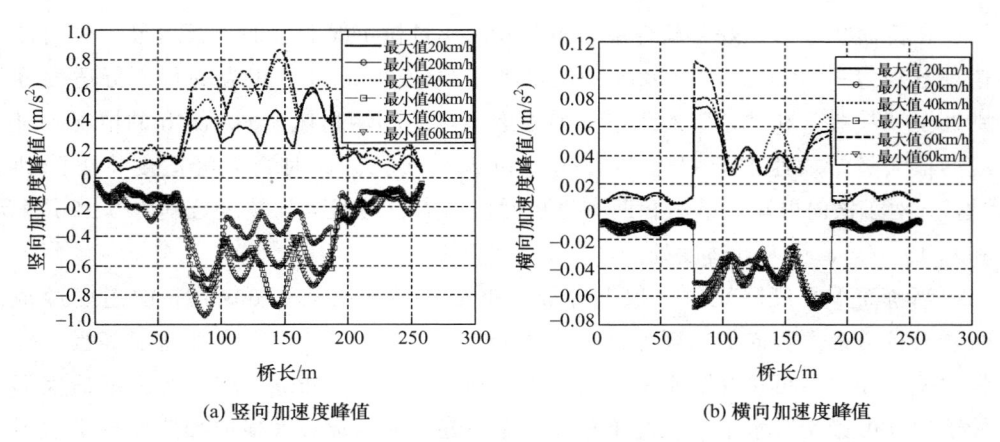

(b) 横向加速度峰值

图 3.14 桥面状况为"好"条件下单车过桥时人行道加速度响应峰值

对每种分析工况,仅提取人行道沿桥长全部节点响应时程中的最大加速度值,用于评估行人舒适度,相关结果如图 3.15 所示。

(a) 两车过桥时人行道最大竖向加速度

(b) 单车过桥时人行道最大竖向加速度

(c) 两车过桥时人行道最大横向加速度

(d) 单车过桥时人行道最大横向加速度

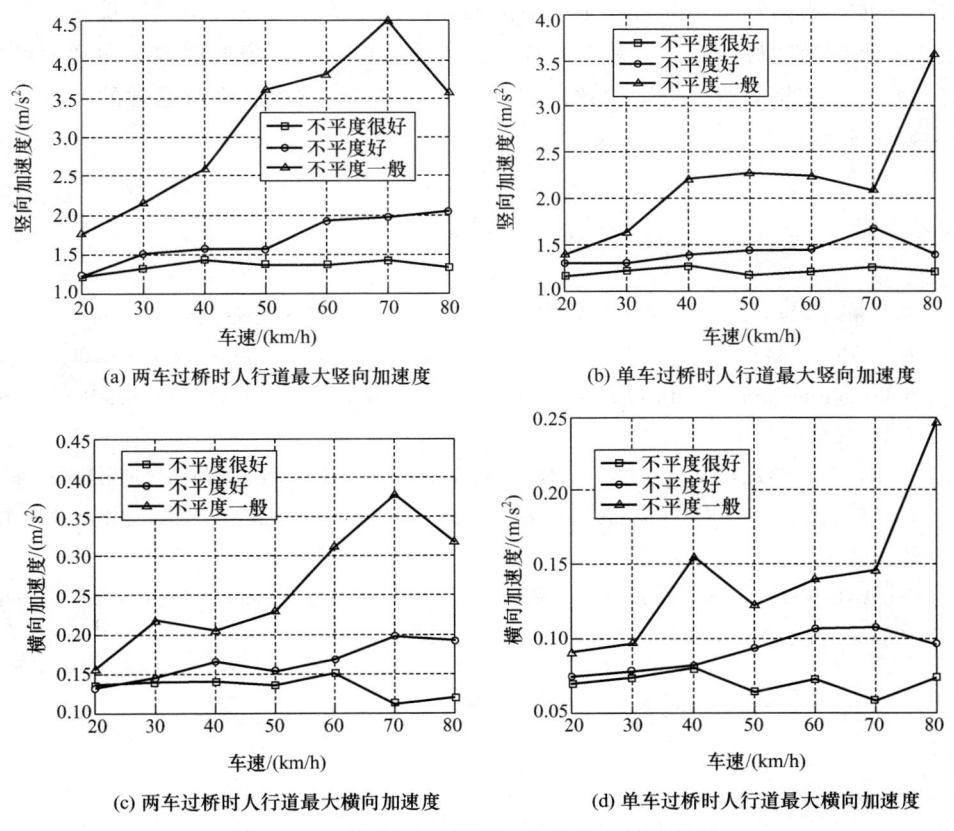

图 3.15 不同跑车工况下人行道最大加速度值

在桥面状况为"好"条件下，单车和两车过桥工况对应的人行道最大竖向加速度分别为 0.88m/s² 和 1.92m/s²；当考虑限速 60km/h，相应的行人舒适度分别处于"一般"和"差"的水平；如考虑可能的车辆超速至 80km/h 的情况，对应的最大竖向加速度分别为 1.22m/s² 和 2.01m/s²，此时行人舒适将下降到"差"；对于横向振动，单车和两车过桥对应的人行道最大加速度分别为 0.12m/s² 和 0.19m/s²，行人舒适度处于"一般"水平。

当桥面不平度降至"一般"等级，单车和两车以低于 60km/h 的速度过桥时，人行道最大竖向加速度分别为 1.74m/s² 和 3.72m/s²，行人舒适度等级分别为"差"和"不可接受"水平。当考虑车速可能达到 80km/h 时，行人舒适度都处于"不可接受"水平。此时单车和两车引起的人行道最大横向加速度分别达到 0.24m/s² 和 0.38m/s²，行人舒适度处于"一般"和"差"水平。

分析结果表明，桥面不平度对桥梁行人舒适度有显著影响；随着同时过桥车辆数的增加，行人舒适度水平降低；行人舒适性评价结果主要由竖向振动控制。对于该桥，当两辆重车并行或重车超速两种情况中的任何一种情况出现时，对应桥面不平度为"好"和"一般"条件，行人舒适度将分别降至"差"和"不可接受"水平。该桥的行人舒适性评价结果低于常规钢管混凝土拱桥通常的"好"或"一般"水平。

参考文献

[1] 陈政清，华旭刚. 人行桥的振动与动力设计 [M]. 北京：人民交通出版社，2009.

[2] LI YAN, CAI C S, LIU YANG, et al. Dynamic analysis of a large span specially shaped hybrid girder bridge with concrete-filled steel tube arches [J]. Engineering Structures, 2016 (106)：243-260.

[3] LI X, ZHANG D Y, YAN W M, et al. Operational model identification and calibration of CFST arch bridge based on ambient excitation [J]. Engineering Mechanics, 2013, 30 (9)：81-90.

[4] HUANG D Z. Dynamic and impact behavior of half-through arch bridges [J]. Journal of Bridge Engineering, 2005, 10 (2)：133-141.

第 4 章 特殊条件下汽车与桥梁动力相互作用分析方法

汽车与桥梁的动力相互作用，除前文谈到的常规状况之外，考虑车辆行驶状态和特殊桥型等条件影响，还涉及一些复杂条件下的车桥耦合振动分析方法。对此，笔者在随机车流与桥梁耦合振动、曲线梁桥车桥振动和汽车制动激励下桥梁动力响应等方面做了一些研究工作，本章将对此进行介绍。

4.1 基于维度时变原理的随机车流与桥梁耦合振动分析方法

4.1.1 研究背景

当前公路桥梁车桥耦合振动研究主要集中于确定性车载下桥梁结构的动力行为分析方面，这与日常运营状态随机车流作用下桥梁的动力响应存在较大的差异，而目前对随机车流作用下桥梁动力行为的研究还相对较少。开展随机交通荷载下桥梁结构的动力行为分析研究，可为既有桥梁的性能评定和预测、健康监测及基于车桥振动的结构损伤评定等提供必要的理论基础和方法支撑，具有重要意义，相关的研究也得到越来越多的关注。

当前随机车流与桥梁耦合振动分析的方法主要有分离迭代法和整体分析法两种，其中分离迭代法在每个时间步均需迭代，迭代次数的不确定性和收敛条件的合理选择对计算成本影响显著；而采用车桥整体分析与随机交通流简化为等效移动荷载列相结合的方法，其计算成本的降低常以分析精度的降低为代价，对于大跨度桥梁该法尚可接受，而对于常规桥梁则会造成较大的误差。研究一种可更好地平衡计算成本和分析精度关系的随机车流与桥梁耦合振动分析方法十分必要。

本节将提出一种车桥系统运动方程维度时变的随机车流与桥梁耦合振动分析方法，其保持了整体法直接求解、无须时间步内迭代的优点，通过对车桥系统运动方程的维度时变化处理，有效降低了计算代价。该法能够以较经济的计算代价实现满足工程精度要求的随机车流与桥梁动力相互作用分析，适用于随机车流作用下各类桥梁的动力行为分析，能够应用于既有桥梁的疲劳损伤评估和预测、基于监测系统的桥梁损伤预后和基于车桥振动的结构损伤评定等相关研究，可为上述研究所需的随机交通流与桥梁动力相互作用的合理预测提供有效的分析方法。

4.1.2 随机车流模拟方法

既有相关研究表明，公路上通行的实际交通流是一个随机过程，在道路观测断面上任一时刻出现的车辆类型、车重、车辆间距都服从一定的随机分布[1]。通过对实测过桥交通量和动态称重数据的统计分析，并结合相关随机车流参数研究的结果，可将随机车辆模拟的特征参数确定为车型、车重和车辆间距三类[1]。其中，车型一般服从均匀分布，车重和轴重服从极值Ⅰ型分布，一般运营状态的时间间隔和车辆间距服从对数正态分布，密集运营状态下的时间间隔和车辆间距服从伽马分布[1,2]。

本书提出的基于维度时变原理的随机车流与桥梁耦合振动分析方法中随机车流样本的模拟步骤如下：针对具体桥例，首先对随机车流进行观测和调查统计，然后利用K-S检验法对车辆特征参数进行随机分布优度拟合，用极大似然法进行车辆荷载各随机变量的参数估计，可确定随机车辆荷载各特征参数符合的随机分布类型及参数，最后以年平均日交通量作为模拟样本容量，根据 MATLAB 程序自身包含的多种随机函数编制随机车流的蒙特卡罗（Monte Carlo）模拟程序，实现随机车流样本的模拟生成。具体模拟步骤和过程详见文献［3］，此处不赘述。后文将结合算例进一步说明随机车流模型的参数选取、交通调查数据等问题。

4.1.3 车桥耦合振动分析原理

现有的车桥耦合系统建立运动方程的方法可分为整体式和分离式两类。用整体式方法建立的车桥系统总体运动方程的优点是求解过程不需要迭代，但方程维度高，占用内存大；用分离子系统独立建模的方法，虽能减小单个方程的规模，但需要进行分离迭代，计算代价较大[3]。

采用整体法，根据车辆与桥梁接触点的作用力和位移的协调关系建立车辆、桥梁耦合系统的整体运动方程，可表达为

$$\begin{bmatrix} \boldsymbol{M}_v & \boldsymbol{0} \\ \boldsymbol{0} & \boldsymbol{M}_B \end{bmatrix} \begin{Bmatrix} \ddot{\boldsymbol{X}}_v \\ \ddot{\boldsymbol{q}}_B \end{Bmatrix} + \begin{bmatrix} \boldsymbol{C}_v & \boldsymbol{C}_{vB} \\ \boldsymbol{C}_{Bv} & \boldsymbol{C}_B + \boldsymbol{C}_B^v \end{bmatrix} \begin{Bmatrix} \dot{\boldsymbol{X}}_v \\ \dot{\boldsymbol{q}}_B \end{Bmatrix} + \begin{bmatrix} \boldsymbol{K}_v & \boldsymbol{K}_{vB} \\ \boldsymbol{K}_{Bv} & \boldsymbol{K}_B + \boldsymbol{K}_B^v \end{bmatrix} \begin{Bmatrix} \boldsymbol{X}_v \\ \boldsymbol{q}_B \end{Bmatrix} = \begin{Bmatrix} \boldsymbol{F}_v^r \\ \boldsymbol{F}_B^{rG} \end{Bmatrix}$$

(4.1)

式中 $\boldsymbol{M}$、$\boldsymbol{C}$、$\boldsymbol{K}$——质量、阻尼和刚度矩阵，下标 B 和 v 分别代表桥梁和车辆；

$\boldsymbol{X}_v$、$\boldsymbol{q}_B$——车辆和桥梁位移响应向量。

刚度和阻尼中的上标 v 表达车辆的贡献项；下标 Bv 和 vB 表示车桥耦合项；

上标 r 和 G 表示由于桥面不平度和车辆自重产生的作用力。

采用模态综合方法，在模态坐标下建立桥梁的运动方程。首先利用通用有限元软件建立桥梁的空间分析模型，然后进行模态分析，并提取结构的振型和频率等模态信息，用于计算车桥动力响应。基于上述原理，笔者利用 MATLAB 开发了专门的车桥耦合振动分析程序。

现以三轴整车为例，对车辆计算模型进行简要介绍。如图 4.1 所示，该模型包含 16 个自由度，z_{vr}, θ_{vr}, φ_{vr}, y_{vr} 分别为车体竖向沉浮、绕 Y 轴的转动、绕 X 轴的侧滚和横向摆动自由度；z_{sL}^i, z_{sR}^i 分别为悬架刚体竖向沉浮自由度；y_{sL}^i, y_{sR}^i 分别为悬架刚体横向摆动自由度；下标 vr 表示车体，s 表示悬架，L, R 分别表示 X 轴左侧和右侧刚体。上述车桥耦合振动方程中质量、刚度、阻尼和荷载向量及车辆运动方程和详细参数可参见文献 [4]，此处不赘述。

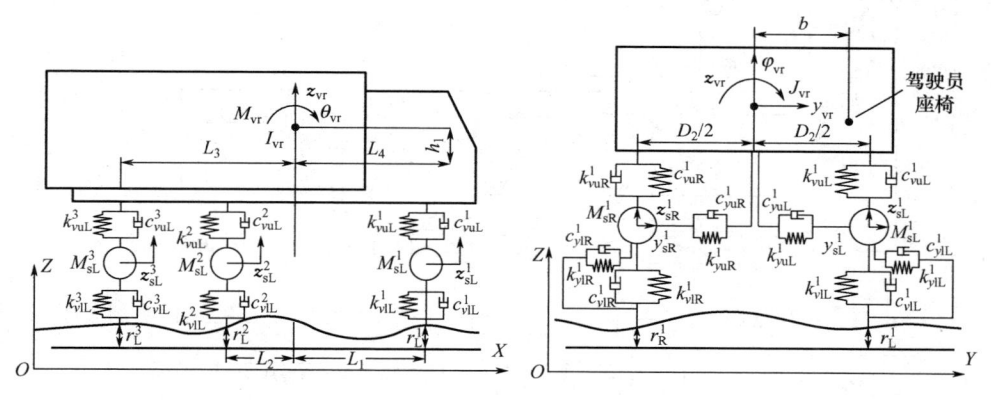

图 4.1 车辆模型

常规的整体法车桥振动分析模型中，车辆过桥计算过程中运动方程的维度保持不变，仅在每个时间步对式(4.1)中的车桥耦联阻尼 $\boldsymbol{C}_{vB}$, $\boldsymbol{C}_{B}^{v}$ 和刚度项 $\boldsymbol{K}_{vB}$, $\boldsymbol{K}_{B}^{v}$ 进行更新，如直接应用于随机车流-桥梁耦合振动计算，必然导致庞大的计算工作量。为此，下面提出一种考虑随机车流过桥过程中车桥耦合运动方程维度实时更新变化的车桥耦合振动分析方法。

4.1.4 分析流程与关键步骤处理

随机车流过桥时，每一时刻桥上车辆及车轴数都在发生变化，通过对车桥系统运动方程维度的实时更新，实现方程维度时变的随机车流与桥梁振动分析。该方法的分析框架如图 4.2 所示。结合图 4.2 中的框架，将该分析方法的具体流程总结如下：

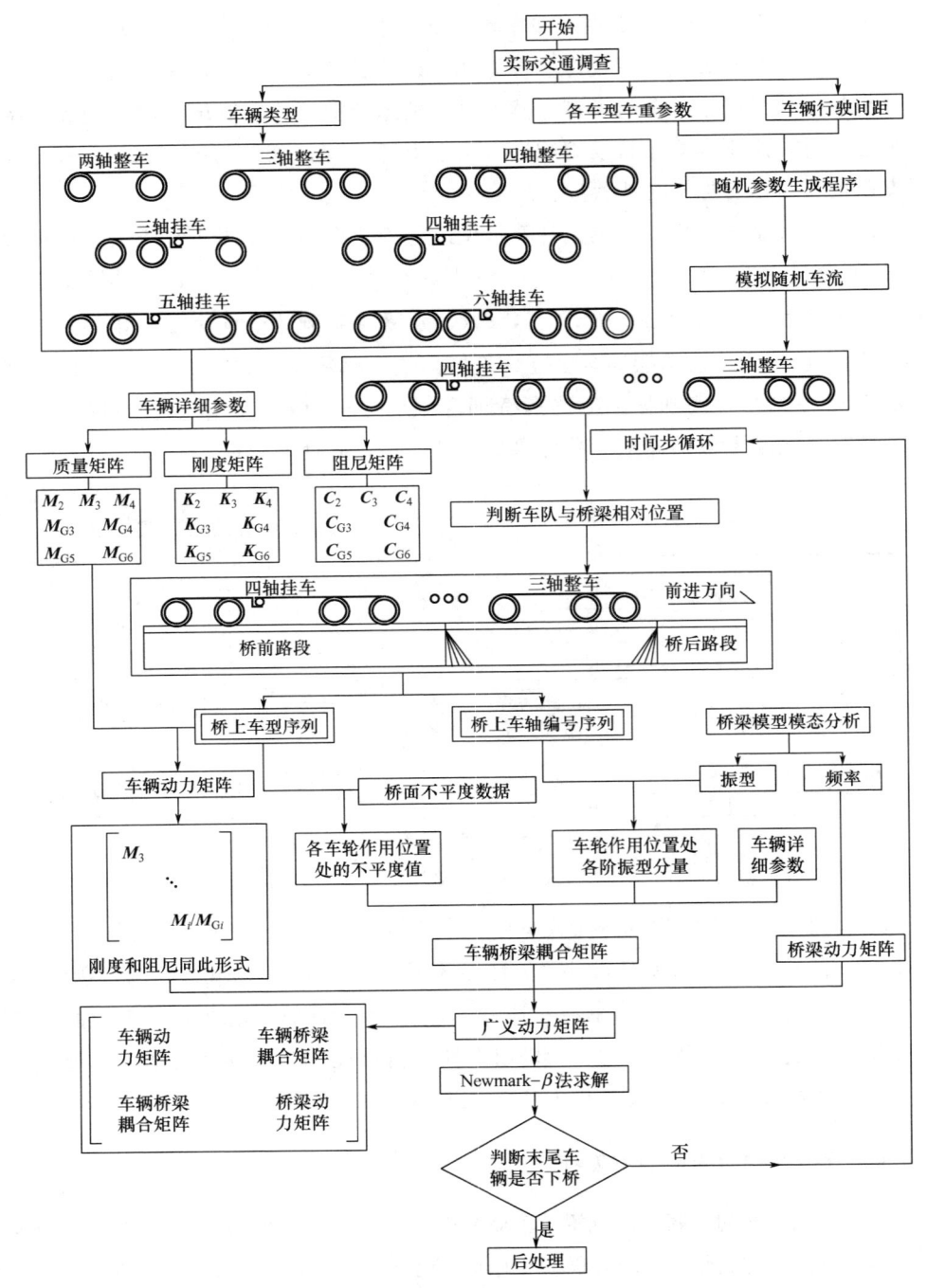

图 4.2　随机车流与桥梁耦合振动分析流程

1) 基于交通调查开展随机交通流的数值模拟。

2) 基于模态分析或实测得到的桥梁模态参数，得到方程（4.1）中的 $[M_B]_{N_b \times N_b}$，$[K_B]_{N_b \times N_b}$ 和 $[C_B]_{N_b \times N_b}$，其中 N_b 为参与计算的振型阶数。

3) 以胞元数组表达车型矩阵。重车车型分为整车和挂车两类，按轴数又分为五种，车辆计算模型详见文献 [5]；分别建立 2×5 的胞元数组 $\{M_{vt}\}$，$\{K_{vt}\}$ 和 $\{C_{vt}\}$，其中各元素对应各车型的质量、刚度和阻尼矩阵。

4) 建立车桥响应存储矩阵 $[U_v]_{N_v \times nt}$ 和 $[U_b]_{N_b \times nt}$，nt 为随机车流过桥需要的总时间步数，N_v 为全部车辆自由度总数。

5) 判定随机车队相对桥梁的运行状态。

① 对车队序列进行车轴编号，起始时刻 t_0 各轴横、纵坐标的标量矩阵分别为 $\{zhou\_x\}_{1 \times n}$ 和 $\{zhou\_y\}_{1 \times 2n}$，其中 n 为车道数，x 表示横坐标，y 表示纵坐标。

② 车队开始运行后计算各时刻车轴的新坐标，依次判断各轴是否处于桥面范围；将当前时刻处于桥面上的车轴编号存储为变量 $\{qsz\}_{1 \times n}$，其中每个元素为当前时刻某车道桥面上的车轴编号向量。

③ 根据 $\{qsz\}$ 可确定当前时刻桥面上的车型序列 $\{ncx\}_{1 \times n}$，各元素为某车道上的车型序列向量（桥上车轴、车型向量维度为时变的，且只要某车型任意车轴在桥上则认为该车在桥上）。

6) 构建任意时刻车辆的运动方程。质量、刚度和阻尼矩阵为 $[M_v]_{n_{vi} \times n_{vi}}$，$[K_v]_{n_{vi} \times n_{vi}}$ 和 $[C_v]_{n_{vi} \times n_{vi}}$，$n_{vi}$ 为第 i 时间步开始时刻桥上车辆自由度总数。

7) 计算车桥耦合项和荷载项。对当前时刻桥上各车型的每一车轴进行循环，由车轴坐标插值确定对应车轮位置的不平度和各阶振型分量，进而计算得到车桥耦合项矩阵 K_{Bv} 和 C_{Bv} 及荷载项 F_v^r 和 F_B^{rG}。

8) 求解维度时变的车桥耦合振动方程。按步骤 1)～7) 组成任意时刻车桥耦合运动方程，采用 Newmark-β 法求解，其上一时间步各车辆响应值由 $[U_v]$ 中对应车辆的位置提取，获得当前步车辆响应后存储到 $[U_v]$。重复以上步骤，直到随机车队全部过桥。

4.1.5 方法实现过程算例

1. 随机车流按车轴车型序列化

以两车道随机车流通过某跨径为 20m 的简支梁桥为例，说明上述随机车流与桥梁耦合振动算法的实现过程和关键步骤。为分解说明关键步骤，采用了一个

简单的2列共5辆车的随机车队排列情况，如图4.3所示。根据此车队的排列，程序中车型数组和区分整车挂车的数组可设定为

$$cx = \left\{\begin{matrix}[2 & 4 & 3]\\ [2 & 3]\end{matrix}\right\}; \quad cxgz = \left\{\begin{matrix}[1 & 2 & 1]\\ [1 & 1]\end{matrix}\right\}$$

其中，cx 数组元素表示车队中各车辆的相对位置和车辆轴数；$cxgz$ 数组中"1"表示整车，"2"表示挂车。

车辆间距实际上由随机车流模拟结果确定。为说明问题，假设各车间距均为1m，定义上桥侧桥头为纵坐标原点，车辆行驶方向为正向，各车道首车的前轴坐标为小于0的任意值，在此对车道一和车道二分别取−1m和−5m。根据各车型轴距参数可得到随机车队各轴的纵坐标数组为

$$zhou\_x = \left\{\begin{matrix}[-1 & -4.75 & -5.75 & -9.5 & -18.1 & -19.4 & -20.4 & -25.2 & -26.55]\\ [-5 & -8.75 & -9.75 & -14.55 & -15.9]\end{matrix}\right\}$$

2. 随机车流序列过桥的程序实现方法

设随机车流过桥车速为50km/h，时程分析步长 $\Delta t = 0.01$s，总时间步数为 n_s，则单位时间步内车队前进距离为0.14m，可计算得到任意时刻车队内各车各轴的坐标。现以随机车流过桥的几个典型时刻对维度时变的随机车流与桥梁振动分析的算法进行说明。

1) 时刻1：首车上桥（图4.3）。当 $n_s = 8$ 时，车道一上的1号车轴坐标为0.12m，表明该轴已上桥。此时桥上车轴编号数组 qsz 和桥上车型数组 ncx 分别为

$$qsz = \{[1]\}; \quad ncx = \{[2]\}$$

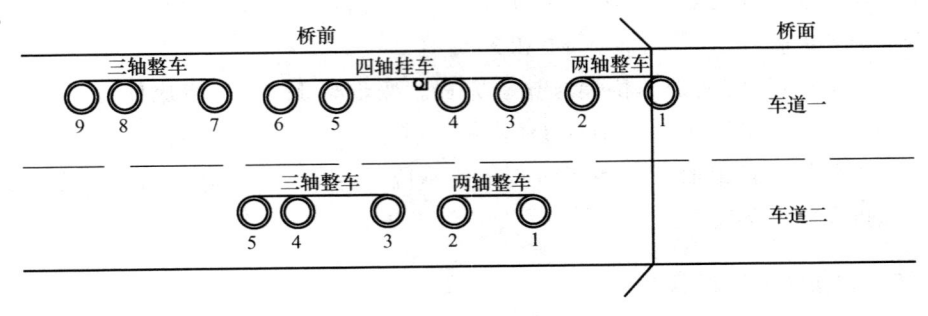

图4.3 随机车流过桥状况1

2) 时刻2：车道二首车上桥，车流与桥的相对位置如图4.4所示。当 $n_s = 36$ 时，车道二首车上桥。此时桥上车轴编号数组 qsz 的维度及其元素的维度均发生改变，桥上车型数组维度也随之改变，具体为

第4章 特殊条件下汽车与桥梁动力相互作用分析方法

$$qsz=\left\{\begin{matrix}[1 & 2]\\ [1]\end{matrix}\right\};\quad ncx=\left\{\begin{matrix}[2]\\ [2]\end{matrix}\right\}$$

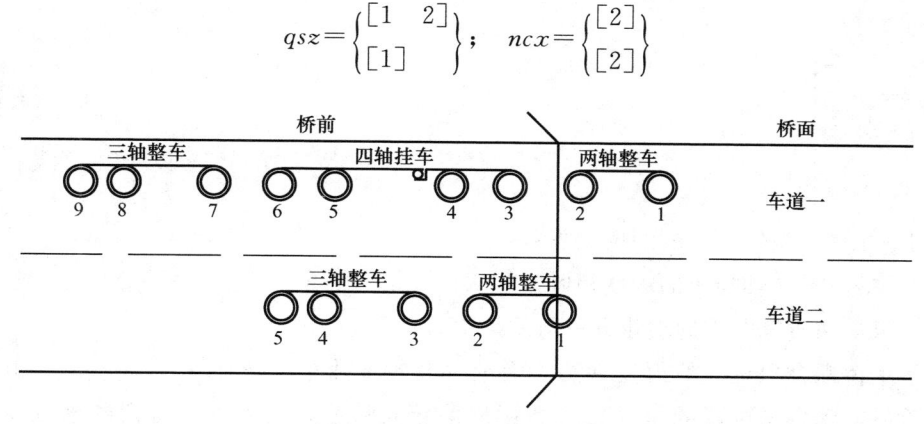

图 4.4 随机车流过桥状况 2

3) 时刻 3：车道一的 1 号车轴下桥（图 4.5）。$n_s=151$ 时，车道一的 1 号车轴下桥，2 号车轴仍在桥面上。此时桥上车轴编号数组 qsz 的元素与前一时刻相比发生改变，而桥上车型数组 ncx 与前一时刻相比没有变化，具体为

$$qsz=\left\{\begin{matrix}[2 & 3 & 4 & 5 & 6 & 7]\\ [1 & 2 & 3 & 4 & 5]\end{matrix}\right\};\quad ncx=\left\{\begin{matrix}[2 & 4 & 3]\\ [2 & 3]\end{matrix}\right\}$$

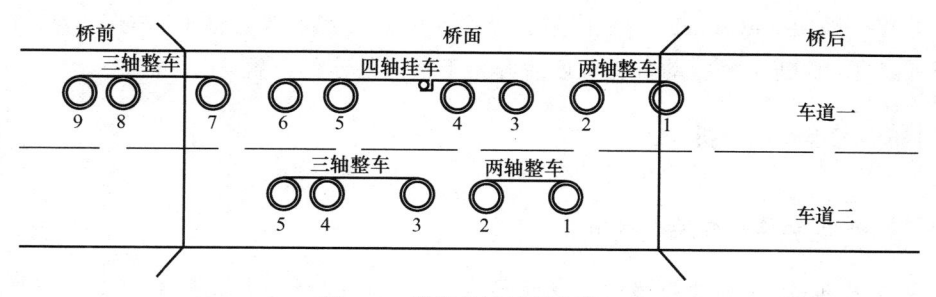

图 4.5 随机车流过桥状况 3

通过以上三个典型时刻的分析说明了车辆及车轴处于上、下桥等状态时在程序中的实现方法。

3. 维度时变的随机车桥耦合振动方程组建过程

在确定了各时刻桥上车轴编号数组和桥上车型数组后，下面开始组建车桥耦合振动方程中的车辆相关项矩阵（M_v，K_v，C_v）和车桥耦合项矩阵（K_{vB}，C_{vB}），进而完成车桥耦合振动方程的组建工作。现以前述时刻 3 情况为例，以车辆刚度矩阵 K_v 为代表说明车辆相关矩阵的组建方法。时刻 3 对应的车辆矩阵为

$$\boldsymbol{K}_\mathrm{v} = \begin{bmatrix} [K_2]_{12\times 12} & & & & \\ & [K_{G4}]_{23\times 23} & & & \\ & & [K_3]_{16\times 16} & & \\ & & & [K_2]_{12\times 12} & \\ & & & & [K_3]_{16\times 16} \end{bmatrix} \quad (4.2)$$

式中　$\boldsymbol{K}_i$——i 轴整车的刚度矩阵；

$\quad\quad\boldsymbol{K}_{Gi}$——$i$ 轴挂车的刚度矩阵。

阻尼和质量矩阵的组建方法与此类似。

车桥耦合项矩阵的组建方法：确定桥上各车轴车轮坐标 (x_i, y_i) 后，由振型差值得到各轮位置的桥梁振型和振型偏导向量值，按照推导得到的耦合项公式[4]，对桥上各轴编号数组中的各元素依次计算，得到各轴自由度对应的车桥耦合项刚度和阻尼矩阵元素值。需要注意，组成耦合项矩阵过程中要将车辆自由度从单车矩阵中的位置转换为车队中的位置。例如，前述时刻 3 车道一的 3 号轴左轮的竖向自由度在四轴挂车运动方程中处于第 8 行，而在车桥耦合矩阵中应放置在第 20 行。

车辆和桥梁荷载项表达式详见文献 [4]。将以上各项组合后形成车桥耦合振动方程，采用 Newmark-β 法求解，每个时间步方程求解后将车辆响应向量存储至 $[U_\mathrm{v}]$，更新车桥振动方程维度后开始下一时间步的求解。

4.1.6　工程实例分析

1. 桥梁概况及有限元模型

以国道 G307 河北省境内一座跨径为 3×40m 的预应力混凝土简支转连续 T 梁桥为例进行分析。桥面宽度为 11.25m（双向分离式桥梁的一幅），单向两车道，荷载等级为公路-Ⅰ级。预制及现浇混凝土均采用 C50，普通钢筋采用 R235 和 HRB335 钢筋，钢筋直径小于 12mm 时采用 R235 钢筋，预应力钢筋抗拉强度标准值 $f_\mathrm{pk}=1860$MPa。桥梁跨中和支点主梁截面如图 4.6 所示。

依据该桥设计资料，采用 ANSYS 建立桥梁的精细化分析模型，如图 4.7 所示，其中主梁、横隔梁采用 Solid65 实体单元模拟，钢筋及预应力采用 Link8 杆单元模拟，桥面铺装采用 Shell63 板单元模拟，总计有 400824 个单元。该有限元模型模态分析所得数据将用于后文的车桥耦合振动分析。

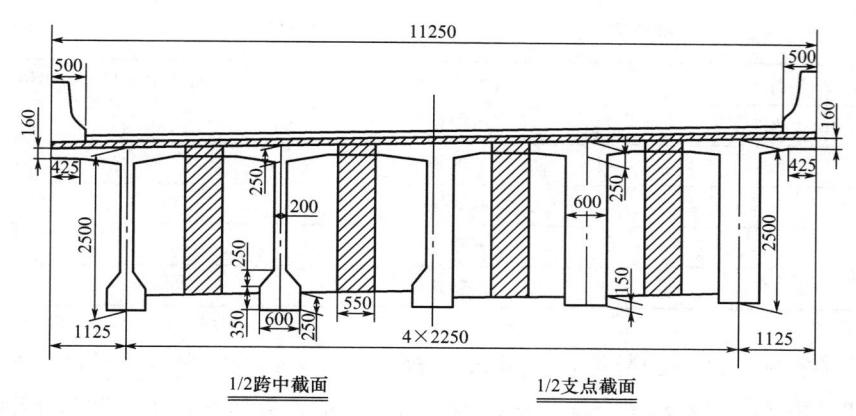

图 4.6　桥梁跨中和支点主梁截面（单位：mm）

图 4.7　桥梁计算模型

2. 随机交通荷载

通过对国道 G307 河北段井陉西收费站为期两周的车辆调查可得，过站车辆总数为 175712 辆，车型客货比为 3∶7，过桥载重货车交通量为 122998 辆。各类货车车型占比情况见表 4.1[2]。依据交通调查数据，并结合全国公路车辆荷载分类研究结果，将该桥过桥车辆中的重型车分为七类（各类车型参数详见文献[2]）。由于小客车自重较小，荷载效应与重车相比较小，参考同类研究在分析中对其进行了忽略处理，但考虑了其对车辆间距的影响。

表 4.1　车型占比情况

车型代号	货车车型描述	各车型占货车交通的比例/%
M1	两轴整车	14
M2	三轴整车	1.59

续表

车型代号	货车车型描述	各车型占货车交通的比例/%
M3	四轴整车	3.72
M4	三轴挂车	1.92
M5	四轴挂车	4.12
M6	五轴挂车	2.46
M7	六轴挂车	72.19

基于实际交通观测数据，利用 K-S 检验法对车辆特征参数进行随机分布优度拟和，用极大似然法进行车辆荷载各随机变量的参数估计，确定随机车辆荷载各特征参数符合的随机分布类型及参数见表 4.2。

表 4.2 随机车流特征参数服从的概率分布

随机车流参数	分布类型	分布参数	
车型	均匀	按实测车型占比确定	
车重	极值 I 型	$\mu=1.667$	$\sigma=0.816$
间距	对数正态	$\mu=4.827$	$\sigma=0.111$

注：μ 为均值；σ 为均方差。

采用蒙特卡罗方法进行随机车流荷载模拟。基于自编的随机车流模拟程序，以重车样本容量 300 为例，模拟得到各车型分布和密集运行状态下车辆间距分布如图 4.8 所示。

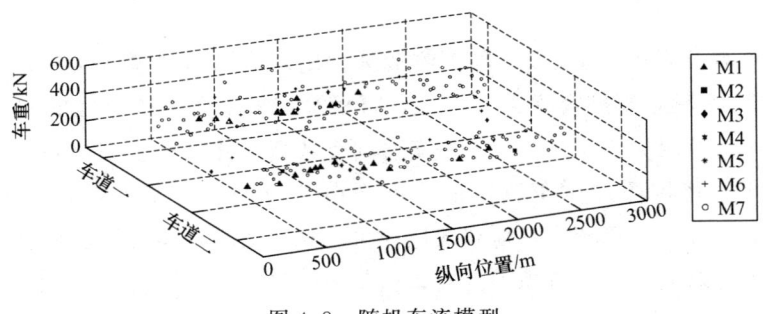

图 4.8 随机车流模型

3. 随机车桥振动的计算效率比较分析

为分析本节提出的车桥振动算法的适用性和计算效率，现针对算例分别采用以下三种方法进行计算：①本节算法（算法 1）；②方程维度恒定的车桥振动整体分析方法（算法 2）；③车桥分离迭代方法（算法 3）。车桥分析工况基本参数：车速恒定为 50km/h，时间步长取为 0.01s，随机车流车辆数为 300，随机车队总长度为 2521m。算法 3 中，以车轮与桥面相互作用力误差为 10N 作为收敛条件。

以桥梁中跨右侧边梁跨中竖向位移和加速度响应为例，将三种算法的计算结果进行比较（图 4.9），发现算法 1 和算法 2 得到的结果基本相同，与算法 3 的差别也十分微小，最大相对误差小于 3.5%，表明所提出的算法与常用方法的结果吻合良好，具有较好的适用性。

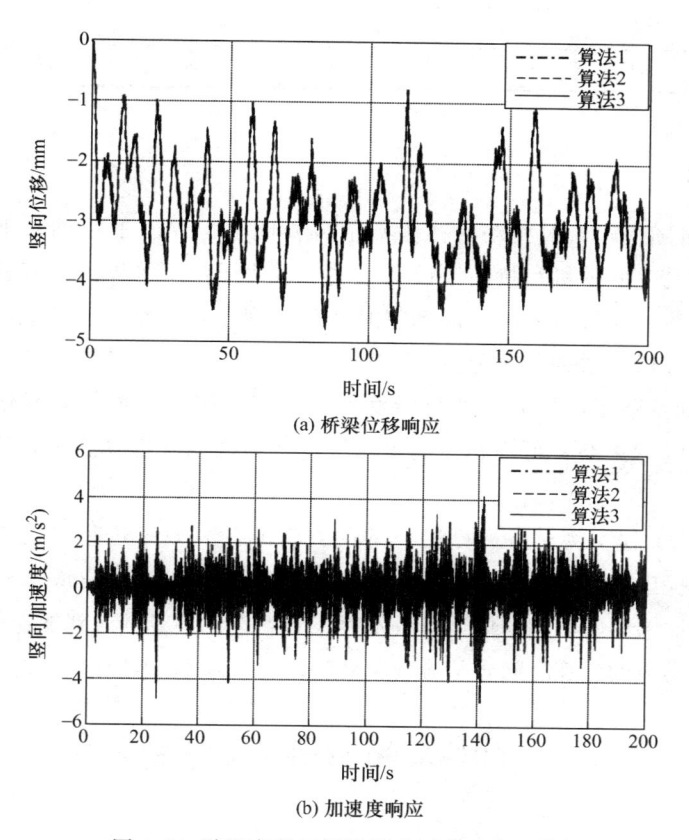

图 4.9 随机车载下桥梁跨中动力响应比较

对三种算法的计算过程进行汇总和对比，可以发现各算法的计算效率情况，见表 4.3。三种算法总计算时间步数均为 7488。算法 1 由于采用了方程维度时变处理方法，车桥振动方程的单步求解维度明显降低，从而计算效率较采用传统整体分析方法的算法 2 有了大幅的提高，总用时仅为算法 2 的 14.8%；同算法 3 相比，两者计算效率差别不大，但既有研究表明[6]，算法 3 的计算效率受到步内迭代次数、收敛误差取值的明显影响，且存在步内迭代不收敛的风险。分析表明，本节所提出的算法具有较高的计算效率，可用于随机车流下各类桥梁的车桥振动分析及考虑风荷载、地震荷载的多场动力分析。

表 4.3 计算效率比较分析

分析方法	总时间步数 n_s	步内平均迭代次数	单步计算用时/s 最长	单步计算用时/s 最短	单步计算用时/s 平均	总用时/s
算法 1	7488	1	3.50	0.42	2.24	16802
算法 2	7488	1	29.20	3.25	15.19	113768
算法 3	7488	6	10.24	0.28	2.17	16284

4.1.7 结论

1) 针对随机车流过桥动力行为数值分析问题，提出了一种基于车桥整体运动方程维度时变的随机车桥振动计算方法。该法保持了整体法计算稳定、无须子步迭代的优势，通过方程维度的动态时变化处理可有效提高计算效率，拓展了车桥振动整体分析方法的适用范围。

2) 详细阐述了所提方法的分析框架和关键步骤，并依托算例给出了具体的实现方法和处理策略，可为相关随机车流与桥梁振动分析算法和程序的编制提供参考。

3) 依托工程实例对所提算法与常用方法的计算效率进行了比较分析，结果表明：本节提出的算法较方程维度恒定的整体算法计算效率提高近 10 倍，与分离迭代方法相比差异不明显，但该方法不存在分离迭代法经常遇到的迭代次数不确定和不易收敛导致的计算时间预估难度大和耗时增长问题，具有很高的应用价值。

4.2 曲线梁桥车桥振动分析方法

4.2.1 研究背景

曲线梁桥具有良好的空间和线形适应性，多应用于地形复杂、空间受限的桥位中，尤其在城市高架路、立交工程、山区公路和高速公路互通工程中使用非常普遍。曲线梁桥力学性能复杂，弯-扭耦合效应显著。相对直线梁桥而言，当自重和车辆等荷载作用在桥上时，曲线梁桥具有主梁挠曲变形大、弯矩和扭矩效应大、支承反力外梁大内梁小、内梁易出现负反力等特点。相较于直线梁桥，曲线梁桥的车桥耦合动力分析还需考虑汽车离心力等因素,分析原理和过程更为复杂。以本书第 2 章中的车桥振动分析原理为基础,本节将研究提出适用于曲线梁桥的车桥耦合振动分析方法,并依托工程实例进行验证,开展曲线梁桥的动力行为特性分析。

4.2.2 曲线梁桥车桥振动分析模型

车辆和桥梁模型建立方法及车桥振动分析基本原理详见本书第 2 章,此处不赘述。本节以常见的三轴整车为例进行分析,该车辆计算模型(图 4.10)包含车体 4 个自由度、6 个车轮各 2 个自由度,共 16 个自由度:

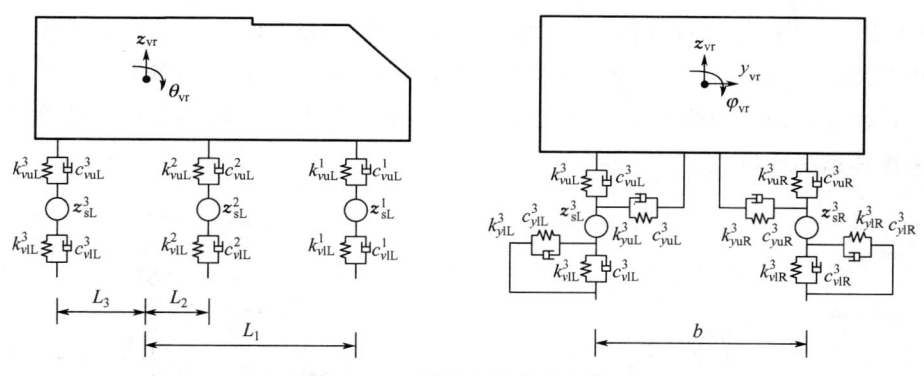

$$\{z_{vr}^1, \theta_{vr}^1, \varphi_{vr}^1, y_{vr}^1, z_{sL}^1, z_{sR}^1, z_{sL}^2, z_{sR}^2, z_{sL}^3, z_{sR}^3, y_{sL}^1, y_{sR}^1, y_{sL}^2, y_{sR}^2, y_{sL}^3, y_{sR}^3\}$$

图 4.10 三轴整车动力分析模型

车辆与桥梁的动力方程可以通过接触点的位移及接触力的平衡关系进行耦合。由于曲线梁桥上车辆的行驶位置不能直接由行驶时间和车速确定,需要利用车轮轨迹线来确定车辆已经行驶的距离,从而确定车辆所处的位置,即

$$\int \sqrt{1 + \dot{y}^2(x)}\, \mathrm{d}x = vt \tag{4.3}$$

式中 $y(x)$——车辆行车轨迹线;

v——车速;

t——车辆在桥上行驶的时间。

此外,由于进行车桥耦合分析时使用的局部坐标系与桥梁整体坐标系不一致,在进行车桥耦合计算时需将整体坐标系下的振型、车辆刚度等分解到局部坐标系下,在得到动力响应后再将响应转化到整体坐标系(如图 4.11 所示,其中坐标系 $X_B O Y_B$ 为整体坐标系,坐标系 XOY 为局部坐标系)。将整体坐标系下的振型分解到局部坐标系下,可得

$$\phi_{nhL}^{i}(x_i) = \sin(\psi(x_i))\phi_{nxL}^{i}(x_i) + \cos(\psi(x_i))\phi_{nyL}^{i}(x_i) \tag{4.4}$$

$$\phi_{nvL}^{i}(x_i) = \phi_{nzL}^{i}(x_i) \tag{4.5}$$

式中 $\phi_{nxL}^{i}(x_i)$，$\phi_{nyL}^{i}(x_i)$，$\phi_{nzL}^{i}(x_i)$——整体坐标系下第 i 轴左轮位置处第 n 阶振型 x 方向、y 方向和 z 方向的振型分量；

$\phi_{nvL}^{i}(x_i)$，$\phi_{nhL}^{i}(x_i)$——局部坐标系下第 i 轴左轮位置处第 n 阶振型的竖向和水平向振型分量；

$\psi(x_i)$——第 i 轴位置处桥梁切线与整体坐标系 X_B 轴的夹角。

除了考虑坐标系的转换外，由于车辆行驶在曲线梁桥上会产生行驶离心力（图 4.12），所以需要考虑离心力的额外影响。在离心力的作用下，车体会有翻转的趋势，因此各个车轮的轮载也会进行重新分布，靠近曲线内侧的车轮轮载会减小，而靠近曲线外侧的车轮轮载会增大，在进行曲线梁桥的车桥耦合计算时需要考虑该情况的影响。

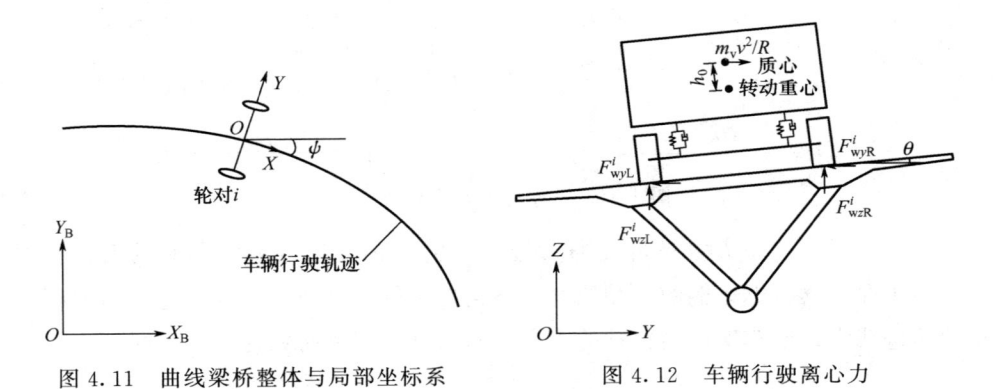

图 4.11 曲线梁桥整体与局部坐标系

图 4.12 车辆行驶离心力

以第 i 轴左轮为例分析车桥相互作用。由车轮和桥面板相对位移引起的施加在车轮上的接触力为

$$\begin{Bmatrix} F_{wyL}^{i} \\ F_{wzL}^{i} \end{Bmatrix} = -\begin{bmatrix} \cos(\theta)k_{ylL}^{i} + \sin(\theta)k_{vlL}^{i} & \\ & \cos(\theta)k_{vlL}^{i} + \sin(\theta)k_{ylL}^{i} \end{bmatrix} \begin{Bmatrix} \Delta_{ylL}^{i} \\ \Delta_{vlL}^{i} \end{Bmatrix}$$

$$-\begin{bmatrix} \cos(\theta)c_{ylL}^{i} + \sin(\theta)c_{vlL}^{i} & \\ & \cos(\theta)c_{vlL}^{i} + \sin(\theta)c_{ylL}^{i} \end{bmatrix} \begin{Bmatrix} \dot{\Delta}_{ylL}^{i} \\ \dot{\Delta}_{vlL}^{i} \end{Bmatrix} + \begin{Bmatrix} 0 \\ \Delta F_{zi} \end{Bmatrix}$$

$$\tag{4.6}$$

第 4 章 特殊条件下汽车与桥梁动力相互作用分析方法

$$\Delta F_{zi} = m_v \frac{v^2}{2R} \frac{h_0 C_i}{\sum C_i D_2} \cos\theta \tag{4.7}$$

以上式中 F_{wyL}^i，F_{wzL}^i——桥梁作用在第 i 轴左轮的横向和竖向接触力；

Δ_{ylL}^i，Δ_{vlL}^i——车辆横向和竖向下层弹簧的变形；

θ——桥面横坡角；

m_v——车辆总重；

h_0——转动重心到瞬时质心的距离；

C_i——第 i 轴的转动刚度；

ΔF_{zi}——由离心力引起的轮载变化量。

车桥接触点的位移平衡方程为

$$\begin{Bmatrix} \Delta_{ylL}^i \\ \Delta_{vlL}^i \end{Bmatrix} = \begin{Bmatrix} y_{sL}^i \\ z_{sL}^i \end{Bmatrix} - \begin{Bmatrix} y_b^i \\ z_b^i \end{Bmatrix} - \begin{Bmatrix} 0 \\ r^i(x) \end{Bmatrix} \tag{4.8}$$

$$\begin{Bmatrix} \dot{\Delta}_{ylL}^i \\ \dot{\Delta}_{vlL}^i \end{Bmatrix} = \begin{Bmatrix} \dot{y}_{sL}^i \\ \dot{z}_{sL}^i \end{Bmatrix} - \begin{Bmatrix} \dot{y}_{bL}^i \\ \dot{z}_{bL}^i \end{Bmatrix} - \begin{Bmatrix} 0 \\ \dot{r}_L^i(x) \end{Bmatrix} \tag{4.9}$$

$$\dot{r}^i(x) = \frac{\mathrm{d}r^i(x)}{\mathrm{d}x} \frac{\mathrm{d}x}{\mathrm{d}t} = \frac{\mathrm{d}r^i(x)}{\mathrm{d}x} V(t) = r'v \tag{4.10}$$

式中 y_{sL}^i，z_{sL}^i——车辆第 i 轴左轮的横向和竖向位移；

$\dot{r}_L^i(x)$——车辆第 i 轴左轮位置处桥面不平度速度项；

y_{bL}^i，z_{bL}^i——车辆第 i 轴左轮位置处桥面板的横向和竖向位移。

$$\begin{Bmatrix} y_{bL}^i \\ z_{bL}^i \end{Bmatrix} = \sum_{n=1}^{N_b} \begin{Bmatrix} q_n \phi_{nhL}^i(x_i) \\ q_n \phi_{nvL}^i(x_i) \end{Bmatrix} \tag{4.11}$$

该轮作用在桥面上的力 F_{bL}^i 为

$$\{F_{bL}^i\} = \begin{Bmatrix} F_{byL}^i \\ F_{bzL}^i \end{Bmatrix} = \begin{Bmatrix} 0 \\ F_{GL}^i \end{Bmatrix} - \begin{Bmatrix} F_{wyL}^i \\ F_{wzL}^i \end{Bmatrix} \tag{4.12}$$

式中 F_{GL}^i——车辆第 i 轴左轮作用在桥面上的重力。

整合车辆和桥梁的动力方程，依据接触点位移和受力条件进行耦合，可以得到车桥耦合系统的动力方程为

$$\begin{bmatrix} M_{vv} & 0 \\ 0 & M_{BB} \end{bmatrix} \begin{Bmatrix} \ddot{X}_v \\ \ddot{q}_B \end{Bmatrix} + \begin{bmatrix} C_{vv} & C_{vB} \\ C_{Bv} & C_{BB} \end{bmatrix} \begin{Bmatrix} \dot{X}_v \\ \dot{q}_B \end{Bmatrix} + \begin{bmatrix} K_{vv} & K_{vB} \\ K_{Bv} & K_{BB} \end{bmatrix} \begin{Bmatrix} X_v \\ q_B \end{Bmatrix} = \begin{Bmatrix} F_v \\ F_B \end{Bmatrix} \tag{4.13}$$

其中，下角标 B 和 v 分别表示桥梁和车辆，Bv 和 vB 代表车桥耦合项。桥梁的刚度矩阵为

$$\boldsymbol{K}_{BB} = \begin{bmatrix} \omega_1^2 + K_B^{11} & K_B^{12} & \cdots & K_B^{1N_b} \\ K_B^{21} & \omega_2^2 + K_B^{22} & \cdots & K_B^{2N_b} \\ \vdots & \vdots & \ddots & \vdots \\ K_B^{N_b1} & K_B^{N_b2} & \cdots & \omega_{N_b}^2 + K_B^{N_bN_b} \end{bmatrix} \quad (4.14)$$

$$K_B^{nm} = \sum_{i=1}^{3} \left\{ \begin{array}{l} k_{h1L}^i \phi_{nhL}^i \phi_{mhL}^i + k_{h1R}^i \phi_{nhR}^i \phi_{mhR}^i + k_{v1L}^i \phi_{nvL}^i \phi_{mvL}^i + k_{v1R}^i \phi_{nvR}^i \phi_{mvR}^i + c_{h1L}^i \phi_{nhL}^i \frac{\partial \phi_{mhL}^i}{\partial x} V(t) + c_{h1R}^i \phi_{nhR}^i \frac{\partial \phi_{mhR}^i}{\partial x} V(t) + c_{v1L}^i \phi_{nvL}^i \frac{\partial \phi_{mvL}^i}{\partial x} V(t) + c_{v1R}^i \phi_{nvR}^i \frac{\partial \phi_{mvR}^i}{\partial x} V(t) \end{array} \right\}$$
(4.15)

其中，$k_{h1L}^i = \cos(\theta) k_{y1L}^i + \sin(\theta) k_{v1L}^i$；$k_{v1L}^i = \cos(\theta) k_{v1L}^i + \sin(\theta) k_{y1L}^i$。

桥梁的阻尼矩阵为

$$\boldsymbol{C}_{BB} = \begin{bmatrix} 2\xi\omega_1 + C_B^{11} & C_B^{12} & \cdots & C_B^{1N_b} \\ C_B^{21} & 2\xi\omega_2 + C_B^{22} & \cdots & C_B^{2N_b} \\ \vdots & \vdots & \ddots & \vdots \\ C_B^{N_b1} & C_B^{N_b2} & \cdots & 2\xi\omega_{N_b} + C_B^{N_bN_b} \end{bmatrix} \quad (4.16)$$

$$C_B^{nm} = \sum_{i=1}^{3} (c_{h1L}^i \phi_{nhL}^i \phi_{mhL}^i + c_{h1R}^i \phi_{nhR}^i \phi_{mhR}^i + c_{v1L}^i \phi_{nvL}^i \phi_{mvL}^i + c_{v1R}^i \phi_{nvR}^i \phi_{mvR}^i) \quad (4.17)$$

其中，$c_{h1L}^i = \cos(\theta) c_{y1L}^i + \sin(\theta) c_{v1L}^i$；$c_{v1L}^i = \cos(\theta) c_{v1L}^i + \sin(\theta) c_{y1L}^i$。

车桥刚度矩阵耦合项为

$$\boldsymbol{K}_{vB} = [K_{vB1} \quad K_{vB2} \quad \cdots \quad K_{vBN_v}]^T; \quad \boldsymbol{K}_{vBi} = [K_{vBi}^1 \quad K_{vBi}^2 \quad \cdots \quad K_{vBi}^{N_b}]^T$$

$$[K_{vBi}^m]_{1,1} = [K_{vBi}^m]_{2,1} = [K_{vBi}^m]_{3,1} = [K_{vBi}^m]_{4,1} = 0$$

$$[K_{vBi}^m]_{5,1} = -k_{v1L}^1 \phi_{mvL}^1 - c_{v1L}^1 \frac{\partial \phi_{mvL}^1}{\partial x} V(t); \quad [K_{vBi}^m]_{6,1} = -k_{v1R}^1 \phi_{mvR}^1 - c_{v1R}^1 \frac{\partial \phi_{mvR}^1}{\partial x} V(t)$$

$$[K_{vBi}^m]_{7,1} = -k_{v1L}^2 \phi_{mvL}^2 - c_{v1L}^2 \frac{\partial \phi_{mvL}^2}{\partial x} V(t); \quad [K_{vBi}^m]_{8,1} = -k_{v1R}^2 \phi_{mvR}^2 - c_{v1R}^2 \frac{\partial \phi_{mvR}^2}{\partial x} V(t)$$

$$[K_{vBi}^m]_{9,1} = -k_{v1L}^3 \phi_{mvL}^3 - c_{v1L}^3 \frac{\partial \phi_{mvL}^3}{\partial x} V(t); \quad [K_{vBi}^m]_{10,1} = -k_{v1R}^3 \phi_{mvR}^3 - c_{v1R}^3 \frac{\partial \phi_{mvR}^3}{\partial x} V(t)$$

$$[K_{vBi}^m]_{11,1} = -k_{h1L}^1 \phi_{mhL}^1 - c_{h1L}^1 \frac{\partial \phi_{mhL}^1}{\partial x} V(t); \quad [K_{vBi}^m]_{12,1} = -k_{h1R}^1 \phi_{mhR}^1 - c_{h1R}^1 \frac{\partial \phi_{mhR}^1}{\partial x} V(t)$$

$$[K_{vBi}^m]_{13,1} = -k_{h1L}^2 \phi_{mhL}^2 - c_{h1L}^2 \frac{\partial \phi_{mhL}^2}{\partial x} V(t); \quad [K_{vBi}^m]_{14,1} = -k_{h1R}^2 \phi_{mhR}^2 - c_{h1R}^2 \frac{\partial \phi_{mhR}^2}{\partial x} V(t)$$

$$[K_{vBi}^m]_{15,1} = -k_{h1L}^3 \phi_{mhL}^3 - c_{h1L}^3 \frac{\partial \phi_{mhL}^3}{\partial x} V(t); \quad [K_{vBi}^m]_{16,1} = -k_{h1R}^3 \phi_{mhR}^3 - c_{h1R}^3 \frac{\partial \phi_{mhR}^3}{\partial x} V(t)$$

车桥阻尼矩阵耦合项为

$$\boldsymbol{C}_{vB} = [C_{vB1} \quad C_{vB2} \quad \cdots \quad C_{vBN_v}]^T; \quad \boldsymbol{C}_{vBi} = [C_{vBi}^1 \quad C_{vBi}^2 \quad \cdots \quad C_{vBi}^{N_b}]^T$$

$$[C_{vBi}^m]_{1,1} = \cdots = [C_{vBi}^m]_{4,1} = 0$$

$[C_{vBi}^m]_{5,1} = -c_{vlL}^1 \phi_{mvL}^1$; $[C_{vBi}^m]_{6,1} = -c_{vlR}^1 \phi_{mvR}^1$; $[C_{vBi}^m]_{7,1} = -c_{vlL}^2 \phi_{mvL}^2$; $[C_{vBi}^m]_{8,1} = -c_{vlR}^2 \phi_{mvR}^2$

$[C_{vBi}^m]_{9,1} = -c_{vlL}^3 \phi_{mvL}^3$; $[C_{vBi}^m]_{10,1} = -c_{vlR}^3 \phi_{mvR}^3$; $[C_{vBi}^m]_{11,1} = -c_{hlL}^1 \phi_{mhL}^1$; $[C_{vBi}^m]_{12,1} = -c_{hlR}^1 \phi_{mhR}^1$

$[C_{vBi}^m]_{13,1} = -c_{hlL}^2 \phi_{mhL}^2$; $[C_{vBi}^m]_{14,1} = -c_{hlR}^2 \phi_{mhR}^2$; $[C_{vBi}^m]_{15,1} = -c_{hlL}^3 \phi_{mhL}^3$; $[C_{vBi}^m]_{16,1} = -c_{hlR}^3 \phi_{mhR}^3$

作用在车辆上的荷载向量为

$$\boldsymbol{F}_v = [F_{v1} \quad F_{v2} \quad \cdots \quad F_{vN_v}]^T; \quad [F_{vi}]_{1,1} = \cdots = [F_{vi}]_{4,1} = 0$$

$$[F_{vi}]_{5,1} = -k_{vlL}^1 r_L^1 - c_{vlL}^1 \frac{\partial r_L^1}{\partial x} V(t) + m_v \frac{v^2}{R} \left(\frac{h_0 C_1}{\sum C_i D_2} \cos\theta \right)$$

$$[F_{vi}]_{6,1} = -k_{vlR}^1 r_R^1 - c_{vlR}^1 \frac{\partial r_R^1}{\partial x} V(t) - m_v \frac{v^2}{R} \left(\frac{h_0 C_1}{\sum C_i D_2} \cos\theta \right)$$

$$[F_{vi}]_{7,1} = -k_{vlL}^2 r_L^2 - c_{vlL}^2 \frac{\partial r_L^2}{\partial x} V(t) + m_v \frac{v^2}{R} \left(\frac{h_0 C_2}{\sum C_i D_2} \cos\theta \right)$$

$$[F_{vi}]_{8,1} = -k_{vlR}^2 r_R^2 - c_{vlR}^2 \frac{\partial r_R^2}{\partial x} V(t) - m_v \frac{v^2}{R} \left(\frac{h_0 C_2}{\sum C_i D_2} \cos\theta \right)$$

$$[F_{vi}]_{9,1} = -k_{vlL}^3 r_L^3 - c_{vlL}^3 \frac{\partial r_L^3}{\partial x} V(t) + m_v \frac{v^2}{R} \left(\frac{h_0 C_3}{\sum C_i D_2} \cos\theta \right)$$

$$[F_{vi}]_{10,1} = -k_{vlR}^3 r_R^3 - c_{vlR}^3 \frac{\partial r_R^3}{\partial x} V(t) - m_v \frac{v^2}{R} \left(\frac{h_0 C_3}{\sum C_i D_2} \cos\theta \right)$$

$$[F_{vi}]_{11,1} = [F_{vi}]_{12,1} = [F_{vi}]_{13,1} = [F_{vi}]_{14,1} = [F_{vi}]_{15,1} = [F_{vi}]_{16,1} = 0$$

作用在桥面上的荷载分量为

$$\boldsymbol{F}_B = [F_{B1} \quad F_{B2} \quad \cdots \quad F_{BN_b}]^T$$

$$F_{Bn} = \sum_{i=1}^{3} \left\{ \begin{array}{l} \left[k_{vlL}^i r_L^i + c_{vlL}^i \dfrac{\partial r_L^i}{\partial x} V(t) + m_{sL}^i g + m_v \dfrac{v^2}{R} \left(\dfrac{C_i h_0}{\sum C_i D_2} \cos\theta \right) \right] \phi_{nvL}^i \\ + \left[k_{vlR}^i r_R^i + c_{vlR}^i \dfrac{\partial r_R^i}{\partial x} V(t) + m_{sR}^i g - m_v \dfrac{v^2}{R} \left(\dfrac{C_i h_0}{\sum C_i D_2} \cos\theta \right) \right] \phi_{nvR}^i \\ + m_{vi} \dfrac{v^2}{2R} \phi_{nhL}^i + m_{vi} \dfrac{v^2}{2R} \phi_{nhR}^i \end{array} \right\}$$

(4.18)

以上各式为本节车桥耦合动力方程中各项的具体表达式。为了求解车桥耦合动力响应，选取 Newmark-β 法进行求解。根据上述曲线梁桥车桥振动原理，本章基于 MATLAB 编写了相应的分析程序。

4.2.3 工程实例分析

1. 工程概况与动力特性分析

本节以干海子大桥为算例进行分析（图 4.13）。干海子大桥地处雅泸高速路山区段，桥位地形复杂，设计标准为双向四车道，设计车速为 80km/h，桥面宽度为 24.5m，全长 1750m。采用 44.5m 和 62.5m 两种跨径，全桥共 36 跨，分为三联连续梁进行设计，第一联桥跨组成为 40.7m+9×44.5m+40.7m=481.9m，第二联桥跨组成为 45.1m+3×44.5m+11×62.5m+3×44.5m+45.1m=1044.7m，

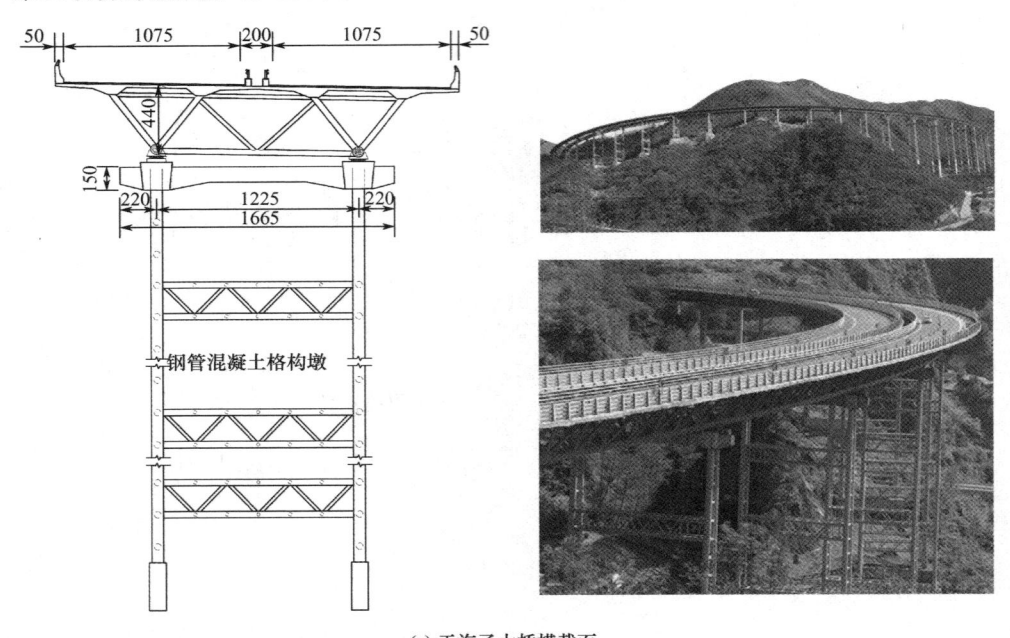

(a) 干海子大桥横截面

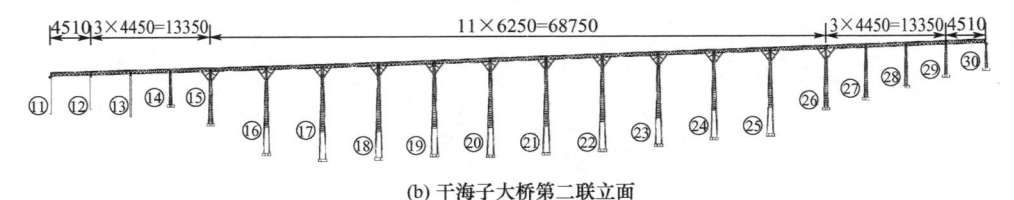

(b) 干海子大桥第二联立面

图 4.13　干海子大桥（单位：cm）

第三联桥跨组成为 45.1m+4×44.5m+45.1m=268.2m。桥面分左右两幅，每幅均为由预应力混凝土桥面板、钢管混凝土弦杆和钢管腹杆构成的空间桁架［图 4.13（a）］。下部结构为钢筋混凝土柱墩与钢管混凝土格构墩两类结构。在各跨支点处增设钢管横梁来提高主梁的抗扭性能。在伸缩缝处设置工形竖直腹杆横梁，在其余支座处横梁布置成"V"字形斜腹杆。在两幅主梁横向桁架处对应位置顶端设置横向连接杆。以大桥连续长度最长的第二联为对象进行研究，其桥型布置如图 4.13（b）所示，平面线形采用圆曲线，半径为 1130m[7]。

利用 ANSYS 建立该桥的三维有限元模型。全桥共计 377776 个单元［图 4.14（a）］。其中，桥面板为 SOLID65 实体单元，利用该单元能够充分反映桥面板的扭转效应［图 4.14（b）］；桁架和桥墩采用 BEAM188 梁单元，包括上下弦杆、腹杆及横撑［图 4.14（c）］。桥梁的约束条件设置在桥墩底部，主梁与桥墩之间的支座通过自由度耦合进行限制，刚接约束利用 MPC184 刚性单元实现。为了方便后期振型提取，划分桥面板单元时选择扇形划分，保证划分形状为长方形。

(a) 干海子大桥整体有限元模型

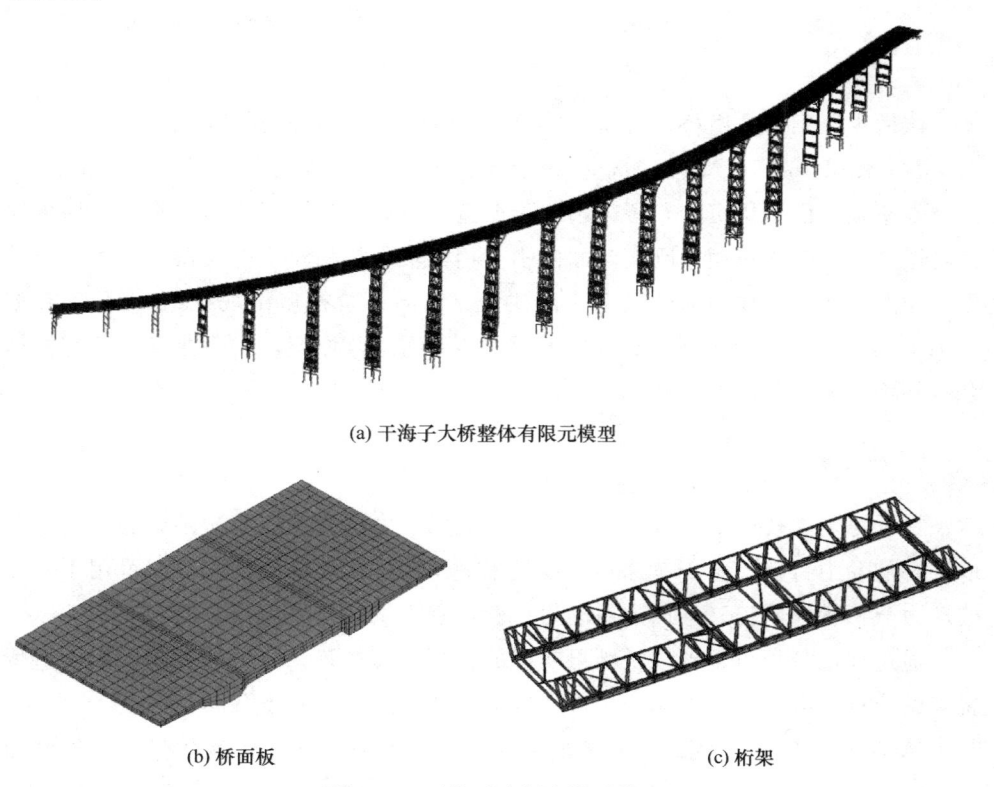

(b) 桥面板　　　　　　　　　　(c) 桁架

图 4.14　干海子大桥有限元模型

模态分析选用 ANSYS 中的迭代兰佐斯（Lanczos）法，提取振型模态数为 50 阶，选取的典型振型如图 4.15 所示。

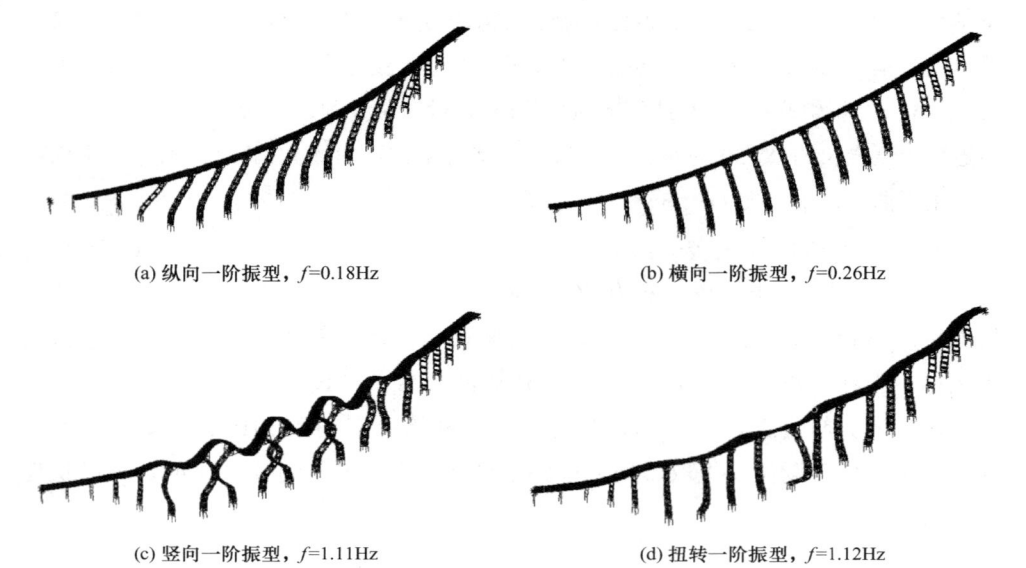

(a) 纵向一阶振型，$f=0.18$Hz

(b) 横向一阶振型，$f=0.26$Hz

(c) 竖向一阶振型，$f=1.11$Hz

(d) 扭转一阶振型，$f=1.12$Hz

图 4.15　桥梁结构典型振型

该桥为典型的高墩桥，且桥墩多数采用刚度较低的钢管混凝土（Concrete-Filled Steel Tube，CFST）墩，桥墩最高达 107m，与桥墩纵向变形相关的振型更容易激发。由分析可知，桥梁第一阶振型为纵向一阶振型。第二阶振型为横向一阶振型，表明该桥面外刚度与面内刚度相比较小，相较于面内振动，面外振动更易激发，故该桥横桥向的振动也需注意。竖向一阶振型出现在第 17 阶，频率为 1.11Hz。第 18 阶振型之后多次出现主梁弯扭耦合振型，表明曲线梁桥弯扭耦合振动特性值得关注。

2. 动力试验

在干海子大桥竣工前进行了一系列的现场动力试验及环境激励试验，用来获取该桥的动力特性。由于车速、车重及车辆作用位置已知，试验数据可用于后续的动力分析程序验证。下面先对动力试验过程和试验结果进行介绍。

通过理论分析可得到该桥结果响应的控制断面位置，并通过试验得到这些位置处的位移响应、加速度响应及应力响应。试验选取的测点分布如图 4.16 所示，其中 $AV_1 \sim AV_9$ 测点为竖向加速度测点，A 表示加速度，V 表示竖向，这些测点主要用于该桥的模态参数识别。DV^i 为竖向位移测点，DH^i 为横向位移测点，

第 4 章　特殊条件下汽车与桥梁动力相互作用分析方法

AH^i 为横向加速度测点，S_i 为应力测点，其中 D 表示位移，H 表示横向，上标 1 和 2 分别表示测点位置在跨中处和墩顶处。CD 为计算竖向位移截面，CS 为计算应力截面，其中下标 c，w 和 b 分别表示弦杆、腹杆和桥面板位置处截面，下标 u 和 l 分别表示上弦杆和下弦杆。

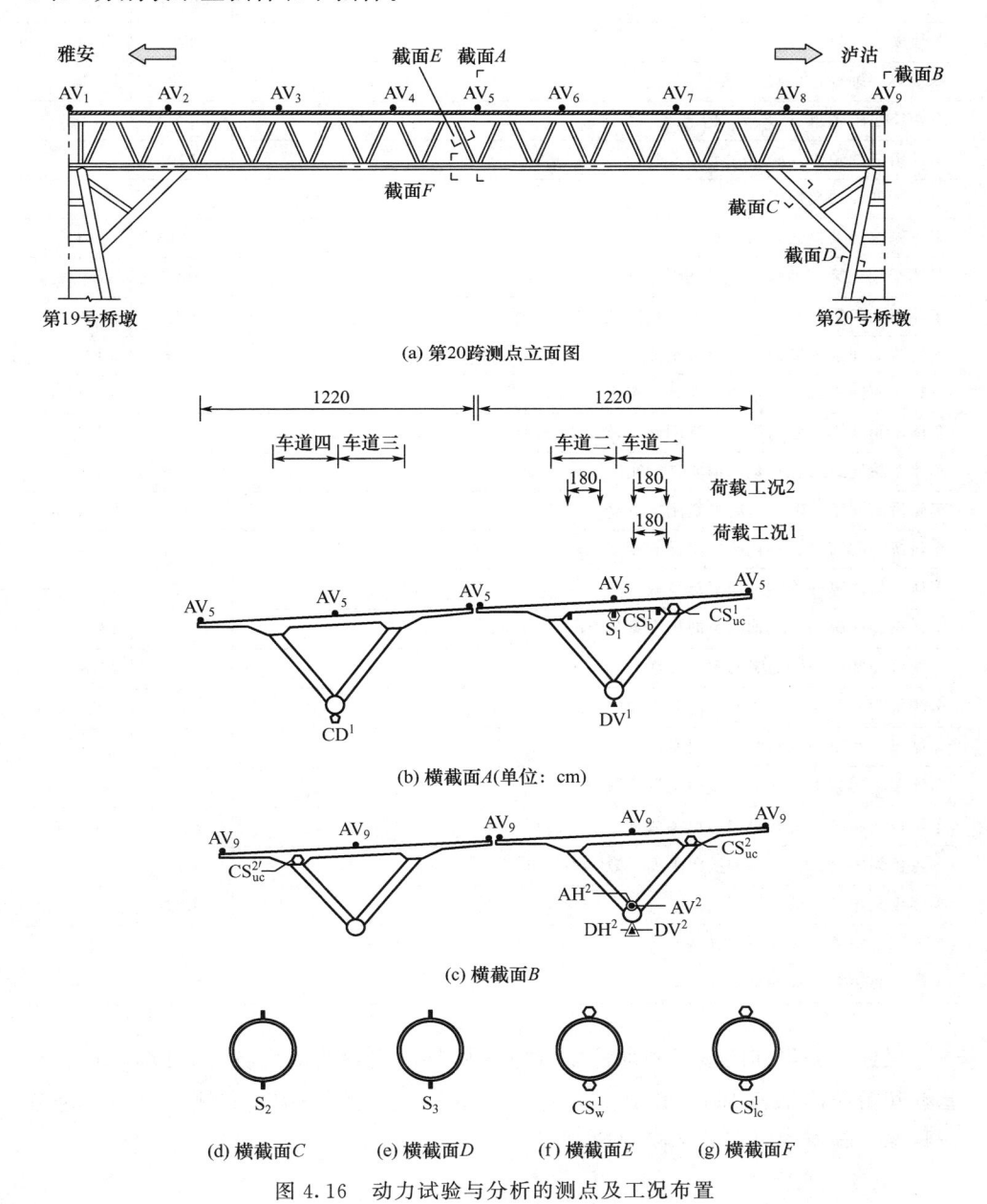

(a) 第20跨测点立面图

(b) 横截面A(单位：cm)

(c) 横截面B

(d) 横截面C　(e) 横截面D　(f) 横截面E　(g) 横截面F

图 4.16　动力试验与分析的测点及工况布置

动载试验选取一辆三轴整车以不同车速行驶在车道一上,此外还记录了该桥在环境荷载激励下的加速度响应。该卡车车型及其动力模型参数见表 4.4。

表 4.4 三轴整车车辆参数

参 数	数 值	单 位
车体质量（M_{vr}）	31200	kg
车辆第一轴轴重（M_{sR}^1, M_{sL}^1）	350	kg
车辆第二轴轴重（M_{sR}^2, M_{sL}^2）	775	kg
车辆第三轴轴重（M_{sR}^3, M_{sL}^3）	750	kg
车体俯仰转动惯性矩（I_{vr}）	102732	kg·m²
车体侧滚转动惯性矩（J_{vr}）	25272	kg·m²
车体车轮间第一轴的竖向弹簧刚度（k_{vuL}^1, k_{vuR}^1）	1577	kN/m
车体车轮间第二、三轴的竖向弹簧刚度（$k_{vuL}^2, k_{vuR}^2, k_{vuL}^3, k_{vuR}^3$）	2362	kN/m
车轮桥面间第一轴的竖向弹簧刚度（k_{vlL}^1, k_{vlR}^1）	3146	kN/m
车轮桥面间第二、三轴的竖向弹簧刚度（$k_{vlL}^2, k_{vlR}^2, k_{vlL}^3, k_{vlR}^3$）	2362	kN/m
车体车轮间第一轴的横向弹簧刚度（k_{yuL}^1, k_{yuR}^1）	4731	kN/m
车体车轮间第二、三轴的横向弹簧刚度（$k_{yuL}^2, k_{yuR}^2, k_{yuL}^3, k_{yuR}^3$）	7086	kN/m
车轮桥面间第一轴的横向弹簧刚度（k_{ylL}^1, k_{ylR}^1）	9438	kN/m
车轮桥面间第二、三轴的横向弹簧刚度（$k_{ylL}^2, k_{ylR}^2, k_{ylL}^3, k_{ylR}^3$）	7086	kN/m
车体车轮间第一轴的竖向阻尼系数（c_{vuL}^1, c_{vuR}^1）	27	kN·s/m
车体车轮间第二、三轴的竖向阻尼系数（$c_{vuL}^2, c_{vuR}^2, c_{vuL}^3, c_{vuR}^3$）	20	kN·s/m
车轮桥面间第一轴的竖向阻尼系数（c_{vlL}^1, c_{vlR}^1）	22.4	kN·s/m
车轮桥面间第二、三轴的竖向阻尼系数（$c_{vuL}^2, c_{vuR}^2, c_{vuL}^3, c_{vuR}^3$）	33.4	kN·s/m
车体车轮间第一轴的横向阻尼系数（c_{yuL}^1, c_{yuR}^1）	81	kN·s/m
车体车轮间第二、三轴的横向阻尼系数（$c_{yuL}^2, c_{yuR}^2, c_{yuL}^3, c_{yuR}^3$）	60	kN·s/m
车轮桥面间第一轴的横向阻尼系数（c_{ylL}^1, c_{ylR}^1）	67.2	kN·s/m
车轮桥面间第二、三轴的横向阻尼系数（$c_{ylL}^2, c_{ylR}^2, c_{ylL}^3, c_{ylR}^3$）	100.2	kN·s/m
车体重心距第一轴的距离（L_1）	3.95	m
车体重心距第二轴的距离（L_2）	0.85	m
车体重心距第三轴的距离（L_3）	2.20	m

根据试验得到的该桥的加速度响应分析获得该桥的动力特性,桥梁的振型、基频和阻尼比见表 4.5,其中 f_t,f_c,RE 和 ζ 分别代表试验实测频率、理论分析频率、频率相对误差和阻尼比。

表 4.5 桥梁动力特性

振型	f_t/Hz	f_c/Hz	RE/%	ζ/%
横向一阶	0.26	0.28	7.1	0.5
竖向一阶	1.10	1.11	0.9	0.9

由表 4.5 可见，试验识别得到的振型频率和数值分析所得频率误差在 7.1% 以内，表明所建立的桥梁分析模型能较准确地模拟实际结构的动力特性，可用于后续的车桥耦合动力分析。试验得到该桥阻尼比为 0.5%～0.9%，符合实际工程经验中的钢管混凝土阻尼比范围。

试验结果表明该桥的最大竖向位移发生在第 20 跨跨中位置，故可选取该跨跨中冲击系数来表征全桥整体冲击效应[7]。第 20 跨跨中位置处测点 DV[1] 的最大竖向位移为 6.3mm，发生在车速为 50km/h 时，最大冲击系数为 0.3，远大于依规范所得的冲击系数 0.05，表明按照规范计算会低估该桥的冲击效应，有必要对此进行深入研究。以车速 50km/h 为例，第 20 号墩墩顶的侧向位移和加速度的时程曲线如图 4.17 所示。

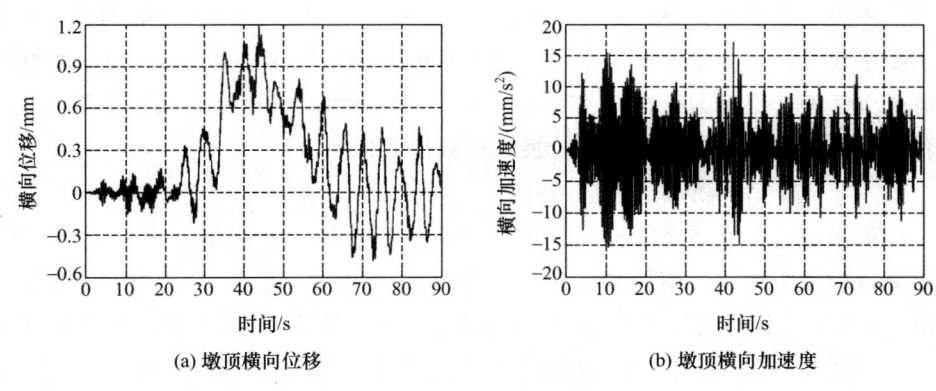

(a) 墩顶横向位移

(b) 墩顶横向加速度

图 4.17 第 20 号墩墩顶现场试验动力响应

现场试验耗时长、造价高、限制因素多，故利用数值分析方法考虑更多影响因素开展桥梁车载动力性能分析与研究成为一种常用的方法和策略。本节以干海子大桥现场试验数据为基础，对前文所提出的曲线梁桥动力分析程序进行验证。选取荷载工况 2（图 4.16）、车速为 60km/h 的试验数据对上文中的车桥耦合振动程序进行验证，车辆模型参数见表 4.4。

选取测点 DV[1] 的竖向位移和 DH[2] 的横向位移实测数据对车桥分析程序进行验证，现场试验和理论分析的动力响应时程比较如图 4.18 所示。由图 4.18 可以看出所选测点的试验结果和数值分析得到的结果曲线吻合较好，峰值相对误差小于 5%，表明所提出的车桥耦合程序具有较高的准确性，可用于后续该桥的车载动力性能模拟与相关分析。

(a) 车速为60km/h时DV¹竖向位移

(b) 车速为60km/h时DH²横向位移

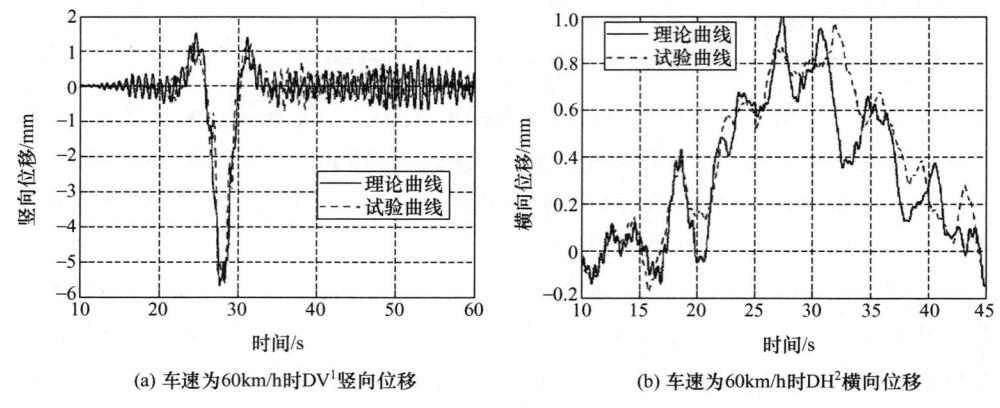

图 4.18　数值分析与实测数据比较

3. 干海子特大桥车载动力特性数值模拟与分析

由于现场试验的局限性，许多节点的动力响应及构件的冲击系数不能够直接在试验中得到。上文中证明了本章所建立的车桥耦合分析模型及程序能够应用于干海子大桥的车桥动力分析，此处考虑车速、车辆数、车道位置及桥面不平度等多种影响因素对该桥的车载动力特性进行数值模拟与分析。

（1）车载下桥梁的动力响应特性

一般来说，重车通常行驶在外侧车道，对于该桥，外侧车道为车道一、四。为研究该桥在车载下的结构动力响应特点，选取荷载工况1（图 4.16），车速为60km/h，桥面不平度为"好"，以桥梁第20跨为对象进行分析。分析结果如图 4.19 所示，可见车载下最大竖向位移发生在跨中位置处 [图 4.19（a）]，表明该截面的冲击系数可反映桥梁整体的汽车冲击效应特征。此外，最大扭转角同样发生在跨中处 [图 4.19（b）]，表明该类曲线梁桥弯扭耦合效应突出。车载作用下该桥跨中桥面板竖向位移在横截面上近似呈线性分布 [图 4.19（c）]，曲线内侧最大竖向位移为 2.51mm，外侧最大竖向位移为 12.62mm。桥面曲线内侧扭转角为 1.85×10^{-4}rad，外侧扭转角为 5.95×10^{-4}rad，扭转角同样近似呈线性分布 [图 4.19（d）]。

（2）桥梁总体冲击效应分析

选取车速变化范围为 40～60km/h，桥面不平度选取"好""一般""差"和"很差"，荷载工况为1和2，分析车速、车辆数、车道位置及桥面不平度对大桥

第 4 章　特殊条件下汽车与桥梁动力相互作用分析方法

(a) 沿桥长方向的竖向位移

(b) 沿桥长方向的扭转角

(c) 跨中桥面板竖向位移横向分布

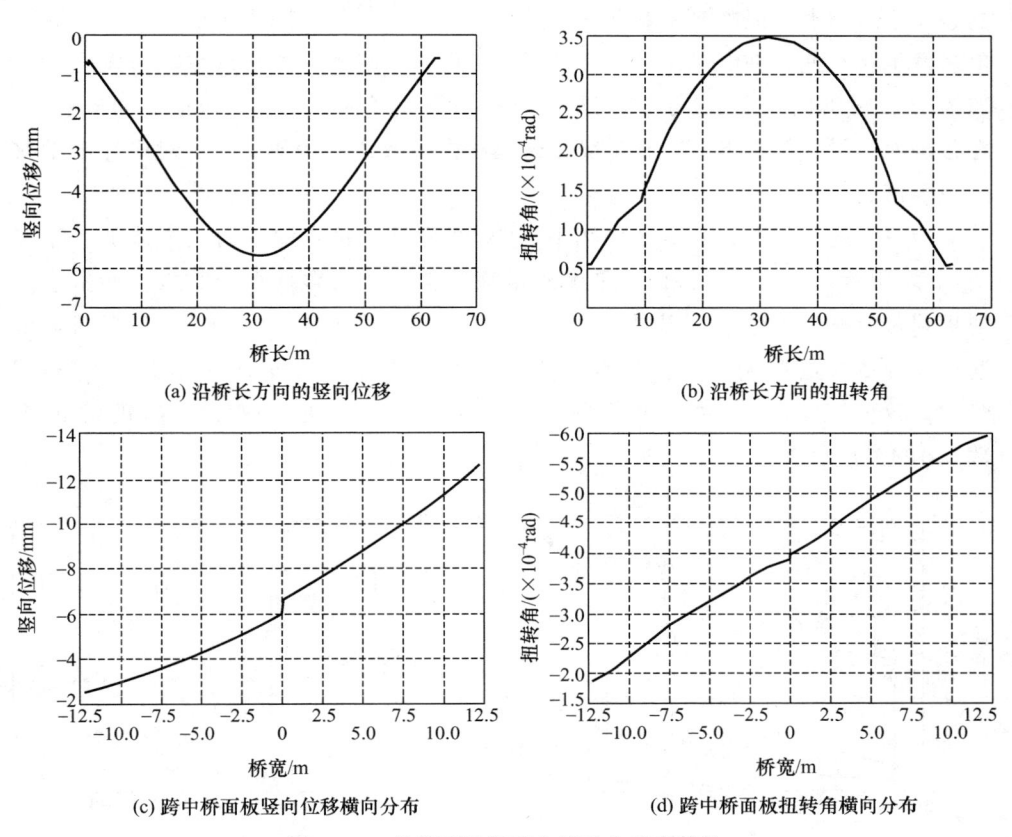

(d) 跨中桥面板扭转角横向分布

图 4.19　车载下干海子大桥动力响应特性

总体冲击效应的影响，结果如图 4.20 所示。

由图 4.20（a，b）可知，荷载工况 1 时测点 DV^1 的冲击系数随着桥面不平度

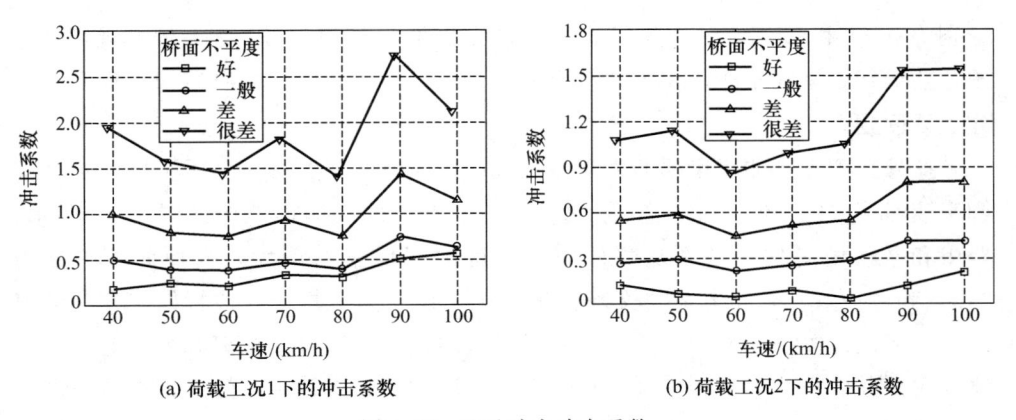

(a) 荷载工况1下的冲击系数

(b) 荷载工况2下的冲击系数

图 4.20　DV^1 动力冲击系数

的恶化不断增大,但冲击系数和车速并不成线性关系,不同不平度下冲击系数峰值多发生在车速为 90km/h 时;对于荷载工况 2,该测点冲击系数峰值发生在车速为 100km/h 时。荷载工况 1 对应的冲击系数大于荷载工况 2 对应的冲击系数。在各桥面不平度等级下,荷载工况 1 最大冲击系数约为荷载工况 2 对应冲击系数的 1.5 倍。

荷载工况 1 和荷载工况 2 作用下,第 20 号墩墩顶点 CS_{uc}^l 的应力冲击系数如图 4.21 所示,可以看出桥面不平度对墩顶冲击系数的影响小于对跨中冲击系数的影响,但整体趋势基本相同。此外,当桥面不平度为"好"和"一般"时,车速对冲击系数的影响很小。与常规曲线梁桥[8]不同,当桥面不平度为"一般"时,荷载工况 2 对应的冲击系数为 0.422,大于荷载工况 1 对应的冲击系数 0.194。

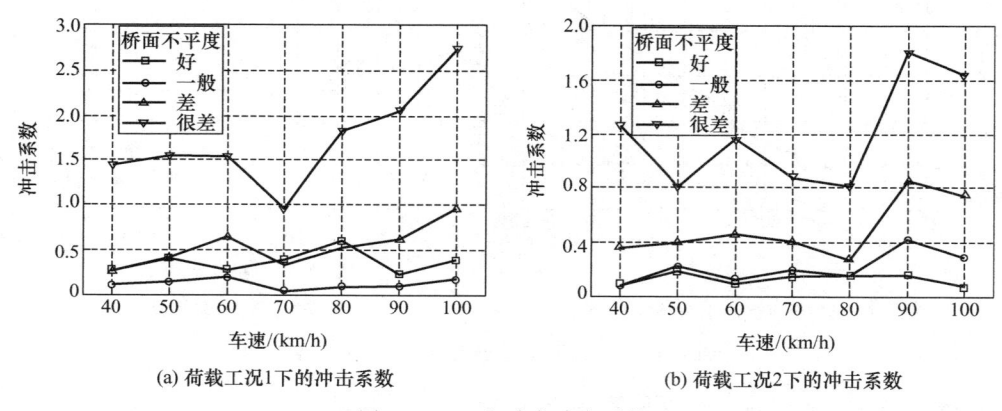

(a) 荷载工况1下的冲击系数　　(b) 荷载工况2下的冲击系数

图 4.21　CS_{uc}^l 动力冲击系数

总的来说,当桥面不平度为"好"时,荷载工况 1 和 2 对应的最大冲击系数分别为 0.51 和 0.25,分别为规范中冲击系数的 10 倍和 5 倍,表明按照现行设计规范会低估该桥在车辆作用下的动力冲击效应,需要在以后的研究和工程实践中注意该问题。

此外,考虑到曲线梁桥的力学特性及该桥高墩的特点,还分析了桥面不平度和车速对第 20 跨跨中和第 20 号墩墩顶横向响应的影响,结果如图 4.22 所示,跨中和墩顶横向位移基本随着桥面不平度的降低不断增大,当桥面不平度为"好"和"一般"时冲击系数较为接近。由图 4.22 可以看出,该桥横向位移与速度并不成线性关系,而理论上常规曲线梁桥的横向位移由车辆离心力引起,考虑原因主要是该桥曲率半径较大,车辆行驶引起的离心力较小。此外,车载竖向力作用下高柔墩也会产生较大的横向位移。当桥面不平度为"好"时,跨中和墩顶最大横向位移分别为 1.35mm 和 1.08mm，达到竖向位移的 1/4，表明有必要注意高墩曲线桥梁的横向振动问题。

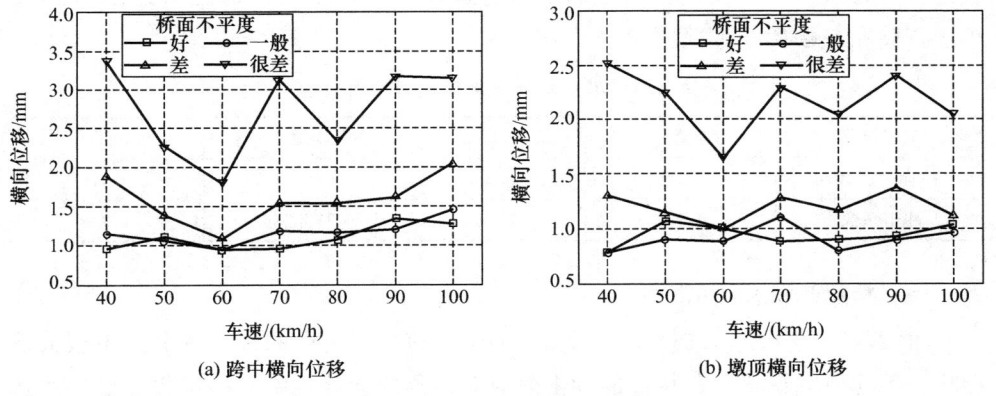

(a) 跨中横向位移

(b) 墩顶横向位移

图 4.22 荷载工况 1 下桥梁的横向动力响应

选取一辆三轴整车以车速 90km/h 分别行驶在四个车道，桥面不平度为"一般"等级，分析车辆行驶位置对桥梁动力冲击效应的影响。车辆行驶在车道一和车道二上时，分析测点 DV^1 的竖向位移冲击效应和测点 CS_{uc}^2 的应力冲击效应；车辆行驶在车道三和车道四上时，分析测点 CD^1 的竖向位移冲击效应和测点 $CS_{uc}^{2'}$ 的应力冲击效应。分析结果如图 4.23 所示，可以看出车辆行驶位置对桥梁跨中竖向位移响应的影响较大。当车辆在车道一和车道二上行驶时，跨中最大竖向位移分别为 8.172mm 和 7.150mm；当车辆在车道三和车道四上行驶时，最大竖向位移为 6.112mm 和 7.708mm。可以发现，车辆行驶位置越靠近桥内侧，竖向位移越小，且右幅桥位移大于左幅桥，主要是因为右幅桥曲率半径大于左幅桥。

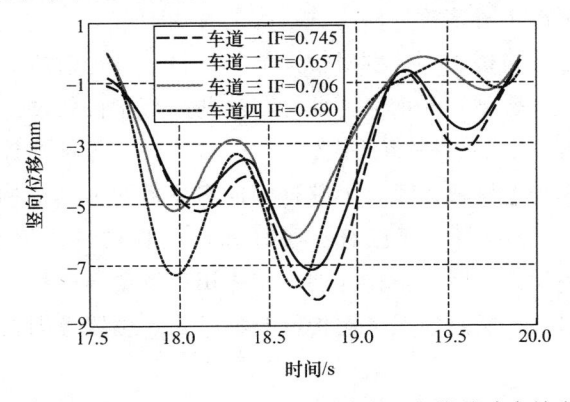

图 4.23 车辆作用于不同车道时跨中竖向位移冲击效应

车辆从不同车道过桥，墩顶弦杆拉应力冲击效应分析结果见表 4.6，可以发现车辆行驶位置越靠近桥内侧，墩顶弦杆拉应力越小，车辆行驶在右幅桥上时的墩顶拉应力大于行驶在左幅桥上时，但行驶在右幅桥上对应的应力冲击系数 IF 小于行驶在左幅桥的工况。

表 4.6 不同车道下墩顶应力冲击效应

车道位置	车道一	车道二	车道三	车道四
拉应力/MPa	0.161	0.140	0.091	0.110
冲击系数	0.278	0.094	1.528	1.918

(3) 桥梁局部冲击效应分析

车载动力作用引起的桥梁局部构件冲击效应会对桥梁的疲劳寿命产生很大的影响，因此研究桥梁局部构件的冲击效应对桥梁的设计、维护等都很有必要。选取构件上弦杆（CS_{uc}^l）、下弦杆（CS_{lc}^l）、腹杆（CS_w^l）和桥面板（CS_b^l）上的关键位置，分析工况 1 单车作用下车速、桥面不平度对该桥局部构件冲击效应的影响，具体布点如图 4.16 所示，分析结果如图 4.24 所示。

由图 4.24（a）可见，上弦杆应力冲击系数随着桥面不平度的恶化不断增大，当桥面不平度为"很差"时，最大应力冲击系数为 8.237，是桥面不平度为"好"时的 8 倍。不同车速时，下弦杆最大应力冲击系数发生在车速为 90km/h 时［图 4.24（b）］。相较而言，上弦杆应力冲击系数大于下弦杆应力冲击系数。对于腹杆，桥面不平度从"好"变化到"很差"的过程中，最大应力冲击系数分别为 0.977、1.360、2.686 和 5.338［图 4.24（c）］。桥面板最大应力冲击系数也发生在车速为 90km/h 时［图 4.24（d）］，表明限制过桥车速低于 90km/h，可在一定程度上控制汽车对该桥局部构件过大的冲击效应。

由以上分析可见，桥面不平度对桥梁局部构件的冲击效应影响很大，冲击系数随着桥面不平度的恶化不断增大。此外，这些局部构件的冲击系数远大于设计规范中规定的冲击系数。当桥面不平度为"一般"时，局部构件的最大冲击系数是规范规定值的 3 倍。比较而言，上弦杆的冲击系数约为其他构件的 1.5 倍，在"一般"不平度下，上弦杆、下弦杆、腹杆和桥面板的冲击系数分别为 1.915、1.181、1.360 和 1.045。因此，在开展汽车作用下桥梁局部构件的疲劳损伤等相关研究时，应根据桥梁实际情况考虑构件类型、热点位置等因素选取适合的冲击系数。

(4) 曲线梁桥行车舒适性分析

曲线梁桥在行驶车辆作用下，除了考虑冲击效应，还需研究其行车舒适性与

(a) 上弦杆应力冲击系数

(b) 下弦杆应力冲击系数

(c) 腹杆应力冲击系数

(d) 桥面板应力冲击系数

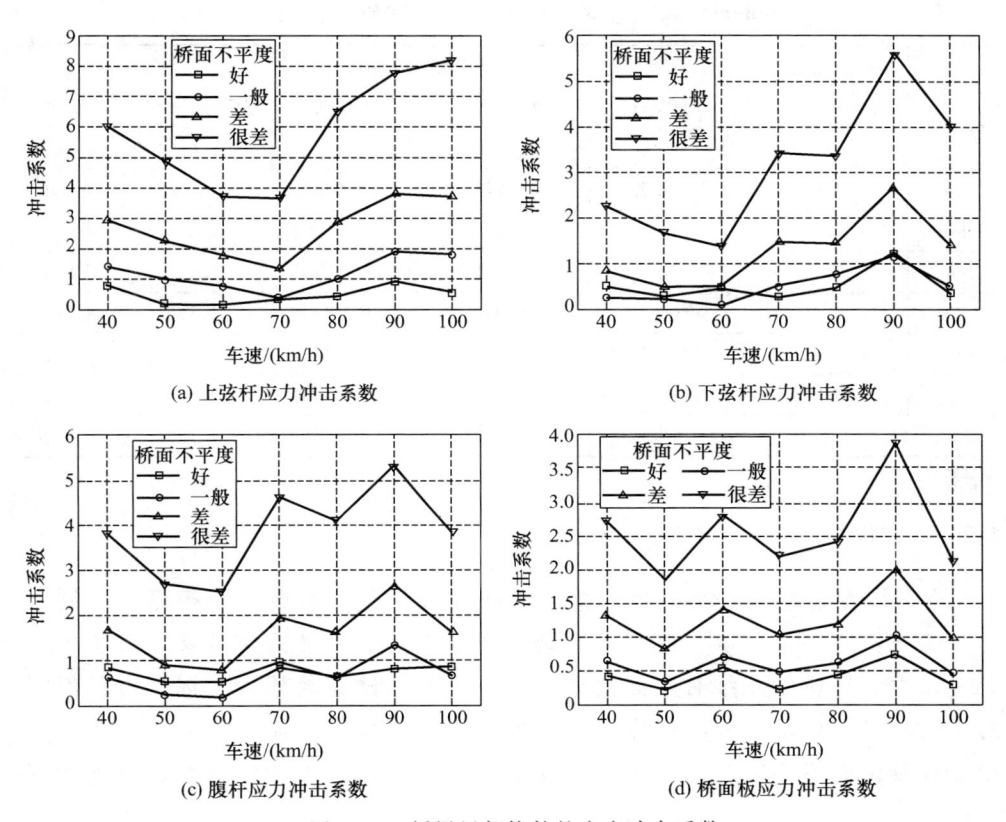

图 4.24　桥梁局部构件的应力冲击系数

常规直桥的差异。行车舒适性是车辆行驶过程中驾驶员对车身振动忍耐程度的评价指标，一般可以用加速度指标进行评价。此处以 ISO 2361 标准对该桥的行车舒适性进行评价，舒适性分级标准按表 3.1，总加权加速度均方根指标计算公式和计算过程详见 3.1.2 节。

在此针对干海子特大桥，考虑不同车速和桥面不平度，以一辆三轴整车行驶在车道一上为例分析该桥的行车舒适性，结果见表 4.7。由表 4.7 可知，桥面不平度对行车舒适性的影响很大，随着桥面不平度由"好"变为"差"，行车舒适性由"有些不舒适"降为"不舒适"。当桥面不平度为"好"，速度达到 90km/h 时，行车舒适性降为"不舒适"。而当桥面不平度为"差"时，速度超过 40km/h 后行车舒适性为"不舒适"。此外，在同等路面不平度等级下，加权加速度均方根 a_w 随着车速的提高而增大。总体上该桥的行车舒适性低于常规直桥，这一特点有必要在今后的高墩曲线梁桥工程实践中给予关注。

表 4.7　不同桥面不平度及车速下桥梁的行车舒适性

车速/(km/h)	a_w/(m/s²)（桥面不平度：好）	舒适性	a_w/(m/s²)（桥面不平度：一般）	舒适性	a_w/(m/s²)（桥面不平度：差）	舒适性
40	0.633	有些不舒适	0.777	有些不舒适	1.066	不舒适
50	0.697	有些不舒适	0.833	有些不舒适	1.122	不舒适
60	0.751	有些不舒适	0.861	有些不舒适	1.132	不舒适
70	0.813	有些不舒适	0.895	有些不舒适	1.138	不舒适
80	0.881	有些不舒适	0.929	有些不舒适	1.138	不舒适
90	0.958	有些不舒适	0.978	有些不舒适	1.153	不舒适
100	1.045	不舒适	1.050	不舒适	1.198	不舒适

4.2.4　结论

本节以模态综合法为基础，给出了曲线梁桥车桥耦合分析模型，编制了对应的分析程序，并以一座钢管混凝土高墩曲线桁架梁桥为对象，基于ANSYS建立了该桥的三维有限元模型。以该桥现场试验数据为依据，对所编写的曲线梁桥车桥动力分析程序进行验证，进而分析了车速、车辆数、车辆行驶位置及桥面不平度等因素对该桥冲击效应和行车舒适性的影响，得到如下几点结论：

1）提出适用于曲线梁桥车桥耦合分析的方法，通过现场试验初步验证发现该方法具有较高的准确度，可用于曲线梁桥动力分析。

2）桥例整体冲击效应随着桥面不平度的恶化而增大，当桥面不平度为"好"时，冲击系数为规范所规定冲击系数的10倍。

3）车载下该桥横向振动响应约为竖向响应的1/4，曲线梁桥在车辆行驶作用下的横向振动问题值得注意。此外，车速与该桥的横向振动响应并不成线性关系，这是因为该桥桥墩较高，主梁的竖向位移与横向位移互相耦合。

4）该桥的局部冲击系数是规范所规定的冲击系数的3倍，按现行规范会低估该类桥梁的局部冲击效应。不同构件的冲击系数也不相同，其中上弦杆的冲击系数约为其他杆件冲击系数的1.5倍，在工程实践中需要注意该问题。

5）该桥行车舒适性随车速的提高而降低，随桥面不平度的恶化而降低，与常规直梁桥相比该桥的行车舒适性相对较差。

4.3 汽车制动激励下桥梁动力响应分析方法

4.3.1 研究背景

现有的车桥耦合振动研究主要考虑车辆匀速过桥的情况，对于实际运营中常见的车辆制动和变速行驶等状况较少涉及。相关研究大多关注车辆作用下桥梁上部结构的竖向动力行为，结果表明车辆制动时引起的竖向动力冲击效应较匀速作用下更为显著[9-11]，而对车辆制动作用下桥梁下部结构动力行为的研究较少，但下部结构对车辆制动水平激励更为敏感，以制动激励作为激励源的结构损伤识别研究具有很好的应用潜力。为此，本节以宁古塔大桥为工程背景，建立考虑车辆制动作用的车桥耦合动力空间分析模型，系统分析桥面不平度、制动位置、初始车速、制动加速度上升时间、制动峰值系数和车重等多个关键因素对桥梁下部结构动力响应的影响规律，为基于车辆制动作用的桥梁下部结构状态评估和诊断等研究奠定理论基础。

4.3.2 考虑车辆制动的车桥耦合振动分析模型

对于车辆匀速过桥的情况，利用车桥接触点的位移和作用力的协调和平衡关系，可建立车桥耦合系统的整体运动方程：

$$\begin{bmatrix} M_v & 0 \\ 0 & M_B \end{bmatrix} \begin{Bmatrix} \ddot{X}_v \\ \ddot{q}_B \end{Bmatrix} + \begin{bmatrix} C_v & C_{vB} \\ C_{Bv} & C_B + C_B^v \end{bmatrix} \begin{Bmatrix} \dot{X}_v \\ \dot{q}_B \end{Bmatrix} + \begin{bmatrix} K_v & K_{vB} \\ K_{Bv} & K_B + K_B^v \end{bmatrix} \begin{Bmatrix} X_v \\ q_B \end{Bmatrix} = \begin{Bmatrix} F_v^r \\ F_B^{rG} \end{Bmatrix}$$

(4.19)

式中 M，C，K——质量、阻尼和刚度矩阵；

X_v，q_B——车辆和桥梁位移响应向量；

F——车桥系统的荷载向量。

下标 B 代表桥梁，下标 v 代表车辆，下标 Bv 和 vB 表示车桥耦合项，上标 r 和 G 分别表示由于桥面不平度和车辆自重产生的作用力。车桥系统振动方程中的质量、刚度、阻尼和荷载向量可由车桥系统间的力和位移协调条件推导得到。本书第 2 章对此进行了详细推导，在此不赘述。利用通用有限元软件建立桥梁计算模型并进行模态分析，提取结构振型和频率等模态信息用于计算车桥动力响应。以下重点介绍考虑车辆制动的车桥耦合振动分析模型的建立方法和建立过程。

车辆制动过程中，车轮在制动荷载作用下滚动减慢，并带动车辆整体速度减缓。这一过程中，制动力随车速的降低而减小，直至车体完全停止。定义路面制动力与垂直荷载之比为制动系数，其值不仅与路面和轮胎的材料及状态相关，还和它们之间的滑动率有关。

为防止刹车时车轮抱死引起打滑，现多数车辆已设计有防抱制动装置（ABS，防抱死系统）。本节研究对象为装有 ABS 的车辆，其制动过程可分为两个阶段[12]：

1) 常规制动阶段：当滑移率为 0～20% 时，ABS 不起作用，车轮未处于抱死滑移状态，随滑移率增大，制动系数逐渐增大。

2) ABS 控制阶段：随着滑移率的提高，系统通过不断调整制动压力将车轮滑移率控制在最佳滑移率 20%（对应制动峰值系数 φ_p）附近，防止车轮抱死，使每个车轮尽可能获得最大的地面制动力。

为简化车辆制动的动力学模型，并比较真实地模拟车辆系统的运动状态，对制动作用中的车桥系统作以下假设[13,14]：

1) 忽略空气阻力、滚动阻力矩及旋转质量减速时引起的惯性阻力矩。

2) 汽车行驶路线为直线且道路保持水平，忽略侧偏角、外倾角及坡道阻力等方面的作用。

3) 车体横向左右侧轮胎及悬架受力作用一致，忽略车辆行驶时的侧倾作用。

4) 假设制动过程中制动力与制动时间成正比。

5) 汽车前、后轮同时抱死。

将制动过程中的制动系数假定为一个斜坡函数，即制动系数从 0 线性增大至峰值 φ_p，然后保持恒定不变，直至汽车在桥上停止或者驶出桥梁，可以表示为

$$\varphi = \begin{cases} \varphi_p \left(\dfrac{t}{t_p} \right), & t < t_p \\ \varphi_p, & t \geq t_p \end{cases} \tag{4.20}$$

式中　φ_p——制动峰值系数，其大小取决于轮胎和路面的种类及使用状况；

　　　t_p——制动系数的上升时间（s）。

典型三轴车辆在水平路面上制动时，可以假设整车是一个位于其重心、具有一定质量和惯性特性的集中质量，车辆整体同步减速[15]。其受力情况如图 4.25 所示，可列出车体受力的平衡方程：

$$\begin{cases} F_{z1} + F_{z2} + F_{z3} = W \\ F_{xt} \cdot h + F_{z2} \cdot l + F_{z3} \cdot (l_1 + l_2 + l_3) = W(l_1 + l_2) \end{cases} \tag{4.21}$$

式中　F_{zi}——第 i 轴分配得到的地面反作用力；
　　　W——车辆总重；
　　　F_{xt}——地面制动力，$F_{xt}=W\varphi$。

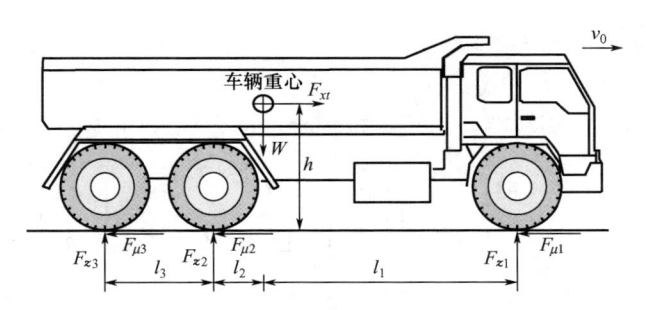

图 4.25　制动车辆的纵向受力

注：$F_{\mu i}$ 表示各车轮的制动力

车辆制动时导致的悬架变形如图 4.26 所示，当三轴车辆制动时，由于假设只存在纵向加速度，且车辆在行驶过程中车体保持刚性，车架线保持直线，则根据变形协调条件可得

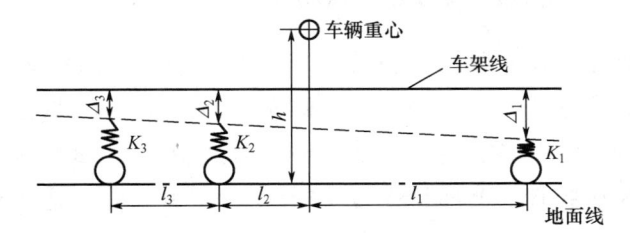

图 4.26　车辆制动导致悬架变形示意图

$$\frac{\Delta_2-\Delta_3}{\Delta_1-\Delta_3}=\frac{l_3}{l_1+l_2+l_3} \tag{4.22}$$

$$\Delta_i=\frac{F_{zi}}{K_i} \tag{4.23}$$

$$K_i=\frac{k_{vu}^i k_{vl}^i}{k_{vu}^i+k_{vl}^i} \tag{4.24}$$

以上式中　Δ_i——第 i 轴悬架变形量；
　　　　　K_i——第 i 轴悬架双边整体垂向刚度；
　　　　　k_{vu}^i，k_{vl}^i——第 i 轴上、下悬架垂向弹簧刚度。

联立式(4.20)～式(4.24)，可得各轮制动力为

$$\begin{cases} F_{\mu 1} = \varphi F_{z1} = \dfrac{W\varphi(l_2+l_3)+F_{xt}\varphi h - F_{z2}\varphi l_3}{(l_1+l_2+l_3)} \\ F_{\mu 2} = \varphi F_{z2} = \dfrac{W\varphi[K_1K_2l_1(l_1+l_2)+K_2K_3l_3(l_2+l_3)]-F_{xt}\varphi h[K_1K_2(l_1+l_2)-K_2K_3l_3]}{K_1K_2(l_1+l_2)^2+K_1K_3(l_1+l_2+l_3)^2+K_2K_3l_3^2} \\ F_{\mu 3} = \varphi F_{z3} = (W-F_{z1}-F_{z2})\varphi \end{cases}$$

(4.25)

考虑车辆制动作用影响,前述车桥耦合运动方程式(4.19)可改写为

$$\begin{bmatrix} \boldsymbol{M}_\text{v} & \boldsymbol{0} \\ \boldsymbol{0} & \boldsymbol{M}_\text{B} \end{bmatrix} \begin{Bmatrix} \ddot{\boldsymbol{X}}_\text{v} \\ \ddot{\boldsymbol{q}}_\text{B} \end{Bmatrix} + \begin{bmatrix} \boldsymbol{C}_\text{v} & \boldsymbol{C}_\text{vB} \\ \boldsymbol{C}_\text{Bv} & \boldsymbol{C}_\text{B}+\boldsymbol{C}_\text{B}^\text{v} \end{bmatrix} \begin{Bmatrix} \dot{\boldsymbol{X}}_\text{v} \\ \dot{\boldsymbol{q}}_\text{B} \end{Bmatrix}$$
$$+ \begin{bmatrix} \boldsymbol{K}_\text{v} & \boldsymbol{K}_\text{vB} \\ \boldsymbol{K}_\text{Bv} & \boldsymbol{K}_\text{B}+\boldsymbol{K}_\text{B}^\text{v} \end{bmatrix} \begin{Bmatrix} \boldsymbol{X}_\text{v} \\ \boldsymbol{q}_\text{B} \end{Bmatrix} = \begin{Bmatrix} \boldsymbol{F}_\text{v}^\text{r} \\ \boldsymbol{F}_\text{B}^\text{rG}+\boldsymbol{F}_{xt} \end{Bmatrix}$$

(4.26)

基于上述方法和原理,在式(4.26)的求解过程中采用具有较高计算精度的 Newmark-β法,并用 MATLAB 编制计算程序,对这一过程进行数值模拟,对车辆在桥梁上的变速行驶阶段进行仿真分析。

4.3.3 考虑汽车制动激励的车桥耦合振动分析程序的试验验证

试验验证依托工程龙潭沟大桥位于杭(州)兰(州)线重庆巫山至奉节段,跨越龙潭沟,桥梁全长 414.7m,桥面全宽 9.75m,横向布置为 0.50m(防撞护栏)+8.75m(车行道)+0.50m(防撞护栏)。试验选择右幅第二联(第 3~5 跨)为试验联,上部结构为(60+110+60)m 预应力混凝土连续刚构箱梁,采用 C50 混凝土,主墩墩身采用 C40 混凝土,设计荷载为公路-Ⅰ级。以龙潭沟大桥的刹车试验结果进行车辆制动数值模拟程序的验证,实桥外观如图 4.27 所示。

图 4.27 龙潭沟大桥外观

刹车试验中，采用 1 辆 380kN 的三轴试验车以 30km/h 的初始速度分别行驶到桥梁中跨跨中及 1/4 截面（巫山侧）位置时开始制动，通过预置的位移传感器、速度传感器测定测点位置的振动响应，测点布置如图 4.28 所示。

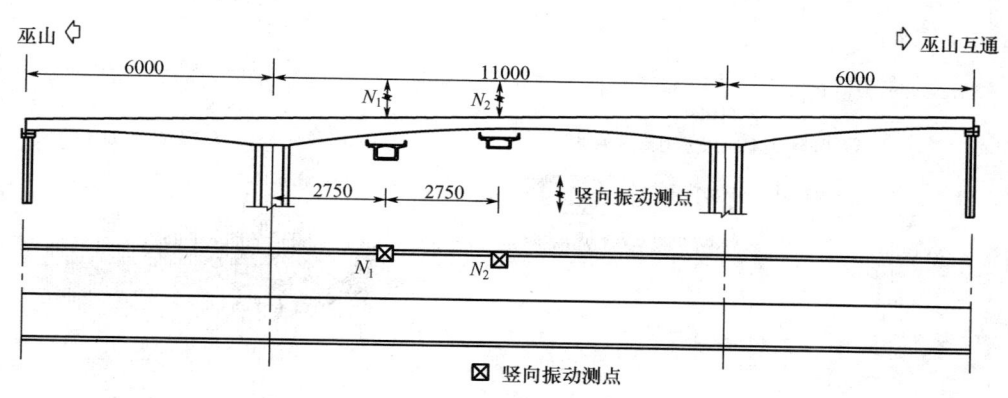

图 4.28 刹车试验振动测点布置（单位：cm）

根据本次试验桥梁结构的实际参数，建立桥梁整体的有限元模型，如图 4.29 所示。依据桥梁实际情况，将桥面不平度状况设置为"好"，制动峰值系数选为 0.7，制动力上升时间为 0.3s。通过前述自编制动荷载下的车桥振动数值分析程序，对制动荷载试验过程进行模拟，并将数值分析结果与实测结果进行比较（向下为正），如图 4.30 所示。表 4.8 中所列数据为桥梁测点位置动力响应幅值。

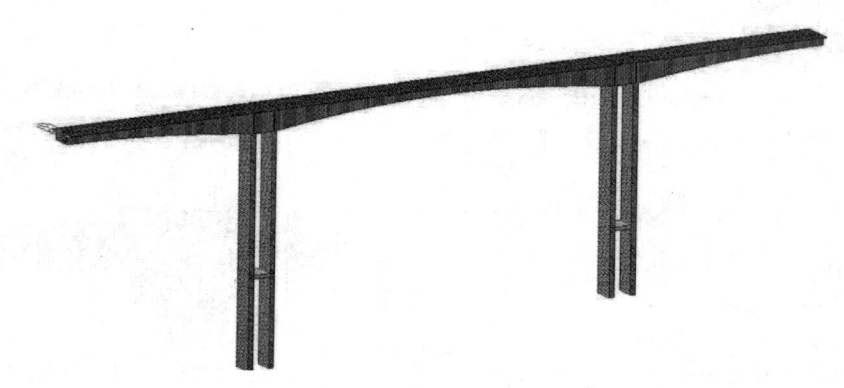

图 4.29 全桥空间有限元模型

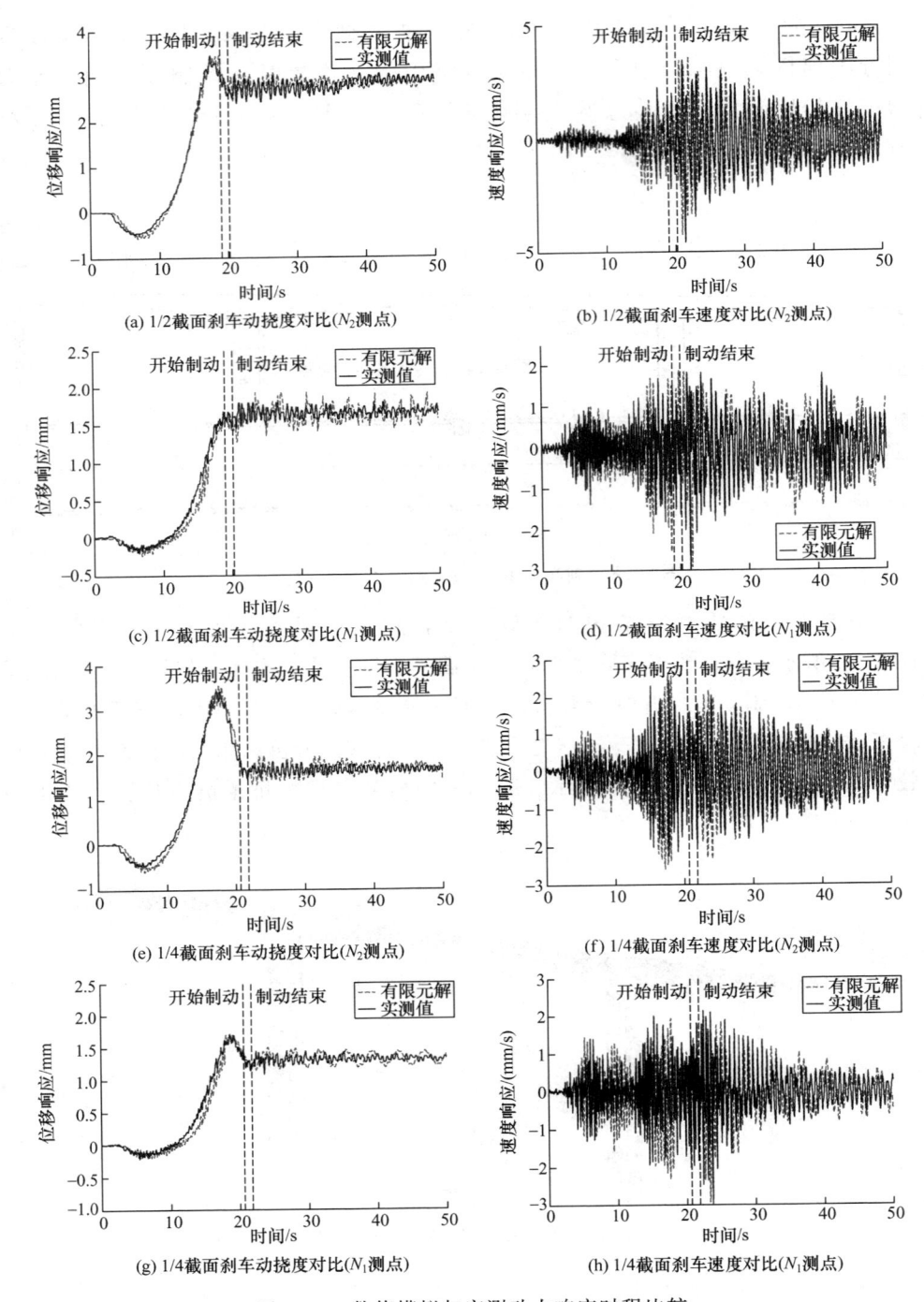

图 4.30　数值模拟与实测动力响应时程比较

表 4.8 测试工况下动力响应最大值比较

工况	测点	动力响应幅值	动载试验验证 实测值	动载试验验证 计算值	误差/%
1/2 截面刹车	N_2	位移幅值	3.46	3.45	0.29
		速度幅值	3.59	3.43	4.46
	N_1	位移幅值	1.93	1.80	6.74
		速度幅值	2.92	3.00	2.74
1/4 截面刹车	N_2	位移幅值	3.54	3.42	3.39
		速度幅值	2.61	2.44	6.51
	N_1	位移幅值	1.72	1.70	1.16
		速度幅值	2.94	2.97	1.02

对比图 4.30 和表 4.8 中的实测值与数值分析结果可以发现：模拟数据与实测数据较为接近，动力响应幅值相对误差小于 6.74%，二者时程曲线基本吻合。结果表明，自编程序能准确地模拟桥梁在制动荷载作用下的动力特性，可以用于研究变速车辆作用下桥梁的动力性能。

4.3.4 汽车制动作用下桥梁下部结构动力响应特征分析

现有的车桥耦合振动研究主要考虑车辆匀速过桥的状况，对于实际运营中常见的车辆制动和变速行驶等状况较少涉及，且多数研究关注车辆制动作用对桥梁上部结构竖向动力行为的影响，而对于车辆制动作用更为敏感的桥梁下部结构，其车辆制动作用下的动力行为研究还鲜有报道。显然，桥梁下部结构的水平向动力响应对车辆制动作用更为敏感，因此将车辆制动激励作为桥梁下部结构损伤识别的激励源具有很好的应用潜力。考虑多种影响因素深入分析汽车制动作用下桥梁下部结构的动力反应特点和规律，可为后续的相关研究提供基础和参考。为此，本节依托实际桥例，建立了考虑车辆制动作用的车桥耦合振动空间分析模型，系统分析了初始车速、制动加速度上升时间、制动峰值系数和车重等多种关键因素对汽车制动作用下桥梁下部结构动力响应的影响规律，结果可为基于车辆制动作用的桥梁下部结构状态评估和诊断方法研究提供依据和参考。

1. 车辆分析模型

以公路桥梁荷载试验常用的三轴重车为对象。其计算模型包含 16 个自由度，车辆空间动力分析模型如图 4.31 所示，相关计算参数见表 4.9。

(a) 立面图　　(b) 横断面图

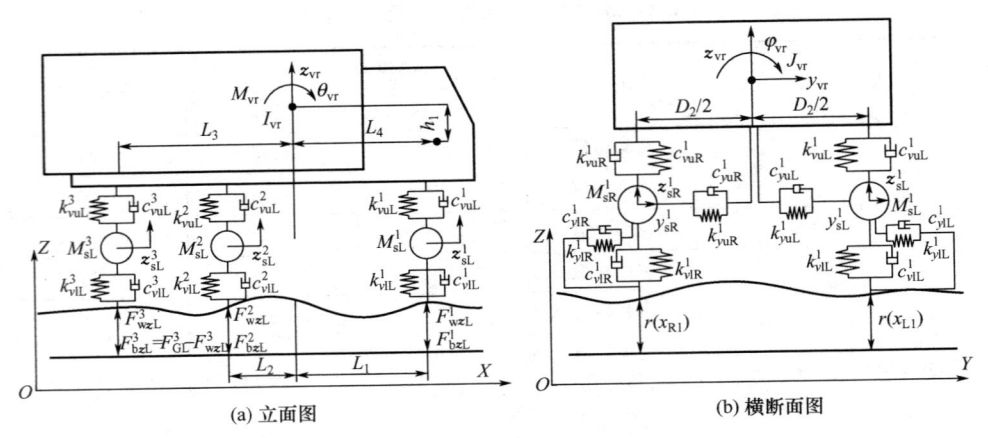

图 4.31　车辆模型

表 4.9　车辆参数

参　　数	数　值	单　位
前轴至重心的距离（L_1）	3.1	m
中轴至重心的距离（L_2）	0.4	m
后轴至重心的距离（L_3）	1.8	m
前后轴左右车轮中心距（D_2）	1.8	m
车辆质心高度（h_1）	1.26	m
车身质量（M_{vr}）	26807	kg
前轴悬挂质量（M_{sL}^1, M_{sR}^1）	359.5	kg
中轴悬挂质量（M_{sL}^2, M_{sR}^2）	595.5	kg
后轴悬挂质量（M_{sL}^3, M_{sR}^3）	542.5	kg
侧倾转动惯性矩（I_{vr}）	40000	kg·m^2
仰俯转动惯性矩（J_{vr}）	13614	kg·m^2
上悬架前轴弹簧系数（k_{vuL}^1, k_{vuR}^1）	1200	kN/m
上悬架中/后轴弹簧系数（$k_{vuL}^2, k_{vuR}^2, k_{vuL}^3, k_{vuR}^3$）	2400	kN/m
下悬架前轴弹簧系数（k_{vlL}^1, k_{vlR}^1）	2400	kN/m

2. 桥例概况

以黑龙江省宁安市跨牡丹江的宁古塔大桥为依托工程开展分析研究。该桥全长 369.54m，桥跨布置为 16m+4×40m+4×40m+2×16m，选取中跨第二联 4×40m 预应力混凝土简支转连续梁桥为分析对象，其外观如图 4.32 所示，立面布置如图 4.33（a）所示。主梁、桥墩、桩基分别采用 C50、C30 及 C25 混凝土；基础采用钻孔灌注桩，桩径为 2.2m，长 17～19m；桥墩为柱式墩，直径 1.6m，高 5.5～8.4m。支座采用板式橡胶支座（B3 支座）和聚四氟乙烯滑板橡胶支座（B1、B2、B4、B5 支座）两种形式。勘察报告显示，桥址区地层为粗砂、卵石、砂岩等。

图 4.32 宁古塔大桥外观

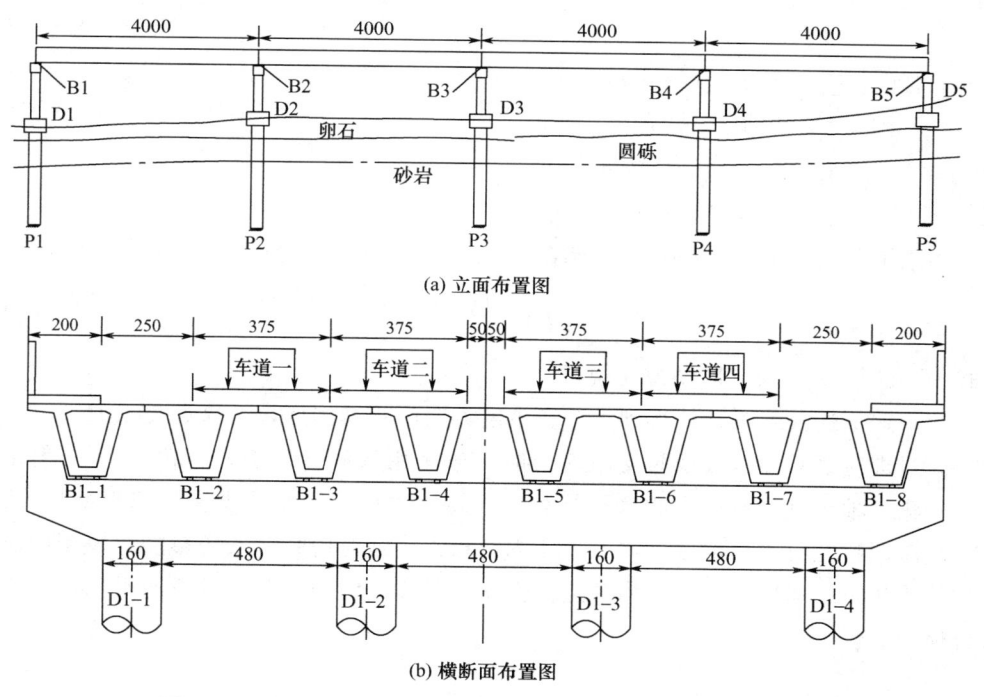

(a) 立面布置图

(b) 横断面布置图

图 4.33 宁古塔大桥主河道第二联连续梁桥布置（单位：cm）

采用 Midas Civil 2015 建立桥梁的梁格空间有限元模型，如图 4.34 所示，规定图中 X 方向为桥墩纵向变位的正方向，即顺桥向桥墩编号增大方向；规定图中 Y 方向为横向变位的正方向，则最左排支座沿 Y 向分别为 B1-1~B1-8 支座，桥墩分别为 D1-1~D1-4 墩，而桩基分别为 P1-1~P1-4 桩。

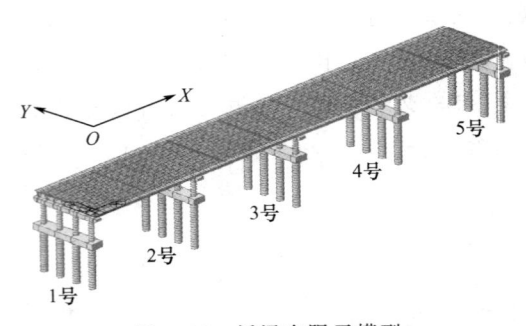

图 4.34 桥梁有限元模型

其中，主梁、墩柱和桩采用空间梁单元模拟；模型中各桩均按端承桩考虑，即在桩底施加垂向约束；桩身纵向、横向考虑桩周土体对桩的弹性效应，利用沿深度变化的节点弹性支撑模拟，其刚度采用 m 法计算[16]，即将土体视作一种各向同性的弹性变形介质，且其地基系数随深度成比例增大。在深度 y 处水平地基系数 $C_y = my$，方向保持与基础侧面垂直，而竖向地基系数为 $C_0 = m_0 h$。

支座采用三维弹簧单元进行模拟，其弹性模量 E_e 和竖向刚度 K_v 按下式计算：

$$E_e = 5.4 G_e S_1^2 \tag{4.27}$$

$$K_v = \frac{E_e A_e}{t_e} \tag{4.28}$$

以上式中 G_e——静态剪切模量；

S_1——形状系数；

A_e——支座承压面积；

t_e——橡胶总厚度。

水平剪切刚度 K_h 采用线弹簧单元模拟，其计算公式为

$$K_h = \frac{G_d A_e}{t_e} \tag{4.29}$$

式中 G_d——橡胶支座动剪切模量。

根据上述公式可计算得到六个自由度方向的弹簧刚度，结果见表 4.10。

对聚四氟乙烯滑板橡胶支座建模时一般采用双线性模型进行模拟[17]，但由于一辆三轴车制动所产生的水平荷载并未超过本桥所用型号支座的临界摩擦力，故其滞回特性可不予考虑。同时，考虑到相邻桥跨对研究对象的影响，模型中添加邻跨桥跨结构质量，并利用节点弹性支撑增加边墩顺桥向和横桥向平动约束进行模拟。

表 4.10 支座刚度计算结果

支座编号	型号尺寸/mm	竖向刚度/(kN/m)	水平刚度/(kN/m)	绕 x 轴转动刚度/(kN·m/rad)	绕 y 轴转动刚度/(kN·m/rad)	绕 z 轴转动刚度/(kN·m/rad)
B3	GYZ 425×99	7.37×105	1714.63	1714.63	41.01	7943.29
B2、B4	GYZF4 425×99	7.71×105	1790.27	1790.27	42.82	8293.73
B1、B5	GYZF4 300×76mm	4.52×105	1121.64	1121.64	13.10	2377.90

在对结构进行模态分析计算时,将模型中的自重、二期恒载、横隔板等荷载转换为 X、Y、Z 三向的质量,并采用子空间迭代法求解。限于篇幅,仅对前 14 阶结构振动模态信息进行说明,模态参数描述见表 4.11,振型如图 4.35 所示。本桥基频为 0.6763Hz,对应振型为主梁纵向水平移动且桥墩纵向弯曲,表明下部结构纵桥向刚度较小;前三阶振型的共同点是都包含主梁的水平振动,表明主梁水平向约束较弱;第 7、8、9、10 及 14 阶振型均为桥墩纵向摆动。尽管该桥各桥墩的墩身高度及桩长不同,但是桥跨结构总体布置较为对称,由所取阶次振型的分析结果也可以看出这一特征,说明所建的有限元模型和实际情况较为吻合,计算结果能够充分反映出桥梁结构的动力特性。根据车载动力试验,在前述自编程序中桥梁阻尼比取 3.66%。

表 4.11 结构前 14 阶的自振频率及振型描述

振型阶数	频率/Hz	振型形状描述
1	0.6763	主梁纵向水平移动,且桥墩纵向弯曲
2	0.7532	主梁横向水平移动
3	0.8364	主梁水平转动
4	2.4141	主梁一阶竖向反对称弯曲
5	2.5456	主梁一阶横向弯曲
6	2.7747	主梁一阶竖向对称弯曲,桥墩纵向弯曲
7	2.8453	桥墩纵向弯曲
8	2.9313	桥墩纵向弯曲
9	3.2904	桥墩纵向弯曲
10	3.4051	桥墩纵向弯曲
11	3.5447	主梁一阶反对称扭转振动

续表

振型阶数	频率/Hz	振型形状描述
12	3.6359	主梁二阶竖向反对称弯曲振动
13	3.7445	主梁一阶对称扭转振动
14	3.9026	桥墩纵向弯曲振动

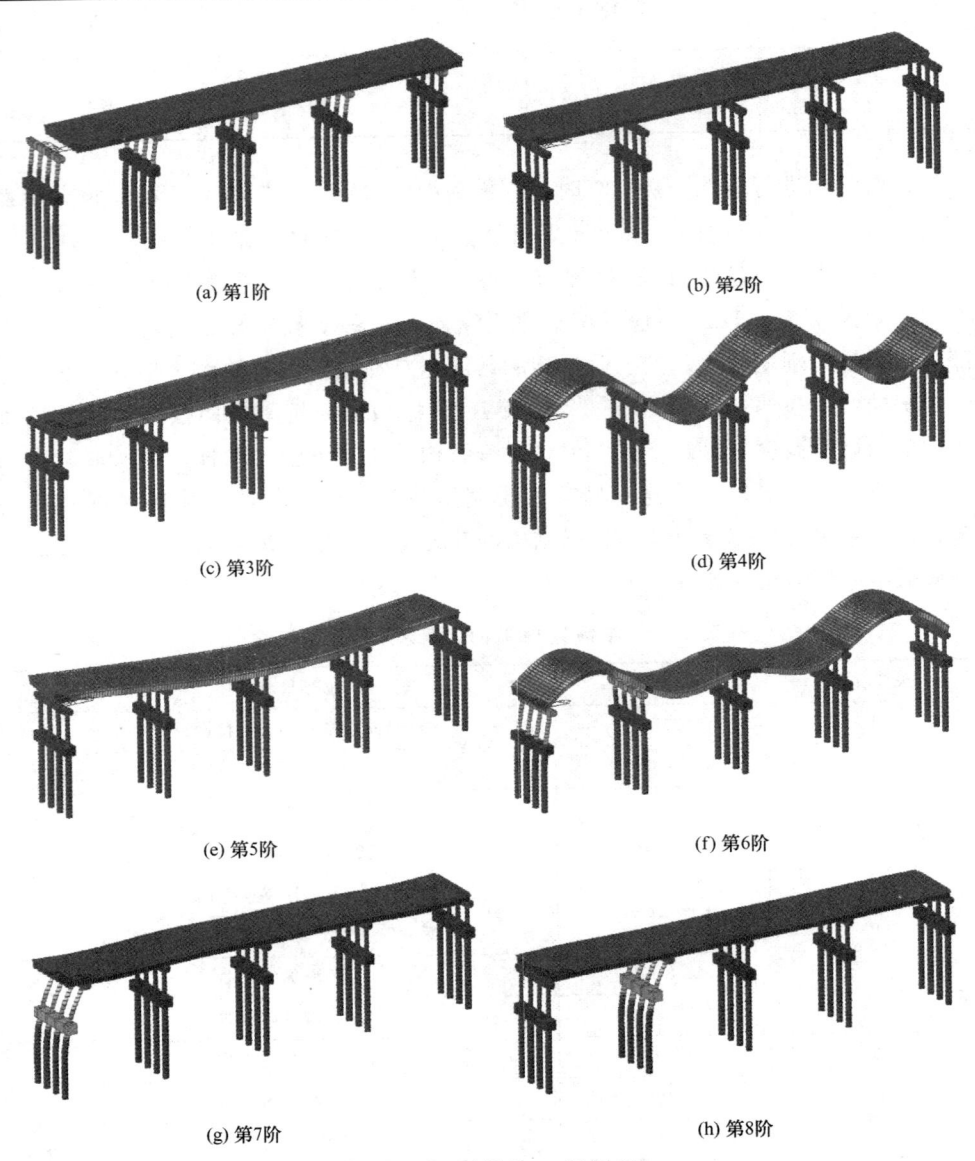

(a) 第1阶

(b) 第2阶

(c) 第3阶

(d) 第4阶

(e) 第5阶

(f) 第6阶

(g) 第7阶

(h) 第8阶

图 4.35 桥梁前 14 阶振型

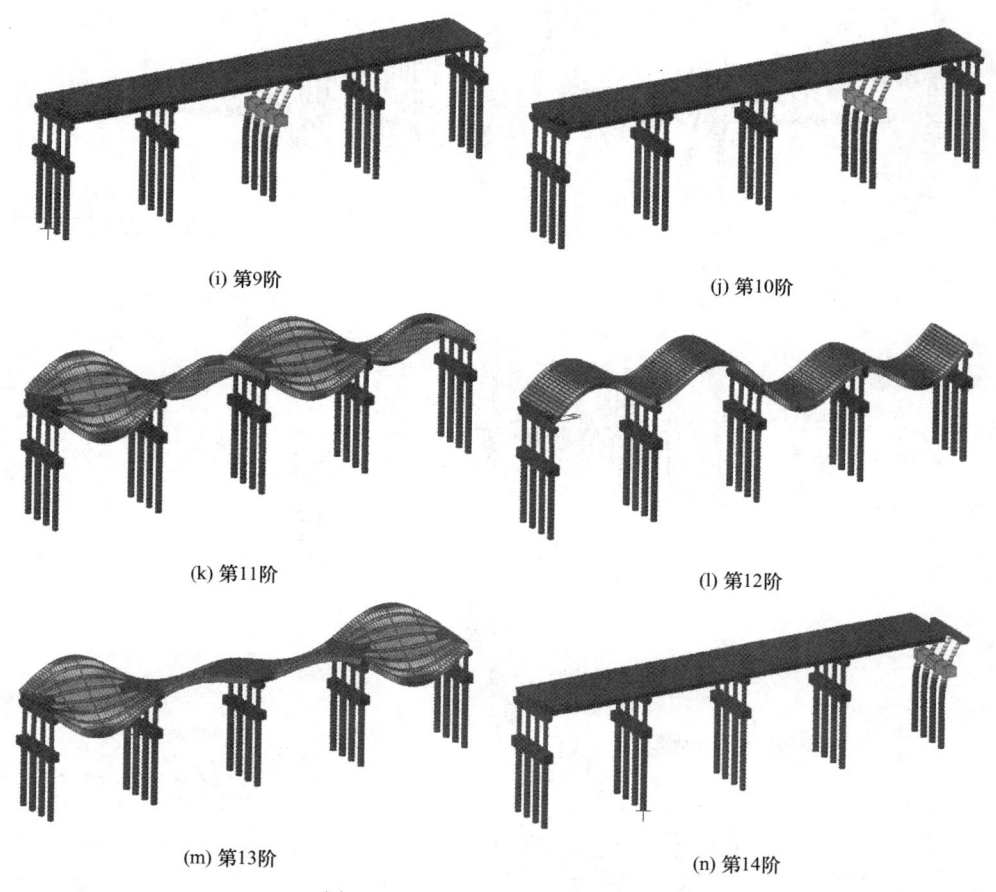

第 4 章 特殊条件下汽车与桥梁动力相互作用分析方法 · 127 ·

(i) 第9阶

(j) 第10阶

(k) 第11阶

(l) 第12阶

(m) 第13阶

(n) 第14阶

图 4.35 桥梁前 14 阶振型（续）

3. 汽车制动作用下桥墩动力响应特征

基于所建立的制动作用下车桥振动分析方法和程序，针对前述桥例及三轴重车，考虑桥面不平度等级为"好"，汽车以初始速度 50km/h 由车道二驶入桥梁的工况进行桥墩动力响应特点分析。依据既有研究[18]，普通轮胎的汽车在干燥的沥青或水泥路面上刹车，制动峰值系数 φ_p 可取为 0.7。制动力上升时间为 0.3s，汽车制动后前轮停止在 D3 墩处，得到各桥墩墩顶动力响应如图 4.36 和图 4.37 所示。

由图 4.36 和图 4.37 可知，墩顶竖向和横向加速度及位移响应幅值很小，表明车辆制动对其影响较小；车辆开始制动时，各墩顶纵向加速度和位移响应均逐渐增大，这是由于汽车在开始制动的 0.3s 内处在减速度上升区段，车辆纵向制动

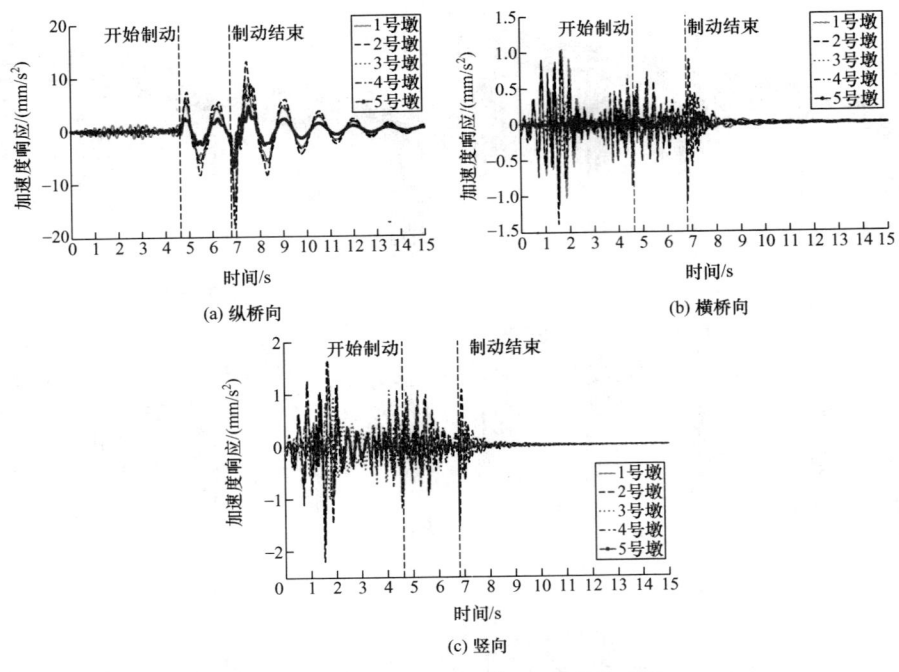

图 4.36 制动过程墩顶加速度响应时程

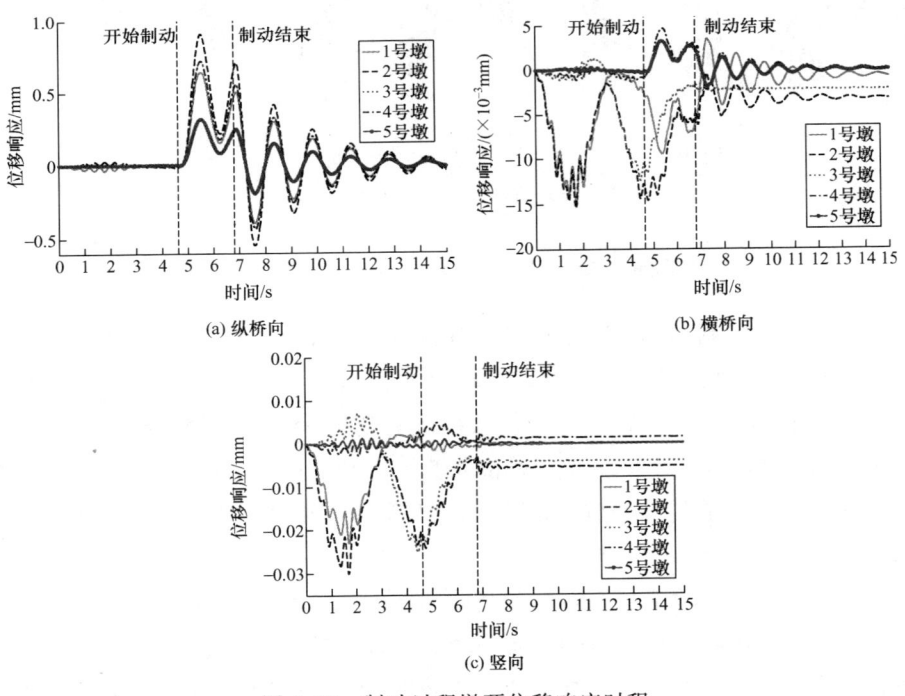

图 4.37 制动过程墩顶位移响应时程

力逐渐增大；在停车瞬间制动力消失时，相当于车辆对桥梁突加反向荷载，此时桥梁出现制动过程的纵向振动峰值加速度。此外，由于不同墩顶处支座刚度不同，纵向动力响应时程也有较大的差别，但均呈现出在刹车瞬间动力响应突增、随后衰减的特征，其中 D2 墩对制动荷载作用下的动力响应最敏感。

考虑汽车制动的车桥系统动力响应受多种因素影响，为阐明其影响规律和机理，下文将对制动车辆的初始速度、制动力上升时间、制动峰值系数和车重等关键参数对墩顶纵向动力响应的影响开展深入分析。

4. 多种因素对制动作用下桥墩动力响应的影响分析

（1）车辆初始速度的影响

考虑制动车辆分别以 30km/h、50km/h 及 70km/h 的初始速度驶入桥梁，其他参数与前文选取的参数相同，得到 D2-1 号墩顶纵桥向的动力响应如图 4.38 所示。

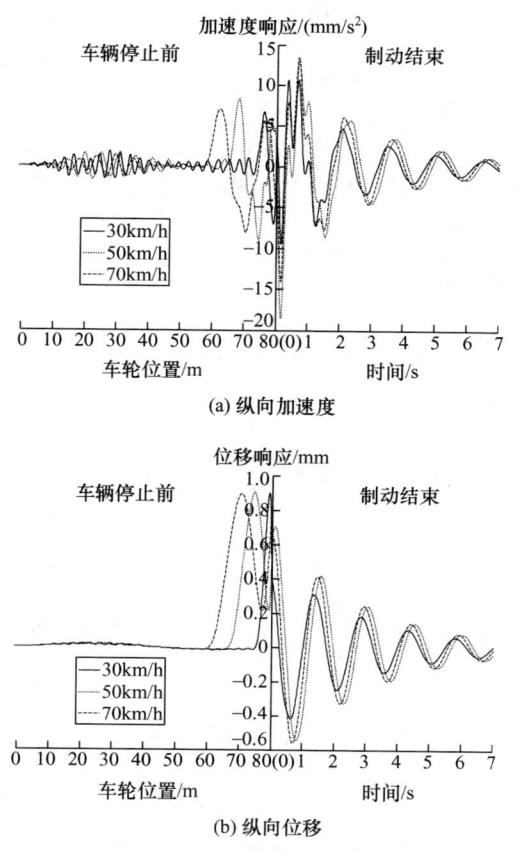

(a) 纵向加速度

(b) 纵向位移

图 4.38 不同初始速度下墩顶动力响应分布

由图 4.38 可见，在车辆制动停车前车辆初始速度对墩顶纵向动力响应幅值的影响不大，而在制动停车后墩顶纵向位移和加速度响应幅值受初始速度影响显著，但无明显的线性规律。其中，初始车速 50km/h 对应的最大加速度响应为 18.56mm/s^2，较车速为 30km/h、70km/h 时增加了 73.61% 及 31.83%；而位移响应幅值也在 50km/h 时达到最大，达到 0.7mm，相比于初始速度为 30km/h 及 70km/h 时的位移响应峰值分别增加了 0.29mm（68.72%）、0.04mm（6.40%）。由此可知，制动结束后，相比于位移，墩顶纵向加速度响应对车辆制动初始速度的变化更敏感。

（2）制动加速度上升时间的影响

车辆以 50km/h 的初始速度由车道二驶入桥梁并制动停止在 D3 墩处，制动峰值系数达到 0.7，分别选取制动加速度上升时间为 0.3s、1.2s、2.1s 和 3s 四种工况，考察制动加速度上升时间对桥梁下部结构纵向动力响应的影响。仍以 D2-1 号桥墩墩顶纵向动力响应为例予以说明（图 4.39）。

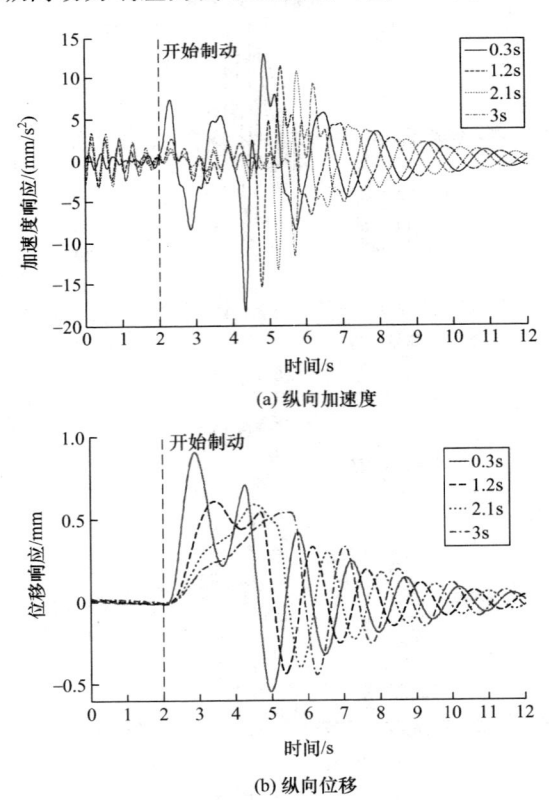

(a) 纵向加速度

(b) 纵向位移

图 4.39 考虑不同制动加速度上升时间的墩顶动力响应时程

由图 4.39 可知，制动力上升时间对墩顶纵桥向振动的影响显著，上升时间越短桥墩振动响应越大。其中，制动力上升时间 0.3s、1.2s、2.1s 对应的加速度峰值响应分别较 3s 时增加了 56.71%、32.27% 和 14.60%，对应的位移响应峰值分别增加了 67.55%、12.15%、8.82%。

（3）制动峰值系数的影响

选取制动过程中制动峰值系数分别为 0.3、0.5 及 0.7 模拟不同的刹车状态，桥面不平度等级为"好"，车辆以 50km/h 的初始速度通过车道二驶入桥梁并制动停止在 D3 墩处，制动加速度上升时间均为 0.3s，对比分析 D2-1 号桥墩墩顶纵桥向的动力响应时程，如图 4.40 所示。

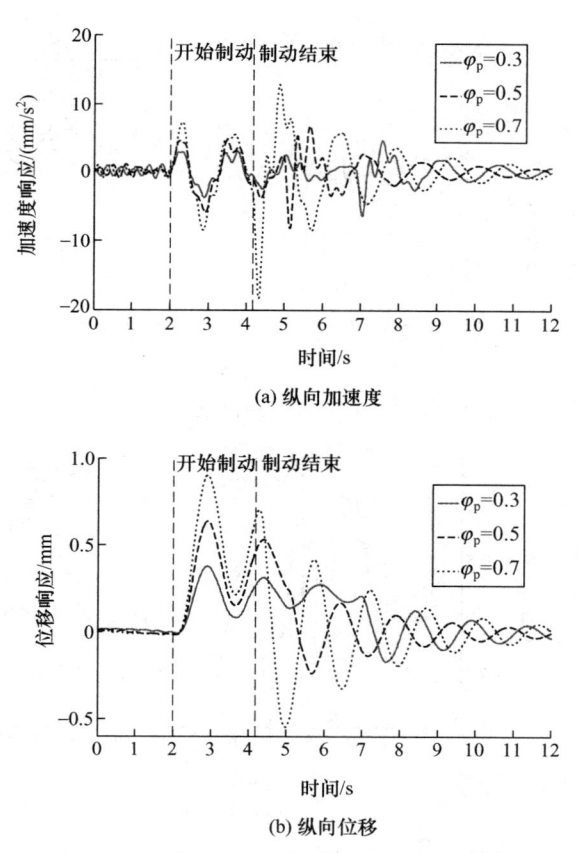

(a) 纵向加速度

(b) 纵向位移

图 4.40 在不同制动峰值系数下墩顶动力响应时程

由图 4.40 可见，制动峰值系数对桥墩墩顶纵桥向振动有显著的影响，随着制动峰值系数的增大，桥墩振动明显增大。其中，当制动峰值系数 $\varphi_p=0.5$ 及 $\varphi_p=0.7$ 时，相对 $\varphi_p=0.3$ 时对应的加速度峰值和位移峰值分别增加了 29.57%、

192.03%及68.55%、138.18%。

(4) 车重的影响

取标准车重（29802kg）、1.2倍车重（35762kg）、1.5倍车重（44703kg）三种工况，桥面不平度等级为"好"，单车以初始速度50km/h由车道二驶入桥梁并制动停止在D3墩处，制动峰值系数达到0.7，分析车重对桥梁下部结构纵桥向动力响应的影响。以D2-1号墩为例，结果见图4.41。可见，随着车重由标准车重增加到1.2倍和1.5倍车重，墩顶纵桥向加速度峰值分别增加了18.86%和49.86%，位移增加了20.15%和49.98%，表明车重对墩顶纵桥向动力响应影响明显，且随着车重增加，动力响应显著增大。

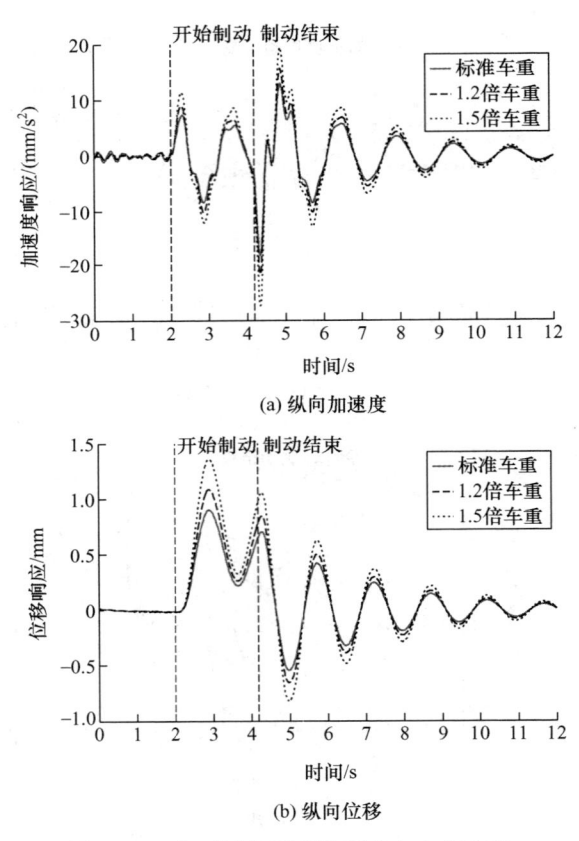

(a) 纵向加速度

(b) 纵向位移

图4.41 在不同车重下墩顶动力响应时程

4.3.5 结论

1) 车辆制动作用下，桥墩纵桥向动力响应相对竖向和横向响应更为显著，适宜作为下部结构状态评估的动力信号源。

2) 车辆制动作用下，初始车速对墩顶纵向动力响应影响明显，但无单调性关系。

3) 制动力上升时间、制动峰值系数和车重对车辆制动作用下桥墩纵向振动响应均有明显的影响，且该响应随制动上升时间的缩短、制动峰值系数和车重的增大而出现大幅增加。

参考文献

[1] CHEN S R，WU J. Dynamic performance simulation of long-span bridge under combined loads of stochastic traffic and wind [J]. Journal of Bridge Engineering，2010，15 (3)：219-230.

[2] 张喜刚.公路桥梁汽车荷载标准研究 [M].北京：人民交通出版社，2014：220-241.

[3] 李岩，吕大刚，盛洪飞.考虑随机车载-风载联合作用的斜拉桥拉索疲劳可靠性分析 [J].中国公路学报，2012，25 (5)：60-66.

[4] LI Y，CAI C S，CHEN Y J，et al. Dynamic analysis of a large span specially shaped hybrid girder bridge with concrete-filled steel tube arches [J]. Engineering Structures，2016 (106)：243-260.

[5] 刘佳峰.车载下既有损伤公路混凝土简支梁桥动力响应分析 [D].哈尔滨：哈尔滨工业大学，2014.

[6] 夏禾，张楠，郭薇薇，等.车桥耦合振动工程 [M].北京：科学出版社，2014.

[7] 张培源.高墩大跨钢管混凝土桁架梁桥荷载试验研究 [D].成都：西南交通大学，2013.

[8] 李忠献，陈锋.曲线箱梁桥的车桥相互作用分析 [J].工程力学，2007，24 (11)：93-99.

[9] 殷新锋，方志.车辆制动作用下的车辆-路面-桥梁系统随机振动分析 [J].计算力学学报，2010，27 (5)：936-941.

[10] 邓露，王芳.汽车制动作用下预应力混凝土简支梁桥的动力响应及冲击系数研究 [J].湖南大学学报 (自然科学版)，2015，42 (9)：52-58.

[11] YU F，WEN L，ZHOU F，et al. Dynamic performance analysis of a seismically isolated bridge under braking force [J]. Earthquake Engineering and Engineering Vibration，2012，11 (1)：35-42.

[12] HARIFI A，AGHAGOLZADEH A，ALIZADEH G，et al. Designing a sliding mode controller for slip control of antilock brake systems [J]. Transportation Research Part C：Emerging Technologies，2008，16 (6)：731-741.

[13] 雷同飞.基于路面状况的汽车制动性能仿真研究 [D].哈尔滨：哈尔滨工业大学，2007.

[14] 孟树兴，马恒永，石琴.具有制动力调节阀的汽车制动性能的计算机模拟计算 [J].合肥

工业大学学报（自然科学版），2003，26（2）：213-217.

[15] 黄新艺. 混凝土连续曲线梁桥在车辆荷载作用下的动力响应研究 [D]. 哈尔滨：哈尔滨工业大学.

[16] 中华人民共和国行业标准. 铁路桥涵地基和基础设计规范（TB 10002.5—2005）[S]. 北京：中国铁道出版社，2005.

[17] 李正英，蒋林均，李正良. 曲线连续梁桥支座模型对结构地震反应影响分析 [J]. 振动与冲击，2015，34（2）：182-186.

[18] GILLESPIE T D. 车辆动力学基础 [M]. 北京：清华大学出版社，2006.

第 5 章　考虑车桥振动的装配式梁桥横向联系疲劳评估

5.1　面向疲劳评估的移动汽车下桥梁动力行为分析

工程实践表明，在役装配式混凝土简支梁桥的横向连接构造易发生损伤。运营车辆尤其是重载货车的反复作用更是导致上述损伤的重要因素，汽车对桥梁的动力冲击效应不可忽视。深入分析典型重车作用下装配式混凝土梁桥横向联系的动力响应特征，可为其疲劳损伤评估提供依据和基础。本节以某既有装配式预应力混凝土简支小箱梁桥为例，建立横向连接构造为钢板连接的桥梁精细化有限元模型，考虑多种关键参数，基于第 2 章的车桥振动分析方法及相应的自编程序，开展装配式混凝土梁桥横隔梁的车载动力行为特征的分析研究。

5.1.1　典型汽车荷载

为考虑不同重车类型对桥梁横向联系局部动力冲击效应的差异，参考既有研究的相关成果和数据[1-3]，选取如表 5.1 所示的 7 种典型车辆作为研究对象。各类车型的空间动力分析模型详见图 2.1 和图 2.2，相关计算参数见表 5.2。

表 5.1　车辆类型及特征

车型编号	运输性质	轴数	图式(轴距单位：mm，轴重单位：kg)
V1	大货	二	6500　3500　11500
V2	大货	三	7000　3200　9000　1400　9000
V3	大货	四	6500　1500　6500　5050　9000　1450　9000

续表

车型编号	运输性质	轴数	图式(轴距单位：mm，轴重单位：kg)
V4	拖挂	三	6590 ← 3600 → 11400 ← 9900 → 9900
V5	拖挂	四	6500 ← 3750 → 11500 ← 8600 → 8970 ←1300→ 8970
V6	拖挂	五	6590 ← 3600 → 11400 ← 6800 → 7600 ←1310→ 7600 ←1310→ 7600
V7	拖挂	六	7000 ← 3300 → 9000 ←1300→ 9000 ← 7340 → 7950 ←1310→ 7950 ←1310→ 7950

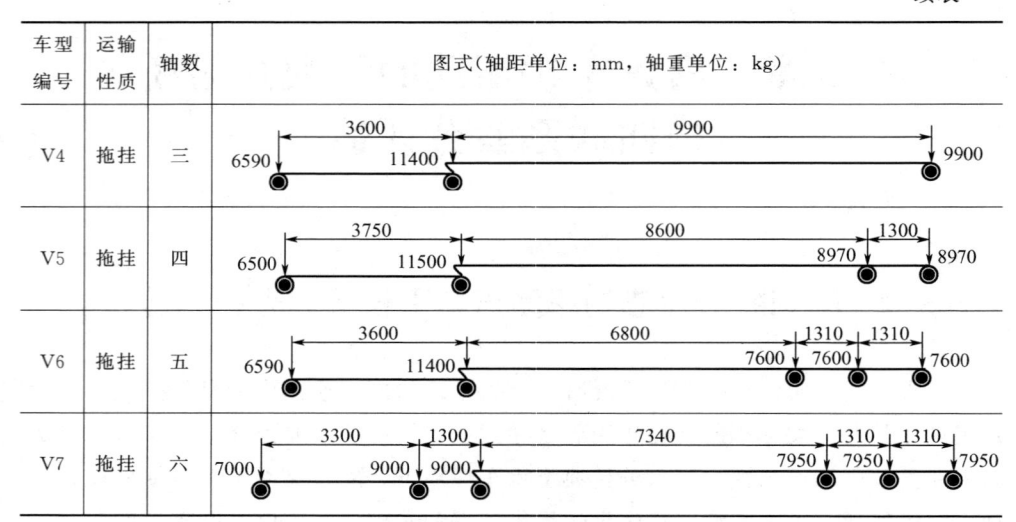

注：V1车型为两轴整车，V2车型为三轴整车，V3车型为四轴整车；V4车型为三轴拖挂车，V5车型为四轴拖挂车，V6车型为五轴拖挂车，V7车型为六轴拖挂车，下同。

表 5.2　车辆模型动力参数

参数	单位	V1	V2	V3	V4	V5	V6	V7
M_{vr}^1	kg	11800	16210	24580	3994	5520	6000	9900
J_{vr}^1	kg·m²	21670	172000	40000	2022	2795	17396	22366
I_{vr}^1	kg·m²	5300	61500	10000	8544	11808	3020	3883
M_{vr}^2	kg	—	—	—	19994	25212	29500	23750
J_{vr}^2	kg·m²	—	—	—	33153	41805	25985	25985
I_{vr}^2	kg·m²	—	—	—	181216	228509	9661	9661
$m_{sL}^1 = m_{sR}^1$	kg	1100	750	800	490	490	500	1500
$m_{sL}^2 = m_{sR}^2$	kg	1000	775	800	808	808	700	1550
$m_{sL}^3 = m_{sR}^3$	kg	—	375	800	653	653	600	750
$m_{sL}^4 = m_{sR}^4$	kg	—	—	800	—	653	600	1500
$m_{sL}^5 = m_{sR}^5$	kg	—	—	—	—	—	600	1550
$m_{sL}^6 = m_{sR}^6$	kg	—	—	—	—	—	—	750
$k_{vuL}^1 = k_{vuR}^1$	kN/m	475	500	1577	300	300	300	500
$k_{vuL}^2 = k_{vuR}^2$	kN/m	1820	500	2362	500	500	600	500
$k_{vuL}^3 = k_{vuR}^3$	kN/m	—	200	2362	400	400	1200	200
$k_{vuL}^4 = k_{vuR}^4$	kN/m	—	—	1577	—	400	500	500

续表

参数	单位	各车型参数值						
		V1	V2	V3	V4	V5	V6	V7
$k_{vuL}^5=k_{vuR}^5$	kN/m	—	—	—	—	—	2000	500
$k_{vuL}^6=k_{vuR}^6$	kN/m	—	—	—	—	—	—	200
$c_{vuL}^1=c_{vuR}^1$	kN·s/m	7.94	60	11.2	5.0	5.0	5.0	60
$c_{vuL}^2=c_{vuR}^2$	kN·s/m	2.49	60	16.7	5.0	5.0	5.0	60
$c_{vuL}^3=c_{vuR}^3$	kN·s/m	—	20	16.7	5.0	5.0	5.0	20
$c_{vuL}^4=c_{vuR}^4$	kN·s/m	—	—	11.2	—	5.0	5.0	60
$c_{vuL}^5=c_{vuR}^5$	kN·s/m	—	—	—	—	—	5.0	60
$c_{vuL}^6=c_{vuR}^6$	kN·s/m	—	—	—	—	—	—	20
$k_{vlL}^1=k_{vlR}^1$	kN/m	1390	2000	3146	750	750	1000	2000
$k_{vlL}^2=k_{vlR}^2$	kN/m	1170	2000	2362	750	750	1000	2000
$k_{vlL}^3=k_{vlR}^3$	kN/m	—	1000	2362	750	750	2000	1000
$k_{vlL}^4=k_{vlR}^4$	kN/m	—	—	3146	—	750	2000	2000
$k_{vlL}^5=k_{vlR}^5$	kN/m	—	—	—	—	—	2000	2000
$k_{vlL}^6=k_{vlR}^6$	kN/m	—	—	—	—	—	—	1000
$c_{vlL}^1=c_{vlR}^1$	kN·s/m	3.0	20	13.3	3.0	3.0	20	20
$c_{vlL}^2=c_{vlR}^2$	kN·s/m	3.0	20	5.0	3.0	3.0	20	20
$c_{vlL}^3=c_{vlR}^3$	kN·s/m	—	10	5.0	3.0	3.0	20	10
$c_{vlL}^4=c_{vlR}^4$	kN·s/m	—	—	5.0	—	3.0	20	20
$c_{vlL}^5=c_{vlR}^5$	kN·s/m	—	—	—	—	—	20	20
$c_{vlL}^6=c_{vlR}^6$	kN·s/m	—	—	—	—	—	—	10

注：M_{vr}^i 为第 i 个车体的质量，J_{vr}^i、I_{vr}^i 为第 i 个车体的点头和侧翻转动惯量，m_{sL}^i、m_{sR}^i 为第 i 轴左、右车轮的质量，k_{vuL}^i、k_{vuR}^i 为上层悬架第 i 轴竖向左、右弹簧刚度，c_{vuL}^i、c_{vuR}^i 为上层悬架第 i 轴竖向阻尼系数，k_{vlL}^i、k_{vlR}^i 为下层悬架第 i 轴竖向左、右弹簧刚度，c_{vuL}^i、c_{vuR}^i 为下层悬架第 i 轴竖向阻尼系数。

5.1.2 桥例及其有限元模型的建立

装配式混凝土梁桥因横向联系损伤而出现的病害非常普遍，常见的病害有铰接空心板梁桥铰缝混凝土脱落和开裂、小箱梁和 T 梁桥横隔板开裂或连接钢板锈蚀与开裂等。横向联系损伤将显著影响桥梁的整体性，改变主梁荷载横向分布规律，甚至出现"单梁受力现象"，对桥梁安全构成严重威胁。目前国内外学者对装配式梁桥横向联系损伤的研究还较少，横向联系构件的疲劳损伤研究鲜有报道。本节将以装配式预应力混凝土小箱梁桥为例，对该类桥型的典型横向联系构造和车载动力行为特征进行分析。

黑龙江省双鸭山市某跨铁路立交桥是市区与过境国道干线的重要连接工程，且为附近火力发电厂和钢厂的重要运输通道，交通量大且重载车辆比例高。该桥于2005年建成，桥面布置为净11m（机动车道）+2×0.5m（护栏），跨径布置为7×30m预应力混凝土简支小箱梁，桥梁总长为210m。下部结构桥墩为双柱式，基础为钻孔灌注桩，桥台为肋板式。原桥设计荷载等级为汽车-超20级，挂车-120。该装配式小箱梁桥横断面示意图如图5.1所示。

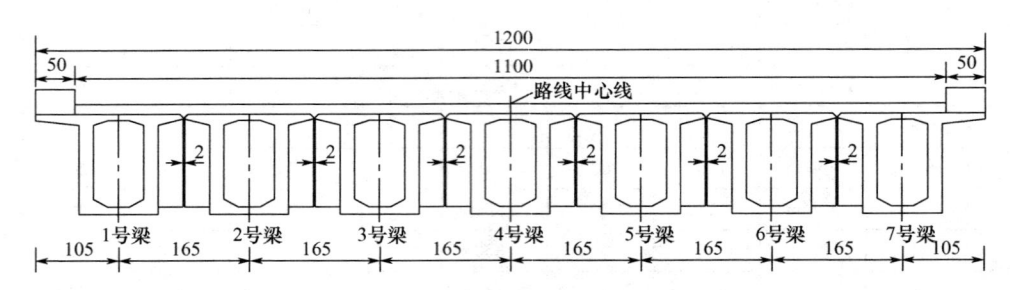

图5.1 装配式小箱梁桥横断面示意图（单位：cm）

选取其中一孔跨径为30m的装配式预应力混凝土简支梁桥进行分析，其横截面如图5.2所示。该桥横向由7片小箱梁组成，小箱梁宽1.63m，高1.30m（图5.2）。各主梁间横向采用在小箱梁翼缘处与横隔梁下部焊接钢板的形式进行连接，横隔梁连接构造如图5.3和图5.4所示。主梁混凝土强度等级为C50，桥面铺装为13cm厚C30防水混凝土。

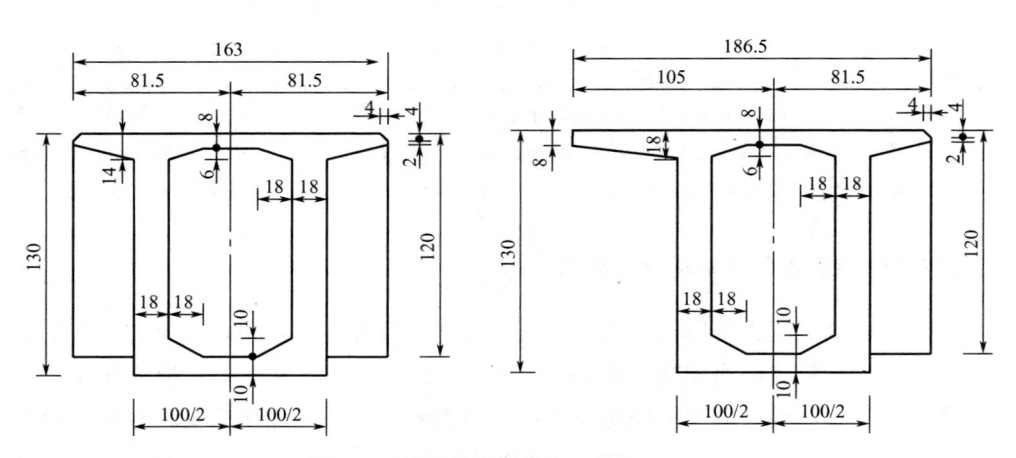

图5.2 单梁横截面尺寸（单位：cm）

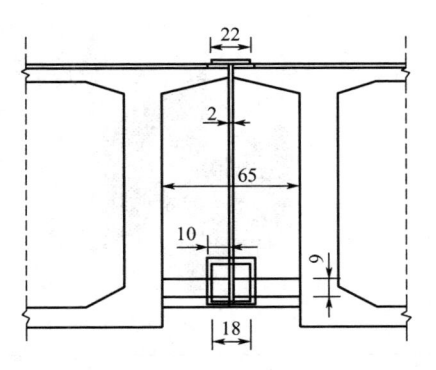

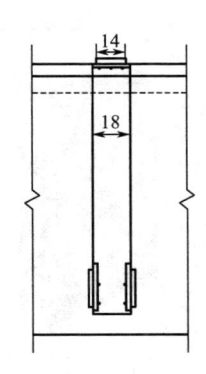

第 5 章 考虑车桥振动的装配式梁桥横向联系疲劳评估

图 5.3 横隔梁立面尺寸（单位：cm）

图 5.4 横隔梁侧面尺寸（单位：cm）

这种半刚性连接的横隔梁形式曾在 20 世纪末普遍应用，其疲劳损伤和断裂等病害较为常见，后续研究主要以此类连接形式的横隔梁为对象开展。为获取车载下横隔梁结构的细部动力响应，建立该桥的精细化有限元模型。采用 ANSYS 建立上部结构的有限元模型，如图 5.5 所示，其中主梁和横隔梁采用 Solid65 实体单元模拟，分别划分为约 $10\text{cm}\times 5\text{cm}\times 5\text{cm}$ 和 $5\text{cm}\times 5\text{cm}\times 5\text{cm}$ 的六面体单元，两种尺寸单元间采用共用节点连接；横隔梁预埋主筋采用 Link8 杆单元模拟，并与混凝土实体单元以共用节点形式连接；预埋主筋与预埋钢板间采用节点耦合方式模拟二者的焊接连接；预埋钢板与盖板采用壳单元模拟，单元尺寸为 1cm，焊接采用节点耦合方式模拟；支座模拟直接采用约束梁底节点的方式（图 5.5）。

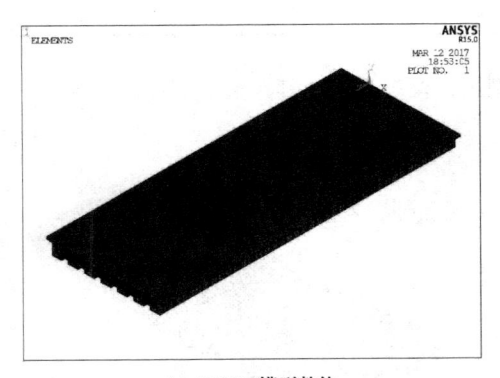

(a) ANSYS 模型整体

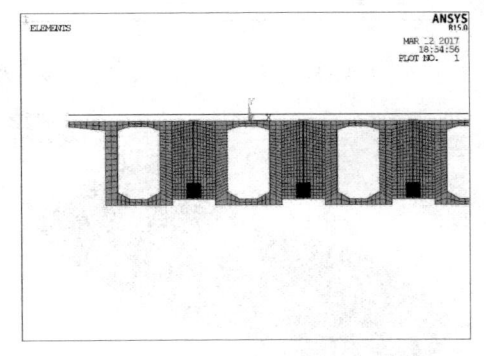

(b) ANSYS 模型横断面

图 5.5 装配式小箱梁桥的有限元模型

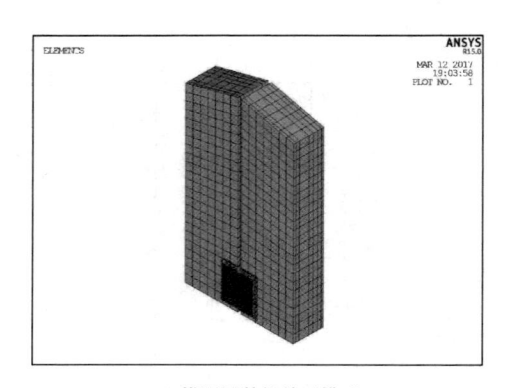

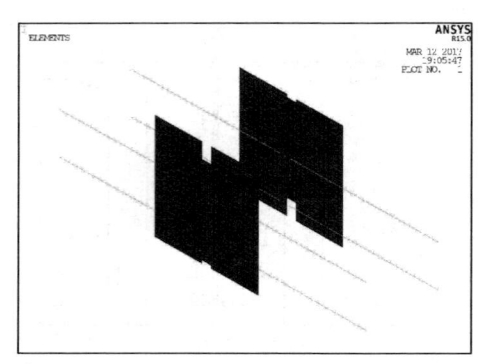

(c) 横隔梁整体单元模型　　　　　(d) 横隔梁焊接钢板单元模型

图 5.5　装配式小箱梁桥的有限元模型（续）

桥例有限元模型计算参数见表 5.3[4]。

表 5.3　模型计算参数

结构参数	主梁及横隔梁	桥面铺装	钢筋	焊接钢板
材料	C50 混凝土	C30 混凝土	HRB335	A3 型钢
单元类型	Solid65	Solid65	Link8	Shell63
弹性模量/MPa	3.45×10^4	3.0×10^4	2.0×10^5	2.058×10^5
泊松比	0.2	0.3	0.3	0.3
密度/(kg/m^3)	2500	2500	7843	7850
热膨胀系数	—	1.2×10^{-5}	1.2×10^{-5}	1.4×10^{-5}
实常数	—	0.13	4.91×10^{-4}	0.014

利用 ANSYS 采用 Lanczos 法对该模型进行模态分析，其典型振型如图 5.6 所示。

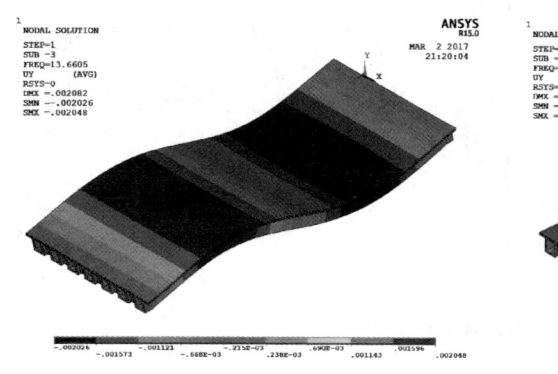

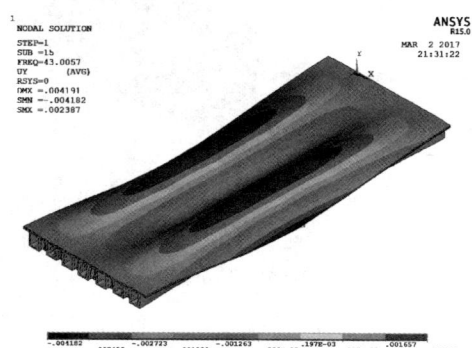

(a) 第3阶振型　　　　　　　(b) 第15阶振型

图 5.6　桥梁典型振型

(c) 第35阶振型　　　　　　　　　　　(d) 第50阶振型

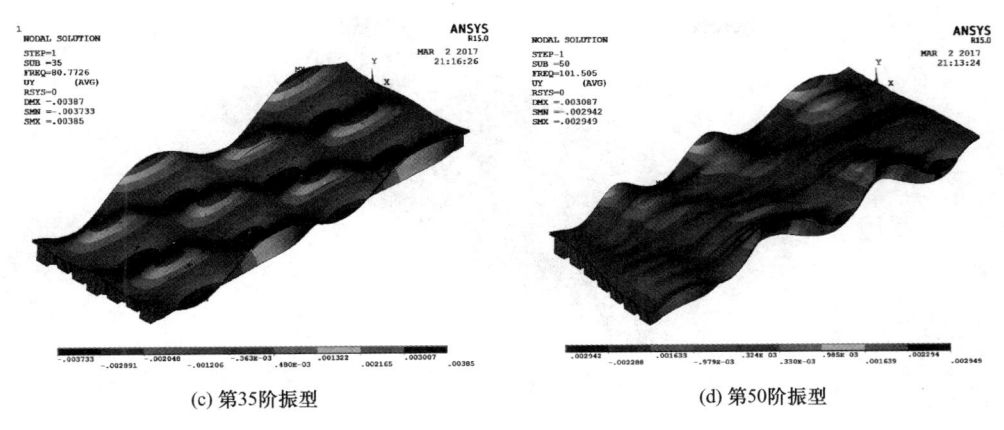

图 5.6　桥梁典型振型（续）

由图 5.6 可知，桥梁低阶振型（如第 3 阶与第 15 阶振型）主要反映结构的整体振动，高阶振型（如第 35 阶和第 50 阶振型）主要反映结构的局部振动。此处主要关注车辆作用下装配式混凝土梁桥横隔梁细部构造的动力行为，通过试算确定后续车桥动力分析以前 50 阶振型参与计算。

5.1.3　横向联系结构疲劳热点位置分析

1. 横隔梁疲劳热点位置的确定

车辆作用下全桥横隔梁细节部位的动力响应和疲劳损伤情况存在差异，而后续进行疲劳寿命评估时主要以疲劳热点部位作为研究对象。依托所建立的精细化有限元模型，分析确定疲劳车辆作用下横隔梁的疲劳热点位置。该桥由 7 片主梁和 7 道横隔梁组成。疲劳车辆采用表 5.1 中的两轴整车按图 5.7 和图 5.8 所示进行移动加载。

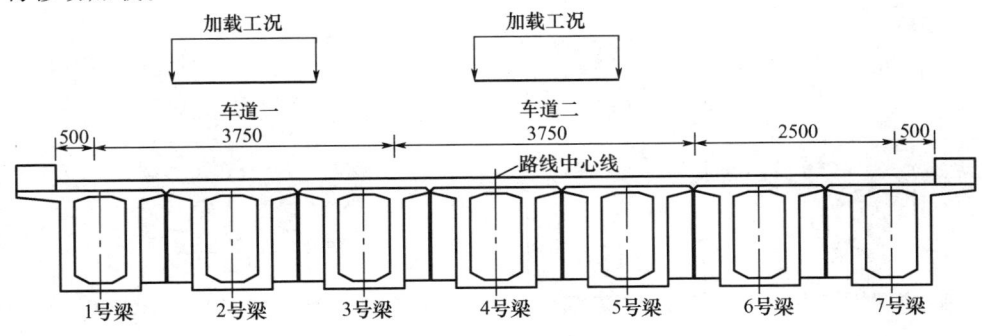

图 5.7　车辆加载工况（单位：mm）

图 5.8　模型加载示意图

将全桥 42 道横隔梁进行编号处理，如图 5.9 所示，疲劳车辆加载作用下横隔梁分析结果如图 5.10、图 5.11 所示。由图 5.10 和图 5.11 可知，当疲劳车辆荷载两轴整车作用于右侧单车道时，全桥不同位置处横隔梁的应力存在明显差异，其中 C-3、C-4 和 C-5 位置处三道横隔梁腹板焊接钢板应力计算结果较大，应力最大值出现在横隔梁对应的焊接钢板上，最大值为 31.87MPa，后续横隔梁钢板焊接连接的疲劳损伤评价将以这三道横隔梁为对象。

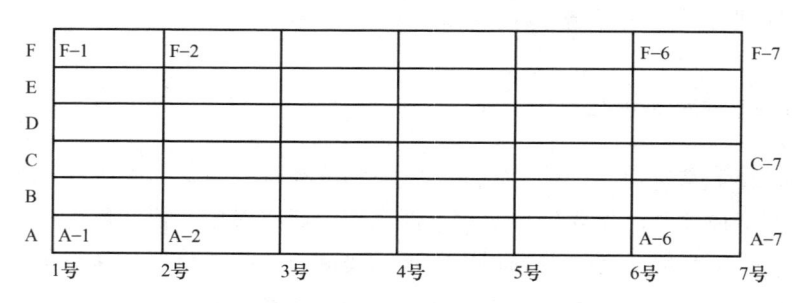

F	F-1	F-2			F-6	F-7
E						
D						
C						C-7
B						
A	A-1	A-2			A-6	A-7
	1号	2号	3号	4号	5号	6号	7号

图 5.9　横隔梁位置示意图

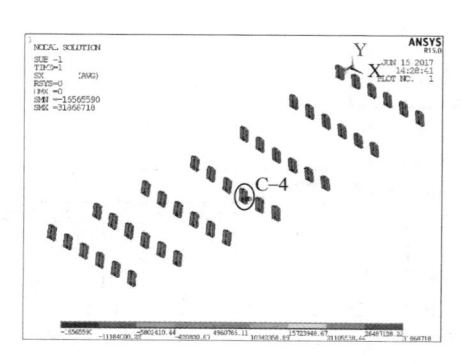

图 5.10　单车道加载横隔梁应力结果 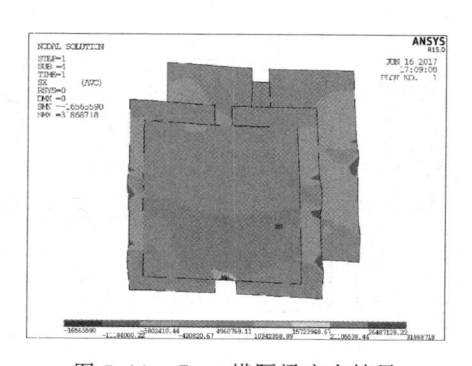　　图 5.11　C-4 横隔梁应力结果

2. 钢板焊接构造疲劳热点位置的确定

工程实例调查表明，横隔梁钢板焊接连接损伤破坏并非一次性突然断裂，而是某个焊接部位最先产生疲劳开裂，在持续往返交通荷载下诱发导致整个焊接钢板断裂。因此，确定焊接钢板连接的疲劳热点部位是进行后续疲劳评价的重要前提。全桥横隔梁位置中 C-3、C-4 和 C-5 处为疲劳热点部位。在有限元模型中，将预埋钢板与盖板间的连续焊接模拟成一系列连续点焊接，分别如图 5.12 和图 5.13 所示。以单车道加载工况下的 C-4 为对象进行分析，横隔梁钢板焊接处主要承受板内轴向拉力与垂直轴向的剪力，其对应的应力云图如图 5.14～图 5.17 所示。由图 5.14、图 5.15 可知，横隔梁腹板焊接钢板轴向应力最大值出现在两块预埋钢板下缘空隙中间位置对应的覆盖钢板上，轴向应力最大值为 31.7MPa；板内剪应力最大值出现在预埋钢板与覆盖钢板下缘连接起点位置，剪应力最大值为 12.2MPa。从图 5.16、图 5.17 中可见，对于横隔梁翼板钢板细部构造，其轴向拉应力和垂直轴向的板内剪应力最大值均出现在预埋钢板与覆盖钢板内侧焊接起点位置，轴向拉应力与剪应力的最大值分别为 68.3MPa、16.9MPa。

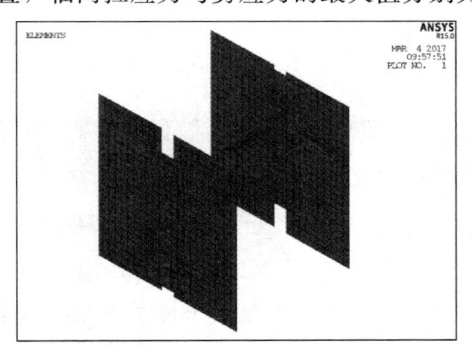

图 5.12　焊接钢板立面图

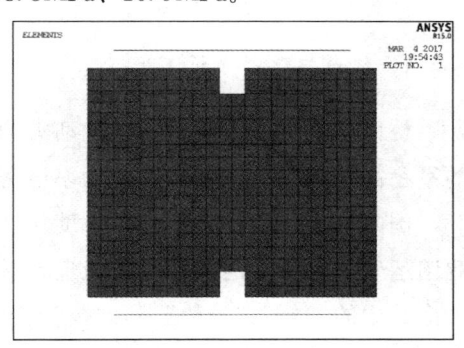

图 5.13　焊接钢板侧面图

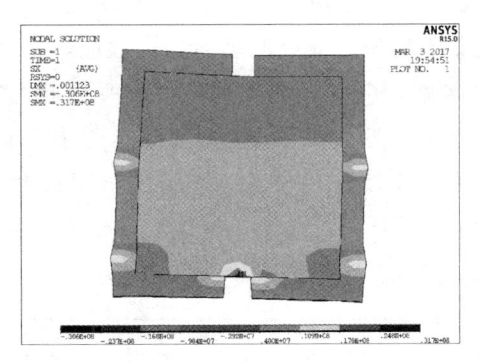

图 5.14　C-4 腹板钢板轴向应力云图

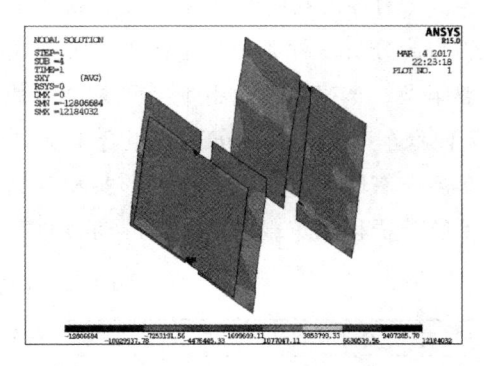

图 5.15　D-4 腹板钢板剪应力云图

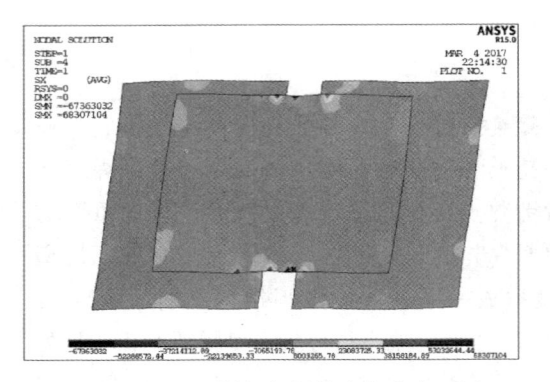

图 5.16　D-4 翼板钢板轴向拉应力云图 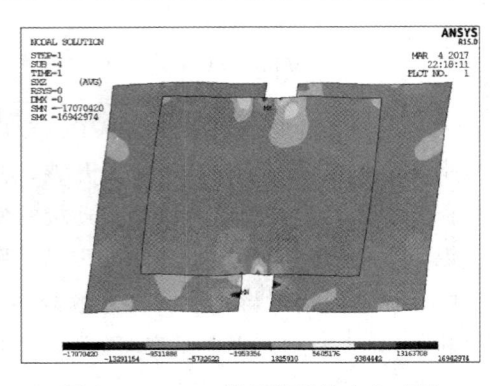　　　图 5.17　D-4 翼板钢板剪应力云图

通过以上分析，发现单车道加载工况下，全桥 42 道横隔梁中 C-4 道横隔梁最易产生损伤，并给出了疲劳热点位置。后续车载下的动力分析将以该道横隔梁及其疲劳热点部位为对象进行。

5.1.4　典型重车下横隔梁动力放大系数分析

1. 影响参数和分析工况

桥面不平度是影响车桥系统动力响应的一个重要因素，通常可假定为零均值的平稳高斯随机过程，可通过功率谱密度的傅里叶逆变换模拟生成。

国际标准化组织将路面不平度从"很好"到"很差"分为 5 个等级[5]。根据我国运营公路桥梁的实际维护管理状况，本节车辆对桥梁的动力冲击效应分析中考虑其中的"好""一般"和"差"三个等级（对每个工况随机生成 5 个路面不平度样本，分别计算车辆冲击系数，并取最大冲击系数对应的不平度样本来分析速度等因素对冲击效应的影响）。随机桥面不平度的模拟原理和程序如第 2 章所述。

为分析多种典型重车作用下装配式混凝土梁桥横隔梁的动力冲击效应，并考虑车型、车速和桥面不平度等关键参数的影响，分别考虑 3 种桥面不平度状况、7 种重车车型和 9 种车速的组合工况共 189 种，见表 5.4。根据实际运营中重载车多在右侧大型车车道行驶的实际情况，考虑车辆作用位置为车道二（图 5.7），系统分析移动车载对横隔梁的动力冲击效应。

表 5.4　车桥振动分析工况

不平度状况	重车车型	车速/(km/h)
好、一般、差	3 种整车+4 种拖挂车	20～100/10（间隔）

2. 典型重车下横隔梁动力效应分析

(1) 车速对横隔梁冲击效应的影响

为分析典型重车作用下车速对装配式混凝土梁桥横隔梁冲击效应的影响,将其他相关影响因素取为定值,即选取车辆类型为两轴整车,其详细参数见表 5.2,并按 5.1.3 节中的横向车道位置进行布载,桥面不平度等级为"一般",车速分别选取 20km/h、30km/h、40km/h、50km/h、60km/h、70km/h、80km/h、90km/h 和 100km/h,利用 5.1.2 节建立的桥梁有限元模型进行车桥耦合振动分析,研究横隔梁疲劳热点位置的车载动力响应分布规律。

利用横隔梁疲劳热点位置 (C-4 横隔梁竖向两块预埋钢板下缘空隙中间位置对应的覆盖钢板) 的时程曲线进行冲击系数计算,计算结果如图 5.18 所示。由图 5.18 可知,按位移时程曲线与应力时程曲线计算的冲击系数随车速的变化规律一致,且冲击系数与作用车速间并无明显的正相关规律,但可以发现冲击系数随速度的增加会出现波动现象,且当车速满足第二类共振条件时(当车辆的固有频率等于车辆因桥面不平度而产生的激励频率时,车辆会发生类似共振现象,使得冲击系数出现小峰值),横隔梁冲击系数会出现峰值。例如,对于两轴整车,桥面不平度等级为"一般"的情况下,两种计算方法得到的冲击系数分别在车速为 40km/h、80km/h 时出现峰值与谷值。同时还可以发现,当车速小于或等于 60km/h 时,按应力时程曲线计算的冲击系数较大;当车速大于 60km/h 时,按位移时程曲线计算的冲击系数较大。

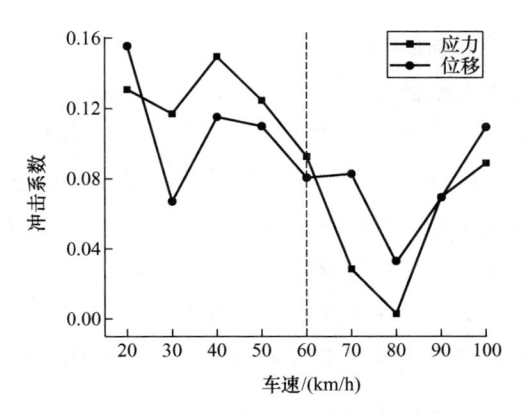

图 5.18 车速对横隔梁冲击效应的影响

(2) 桥面不平度对横隔梁冲击效应的影响

桥面不平度是车桥系统产生振动的重要激励源,而作为局部构件的横隔梁,其冲击效应是否受桥面不平度的影响尚不明确。此处选取公路上常见的两轴整车作为车辆荷载，按5.1.3节中的横向车道位置，行驶速度取为60km/h，结合桥例实际路面情况，考虑"好""一般"和"差"三种不同不平度等级来分析装配式混凝土梁桥横隔梁疲劳热点部位的位移与应力时程曲线，得出桥面不平度对横隔梁冲击效应的影响规律（图5.19）。

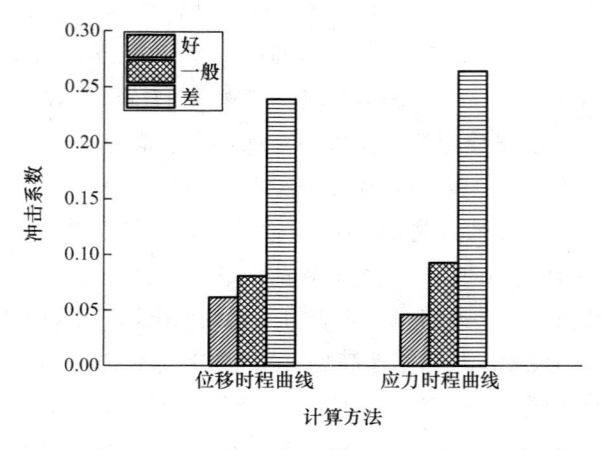

图5.19 不同不平度下横隔梁的冲击效应

由图5.19可知，横隔梁冲击系数均随桥面不平度的恶化增大，其中不平度等级为"差"时的位移冲击系数为等级"好"的3.9倍，应力冲击系数则为5.7倍。不平度等级为"好"时位移冲击系数大于应力冲击系数，而当不平度等级为"一般"和"差"时情况则相反。

(3) 典型重载车型对横隔梁冲击效应的影响

车辆作为车桥动力系统的重要构成部分，其自身的动力特性必然对系统的动力行为具有一定的影响，因此有必要分析不同重车车型对横隔梁冲击效应的影响。本节利用自编的车桥耦合振动分析程序分析了5.1.1节给出的7种典型重车车型作用下装配式混凝土梁桥横隔梁疲劳热点部位的冲击效应。

以前述横隔梁腹板钢板焊接连接正应力最大的疲劳热点位置为对象，考虑车辆均以60km/h匀速过桥，三种桥面不平度等级为"好""一般"和"差"，通过自编的车桥振动分析程序分析得到7种典型重车车型作用下桥例横隔梁疲劳热点部位的冲击系数，并与规范值进行比较，如图5.20所示。

由图5.20可见，车型对横隔梁疲劳热点位置的冲击系数影响显著，其中桥面不平度为"差"时按位移时程曲线计算四轴整车的横隔梁冲击系数为四轴挂车的近30倍。当桥面不平度等级为"一般"和"差"时，按位移和应力得到的四轴整车

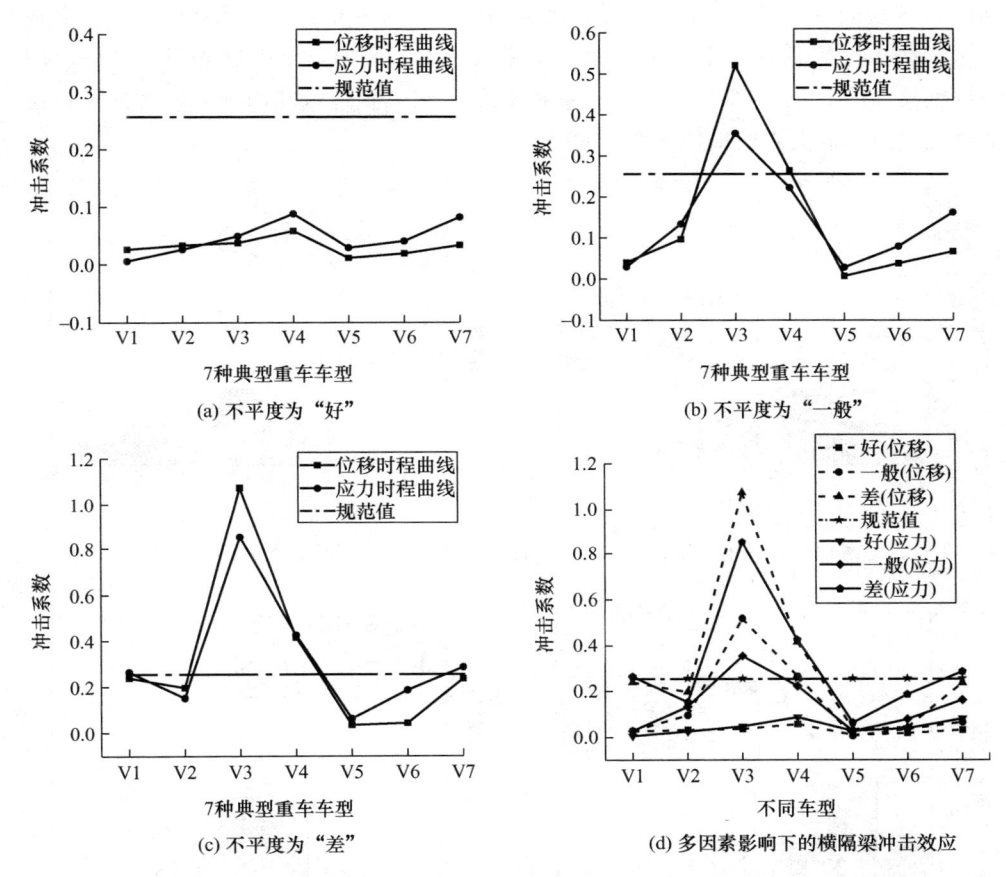

图 5.20 不同车型对横隔梁冲击效应的影响

冲击系数均大于规范值，相差最大达 319%。对于四轴挂车、五轴挂车和六轴挂车，三种不平度等级下，应力冲击系数均大于按位移分析的结果。因此，对于实际桥例，若重载交通所占比例很大，宜采用应力冲击系数进行横隔梁的设计和评估。

3. 面向疲劳损伤评估的横隔梁应力放大系数取值

由前述分析可知，装配式混凝土梁桥横隔梁应力放大系数受车辆行驶速度、桥面不平度及车型影响，而实际随机交通流中车辆行驶速度、车型并不一致，且桥面不平度随运营时间的增长而不断恶化，因此有必要给出考虑多因素影响的面向疲劳损伤评估的横隔梁应力放大系数。考虑表 5.1 中给出的 7 种车型、7 种车辆行驶速度（40~100km/h）及三种不平度（"好""一般"和"差"），并在每种不平度下取 6 个样本进行冲击系数计算，共计 882 种工况。对冲击系数计算结果进行统计分析，利用 K-S 法进行检验，得到冲击系数计算值服从正态分布。现给出不同不平度下各类车辆在 95% 置信水平下的横隔梁冲击系数取值。其中，不平度等级为"好"的统计结果如图 5.21～图 5.27 所示，各种工况下 95% 置信区间内面向疲劳损伤评定的横隔梁应力放大系数取值如图 5.28 所示，其详细数据见表 5.5。

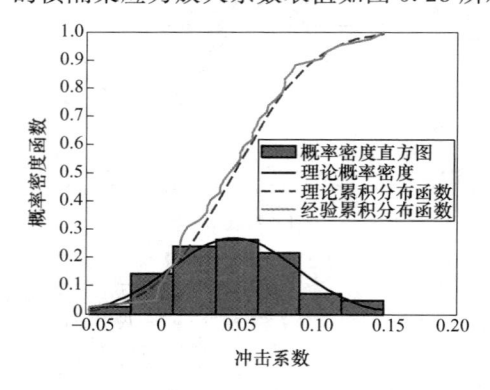

图 5.21　两轴整车冲击系数分布拟合

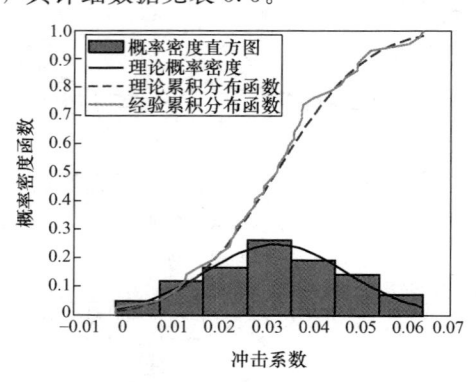

图 5.22　三轴整车冲击系数分布拟合

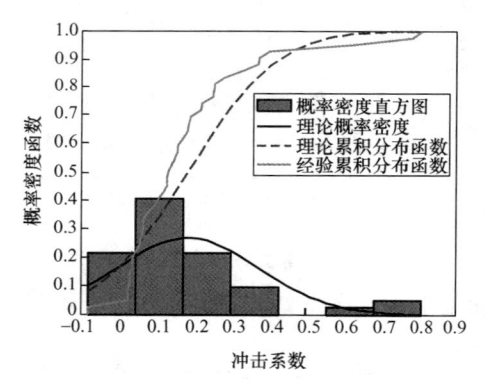

图 5.23　四轴整车冲击系数分布拟合

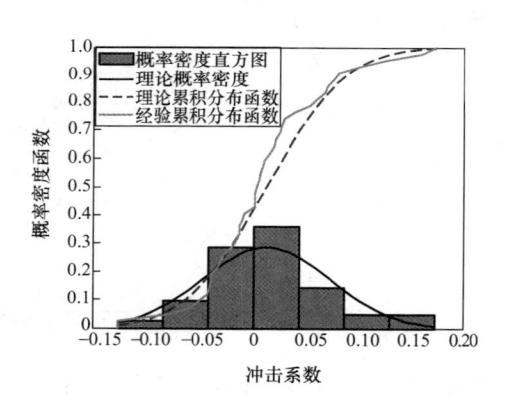

图 5.24　三轴挂车冲击系数分布拟合

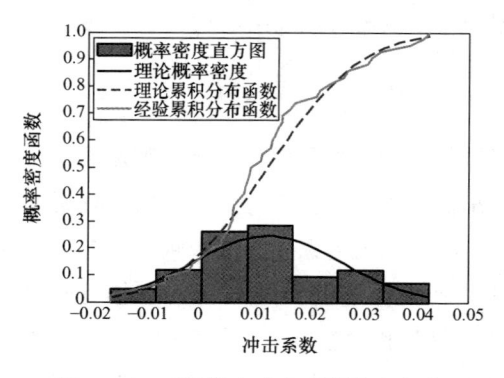

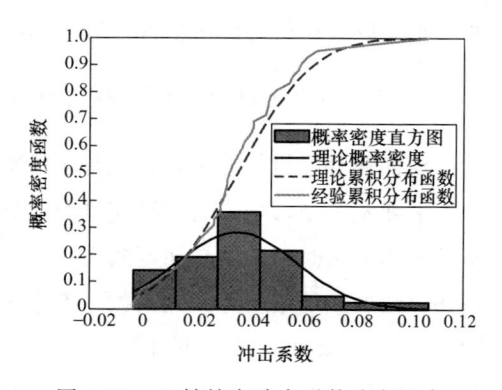

图 5.25　四轴挂车冲击系数分布拟合

图 5.26　五轴挂车冲击系数分布拟合

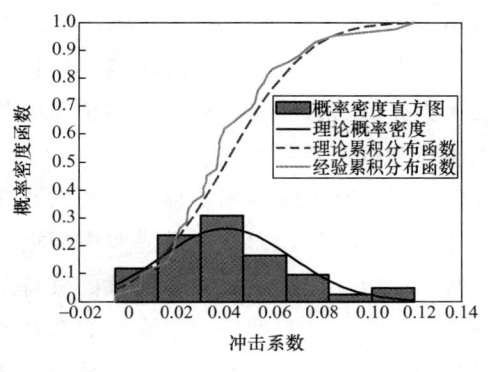

图 5.27　六轴挂车冲击系数分布拟合 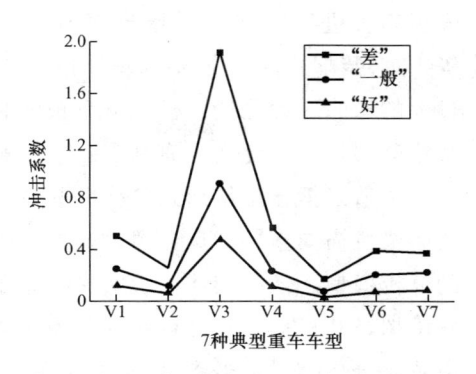　　　图 5.28　95％置信水平下的冲击系数取值

表 5.5　95％置信水平下各车型对应的冲击系数取值

不平度等级	各车型对应的冲击系数取值							规范值
	V1	V2	V3	V4	V5	V6	V7	
好	0.119	0.058	0.498	0.110	0.035	0.072	0.085	0.256
一般	0.248	0.115	0.914	0.239	0.078	0.208	0.222	0.256
差	0.509	0.257	1.926	0.569	0.168	0.392	0.376	0.256

5.2　考虑多因素影响的既有混凝土梁桥横隔梁的疲劳损伤评估

5.2.1　简述

装配式混凝土肋梁桥通过翼缘板和横隔梁的横向连接使各主梁共同承担车辆荷载作用。大量既有桥梁实例调查表明，重载车辆的长期作用常导致该类桥梁的横向联系构件发生疲劳损伤，其中又以钢板连接的横向联系损伤问题更为突出[6]。横向联系损伤将影响上部结构整体受力性能，严重时可导致"单梁受力"等局部超载现象发生。我国现行桥梁设计规范对此类构件未给出明确的疲劳损伤评估方法及具体防护措施。

目前装配式混凝土梁桥的疲劳问题已获得广泛关注，学界开展了大量相关研究[7,8]，但对于该类桥梁的横向联系还少有关注，有关横向联系疲劳损伤评定的相关研究主要集中在损伤对桥梁整体受力性能的影响方面。姚晓飞等[9]以混凝土梁桥的中横隔梁为研究对象，分析指出若其并未全部破坏，则荷载横向分布系数的变化率随其损伤程度呈现线性变化的规律；刘润阳[10]以简支 T 梁桥为例对横隔板病害进行了研究，指出对其破坏如不及时修补将导致主梁破坏；梁志广等[11]对装配式简支T梁的现场检测和分析发现，重载车辆导致的横隔梁连接处过大的弯曲应力是造成横隔梁钢板断裂的主要原因。目前关于混凝土梁桥横向联系疲劳损伤的研究还少有开展，相关影响规律和机理尚不明确。

本节以钢板焊接形式的横向联系为对象，建立基于线性累积损伤准则的装配式肋梁桥横向连接的疲劳评估模型，提出考虑运营车辆动力冲击效应和桥面退化的分析模型。依托前述工程实例，基于实测交通数据进行随机交通荷载的蒙特卡罗模拟，并根据上节已得到的考虑桥面不平度、车速、车型等因素影响的车载冲击效应分析结果，得到95%保证率下的横向联系热点位置的应力放大系数；通过数值分析方法获取随机车载及不同交通状态下的横向联系热点位置的应力谱；考虑交通量增长和环境因素，进行桥面状况的退化模拟。基于上述理论和方法，开展随机车载动力冲击效应、交通流运行状态和桥面退化等因素对横向联系疲劳损伤的影响研究，以期为该类桥梁关键构件的疲劳寿命和使用安全评估提供参考，为桥梁运营维护和限载管理等提供技术支撑。

5.2.2 疲劳车辆荷载谱

1. 典型车辆荷载谱的建立

实际公路上过桥车辆类型繁杂，无法直接用于桥梁疲劳损伤评估分析，本节首先对其进行简化，给出一种适用于公路桥梁疲劳损伤分析的典型重载车辆荷载谱。

依据交通调查数据选出7类出现频率较高的典型车辆，针对每一类车型按照同轴合并的原则将其合并为一种典型的车辆模型。利用迈纳（Miner）准则，依据疲劳累积损伤不变的原则将各类车型轴重进行等效换算，提出基于交通调查和动态称重数据建立典型车辆荷载谱的一般步骤如下：

1) 对实际统计的交通车量进行分类，考虑不同车型，将轴数相同的车归并为一类车，然后重新统计各类车型的车辆数，并忽略小轿车及轻型小货车。

2) 结合数理统计理论与Miner疲劳损伤等效准则，按式(5.1)计算并统计出各个轴的等效轴重：

$$W_{ej} = (f_i W_{ij}^3)^{\frac{1}{3}} \tag{5.1}$$

式中　W_{ej}——等效车型第j轴的等效轴重；

W_{ij}——第i种车型第j轴的轴重；

f_i——等轴数车型中第i种车型出现的频率。

3) 等效车型的轴距按式（5.2）计算，轴距的加权平均值作为该类车型对应的等效轴距：

$$A_j = \sum f_i A_{ij} \tag{5.2}$$

式中　A_j——等效车型第 j 轴的等效轴距；

A_{ij}——等轴数车型中第 i 种车型第 j 轴的轴重；

f_i 含义同前。

按上述方法对实际调查车辆进行处理，即可得到基于实际交通数据的典型车辆荷载谱。这里依据 2013 年 5 月 15—28 日对前述桥例所在地为期两周的交通量和治理超载称重统计数据（两周内货车共计 68040 辆，客货比为 3∶7），按照前述车辆荷载谱建立的方法和步骤，将调查统计车辆荷载归为 7 类车型，得到该桥典型的车辆荷载频值谱，其相关参数见表 5.6。

表 5.6　典型车辆荷载频值谱

车型代号	轴数	图示（轴重单位：kg，轴距单位：mm）	总重 /t	车辆数 /辆	占总交通量的比例/%
M1	二		18	9526	14.00
M2	三		25	1061	1.56
M3	三		28	2483	3.65
M4	四		31	1966	2.89
M5	四		36	3940	5.79
M6	五		40.8	6532	9.60
M7	六		48.7	42532	62.51
总计				68040	100

2. 随机车流模拟

纳曼（Naaman）等[12]通过试验证明了结构构件在随机变幅疲劳荷载作用下所产生的疲劳损伤比在等幅疲劳荷载下的损伤更为严重，而实际桥梁结构所承受的车辆荷载随机性很强，因此分析桥梁结构在随机交通荷载下的疲劳损伤具有重要意义。

(1) 车辆荷载随机分布参数估计及优度拟合

实际过桥车辆的随机性很大，但各车型出现的频率、车重及间距都服从一定的统计规律，为了模拟符合实际交通运营场景的随机车流数据，很多学者利用统计工具对随机交通流中的车型、车重及行车间距进行了大量研究，结果显示车型、车重及行车间距可能服从以下分布类型：均匀分布、正态分布、对数正态分布、伽马分布、逆高斯分布等。随机车辆荷载各参数的分布规律可由实际交通调查数据分析得到。

根据前述交通调查数据的统计分析处理，采用极大似然法对车辆荷载各参数分布进行参数估计，得到车辆荷载各参数的分布规律后利用 K-S 检验法对其进行随机分布优度拟和，从而验证车辆荷载各参数的分布规律。这一过程可参考文献[13]。参数估计结果见表 5.7。7 类典型车型分布规律由交通量调查数据确定服从均匀分布。

表 5.7 车辆荷载概率分布类型及其参数估计

车辆参数	分布类型	期望值	标准差
车重	对数正态分布	$\mu=1.667$	$\sigma=0.816$
一般运行状态车间距	对数正态分布	$\mu=4.343$	$\sigma=0.935$
密集运行状态车间距	对数正态分布	$\mu=1.561$	$\sigma=0.279$

(2) 基于蒙特卡罗方法的随机车辆荷载模拟

实际公路上车辆过桥是一个随机过程，其中各车型出现的频率、车辆载重及行车间距均服从一定的概率分布，依据前述车辆荷载各参数估计和分布优度拟合结果，采用蒙特卡罗方法，通过 MATLAB 软件中的随机数生成函数来完成目标桥梁的随机交通流模拟。

依据实测运营车辆的构成情况，结合表 5.2 中的车重、行车间距等参数的分布规律，可实现桥梁随机车辆荷载的模拟。模拟的主要流程是：首先依交通统计数据中 7 种典型车型所占的比率生成服从均匀分布的随机车型，再根据车重服从的对数正态分布规律生成 7 种车型下介于满载与空载的随机车重，并按各车型轴载分配比例分配到各轴，最后依据行车间距服从的对数正态分布规律生成随机车型的车辆间距，依据各车型车轴自身间距建立随机车辆轴载谱。

以研究对象桥梁日均总交通量 6943 辆、其中货车交通量 4860 辆为例，进行随机车辆荷载的模拟，结果如图 5.29～图 5.33 所示。

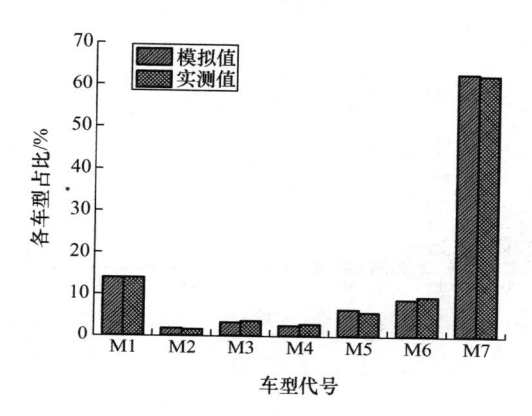

图 5.29　车型模拟结果

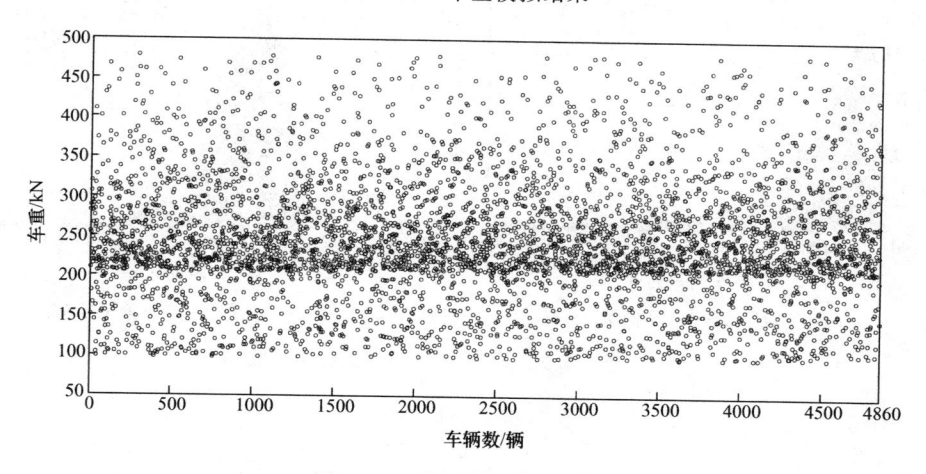

图 5.30　随机车重模拟结果

3. 交通量变化预测

桥梁运营使用过程中，过桥交通荷载不断发生变化，为合理评估与预测随机交通荷载下桥梁结构的疲劳损伤，需考虑桥梁未来中长期的交通量变化情况，包括若干年后的车辆增长状况、车流量分布规律及是否存在改扩建工程等，来提高桥梁结构疲劳性能评估的准确性。

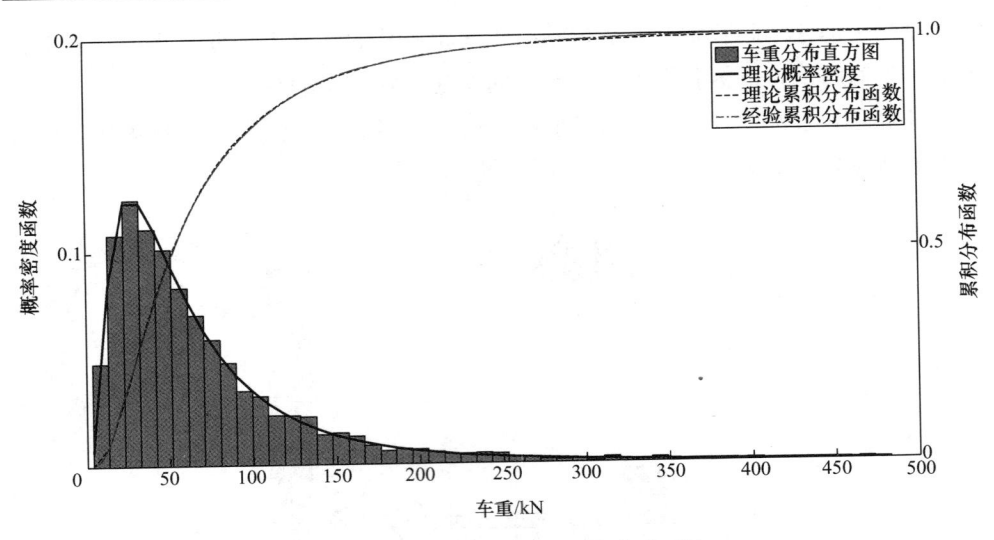

图 5.31 随机车重分布与理论分布对比

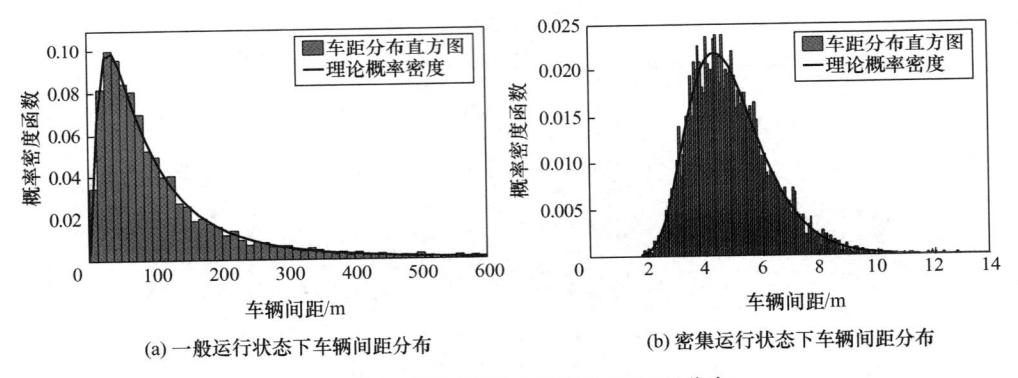

(a) 一般运行状态下车辆间距分布

(b) 密集运行状态下车辆间距分布

图 5.32 不同运行状态下的车辆间距分布

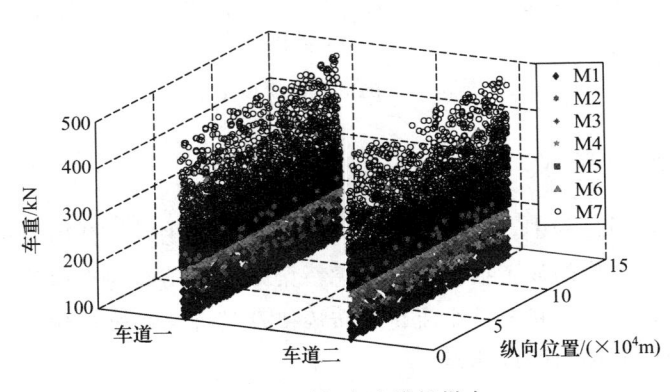

图 5.33 随机车流模拟样本

这里利用增长率法考虑交通运输和社会经济等各方面因素对交通量增长的影响，即借鉴桥梁所在区域的发展规划，并采取数据分析、专家咨询等方式，综合各方面因素后给出该地区在未来若干年内的交通量增长率，进行桥梁疲劳性能分析时即可由基准年交通量乘以预测增长率来考虑实际的交通荷载变化情况。其计算公式为

$$Q_i = Q_0 \times (1+\gamma_i)^n \tag{5.3}$$

式中　Q_i——规划 i 年后的交通发生量；

Q_0——基准年的交通发生量；

γ_i——基年至 i 年内的交通量增长率；

n——预测年与基准年的年份差值。

现选取研究对象桥例所在道路收费站交通量统计数据来预测桥例今后若干年交通量的变化趋势，其 2005 年建成，至 2014 年货车日平均交通量变化情况如图 5.34 所示。

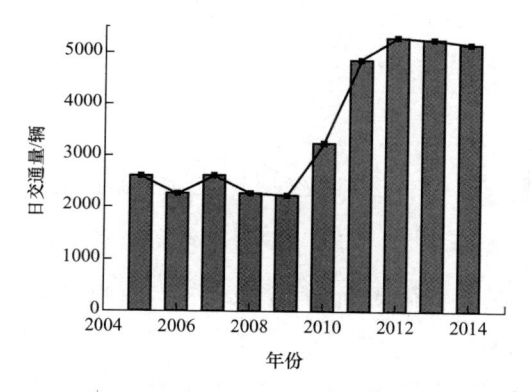

图 5.34　桥例建成后交通量增长情况

由图 5.34 可知，2009—2012 年交通量增长迅速，而 2012—2014 年交通量增长率逐渐趋于平稳。这里预测交通量时选取 2014 年的交通量 5167 辆/年作为基准交通量，交通量增长率取前 10 年的平均交通量增长率，即 $\gamma_{均}=7.08\%$。因桥例公路等级为二级公路，由《公路工程技术标准》（JTG B01—2014）[14] 可知，二级公路单车道的年平均日交通量上限值为 7500 辆，货车的年平均日交通量上限值为 5250 辆（客货比为 3∶7）。

5.2.3　横隔梁热点部位应力谱计算

1. 典型应力时程计算方法

以 5.1.3 节中的桥例为对象，针对图 5.10 中 C-4 横隔梁的疲劳热点部位，

考虑交通荷载下的正应力和剪应力进行疲劳损伤评估。

采取影响线加载的方法来计算随机车队过桥时产生的效应值，即假定车队过桥时横向位置保持不变，并认为荷载对桥梁结构产生的效应符合线性规律，则可通过影响线加载方式来计算随机车流通过桥梁时疲劳热点部位的损伤值。本节采用上述思想，自编随机车流过桥时影响线加载程序。程序计算时先将随机车流简化为无质量的集中力荷载系 P_1，P_2，$\cdots$，P_n，再使荷载系以一定的步长依次通过影响线，然后将任一时间步作用于影响线上的力乘以其各自对应的影响线值 y_1，y_2，$\cdots$，y_n，并求和，$\sum_{i=1}^{n} P_i \cdot y_i$，将每一步的求和结果存放于数组中，即可得到随机车流作用下疲劳热点部位的应力时程曲线。车队经过桥梁时影响线加载过程示意图如图 5.35 所示，即 MATLAB 程序计算时将随机车队过桥的过程划分为三个阶段：P_1 上桥起至 P_1 下桥时刻为第一阶段，P_1 下桥起至 P_n 上桥时刻为第二阶段，P_n 上桥起至 P_n 下桥时刻为第三阶段。

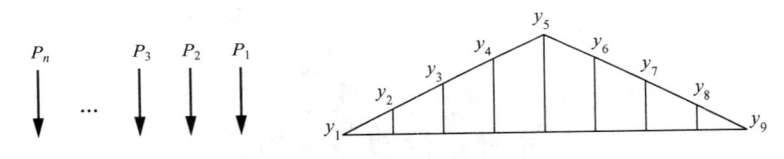

图 5.35 车队过桥示意图

实际作用于桥梁的车辆荷载为空间形式，本节影响线加载考虑横桥向车轮加载位置的影响，按横向分布影响线最不利加载位置考虑，采用双集中力模拟横向两排车轮的作用，施加于外侧车道，计算得到焊接钢板热点部位正应力与剪应力的影响线。横向不同车轮位置的应力影响线计算结果如图 5.36、图 5.37 所示，图中 $F=0.5t$ 为单轮集中力作用，$F=1t$ 为双轮集中力作用。

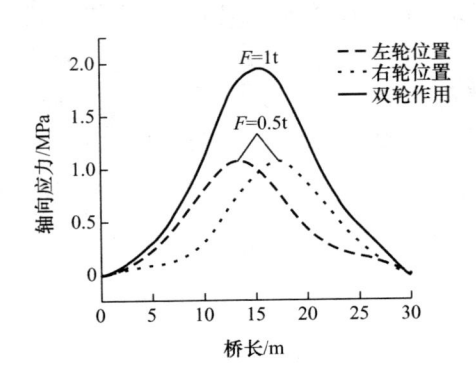

图 5.36 热点部位轴向应力影响线

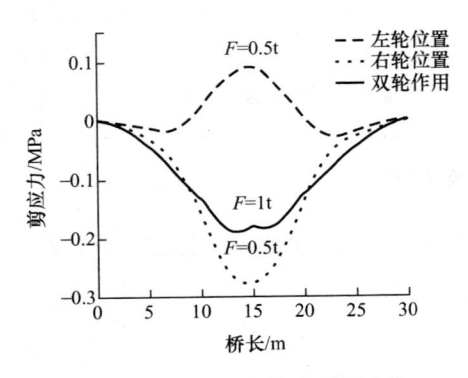

图 5.37 热点部位剪应力影响线

取双轮作用下的影响线,将前述模拟得到的随机交通流加载到图 5.36 和图 5.37 给出的影响线上,即可获得焊接钢板热点位置正应力与剪应力的应力谱,详细分析流程如图 5.38 所示。为考虑车辆荷载行驶过程中目标位置动力冲击对结构损伤的影响,将随机交通流中不同车型的荷载值依次按表 5.5 中给出的动力冲击系数进行考虑。

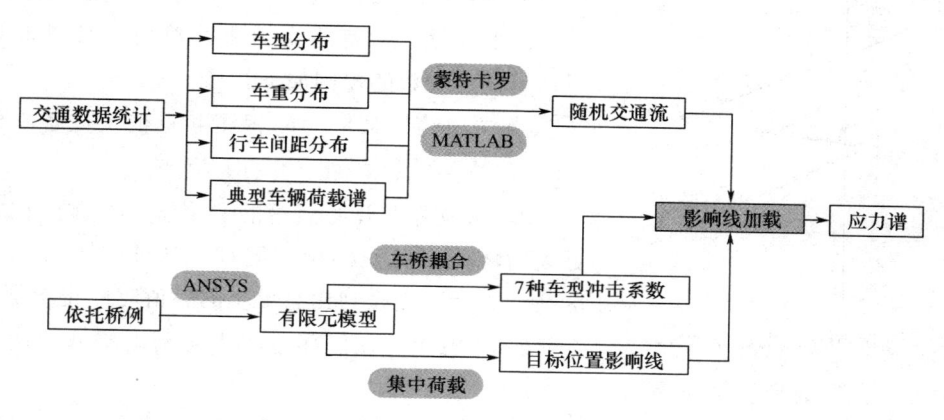

图 5.38 疲劳寿命评估流程

以前述模拟得到的典型日交通量(4860 辆)为例进行应力时程分析,得到一个典型日的应力时程,截取前 1000 辆,如图 5.39 所示。

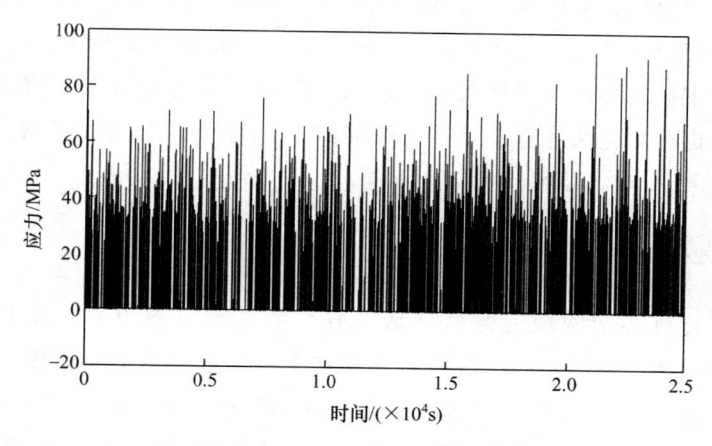

图 5.39 轴向典型应力时程曲线

2. 应用雨流计数法进行应力幅统计

得到典型应力时程后,要对构件进行疲劳损伤分析,还需得到对应的应力幅水平及对应的循环次数。这里采用工程实际中应用最为广泛的雨流计数法进行应力幅统计分析[15]。

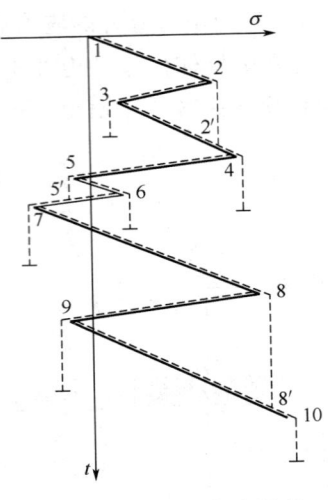

图 5.40 雨流计数法原理

雨流计数法是以所研究构件的一个应变应力滞回环为一次循环进行计数的，将应力时程图顺时针旋转 90°，使 t 坐标轴向下，此时应力时程图中的曲线就像一系列屋顶，"雨滴"可由"屋顶"自上而下流动，故称之为雨流计数法，如图 5.40 所示。该法计数的规则如下：

1）"雨滴"从应力时程图起点依次从各峰值（波峰和波谷）的内侧开始朝下滴落。

2）从波峰处开始滴落的"雨滴"在碰到比它更大的峰值时停止滴下，同理，从波谷处开始滴落的"雨滴"在碰到比它更小的谷值时停止滴下。

3）"雨滴"在滴落过程中遇到上层屋顶滴落的"雨滴"时便会停止流动。

4）"雨滴"在滴落过程中若形成封闭区间则为全循环，若形成非封闭区间则为半循环，将全循环与半循环的水平长度取出，作为该循环的应力幅值。

根据上述原理，采用 MATLAB 编制相应的雨流法计数程序，对前述横隔梁热点部位的应力时程进行循环计数，将应力以 2MPa 为一级进行分级，计算得到横隔梁连接钢板的各级应力脉及对应的循环次数。以图 5.39 所示典型轴向应力时程为例，进行雨流法计算统计，结果如图 5.41 所示，图中为方便显示应力幅忽略了 0~2MPa 应力幅循环次数，下同。

5.2.4 疲劳损伤评估理论

目前进行桥梁结构疲劳寿命评估的方法主要有以下四种：基于应力-寿命（S-N）曲线、断裂力学、连续损伤力学和基于可靠度理论的疲劳寿命评估方法。其中，基于 S-N 曲线方程并结合线性疲劳累积损伤（P-M）准则的疲劳评估方法最为常用，也是各国规范采用的方法，本节将应用该方法进行桥例横向联系的疲劳损伤评估研究。

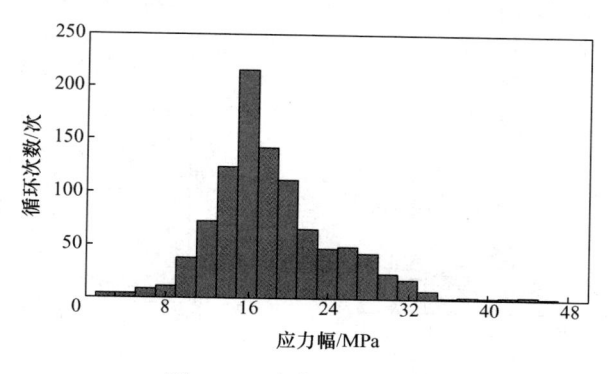

第 5 章　考虑车桥振动的装配式梁桥横向联系疲劳评估

图 5.41　应力幅统计结果

利用该方法评估结构疲劳寿命的一般步骤如图 5.42 所示。

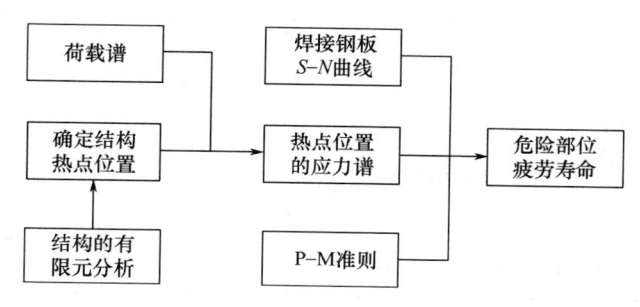

图 5.42　疲劳寿命评估流程

1. 应力-寿命（S-N）曲线

S-N 曲线反映材料的基本抗疲劳性能，描述了结构构件在疲劳破坏前所能承受的最大常幅应力循环作用次数 N（疲劳寿命）与荷载作用下构件应力幅 $\Delta\sigma$ 之间的关系，其表达为

$$\lg N = C - m \cdot \lg \Delta\sigma \tag{5.4}$$

式中　N——构件发生疲劳破坏时所承受的最大应力循环次数；

　　　$\Delta\sigma$——荷载作用于构件所施加的常幅应力幅值；

　　　C，m——与构件材料、加工过程有关的参数。

本节主要针对横隔梁钢板连接的疲劳性能开展研究。依据《公路钢结构桥梁设计规范》（JTG D64—2015）[16]，确定所用钢板构件细节的 S-N 曲线及参数如图 5.43、图 5.44 和表 5.8 所示。

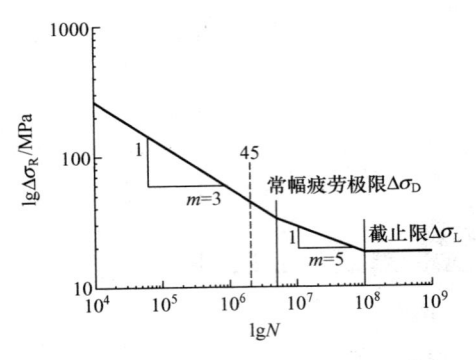

图 5.43 焊接钢板正应力 S-N 曲线 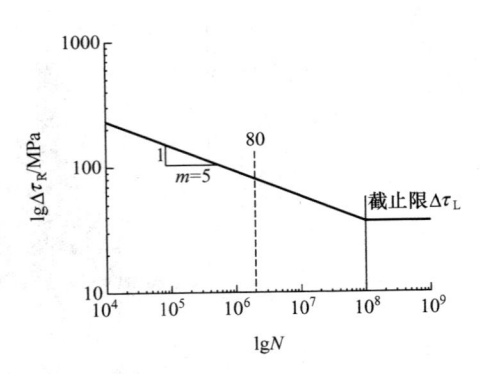　　图 5.44 焊接钢板剪应力 S-N 曲线

表 5.8　焊接钢板的 S-N 曲线

应力	S-N 曲线	$\Delta\sigma/\text{MPa}$ $N=2\times10^6$	$N=10^7$	公式序号
正应力	$\begin{cases}\lg N=11.2607-3\lg\Delta\sigma\ (N<5\times10^6)\\ \lg N=14.3018-5\lg\Delta\sigma\ (5\times10^6\leqslant N\leqslant10^8)\end{cases}$	45	18.21	(5.5)
剪应力	$\lg N=15.8165-5\lg\Delta\sigma\ (N\leqslant10^8)$	80	36.58	(5.6)

2. 线性累积疲劳损伤理论

实际车辆荷载作用下桥梁结构主要承受变幅应力循环作用，而非常幅应力。疲劳损伤机理复杂，国内外学者提出了多种疲劳累积损伤理论，工程中应用最为普遍的是帕姆格伦-迈纳（Palmgren-Miner）线性累积损伤理论（P-M 准则）。该理论忽略了应力循环作用的平均应力和先后顺序的影响，认为每次疲劳荷载循环作用下结构构件内的疲劳应力相互独立，且每次疲劳循环所产生的疲劳损伤可应用叠加原理进行线性累加，当累加的总疲劳损伤值达到一定程度时结构将发生疲劳破坏。该准则采用疲劳损伤值 D 来判定结构疲劳损伤的程度：

$$D=\sum_{i=1}^{n}D_i=\sum_{i=1}^{n}\frac{n_i}{N_i}=\frac{n_1}{N_1}+\frac{n_2}{N_2}+\cdots+\frac{n_n}{N_n} \tag{5.7}$$

式中　n_i——第 i 级应力幅下结构构件实际经历的应力循环次数；

N_i——第 i 级应力幅下结构构件发生疲劳破坏时的应力循环次数；

D_i——第 i 级应力幅下结构构件发生疲劳损伤的累计值。

一般认为，当疲劳损伤值 $D \geqslant 1$ 时，结构构件发生疲劳破坏，将 $D_{cr}=1$ 作为疲劳破坏临界值。

3. 等效应力幅计算

实际车辆以荷载谱通过桥梁结构时，桥梁不同位置的应力幅都在不断地发生变化，大量不同的应力幅及相应的循环次数将在车辆荷载运行过程中产生。当评估桥梁结构的疲劳损伤时可先利用雨流计数法处理应力历程数据，并以应力直方图的形式表示，清晰地描述出不同大小应力幅对应的循环次数。因桥梁在车辆荷载作用下主要经受变幅应力循环作用，可根据线性累积损伤准则和 S-N 曲线将不同幅值的应力幅换算成某一定值的等效应力幅，用于进行后续的疲劳寿命评估。

等效应力幅可定义为依据等效原则使应力直方图中各变幅应力循环所累积的疲劳损伤值与某一定值应力幅所产生的疲劳损伤值相等。若桥梁结构经受 n_i 次变幅应力 $\Delta\sigma_i$ 循环作用，其产生的损伤值为

$$D = \sum_{i=1}^{n} \frac{n_i}{N_i} = \frac{1}{C} \sum_{i=1}^{n} n_i (\Delta\sigma_i)^m \tag{5.8}$$

桥梁结构在常幅应力 $\Delta\sigma_{eq}$ 循环作用下的疲劳寿命为

$$N = \frac{C}{(\Delta\sigma_{eq})^m} \tag{5.9}$$

则在常幅应力 $\Delta\sigma_{eq}$ 循环作用 $\sum_{i=1}^{n} n_i$ 次下桥梁结构产生的损伤值为

$$D = \sum_{i=1}^{n} \frac{n_i}{N_i} = \frac{(\Delta\sigma_{eq})^m}{C} \sum_{i=1}^{n} n_i \tag{5.10}$$

令式（5.8）与式（5.10）相等，推出等效应力幅的换算公式为

$$\Delta\sigma_{eq} = \left[\frac{\sum_{i=1}^{n} n_i (\Delta\sigma_i)^m}{\sum_{i=1}^{n} n_i} \right]^{1/m} \tag{5.11}$$

以上式中 $\Delta\sigma_{eq}$ ——等效应力幅；

n_i ——实测应力幅 $\Delta\sigma_i$ 对应的循环次数；

$\sum_{i=1}^{n} n_i$ ——应力直方图中应力循环总数；

m ——S-N 曲线在双对数坐标系中的斜率。

表 5.8 中式(5.5)为焊接钢板轴向应力的 S-N 曲线的表达式,由式(5.11)可知其等效应力幅 $\Delta\sigma_{eq}$ 的计算公式为

$$\begin{cases} \Delta\sigma_{eq} = \left[\dfrac{\sum\limits_{i=1}^{n} n_i (\Delta\sigma_i)^3}{\sum\limits_{i=1}^{n} n_i}\right]^{1/3} & (N < 5 \times 10^6) \\ \\ \Delta\sigma_{eq} = \left[\dfrac{\sum\limits_{i=1}^{n} n_i (\Delta\sigma_i)^5}{\sum\limits_{i=1}^{n} n_i}\right]^{1/5} & (5 \times 10^6 \leqslant N \leqslant 10^8) \end{cases} \quad (5.12)$$

同理,由表 5.8 中的式(5.6)可得到焊接钢板剪应力等效应力幅 $\Delta\tau_{eq}$ 的计算公式为

$$\Delta\tau_{eq} = \left[\dfrac{\sum\limits_{i=1}^{n} n_i (\Delta\tau_i)^5}{\sum\limits_{i=1}^{n} n_i}\right]^{1/5} \quad (N \leqslant 10^8) \quad (5.13)$$

4. 疲劳损伤评估

将典型日交通荷载作用下的应力时程换算成等效应力幅 $\Delta\sigma_{eq}$ 后,将其代入式(5.5),得到等效应力幅下的临界循环次数 N_c,则一天内的损伤累积量为

$$D_d = N_d / N_c \quad (5.14)$$

式中 D_d——桥梁构件一天内的疲劳损伤累积值;

N_d——桥梁构件一天内经受的应力循环次数总和;

N_c——选取的 S-N 曲线中等效应力幅对应的临界循环次数。

因此,可通过下式来推算桥梁结构的疲劳寿命 T_r(单位为年):

$$T_r = \dfrac{D_{cr}}{D_y} = \dfrac{D_{cr}}{365 \times D_d} \quad (5.15)$$

式中 T_r——桥梁结构的疲劳寿命估算值;

D_y——在预期疲劳荷载下桥梁结构在 1 年内的疲劳损伤累积值。

综上所述,实际桥梁疲劳损伤分析与寿命评估的流程可总结为图 5.45 所示。

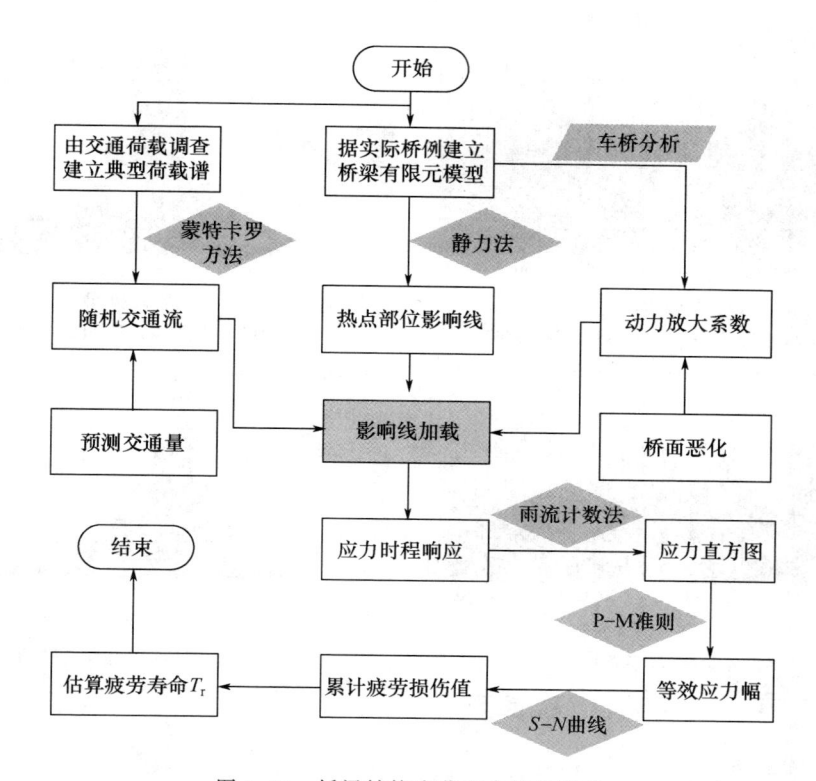

图 5.45 桥梁结构疲劳寿命评估流程

5.2.5 随机车载下的横隔梁疲劳损伤评定

1. 考虑交通量变化的疲劳损伤分析

考虑实际交通量的变化情况，按图 5.45 所示的桥梁结构疲劳寿命评估流程来分析一般运行状态下随机交通流过桥时疲劳热点部位的损伤情况。2005—2014 年桥梁的交通量按 5.2.2 节给出的实际调查的交通量进行取值，其后期交通量按年平均增长率 $\gamma_{均}=7.08\%$ 且日交通量不超过 5250 辆考虑，假定交通量变化不影响随机车流特征参数的分布，进行交通量变化情况的预测。不考虑长期运营交通对桥面恶化的影响，取桥面不平度等级为"好"，分别进行不考虑车载冲击效应、考虑车载冲击效应及按规范冲击效应进行取值三种工况下的桥梁横隔梁焊接钢板疲劳寿命评估，其中车载冲击效应、规范冲击效应按表 5.5 给出的 95% 置信区间内的冲击系数取值。三种工况下横隔梁焊接钢板热点部位的典型日交通作用下轴向应力时程与应力直方图如图 5.46 所示。

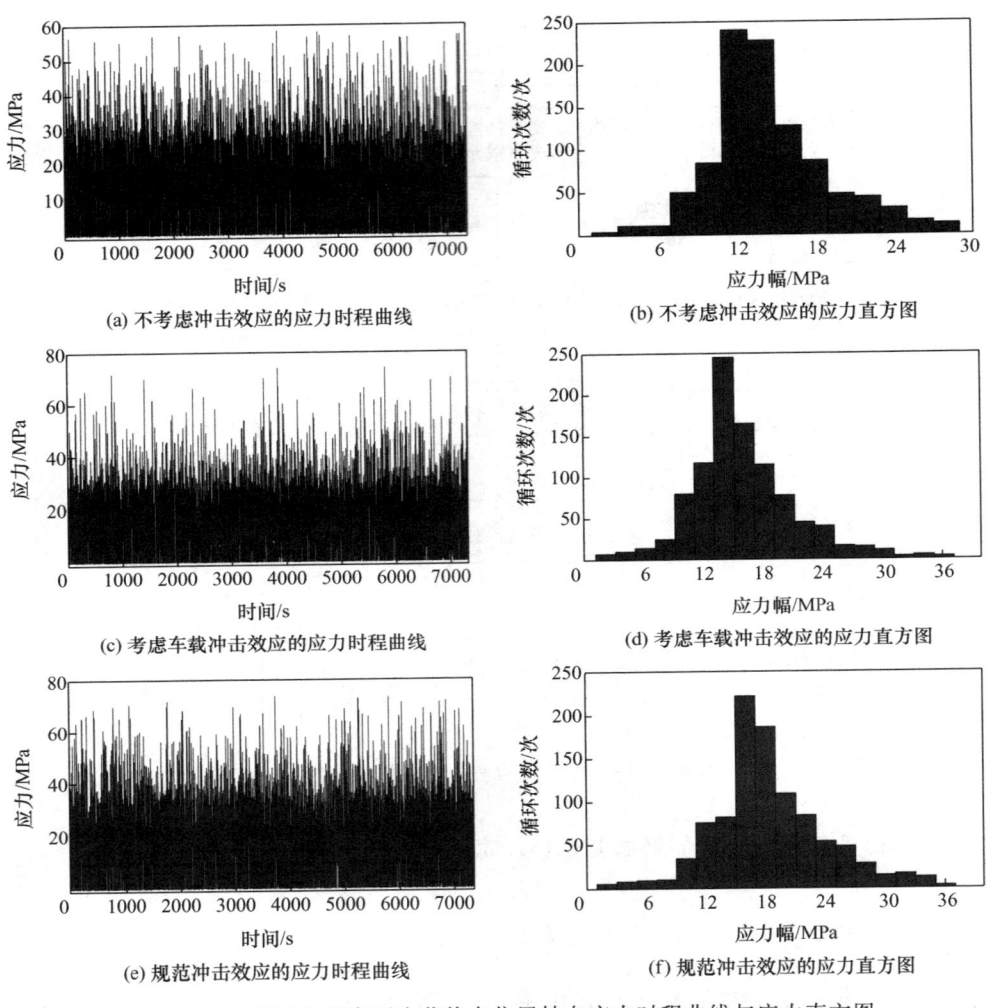

图 5.46　一般运行状态下疲劳热点位置轴向应力时程曲线与应力直方图

从一般运行状态下疲劳热点位置的分析结果可以看出，考虑冲击效应的横隔梁焊接钢板疲劳热点部位的荷载效应值及轴向应力幅均较不考虑冲击效应时有明显的提高，车载冲击效应与规范冲击效应下轴向应力幅差别不大。同时可以发现，三种工况下的应力直方图变化趋势基本一致。根据图 5.43 给出的 S-N 曲线，利用式(5.14) 和式(5.15) 计算得到上述三种情况下的装配式混凝土梁桥横隔梁焊接钢板的疲劳寿命分别为 35.58 年、26.68 年和 16.99 年，详细数据见表 5.9。

第 5 章 考虑车桥振动的装配式梁桥横向联系疲劳评估

表 5.9 一般运行状态下热点位置的疲劳损伤

冲击效应	等效应力幅/MPa σ_{eq}^1	σ_{eq}^2	σ_{eq}^3	日累积损伤值（4860辆）	评估寿命/年
不考虑	33.38	24.27	18.21	7.83e−5	35.58
车载值	36.85	24.02	18.21	1.08e−4	26.68
规范值	36.73	24.39	18.21	1.84e−4	16.99

注：表中 σ_{eq}^i 依次为三段 S-N 曲线对应的等效应力幅。

由表 5.9 可知，不考虑冲击效应、考虑车载冲击效应及按规范值考虑冲击效应三种工况下疲劳日累积损伤值依次增大，其中考虑规范冲击效应的疲劳评估寿命比不考虑冲击效应时降低 52.25%，而车载冲击效应下的疲劳评估寿命仅比不考虑冲击效应时降低 25.01%，主要是因为桥面不平度等级为"好"，车辆在桥上行驶时振动冲击效应较小。

2. 车辆运行状态对疲劳损伤的影响分析

为分析过桥车辆不同运行状态对装配式梁桥横向联系疲劳损伤的影响，保持 5.2.4 节中各项分析参数不变，对随机车流间距按照一般运行状态和密集运行状态（参数如 5.2.2 节所述）下横向联系的疲劳损伤情况进行比较。具体为在不考虑桥面恶化的情况下分别进行不考虑车载冲击效应、考虑车载冲击效应及按规范冲击效应取值三种工况下的焊接钢板疲劳寿命评估，分析得到车辆密集运行状态下三种工况对应的横隔梁焊接钢板热点部位轴向应力时程与应力直方图，如图 5.47 所示。

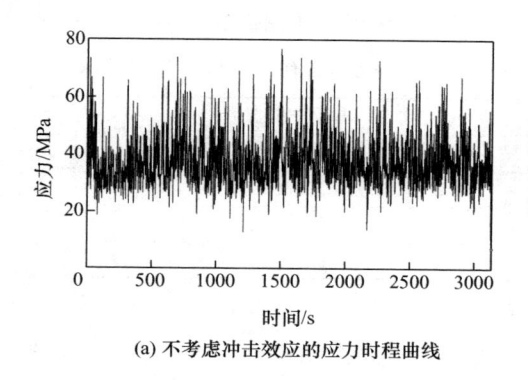

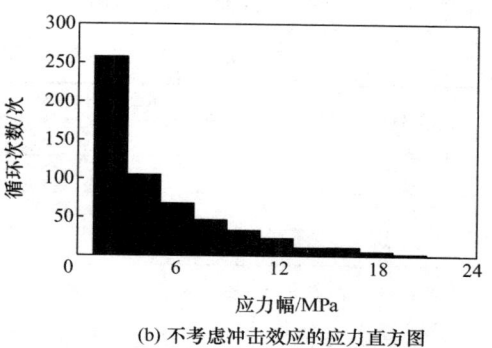

(a) 不考虑冲击效应的应力时程曲线
(b) 不考虑冲击效应的应力直方图

图 5.47 密集运行状态下疲劳热点位置轴向应力时程曲线与应力直方图

(c) 考虑车载冲击效应的应力时程曲线

(d) 考虑车载冲击效应的应力直方图

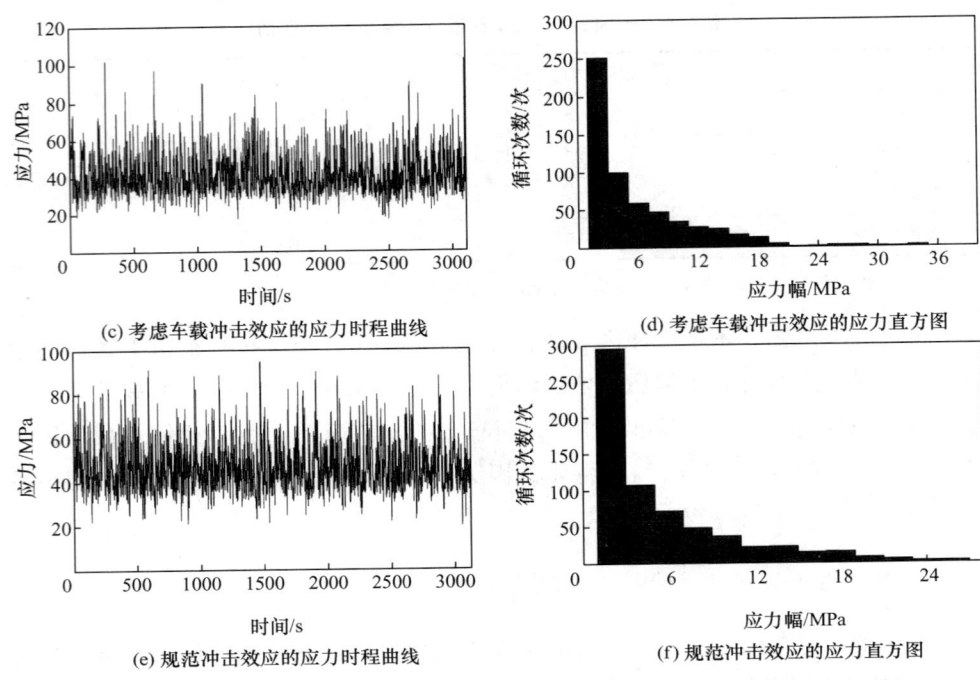

(e) 规范冲击效应的应力时程曲线

(f) 规范冲击效应的应力直方图

图 5.47 密集运行状态下疲劳热点位置轴向应力时程曲线与应力直方图（续）

从以上的分析结果可以看出，密集运行状态与一般运行状态具有相似的结论，即考虑冲击效应的横隔梁焊接钢板疲劳热点部位的轴向应力幅较不考虑冲击效应时有明显的提高，车载冲击效应与规范冲击效应下轴向应力幅差别不大。同时可以发现，三种工况下的应力直方图变化趋势基本一致。根据图 5.43 给出的 S-N 曲线，利用式(5.14) 和式(5.15) 计算得到上述三种情况下的装配式混凝土梁桥横隔梁焊接钢板的疲劳寿命分别为 98.33 年、82.53 年和 82.19 年，详细数据见表 5.10。

表 5.10 密集运行状态下热点位置的疲劳损伤

冲击效应	等效应力幅/MPa			日累积损伤值	评估寿命/年
	σ_{eq}^1	σ_{eq}^2	σ_{eq}^3	（4860 辆）	
不考虑	—	19.97	18.21	2.67e−5	98.33
车载值	35.21	23.99	18.21	3.20e−5	82.53
规范值	35.54	22.73	18.21	3.21e−5	82.19

注：表中 σ_{eq}^i 依次为三段 S-N 曲线对应的等效应力幅。

比较在不同交通运行状态下的横向联系疲劳寿命的分析结果（表 5.10），发现在过桥车辆和桥面状况相同的条件下，密集运行状态下的横向联系疲劳损伤值较一般运行状态小。对于不计车载冲击效应、按规范考虑冲击效应和考虑随机车载冲击效应三种工况，密集运行状态下横向联系的疲劳寿命分别为一般运行状态对应疲劳寿命的 2.76 倍、3.09 倍和 4.84 倍，表明交通的运行状态（车辆行驶间距）对装配式混凝土梁桥横向联系的疲劳寿命影响显著，在开展相关疲劳寿命评估时应予以关注。

5.2.6 考虑桥面不平度状况退化影响的横隔梁疲劳损伤分析

对桥梁进行疲劳寿命分析时，现有研究一般只考虑交通量变化的影响，对于桥面不平度随运营时间增长而退化的情况较少考虑。由本章前述分析可知，除车型因素外，桥面不平度状况对桥梁车载动力响应的影响也十分明显，在役桥梁不断恶化的桥面状况将加剧桥梁与车辆间的动力相互作用，进而加剧结构构件的疲劳累积损伤。深入分析和研究桥面退化对桥梁疲劳损伤和疲劳寿命的影响具有十分现实的工程意义。

1. 桥面退化模型

由本书第 2 章所述，桥面不平度的功率谱密度可表达为

$$G_x(n) = G(n_0)\left(\frac{n}{n_0}\right)^{-W} \tag{5.16}$$

式中相关参数含义同第 2 章，不再赘述。

将桥面不平度系数换算成国际不平度指数 IRI，其换算公式为

$$\varphi(n_0) = \left(\frac{\text{IRI}}{0.78 a_0}\right)^2 \tag{5.17}$$

式中　IRI——国际不平度指数；

　　　a_0——系数，取 $a_0 = 10^3 \, \text{m}^{-1.5}$。

国际标准化组织将路面不平度从"很好"到"很差"划分为 5 个等级[17]，其对应的桥面不平度系数 $\varphi(n_0)$ 与国际不平度指数 IRI 见表 5.11。

表 5.11　不同桥面不平度系数与桥面等级的对应关系

不平度系数/指数		桥面等级				
		很好	好	一般	差	很差
$\varphi(n_0)$	下限	2	8	32	128	512
	上限	8	32	128	512	2048
IRI	下限	1.11	2.21	4.42	8.84	17.64
	上限	2.21	4.42	8.84	17.64	35.28

国际不平度指数随运营时间的变化公式为

$$\text{IRI}_t = 1.04 e^{\eta t} \cdot \text{IRI}_0 + 263(1+\text{SNC})^{-5}(\text{CESAL})_t \tag{5.18}$$

式中　η——环境系数，按冻结条件与干湿状态取值，一般取 0.01~0.7；

　　　t——桥梁的运营时间（年）；

IRI₀——桥面建成后的初始国际不平度指数；

SNC——结构系数，按桥面各结构层厚度取值；

(CESAL)_t——将随时间变化的车流量换算成 100kN 的累计当量轴次，以百万次计。

联立式(5.17)与式(5.18)，即可得到桥面不平度系数随时间变化的关系式：

$$\varphi(n_0) = \left(\frac{1.04 e^{\eta t} \cdot \mathrm{IRI}_0 + 263 (1+\mathrm{SNC})^{-5} (\mathrm{CESAL})_t}{0.78 a_0} \right)^2 \quad (5.19)$$

2. 累计当量轴次换算

由前文可知，桥面退化时变模型与作用车辆累计当量轴次相关，为此，这里将前述建立的 7 种不同轴重的典型重车车辆换算成 BZZ-100 标准轴重的当量轴次。按照桥例实际情况，依据现行公路路面设计规范[18]，以设计弯沉值和路面面层层底拉应力为指标，将各典型车辆的前后轴均按式(5.20)换算成标准轴载 P 的当量作用次数 N，其结果见表 5.12。

$$N = \sum_{i=1}^{K} C_1 C_2 n_i \left(\frac{P_i}{P} \right)^{4.35} \quad (5.20)$$

式中　N——标准轴载的当量轴次（次/日）；

　　　K——被换算车型的轴载级别；

　　　n_i——各种被换算汽车的作用次数（次/日）；

　　　P——标准轴载（kN）；

　　　P_i——各种被换算车型的轴载（kN）；

　　　C_1——轮组系数，单、双轮组依次取为 6.4 和 1，四轮组取为 0.38；

　　　C_2——轴数系数，轴间距大于 3m 时按单轴计算，轴间距小于 3m 时按 $C_2 = 1 + 1.2(m-1)$ 计算。

桥例所在公路等级为二级，其路面设计年限为 12 年，依据设计年限内的实际交通量、第一年双向日平均当量轴次（N_1）、年平均交通量增长率及车道系数，即可计算设计年限内一个方向一个车道的累计当量轴次，按式(5.21)计算，计算结果见表 5.12。

$$N_e = \frac{[(1+\gamma)^t - 1] \times 365}{\gamma} \cdot N_1 \xi \quad (5.21)$$

式中　N_e——设计年限内单向单车道的累计当量轴次（次）；

　　　t——设计年限（年）；

　　　N_1——路面营运第一年双向日平均当量轴次（次/日）；

　　　γ——交通量在设计年限内的平均年增长率（%）；

ξ——车道系数,取 0.7。

表 5.12 设计年限内累计当量轴次计算

指标	年份					
	2005	2006	2007	2008	2009	2010
Q_i/(辆/日)	2606	2261	2613	2267	2226	3239
N/(次/日)	14599	12666	14637	12699	12470	18145
N_e/($\times 10^6$ 次/年)	3.73	6.97	10.71	13.95	17.14	21.77

指标	年份					
	2011	2012	2013	2014	2015	2016
Q_i/(辆/日)	4860	5296	5258	5167	5250	5250
N/(次/日)	27227	29668	29455	28945	29410	29410
N_e/($\times 10^6$ 次/年)	28.73	36.31	43.84	51.23	58.74	66.26

3. 桥面退化时变分析和预测

基于桥例自身的结构特征、交通量增长情况、保养维护水平及气候环境条件等因素,假定该桥梁初建时的桥面不平度等级为"很好",桥面条件无退化,式(5.19)中根据桥面各结构层厚度确定的结构系数 SNC=4,由冻结条件与干湿状况确定的环境系数 $\eta=0.2$。桥梁自 2005 年建成至 2014 年间的运营交通量采用实测数据,2015 年之后的交通量数据按年交通量平均增长率为 7.08% 考虑。基于前述桥面退化模型,预测得到桥例右侧行车道在设计年限 12 年内的国际不平度指数与桥面不平度系数变化情况如图 5.48、图 5.49 和表 5.13 所示。

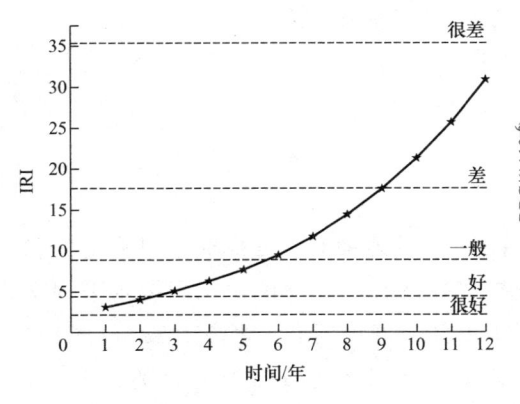

图 5.48 国际不平度指数(IRI) 12 年内的变化值

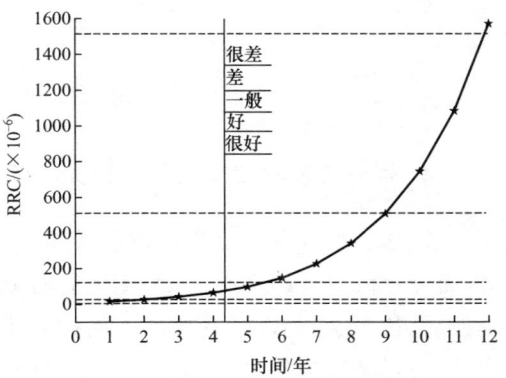

图 5.49 桥面不平度系数(RRC) 12 年内的变化值

表 5.13 IRI 和 RRC 12 年内的数据

不平度指数/系数	年份											
	2005	2006	2007	2008	2009	2010	2011	2012	2013	2014	2015	2016
IRI	3.12	4.02	5.09	6.29	7.69	9.46	11.74	14.44	17.59	21.29	25.69	30.91
RRC	16	26	43	65	97	147	226	343	509	745	1085	1571

由图 5.48、图 5.49 可知,国际不平度指数 IRI 与桥面不平度系数 RRC 随时间的增长均呈现非线性变化趋势,且曲线斜率越来越大,即二者随时间增长的变化速率越来越快。结合表 5.13 分析国际不平度指数 IRI 与桥面不平度系数 RRC 的计算结果可知,第 1～2 年桥面等级为"好",第 3～5 年桥面等级为"一般",第 6～9 年桥面等级为"差",而第 10～12 年桥面等级为"很差"。根据二级公路的养护维修原则,当桥面等级恶化到"很差"时需及时进行养护,即该桥梁运营 9 年后需进行第一次养护维修,养护后桥面等级恢复到"好"状态,之后考虑交通量变化情况,桥梁每运营 8 年均需进行一次养护,即该桥梁运营 17 年后需进行第二次养护处理。该桥桥面不平度预测值随时间变化的详细情况如图 5.50 所示。

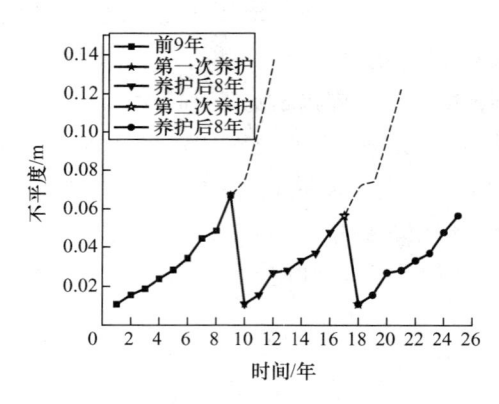

图 5.50 桥面不平度变化

4. 桥面退化对横隔梁疲劳损伤的影响

评估装配式混凝土梁桥横隔梁焊接钢板的疲劳寿命时若考虑交通量的增长和桥面退化因素,即 2005—2014 年交通量按实际调查情况考虑,之后按年平均交通量增长率 $\gamma_{均}=7.08\%$ 考虑,而桥面不平度随时间的退化过程按图 5.50 考虑,则可得到结构构件在一般运行状态与密集运行状态下的疲劳寿命分别为 10.67 年、53.74 年,其详细损伤过程如图 5.51 所示。与前述一般运行状态和密集运行状态下的计算结果对比可知,同时考虑交通量的增长及桥面退化两种因素时,焊接钢板疲劳寿命值比仅考虑车载冲击效应的计算结果分别降低了60.01%、34.88%，详细数据见表5.14。

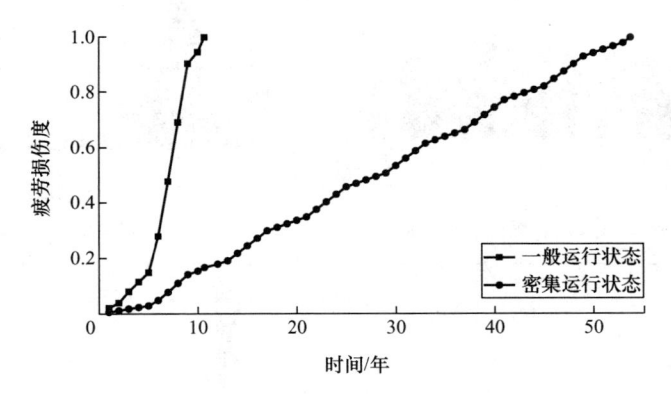

图5.51 横向联系钢板时变疲劳损伤过程

表5.14 桥面退化因素对疲劳损伤的影响

影响因素	一般运行状态		密集运行状态	
	日累积损伤值	疲劳评估寿命/年	日累积损伤值	疲劳评估寿命/年
未考虑桥面退化	1.08e−4	26.68	3.20e−5	82.53
考虑桥面退化	3.60e−4	10.67	5.61e−5	53.74

5.2.7 多向应力效应对疲劳损伤的影响分析

我国现行《公路钢结构桥梁设计规范》（JTG D64—2015）[16]对于钢结构桥梁的疲劳损伤分析不仅给出了正应力的疲劳 S-N 曲线，也给出了剪应力的疲劳 S-N 曲线，具体如图5.44所示。对于装配式混凝土梁桥横隔梁焊接钢板，在交通车辆荷载作用下其热点位置同时存在正应力与剪应力，进行热点位置的疲劳损伤分析时需考虑剪切应力对损伤结果的影响，而考虑剪切应力的疲劳损伤分析同样按图5.45所示的流程进行，据此可得到一般运行状态与密集运行状态下典型日交通荷载下横隔梁焊接钢板热点部位的剪切应力时程曲线与应力直方图，如图5.52所示。

分析图5.52中的结果可知，对于桥例装配式混凝土梁桥横隔梁焊接钢板，其在交通荷载作用下在两种运行状态时热点位置产生的剪应力最大值均不超过36.58MPa，即为焊接钢板剪应力疲劳 S-N 曲线的截止限值 $\Delta\tau_L$。因此，本节进行既有混凝土梁桥横隔梁焊接钢板的疲劳损伤评估时忽略剪应力的影响，只考虑正应力作用下生成的损伤值。

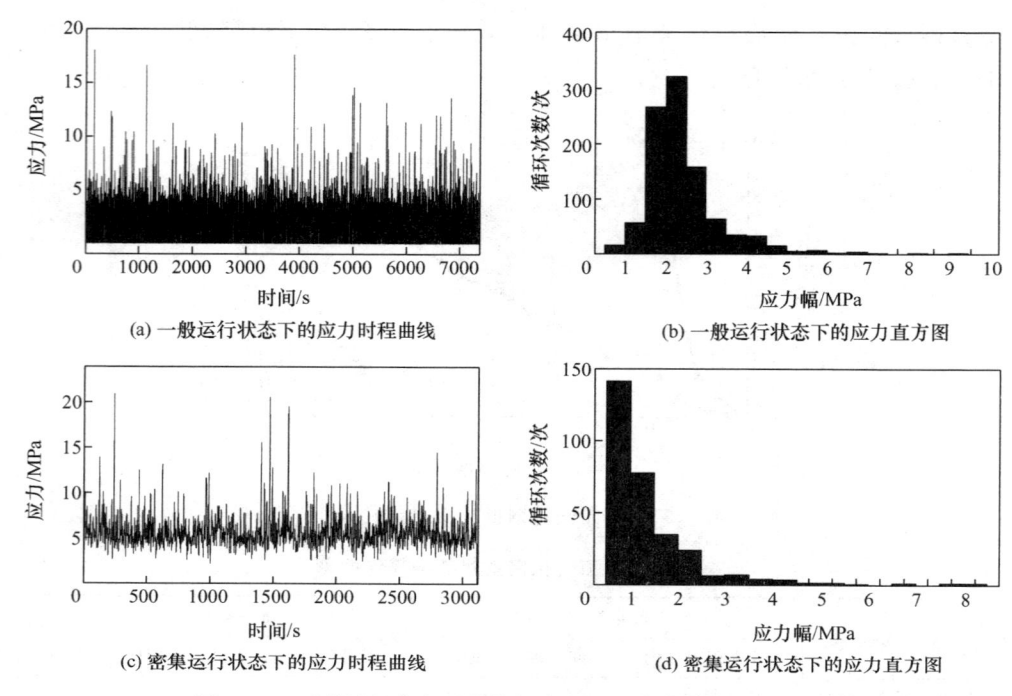

图 5.52　两种运行状态下的剪切应力时程曲线与应力直方图

5.2.8　结论

本节提出了考虑随机车载动力冲击效应和桥面退化影响的桥梁横向联系构造疲劳损伤评估的方法和流程，依托工程实例分析了随机车辆冲击效应、车流运行状态和桥面退化等因素对横向联系疲劳损伤的影响，得出如下结论：

1) 随机车载冲击效应可导致横隔梁连接钢板热点位置应力幅极值增大 13.2%～22.5%；交通量和桥面状况等条件相同时，密集运行状态下热点位置的应力幅峰值较一般运行状态显著增大，最大增幅达 34.6%，应力幅循环次数明显减少；交通运行状态对横向联系疲劳寿命的影响显著。

2) 横向联系疲劳评估中，相对于按照 95% 保证率考虑随机车载冲击效应的影响，依照规范给定的冲击系数考虑冲击效应会明显低估构件的实际疲劳寿命。

3) 桥面退化对横向联系疲劳损伤具有明显的影响，一般与密集运行状态下考虑桥面退化时横向联系的疲劳寿命较不计桥面退化时的疲劳寿命分别降低 60.01% 和 34.88%。

4) 横向联系设计中建议偏安全地按规范给定的冲击系数和一般运行状态进行疲劳验算；进行既有结构的疲劳评估时，建议按实际交通状况考虑随机车辆冲击效应、车流运行状态和桥面退化的影响，以保证评估结果的可靠性。

5.3 车辆超载对横隔梁疲劳损伤的影响

正常使用荷载下公路混凝土桥梁结构的应力幅水平较低，故传统设计中通常不考虑其疲劳问题。然而，随着近年来我国公路交通运输需求量急剧增长，车辆违法超载超限问题突出[19]，不仅对桥梁的承载能力造成负面影响，也显著提高了结构疲劳失效的概率，严重威胁桥梁安全。因此，研究超载对桥梁结构疲劳损伤的影响问题具有重要的现实意义。工程实例调查表明，超载重车长期作用常导致装配式混凝土梁桥的横向联系构件发生疲劳损伤，其中又以钢板连接的横向联系损伤问题更为突出[8,20]，将对上部结构整体的受力性能产生显著影响，进而可能导致"单梁受力"现象，严重威胁桥梁安全。然而，目前相关研究集中于横向连接构造的失效机制及其对结构性能的影响，混凝土梁桥横向联系疲劳损伤的相关研究还较少，我国现行桥梁设计规范对此类构件也尚未给出明确的疲劳损伤评估方法及具体防护措施[21]，有关超载对装配式混凝土梁桥横向联系疲劳损伤影响的研究还不多见。

为此，本节依托前述装配式预应力混凝土简支梁桥工程实例，开展超载车辆作用对横隔梁疲劳损伤的影响研究，对不同的超载影响参数进行对比分析，以期为桥梁的运营维护、超载车辆的治理等提供依据。

5.3.1 车辆超限超载评定依据

1. 车辆超载现象及其危害

目前，公路运输中的超载现象主要分为以下三种情况：①车辆驾驶者为追求经济效益而违规超载；②早期修建的旧桥超龄负载运营；③运营车流量超过最初设计值。其中，前两种超载现象在我国公路运输中比较常见，本书主要针对第一种情况分析超载因素对装配式混凝土梁桥横隔梁钢板连接疲劳损伤的影响。

公路车辆超载运输一方面会导致轴载成倍增加，轮压增大，加剧桥面不平度的恶化过程，进而使横隔梁钢板连接疲劳热点位置的动力放大系数增大；另一方面，对于横隔梁钢板连接而言，超载运输会改变钢板焊缝位置的受力性能，使其应力幅增大，若车辆荷载严重超过设计值，将会直接导致横隔梁焊接钢板焊缝处开裂，严重影响结构的服役寿命。

2. 车辆超限超载的评定指标

超载是为保证汽车自身的安全性而对装载质量的规定，即公路运输车辆所装载的货物超出其额定的装载质量。超限是为保证公路桥梁的安全使用而设定的，车辆在运营期内，其车货总质量、车辆的轴重及货物运输车辆的总高度、总宽度和总长度超过《超限运输车辆行驶公路管理规定》（交通运输部令 2016 年第 62 号）中的规定值即为超限运输车辆，即从地面算起车货总高度超过 4m、车货总宽度在 2.55m 以上及车货总长度在 18.1m 以上，其中车货总质量要求见表 5.15（本书依据表 5.15 定义相应的超载率）。

表 5.15　公路货运车辆超限超载认定标准

轴数	车型	图例	限重/t
两轴	V1		18（20）
三轴	V2		25（30）
四轴	V3		31（40）
三轴	V4		27（30）
四轴	V5		36（40）
五轴	V6		43（50）
六轴	V7		49（55）

注：表中括号内数据为《超限运输车辆行驶公路管理规定》（交通运输部令 2000 年第 2 号）中规定的车辆超限超载认定标准，括号外数据为《超限运输车辆行驶公路管理规定》（交通运输部令 2016 年第 62 号）中规定的车辆超限超载认定标准。

若车辆总质量限值超过表 5.15 中的限重标准，引入汽车超载率 x 来描述车辆的超载情况，超载率按照下式计算：

$$x=(w_s-w_0)/w_0 \times 100\% \tag{5.22}$$

式中 x——超载率；

w_s——车辆总重；

w_0——相应车型的治超限重标准。

5.3.2 超载运营实测数据

依托桥例所在地实际交通超载车辆调研数据得到 2007—2011 年车辆超载统计情况，见表 5.16。

表 5.16 桥例所在地 2007—2011 年车辆超载情况统计 单位：%

各轴数车辆	两轴	三轴	四轴	五轴	六轴
超载车比例	3.8	6.4	15.4	13.1	27.8
平均超载率	9.5	6.8	6.3	7.3	11.2

由表 5.16 可见，2007—2011 年桥例所在地汽车荷载数据中除两轴和三轴车外，剩余车型的超载车比例均在 10% 以上，一个很长的时期内车辆超载为普遍现象。分析车辆平均超载率可知，各车型平均超载率均为 6%～12%。对比各车型的超载率情况可见，桥例所在地超载比例最大和平均超载率最大车型均对应六轴挂车。将各车型比例、超载车比例及各车型超载率均绘于图 5.53 中，以方便进行各参数的对比分析。

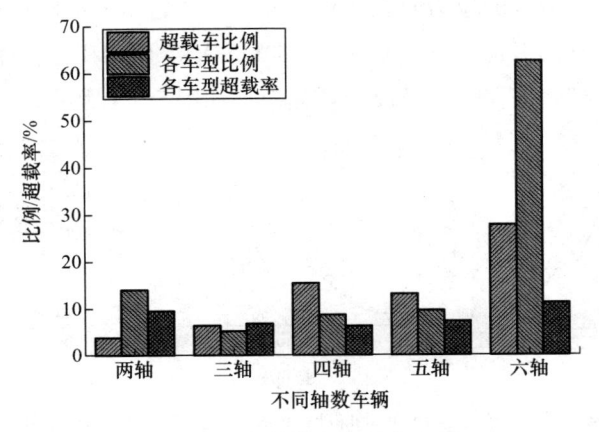

图 5.53 各轴数车辆超载比例

5.3.3 车辆超载对横隔梁连接钢板疲劳损伤的影响

实际交通流中超载车辆的存在将对横隔梁焊接钢板热点位置的应力时程变化及其疲劳损伤状况产生影响,本节将对此进行分析。

1. 车辆超载对连接钢板局部热点动应力响应的影响

为分析车辆超载对横隔梁连接钢板热点位置动应力响应的影响规律,本节以两轴整车为例,基于无超载、超载9.5%、超载20%、超载50%及超载100%五种工况开展超载率对结构应力时程的影响分析。两轴整车超载质量按原轴重分配比例分配,依次调整上述五种工况下两轴车相关参数,见表5.17。

表 5.17 两轴车超载车辆参数计算

车型	超载率/%	车辆参数修正				
		M_{vr}^1/kg	J_{vr}^1/(kg·m²)	I_{vr}^1/(kg·m²)	P_1/kg	P_2/kg
两轴整车	0	15800	44594	12798	7222	12778
	9.5	17700	49956	14337	7908	13991
	20	19800	55883	16038	8666	15334
	50	25800	72818	20898	10833	19167
	100	35800	101042	28998	14444	25556

依据表5.17中给出的超载车辆参数,对车辆模型进行修正,分析超载单车作用下横隔梁连接钢板的应力时程。针对5.1.4节给出的横隔梁连接钢板热点位置及加载工况,分别考虑车速40km/h、60km/h、80km/h三种情况和桥面不平度为"好""一般""差"三种情况,计算结果如图5.54所示。

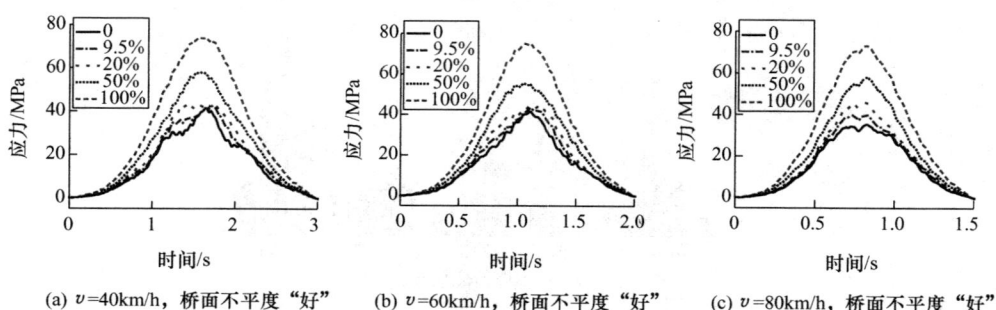

(a) v=40km/h,桥面不平度"好" (b) v=60km/h,桥面不平度"好" (c) v=80km/h,桥面不平度"好"

图 5.54 超载两轴整车作用下热点位置应力时程分析

(d) $v=40$km/h，桥面不平度"一般"　　(e) $v=60$km/h，桥面不平度"一般"　　(f) $v=80$km/h，桥面不平度"一般"

(g) $v=40$km/h，桥面不平度"差"　　(h) $v=60$km/h，桥面不平度"差"　　(i) $v=80$km/h，桥面不平度"差"

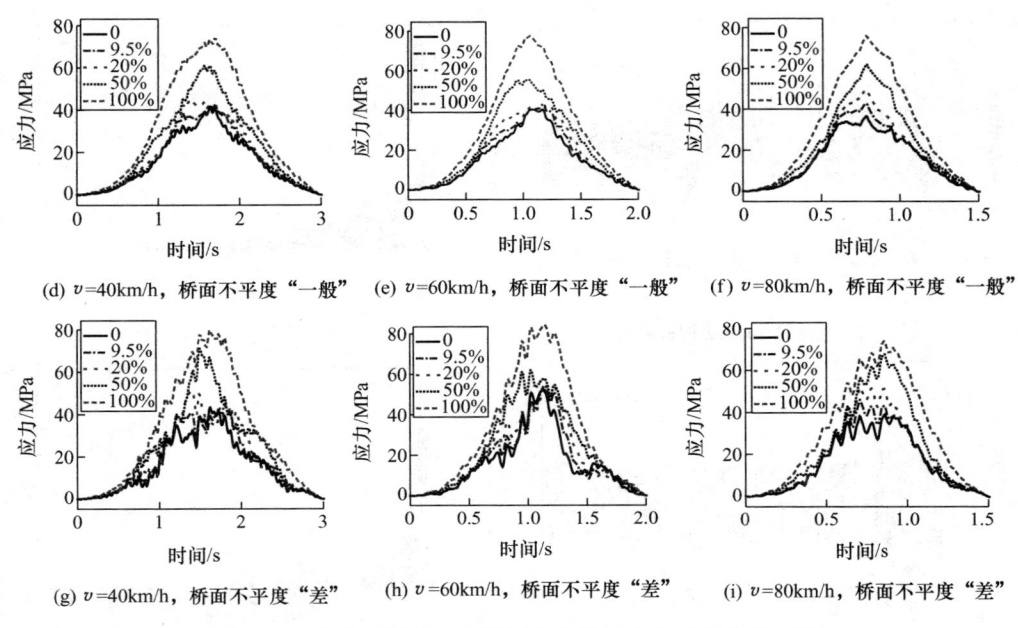

图 5.54　超载两轴整车作用下热点位置应力时程分析（续）

由图 5.54 中的计算结果可知，横隔梁连接钢板应力时程受车辆超载率影响显著，应力幅值随超载率的增加而增大，其中超载率为 100% 与无超载两轴整车作用下相比热点位置最大应力值相差最大达 2.08 倍，同样，实际超载率为 9.5% 与无超载两轴车作用下相差最大达 1.20 倍。同时，超载车辆作用下的应力时程受桥面不平度影响显著，随桥面不平度的恶化应力时程波动加剧，其中车速为 60km/h 时桥面等级由"好"恶化为"差"，最大应力幅增大了 12.24%，而受行车速度的影响并不明显。

2. 考虑超载因素的随机交通流对热点位置应力特征的影响

在随机交通流作用下，为分析超载因素对横隔梁连接钢板热点位置应力循环特征的影响，选取无超载、超载 20%、超载 50% 及超载 100% 四种超载工况，依据《超限运输车辆行驶公路管理规定》（交通运输部令 2000 年第 2 号）调整随机车流轴重，按图 5.45 所示的流程进行影响线加载分析。模拟随机车流样本容量为 1000 辆，运行状态为密集，桥面不平度等级为"一般"，计算得到不同超载工况下的横隔梁连接钢板热点位置应力时程曲线与应力直方图，如图 5.55 所示。

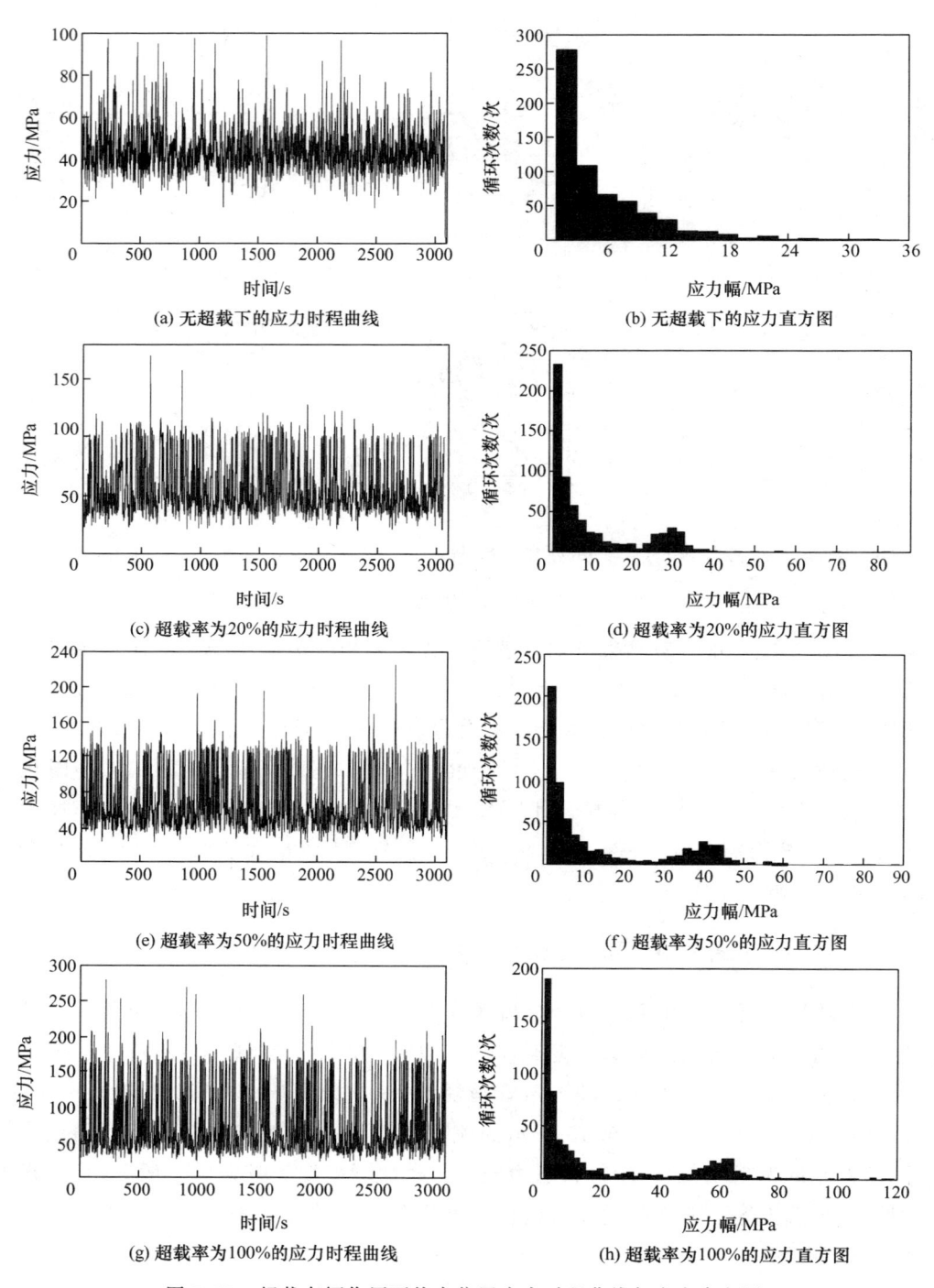

图 5.55 超载车辆作用下热点位置应力时程曲线与应力直方图

由图 5.55 对比可知，四种工况下连接钢板热点位置的荷载效应值随车辆超载率的增大而增大，其中超载率为 100% 时的荷载效应值范围由无超载时的 17～99MPa 变为 25～279MPa，均值由 44MPa 变为 76MPa，超载 100% 时的最大应力值为无超载时的 2.81 倍。对比应力直方图可以发现，无超载时的最大应力幅为 35MPa，且应力循环次数随应力幅的增大而逐渐递减，而随超载率的增大连接钢板热点位置的最大应力幅显著提高，其中超载 100% 时的最大应力幅为无超载时的 3.40 倍，且应力循环次数由单峰形式过渡为双峰形式，在 50～70MPa 范围内应力幅出现第二峰值。

3. 超载对横隔梁连接钢板热点位置疲劳寿命的影响

以本章前文建立的 30m 跨径装配式预应力混凝土小箱梁桥为例进行超载车辆作用下横隔梁焊接钢板疲劳寿命分析，选取无超载、超载 20%、超载 50% 及超载 100% 四种超载工况。考虑车辆超载与桥面时变劣化影响，分析得到两种运行状态不同超载率下的横隔梁热点位置的典型日损伤量和疲劳寿命，日交通量按 4860 辆考虑，分析结果见表 5.18。

表 5.18 不同超载率下的疲劳寿命

超载率/%	日累积损伤 D		疲劳寿命/年	
	一般运行	密集运行	一般运行	密集运行
无超载	3.60e−4	5.61e−5	10.67	53.74
20	9.87e−4	2.10e−4	6.26	15.46
50	1.67e−3	5.25e−4	4.87	7.99
100	3.80e−3	1.51e−3	2.56	6.22

以无超载车辆作用下连接钢板热点位置的疲劳日累积损伤值为标准，将不同超载率下两种运行状态的日疲劳损伤倍数绘于图 5.56 中，同时将四种超载工况下热点位置的疲劳寿命评估值绘于图 5.57 中。由图 5.56 和图 5.57 可知，随着车辆超载率的增大，连接钢板热点位置的损伤倍数呈非线性增长，大大缩短了横隔梁连接钢板的疲劳寿命。其中，密集运行状态下车辆超载 100% 时该横隔梁连接钢板的损伤提升 26.92 倍，疲劳寿命缩短了 47.52 年。同时可以发现，在相同超载工况下车辆运行状态对横隔梁连接钢板的损伤值影响很大，其中车辆超载 100% 下热点位置的疲劳寿命一般运行状态较密集运行状态缩短了 58.84%。

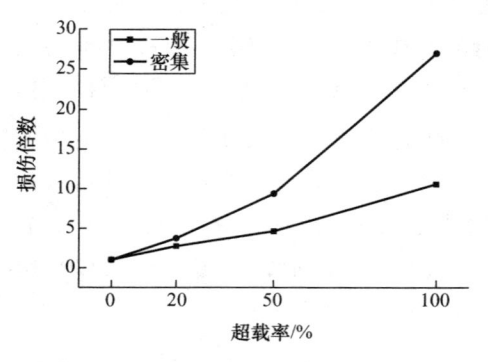

图 5.56　损伤倍数与超载率的关系曲线　　　图 5.57　疲劳寿命与超载率的关系曲线

4. 新旧超限规定对横隔梁连接钢板疲劳损伤的影响

2016 年 9 月 21 日起我国开始执行交通运输部颁布的《超限运输车辆行驶公路管理规定》（交通运输部令 2016 年第 62 号）等新治超政策。新规中对超限超载车辆的评定标准进行了调整，将原单轴载重不超过 10t 调整为两轴车总质量不得超过 18t、三轴车不得超过 27t、四轴车不得超过 36t、五轴车不得超过 43t，六轴及以上车辆限重由 55t 变为 49t。为分析新旧规定对横隔梁连接钢板热点位置疲劳损伤的影响，现考虑桥面退化及交通量变化，以一般运行状态下的随机交通流为运营荷载，依次进行无超载、超载 20%、超载 50% 及超载 100% 四种工况下连接钢板热点位置的疲劳寿命评估，其结果如图 5.58 所示。

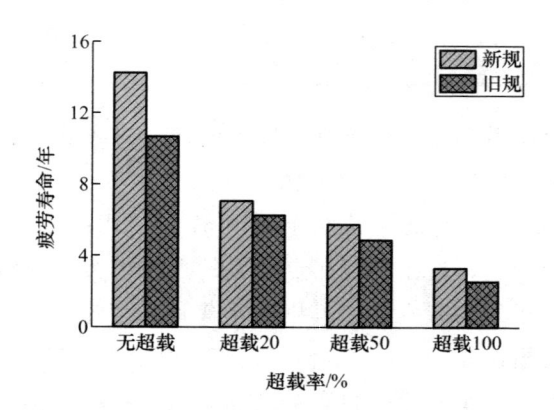

图 5.58　国内新旧超限规定下的疲劳寿命对比

由图 5.58 可知，按新超限规定，四种车辆载重工况下连接钢板热点位置的疲劳寿命值均得到延长，其中无超载、超载 20%、超载 50% 及超载 100% 下新超限规定较旧超限规定疲劳寿命值依次延长了 33.65%、12.6%、17.86%、28.91%。由此可见，新规不仅对超载车辆的吨数要求更为明晰与严格，也减轻了桥梁结构的疲劳损伤程度，提高了桥梁自身的经济效益。

5.3.4 超载条件下横隔梁疲劳损伤的影响参数

1. 超载率与超载比例对焊接钢板疲劳寿命的影响

由前述分析可知，横隔梁焊接钢板的疲劳寿命随交通流中车辆荷载超载率和超载比例的增大而递减。为分析车辆超载率与车辆超载比例对热点位置疲劳寿命的影响程度，本节以一般运行状态下日交通量为 4860 辆的交通状况作为研究对象，取桥面不平度等级为"一般"；为对比分析超载比例与超载率对连接钢板寿命的影响，将超载比例与超载率均取为 10%、20%、50% 与 100% 四种工况。上述 16 种工况下焊接钢板热点位置的疲劳寿命分析结果如图 5.59 所示。

(a) 疲劳寿命与超载比例的关系　　(b) 超载比例与超载率对疲劳寿命的敏感分析

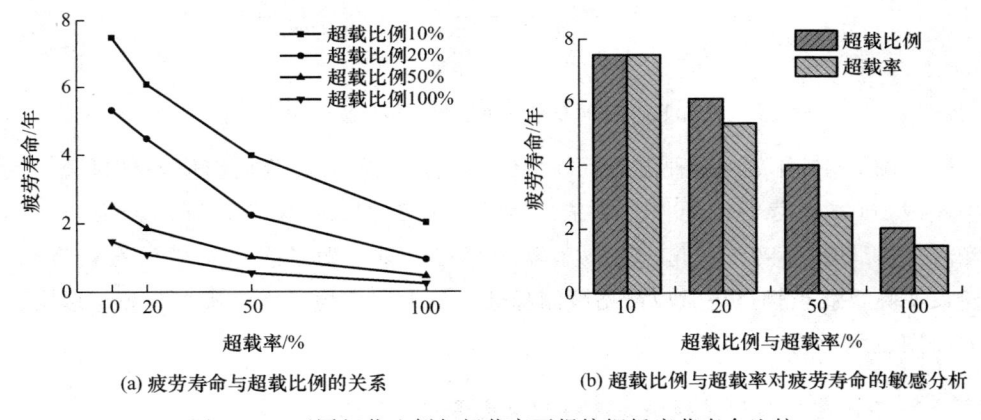

图 5.59　不同超载比例与超载率下焊接钢板疲劳寿命比较

由图 5.59（a）可知，随车辆超载比例与超载率的增大，横隔梁焊接钢板疲劳寿命递减。为进一步分析二者对疲劳寿命的影响程度，以车辆超载比例 10%、超载率 10% 为基准，即在车辆超载比例保持 10% 不变的条件下车辆超载率提为 20%、50%、100% 与在车辆超载率保持 10% 不变的条件下车辆超载比例提为 20%、50%、100%，依次进行对比分析，结果如图 5.59（b）所示。分析可知，相同基准下相对于超载率，提升超载比例时横隔梁焊接钢板的疲劳寿命缩短更快，因此疲劳寿命值受车辆超载比例的影响较车辆超载率更为敏感。

2. 车辆作用次数与载重水平对焊接钢板疲劳损伤的影响

实际重载车辆过桥时，常建议将货物拆散分车装运，这里将结合依托桥例进行论证分析。取日交通量为 4860 辆，运行状态为"一般"，桥面不平度等级为"一般"，依据车货总重相等的原则制定三种荷载工况：车辆均以半载形式运营四天、以满载形式运营两天和以超载 100% 形式运营一天。三种工况下横隔梁连接钢板的疲劳损伤值分析结果如图 5.60 所示。

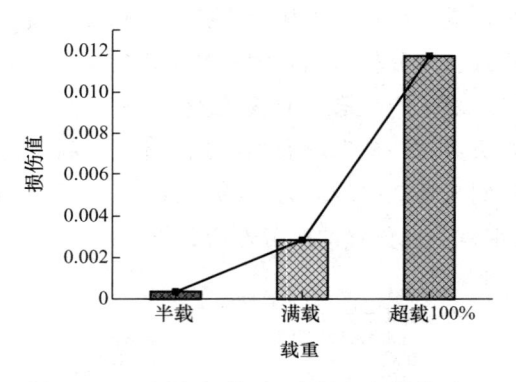

图 5.60 不同车辆载重下焊接钢板损伤对比

由图 5.60 可知，三种工况下焊接钢板热点位置的疲劳损伤值差异显著，其中超载 100% 运营一天的损伤值依次为半载运营四天、满载运营两天损伤值的 32.85 倍和 4.13 倍。因此，超载车辆的存在严重缩短了桥梁构件的服役寿命，建议实际重载车辆过桥时应严格限制超载，遇大型货物过桥时按少装载、多次运的原则装载货物。

3. 不同超载车型对横隔梁连接钢板疲劳损伤的影响

为了研究不同超载车型对横隔梁连接钢板热点位置疲劳损伤的影响差异，取各超载车型的超载率相同，即将表 5.15 中 7 种车型中的一种车型定为超载车，其超载率依次取 10%、20%、50% 和 100% 四种工况，而其他车型按满载运行。取日交通量为 4860 辆，运行状态为"一般"，桥面不平度等级为"一般"，为方便比较，将两轴整车的疲劳损伤值取为 1，其余车型与两轴整车疲劳损伤值的比值定义为相对累积损伤，其计算结果如图 5.61 所示。

由图 5.61 可知，在四种超载工况下，相对于其他车型，四轴整车超载与六轴挂车超载对横隔梁连接钢板疲劳损伤的影响更显著，且六轴挂车超载引起的横隔梁连接钢板损伤最大。对比 7 种超载车型可以发现，四轴整车、五轴挂车及六

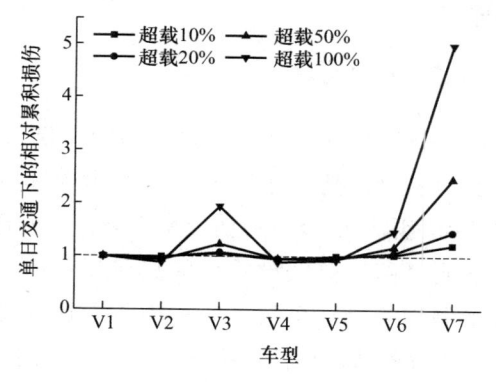

图 5.61 各超载车型在不同超载率下的疲劳损伤

轴挂车引起的横隔梁连接钢板损伤均大于两轴整车,而三轴整车、三轴挂车及四轴挂车引起的横隔梁连接钢板损伤均小于两轴整车。因此,在实际超限运输管理中应重点关注四轴整车与六轴挂车的超载问题。

5.3.5 在役桥梁的疲劳寿命评估及运营管理建议

1. 实测超载车辆下桥梁的疲劳寿命评估

针对本章前述桥例 30m 跨径装配式预应力混凝土小箱梁桥进行实测超载车辆作用下横隔梁焊接钢板疲劳寿命分析,各车型的超载比例和超载率按表 5.16 中的实测交通数据取值。考虑车辆超载情况及桥面恶化问题,得到两种运行状态实测超载率下的横隔梁热点位置日损伤量和疲劳寿命,日交通量按 4860 辆考虑,计算结果见表 5.19。

表 5.19 实测超载率下的桥梁疲劳寿命

超载率	日累积损伤 D		疲劳寿命/年	
	一般运行	密集运行	一般运行	密集运行
无超载	3.60e-4	5.61e-5	10.67	53.74
实测超载	8.45e-4	1.83e-4	6.58	16.73

注:D 表示累积损伤值。

由表 5.19 可知,两种运行状态实测超载车辆作用下横隔梁连接钢板热点位置的疲劳日累积损伤值依次为无超载时的 2.35 倍和 3.26 倍,其疲劳寿命依次缩短了 4.09 年和 37.01 年。由此可知,超载车辆的存在严重加剧了横隔梁连接钢板的疲劳损伤程度,在实际交通运营中应加大对超载车辆的管理力度,确保桥梁构件安全服役。

2. 超载车辆过桥的运营管理措施

相关资料显示，目前全国各省道干线公路上超载车辆占行驶总车辆的20%以上，个别省道干线上超载比例甚至达到了90%。由前述分析结果可知，车辆超载率对桥梁关键构件如横隔梁的疲劳损伤影响显著，其寿命值随超载率的增加而递减。超载车辆将加剧公路桥梁关键构件的疲劳累积损伤，影响桥梁承载能力，甚至导致公路桥梁倒塌等恶性事故。若车辆荷载超过桥梁构件的设计承载力，将可能直接导致公路桥梁结构构件的损伤甚至桥梁的倒塌。

本节基于前述分析结果，考虑超载车辆过桥对既有桥梁构件的疲劳损伤影响问题，从降低桥梁构件疲劳损伤的角度对超载车辆过桥提出以下建议：

1) 对于桥面存在破损的在役桥梁，应及时给予修复，以减小车辆过桥时对桥梁的冲击效应，进而减缓桥梁构件的疲劳累积损伤进程。

2) 定期进行交通量调查统计，若超过设计交通量，需对过桥车辆给予限行考虑，且需合理规划车辆行驶间距。

3) 相关治超部门应加大对超限超载运输管理的宣传与执行力度，逐渐降低车辆超载比例与超载率。

4) 车辆装载必须符合限载标准，尽量满足少装载、多次运的原则。

5) 评估桥梁构件的剩余疲劳寿命时需考虑不同超载车型的影响差异，尤其要关注四轴整车和六轴挂车的超载问题。

5.3.6 主要结论

本节以超载作用下的装配式预应力混凝土简支小箱梁桥的横向联系连接钢板为研究对象，基于 S-N 曲线和线性 Miner 累积损伤准则建立其疲劳评估流程，运用蒙特卡罗方法模拟随机交通流，系统分析了车辆超载对装配式预应力混凝土横向联系连接钢板疲劳损伤的影响，结论如下：

1) 随机交通荷载作用下，随着超载率的增加，横向联系热点位置的应力幅明显增大，疲劳寿命显著降低，且当超载率由0变化至20%时，构件疲劳寿命下降幅度最为剧烈；相对于一般运行状态，密集运行状态下横向联系的疲劳寿命对超载率的变化更为敏感。

2) 相对于超载率，横向联系的疲劳寿命对车辆超载比例更为敏感；相对于车辆作用频次，横向联系的疲劳损伤对车辆的装载水平更为敏感。严格控制实际交通流中超载车的比例和重载车辆的装载水平，可有效降低桥梁关键受力构件的应力幅,延缓疲劳损伤的进程。

3) 不同超载车型对横向联系疲劳损伤的影响差异明显,在该桥中四轴整车与六轴挂车的超载对横向联系连接钢板的疲劳损伤影响最为突出。建议在进行桥梁构件疲劳寿命评估时应考虑实际交通流中超载车型的影响。

参考文献

[1] 闫君媛. 基于监测数据的特重车作用下装配式箱梁桥响应分析及限载研究 [D]. 西安:长安大学, 2013.

[2] 吴志文. 随机车载下钢筋混凝土桥面板疲劳寿命分析方法研究 [D]. 哈尔滨:哈尔滨工业大学, 2016.

[3] 张喜刚. 公路桥梁汽车荷载标准研究 [M]. 北京:人民交通出版社, 2014:51-228.

[4] 王新敏. ANSYS 工程结构数值分析 [M]. 北京:人民交通出版社, 2007.

[5] HUANG D, WANG T L. Impact analysis of cable-stayed bridges [J]. Computers & Structures, 1992, 43 (5):897-908.

[6] DENG L, WANG W, YU Y. State-of-the-art review on the causes and mechanisms of bridge collapse [J]. Journal of Performance of Constructed Facilities, 2016 (2):1-13.

[7] 郑彬双. 横隔板对钢筋混凝土肋梁桥疲劳性能的影响分析 [D]. 哈尔滨:东北林业大学, 2017.

[8] 杨鸥, 张晓非, 霍静思, 等. 预应力混凝土梁疲劳性能研究现状 [J]. 建筑科学与工程学报, 2017, 34 (4):85-95.

[9] 姚晓飞, 徐岳, 丁怡洁, 等. 翼缘刚接混凝土 T 梁桥结构体系损伤评价研究 [J]. 武汉理工大学学报, 2010, 32 (1):169-173.

[10] 刘润阳. T 梁横隔板不同连接状态对主梁受力的影响 [J]. 铁道建筑, 2009 (3):46-48.

[11] 梁志广, 张勇, 刘建磊. 装配式 T 梁横隔板病害及加固 [J]. 中国市政工程, 2007 (5):92-93.

[12] NAAMAN A E, FOUNAS M. Partially prestressed beams under random-amplitude fatigue loading [J]. Journal of Structural Engineering, 1991, 117 (12):3742-3761.

[13] 李扬海. 公路桥梁结构可靠度与概率极限状态设计 [M]. 北京:人民交通出版社, 1997:140-156.

[14] 中华人民共和国行业标准. 公路工程技术标准 (JTG B01—2014) [S]. 北京:人民交通出版社, 2014.

[15] BAE H U, MICHEL O G. Moment and shear load distribution factor for multi-girder bridge subjected to overload [J]. Journal of Bridge Engineering, 2012, 17 (3):519-527.

[16] 中华人民共和国行业标准. 公路钢结构桥梁设计规范 (JTG D64—2015) [S]. 北京:人

民交通出版社，2015.

[17] International Organization for Standard (ISO). Mechanical vibration-road surface profiles-reporting of measured data [S]. ISO 8068：1995.

[18] 中华人民共和国行业标准. 公路沥青路面设计规范（JTG D50—2017）[S]. 北京：人民交通出版社，2017.

[19] 刘焕举，韩鹤翔，黄平明，等. 基于车-桥耦合振动的桥梁加固效果分析 [J]. 深圳大学学报（理工版），2018，35（1）：55 - 61.

[20] BAE H U，OLIVE G M. Moment and shear load distribution factor for multi-girder bridge subjected to overload [J]. Journal of Bridge Engineering，2012，17（3）：519 - 527.

[21] 中华人民共和国行业标准. 公路桥涵设计通用规范（JTG D60—2015）[S]. 北京：人民交通出版社，2015.

第6章　风车联合作用下斜拉桥拉索疲劳可靠性分析

斜拉索作为斜拉桥的关键部件，具有质量小、柔度大、低阻尼、高应力的特点，大量运营实例表明，斜拉索是全桥中使用寿命最低和较易破损的构件[1]。运营期内，斜拉索始终处于高应力状态，长期承受随机变幅荷载作用，拉索疲劳问题从斜拉桥出现开始一直都是工程界研究的热点。近年来，随着斜拉桥向大跨、轻型方向发展，其车振和风振效应愈发显著，业界对斜拉索疲劳问题的关注也增强了[2]。

环境作用和人为因素的影响可造成拉索系统的腐蚀，进而引起拉索抗疲劳性能的退化[3]。当拉索内部钢丝受到腐蚀影响后，拉索构件整体可能仍具有足够的抗拉和抗疲劳承载能力，若盲目换索，虽结果偏安全，但会造成不必要的浪费和不良社会影响。目前针对在役桥梁斜拉索的疲劳可靠性预测和评定研究中，腐蚀因素的影响还少有考虑。不同腐蚀状况对于运营斜拉桥拉索的疲劳可靠性影响规律尚不明晰，难以为在役桥梁斜拉索的疲劳评估和状态预测提供必要的依据和理论基础[4]。

风荷载、车辆、斜拉桥三者组成一个相互作用的复杂动力系统，合理评价和预测斜拉索在运营期内的安全状态和使用性能对于斜拉桥的安全运营和科学维护管理具有重要意义。本章以国内外考虑风车联合作用的桥梁疲劳可靠性相关研究为基础，在随机车辆-风荷载-桥梁系统动力响应分析理论框架下，结合腐蚀拉索疲劳性能试验研究成果，开展在考虑腐蚀影响的运营条件下斜拉桥拉索疲劳可靠性分析方法和使用性能预测的理论研究，以期为在役斜拉桥拉索系统的安全评价和性能预测等提供理论基础和方法支持。

6.1　风车联合作用下大跨桥梁动力响应的叠加分析方法

风车联合作用下桥梁结构的动力行为研究近年已成为大跨桥梁领域新的热点问题之一。李永乐等[5]确定了风-车-桥系统内部及外部激励，并将自编的风-车-桥系统动力分析程序应用到实例分析中，研究了风-车-桥系统的振动特性；文献[6,7]提出风-车-桥耦合系统振动分析的理论框架，结合工程实例进行了风载下车桥系统的动力响应研究；韩艳等[8]基于风-车-桥耦合振动数值分析研究了考虑与不考虑车桥间气动干扰情况下车桥系统的动力响应。现有的风-车-桥耦合振动分析模型仍存在分析方法实现难度大、过程复杂和计算量大的问题，增加了风-车-桥耦合振动分析用于桥梁疲劳评估研究的难度，研究提出一种精度可满足要求且计算过程更易实现的简化分析方法十分必要。为此，本节将通过对风-车-桥耦合振动、车桥振动和桥梁风致抖振分析的比较研究，面向结构疲劳损伤评估提出一种考虑风车联合作用的桥梁动力响应的叠加分析简化方法，并通过工程实例对其适用性进行验证，为大跨桥梁的疲劳评估提供方法参考。

6.1.1 桥例概况与有限元建模

1. 工程概况

南京长江二桥南汊主桥为双塔双索面半漂浮体系钢斜拉桥，桥型布置如图 6.1 所示。倒 Y 形混凝土桥塔高 195.41m；全桥有拉索 80 对，拉索布置如图 6.2 所示，采用 7mm 镀锌高强度低松弛钢丝，拉索直径有 105mm、115mm、125mm、135mm、145mm 五种规格，材料指标见表 6.1；主梁采用扁平钢箱梁结构（图 6.3），梁上索距为 12m 和 15m；塔上索距自下而上由 2.5m 变为 1.75m。该桥自 2000 年 3 月通车以来，截至 2016 年 3 月，累计通行车辆达 2.55 亿辆，其中大货车 7015 万辆，年度日平均交通量从建成之初的 9500 辆/日增长到 8.3 万辆/日。大桥通车以来的年交通量统计结果如图 6.4 所示。

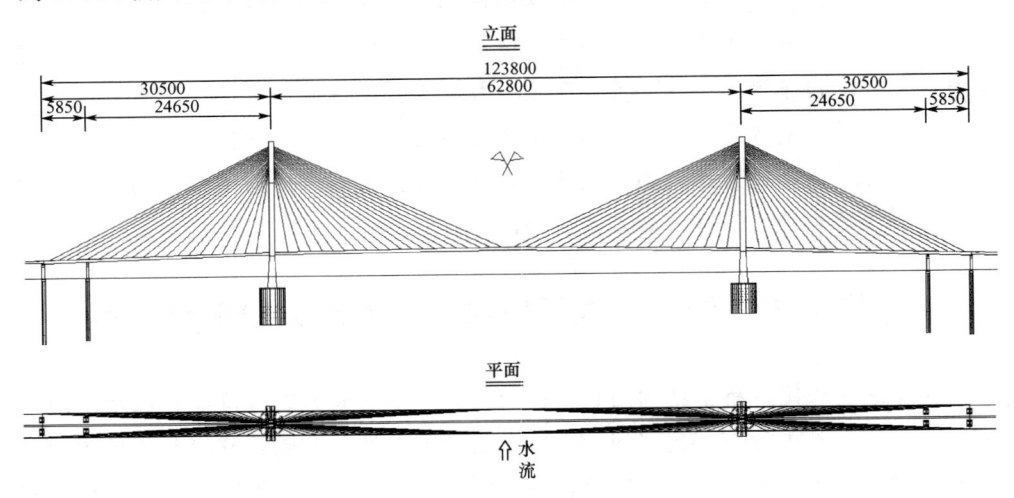

图 6.1 桥型布置（单位：cm）

第 6 章 风车联合作用下斜拉桥拉索疲劳可靠性分析

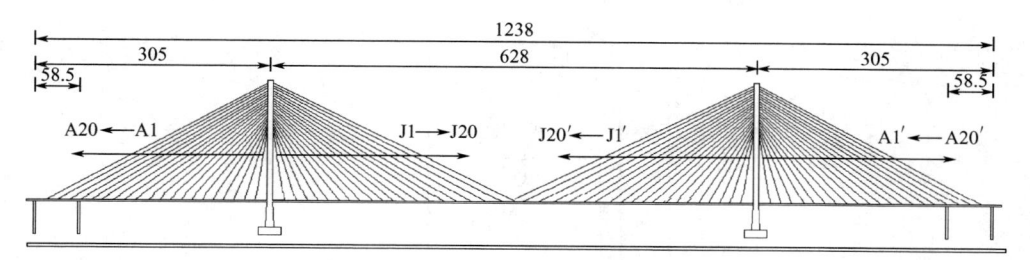

图 6.2 全桥拉索布置（单位：m）

表 6.1 斜拉索高强钢丝技术指标

序号	指标	技术指标取值
1	公称直径	7.00（+0.08，-0.02）mm
2	不圆度	≤0.04
3	横截面面积	38.48mm^2
4	抗拉强度	≥1670MPa
5	屈服强度	≥1410MPa
6	延伸率	≥4.0%（L_0=250mm）
7	弹性模量	（1.95～2.10）×10^{5}MPa
8	反复弯曲	≥4 次（R=15mm）
9	卷绕	3d×8（d 为钢丝公称直径）
10	松弛	≤2.5%
11	疲劳应力	360MPa（上限应力 0.45σ_b，N=2×10^6 次）
12	锌层附着	≥300g/m^2
13	锌层附着性	5d×8 圈（d 为钢丝公称直径），不起层，不剥落
14	硫酸铜试验	≥4 次（每次 60s）
15	平直度	≤15～30mm

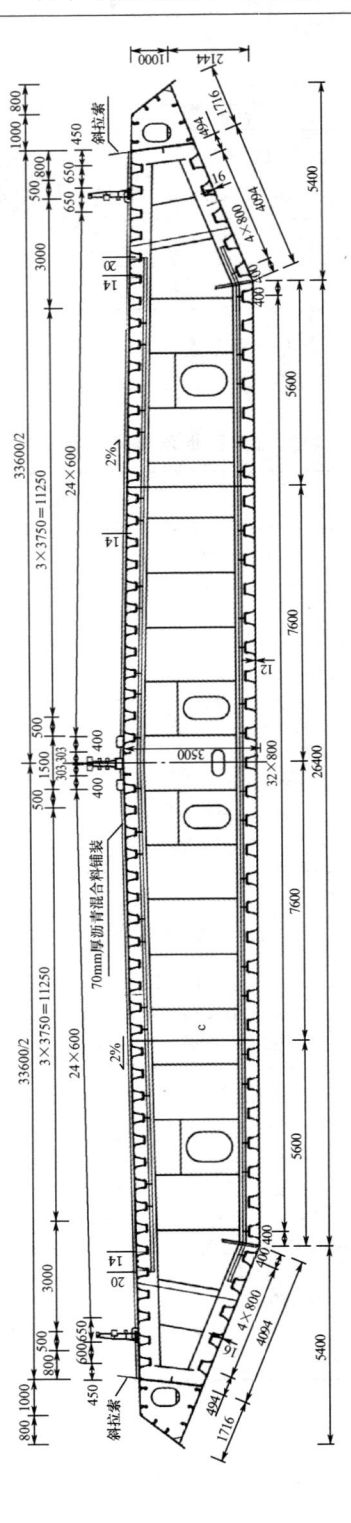

图 6.3 钢箱梁标准断面图(单位:mm)

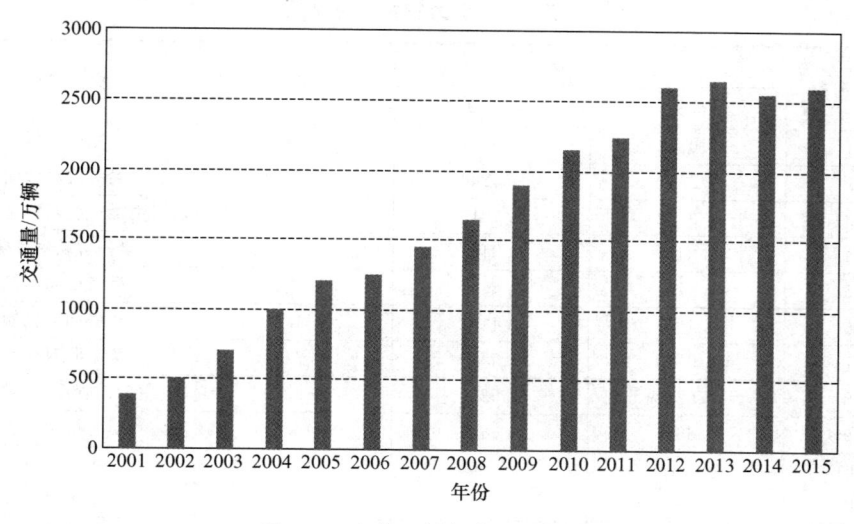

图 6.4 南京二桥年交通量统计

2. 有限元模型的建立

采用 ANSYS 建立该桥大尺度空间"鱼骨刺"计算模型，如图 6.5 所示，其中主梁和桥塔采用空间梁单元（Beam44）、横隔梁采用梁单元（Beam4）模拟，拉索采用杆单元（Link10）模拟，拉索初张力由初应变模拟。桥塔横梁与主梁设置活动铰支座，两者间顺桥向设置弹簧单元，桥塔在承台处采用固结约束。将模态分析得到的前 20 阶振型及频率与文献 [9] 比较，结果见表 6.2，最大相对误差为 7.22%，表明所建立的有限元模型可较好地反映该桥的结构动力特性。

图 6.5 桥例有限元模型（半桥）

表 6.2　动力特性计算结果

振型阶数	频率/Hz 桥例	频率/Hz 文献[9]	误差/%	振型描述
1	0.0602	0.0633	4.90	主梁纵飘
2	0.2612	0.2596	−0.62	主梁一阶对称侧弯
3	0.2652	0.2843	6.72	主梁一阶对称竖弯
4	0.3474	0.3444	−0.87	主梁一阶反对称竖弯
5	0.4761	0.4611	−3.25	桥塔反向侧倾
6	0.4913	0.4701	−4.51	桥塔同向侧倾
7	0.5703	0.5319	−7.22	主梁二阶对称竖弯
8	0.6222	0.6210	−0.19	主梁二阶反对称竖弯
9	0.6686	0.6804	1.73	主梁竖弯
10	0.748	0.7563	1.10	主梁竖弯
11	0.7627	0.7800	2.22	主梁竖弯
12	0.8287	0.7897	−4.94	桥塔侧弯
13	0.8314	0.7928	−4.87	桥塔侧弯
14	0.8224	0.8045	−2.22	桥塔侧弯＋主梁侧弯
15	0.8743	0.8633	−1.27	主梁竖弯
16	0.9304	0.9330	0.28	主梁一阶扭转＋侧弯
17	1.0313	1.0453	1.34	主梁竖弯
18	1.0381	1.0584	1.92	主梁竖弯
19	1.2076	1.1908	−1.41	主梁竖弯
20	1.2365	1.2268	−0.79	主梁竖弯

6.1.2　风-车-桥系统的动力分析模型

1. 风-车-桥系统的运动方程

基于模态综合法建立风-车-桥耦合系统的动力方程[10]：

$$\begin{bmatrix} M_{vv} & 0 \\ 0 & M_{bb} \end{bmatrix} \begin{Bmatrix} \ddot{X}_v \\ \ddot{X}_b \end{Bmatrix} + \begin{bmatrix} C_{vv} & C_{vb} \\ C_{bv} & C_{bb} \end{bmatrix} \begin{Bmatrix} \dot{X}_v \\ \dot{X}_b \end{Bmatrix} + \begin{bmatrix} K_{vv} & K_{vb} \\ K_{bv} & K_{bb} \end{bmatrix} \begin{Bmatrix} X_v \\ X_b \end{Bmatrix} = \begin{Bmatrix} F_v^b + F_v^w + F_v^G \\ F_b^v + F_b^w \end{Bmatrix}$$

(6.1)

式中　　M_{vv}，M_{bb}——车辆总质量矩阵、桥梁的模态质量矩阵；

C_{vv}，C_{bb}——车辆总阻尼矩阵、桥梁的模态阻尼矩阵；

K_{vv}，K_{bb}——车辆总刚度矩阵、桥梁的模态刚度矩阵；

$\boldsymbol{K}_{vb}$，$\boldsymbol{K}_{bv}$——车桥耦合刚度矩阵；

$\boldsymbol{C}_{vb}$，$\boldsymbol{C}_{bv}$——车桥耦合阻尼矩阵；

$\{X_b\}$，$\{\dot{X}_b\}$，$\{\ddot{X}_b\}$——桥梁模态坐标下的位移、速度、加速度；

$\{X_v\}$，$\{\dot{X}_v\}$，$\{\ddot{X}_v\}$——车辆的位移、速度、加速度；

$\{F_b^v\}$——作用于桥梁上的车桥间的耦合接触力；

$\{F_b^w\}$——作用于桥梁的风荷载；

$\{F_v^b\}$——作用于车辆上的车桥间的耦合接触力；

$\{F_v^w\}$——作用于车辆的风荷载；

$\{F_v^G\}$——车辆的自重。

以两轴重车为例（车辆分析模型如图 6.6 所示），作用于桥梁和车辆上的耦合接触力可表示为

$$\{F_b^v\} = [F_{b1}\ F_{b2}\cdots F_{bN_b}] \tag{6.2}$$

$$F_{bn} = \sum_{i=1}^{N_v}\sum_{j=1}^{2}\left\{\begin{array}{l}\left[k_{v|L}^{ij}y_L(x_{ij}) + c_{v|L}^{ij}\dfrac{\partial r_L(x_{ij})}{\partial x}V(t) + m_{Lij}g\right]\left[\phi_v^n(x_{ij}) + \phi_\theta^n(x_{ij})b_{Lij}\right] \\ + \left[k_{v|R}^{ij}r_R(x_{ij}) + c_{v|R}^{ij}\dfrac{\partial r_R(x_{ij})}{\partial x}V(t) + m_{Rij}g\right]\left[\phi_v^n(x_{ij}) + \phi_\theta^n(x_{ij})b_{Rij}\right]\end{array}\right\}$$

(6.3)

$$\{F_v^b\} = [F_{v1}\ F_{v2}\cdots F_{N_v}] \tag{6.4}$$

$$[F_{vi}]_{1,1} = [F_{vi}]_{2,1} = [F_{vi}]_{3,1} = [F_{vi}]_{4,1} = [F_{vi}]_{9,1} = [F_{vi}]_{10,1}$$
$$= [F_{vi}]_{11,1} = [F_{vi}]_{12,1} = 0$$

$$[F_{vi}]_{5,1} = k_{v|L}^{i1}r_L(x_{i1}) + c_{v|L}^{i1}\dfrac{\partial r_L(x_{i1})}{\partial x}V(t),\ [F_{vi}]_{6,1} = k_{v|R}^{i1}r_R(x_{i1}) + c_{v|R}^{i1}\dfrac{\partial r_R(x_{i1})}{\partial x}V(t)$$

$$[F_{vi}]_{7,1} = k_{v|L}^{i2}r_L(x_{i2}) + c_{v|L}^{i2}\dfrac{\partial r_L(x_{i2})}{\partial x}V(t),\ [F_{vi}]_{8,1} = k_{v|R}^{i2}r_R(x_{i2}) + c_{v|R}^{i2}\dfrac{\partial r_R(x_{i2})}{\partial x}V(t)$$

(6.5)

以上式中 k，c——车辆作用下悬架的弹簧刚度和阻尼；

ϕ_θ^n，ϕ_v^n——桥梁第 n 阶扭转、竖向振型分量；

$r(x)$——桥面不平度；

N_v——车辆数。

2. 风荷载模拟

作用于桥梁结构的风荷载由两部分组成：一部分为平均风荷载，其振动周期

(a) 两轴整车模型　　　　(b) 两轴整车截面

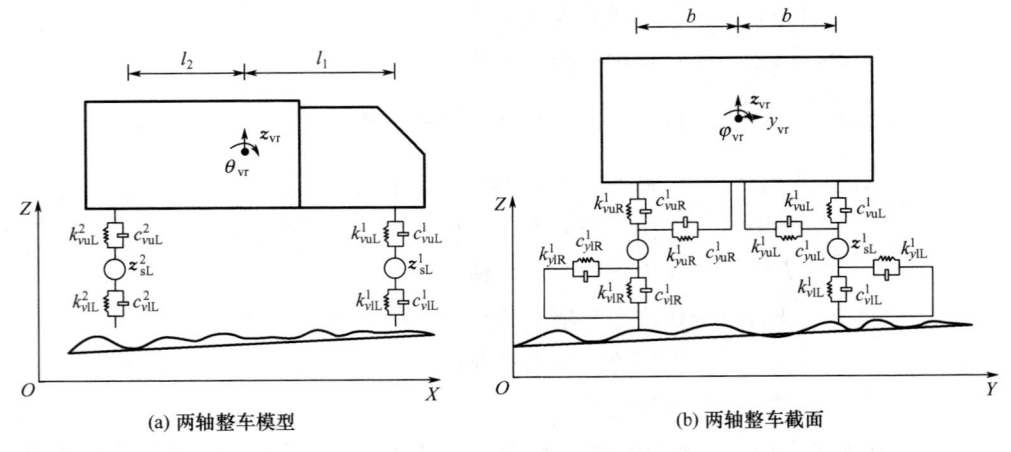

图 6.6　两轴重车模型示意图

比斜拉桥结构自振周期长，可看作静力荷载；另一部分为脉动风荷载，其振动周期与结构自振周期接近，为随机动力荷载。

（1）作用于桥梁上的风荷载

作用于桥梁上的风荷载项 $\{F_b^w\}$ 为静力和脉动风荷载的叠加，可由式（6.6）表示：

$$\{F_b^w\} = \begin{Bmatrix} L_b^w(x,t) \\ D_b^w(x,t) \\ M_b^w(x,t) \end{Bmatrix} = \begin{Bmatrix} L_{st}+L_{se}(x,t)+L_{bf}(x,t) \\ D_{st}+D_{se}(x,t)+D_{bf}(x,t) \\ M_{st}+M_{se}(x,t)+M_{bf}(x,t) \end{Bmatrix} = \{F_{st}+F_{se}+F_{bf}\} \quad (6.6)$$

式中　　F_{st}——静风荷载；

L_{st}，D_{st}，M_{st}——静风作用下的升力、阻力和扭矩，可表达为

$$L_{st}=\frac{1}{2}\rho U^2 B C_L, \quad D_{st}=\frac{1}{2}\rho U^2 B C_D, \quad M_{st}=\frac{1}{2}\rho U^2 B^2 C_M \quad (6.7)$$

式中　　ρ——空气密度；

U——平均风速；

B——梁段的截面宽度；

C_L，C_D，C_M——气动系数。

风荷载项剩余部分为脉动风荷载产生的抖振力和自激力，即式（6.6）中的 F_{se}、F_{bf} 项。脉动风荷载可采用随机数值模拟得到风速时程，模拟选用文献[11]中的风谱，竖向采用帕诺夫斯基-麦考马克（Panofsky-McCormick）风谱，横向采用卡马尔（Kaimial）风谱。

脉动风可视为一种零均值高斯过程，其互谱密度矩阵为

$$\boldsymbol{S}^0(\omega) = \begin{bmatrix} S_{11}^0(\omega) & S_{12}^0(\omega) & \cdots & S_{1n}^0(\omega) \\ S_{21}^0(\omega) & S_{22}^0(\omega) & \cdots & S_{2n}^0(\omega) \\ \vdots & \vdots & \ddots & \vdots \\ S_{n1}^0(\omega) & S_{n2}^0(\omega) & \cdots & S_{nn}^0(\omega) \end{bmatrix} \quad (6.8)$$

对其进行乔利斯基（Cholesky）分解，得到

$$\boldsymbol{S}^0(\omega) = \boldsymbol{H}(\omega)\boldsymbol{H}^{T*}(\omega) \quad (6.9)$$

$$\boldsymbol{H}(\omega) = \begin{bmatrix} H_{11}(\omega) & 0 & \cdots & 0 \\ H_{21}(\omega) & H_{22}(\omega) & \cdots & 0 \\ \vdots & \vdots & \ddots & \vdots \\ H_{n1}(\omega) & H_{n2}(\omega) & \cdots & H_{nn}(\omega) \end{bmatrix} \quad (6.10)$$

$$\theta_{jm}(\omega) = \tan^{-1}\left\{\frac{Im[H_{jm}(\omega)]}{Re[H_{jm}(\omega)]}\right\} \quad (6.11)$$

其中，对角线元素 $H_{jj}(\omega) = H_{jj}(-\omega)$；非对角线元素 $H_{jm}(\omega) = |H_{jm}^*(-\omega)| e^{i\theta_{jm}(\omega)}$，$j = 1, 2, \cdots, n; m = 1, 2, \cdots, j-1$。

通过傅里叶变换，得到模拟风速时程：

$$f_i(p\Delta t) = Re\left\{\sum_{m=1}^{j} h_{jm}(q\Delta t)\exp\left[i\left(\frac{m\Delta\omega}{n}\right)(p\Delta t)\right]\right\} \quad (6.12)$$

$$h_{jm}(q\Delta t) = \sum_{l=0}^{2N-1} B_{jm}(l\Delta\omega)\exp[i(m\Delta\omega)(q\Delta t)] \quad (6.13)$$

$$B_{jm}(l\Delta\omega) = \begin{cases} \sqrt{2(\Delta\omega)}\, H_{jm}\left(l\Delta\omega + \dfrac{m\Delta\omega}{n}\exp(i\varphi_{ml})\right), & 0 \leqslant l \leqslant N \\ 0, & N < l \leqslant M-1 \end{cases} \quad (6.14)$$

其中，φ_{ml} 为均匀分布随机相位，范围为 $[0, 2\pi]$；$\Delta\omega = (\omega_{max} - \omega_{min})/N$；$n$ 为风场中空间点个数；$p = 1, 2, \cdots, M \cdot n - 1$；$q = 1, 2, \cdots, 2N-1$；$M \geqslant 2N$，$N$ 为频率等分数。

采用模态综合法建立模态抖振力的模型，分析中忽略紊流对抖振力的影响，气动导纳函数取 1。根据既有研究结果[10]，自激力有抑制结构动力响应的作用，可降低其响应幅值 5%～10%，本节偏安全地忽略自激力的影响。

抖振力采用达文波特（Devaport）形式，则式（6.6）中作用于桥梁第 i 节点的抖振力项可表示为

$$\begin{cases} L_{bfi}(t) = 0.5\rho U B_i L_i [2C_{Li} u_i(t) + (C'_{Li} + C_{Di}) w_i(t)] \\ D_{bfi}(t) = 0.5\rho U^2 B_i L_i [2C_{Di} u_i(t) + C'_{Di} w_i(t)] \\ M_{bfi}(t) = 0.5\rho U B_i^2 L_i [2C_{Mi} u_i(t) + C'_{Mi} w_i(t)] \end{cases} \quad (6.15)$$

式中　$L_{bfi}(t)$，$D_{bfi}(t)$，$M_{bfi}(t)$——i 节点的抖振升力、阻力、扭矩；

$u_i(t)$，$w_i(t)$——水平和竖向脉动风速；

B_i，L_i——梁段截面的宽度和高度；

C_{Li}，C_{Di}，C_{Mi}，C'_{Li}，C'_{Di}，C'_{Mi}——气动系数及其导数。

设 ϕ^n_{hi}，$\phi^n_{\theta i}$，ϕ^n_{vi} 为桥梁的横向、扭转、竖向 i 节点的第 n 阶振型分量，N 为桥梁节点总数，N_b 为振型总数，则桥梁模态抖振力可表示为

$$\overline{F}_{bfn} = \sum_{i=1}^{N} \{\Phi^n_i\}^{\mathrm{T}} F_{bfi} = \sum_{i=1}^{N} \{\phi^n_{vi} \quad \phi^n_{hi} \quad \phi^n_{\theta i}\} \begin{Bmatrix} L_{bfi} \\ D_{bfi} \\ M_{bfi} \end{Bmatrix} \quad (n=1,2,\cdots,N_b)$$

(6.16)

则 $\{F^w_b\}$ 项转换为 $\{\overline{F}^w_b\} = [F_{st} + \overline{F}_{bf}]$。

(2) 作用于车辆上的风荷载

作用在车辆上的风荷载包括静力和动力两部分，当风垂直作用在桥梁上，且汽车以速度 V 行驶时，风和车的相对速度和偏角为

$$U_r = \sqrt{[U+u(x,t)]^2 + V^2}$$
$$\varphi = \arctan\left[\frac{U+u(x,t)}{V}\right]$$

(6.17)

式中　$u(x,t)$——当车运动到桥梁某点时的脉动风速，与桥梁所受的脉动风一致。

作用在车辆上的风荷载为

$$\begin{cases} F^{wx}_v = 0.5\rho U^2_r C_D(\varphi) A_f, \ F^{wy}_v = 0.5\rho U^2_r C_S(\varphi) A_f, \ F^{wz}_v = 0.5\rho U^2_r C_L(\varphi) A_f \\ M^{wx}_v = 0.5\rho U^2_r C_R(\varphi) A_f h_v, \ M^{wy}_v = 0.5\rho U^2_r C_P(\varphi) A_f h_v, \ M^{wz}_v = 0.5\rho U^2_r C_Y(\varphi) A_f h_v \end{cases}$$

(6.18)

式中　　　　　　　　　A_f——车体的迎风面积；

h_v——车质心距桥面的高度；

$C_D(\varphi)$，$C_S(\varphi)$，$C_R(\varphi)$，
$C_P(\varphi)$，$C_L(\varphi)$，$C_Y(\varphi)$ ——车辆气动系数，可由风洞试验得到[12]。

3. 振动方程求解与索力后处理

采用 Newmark-β 法求解前述基于模态综合方法建立的风-车-桥系统动力方程，过程步骤在相关文献中有详细论述[13]。求解风-车-桥耦合运动方程可得到桥梁结构节点的模态位移、速度和加速度动力响应。现以斜拉索索力响应为例说明桥梁结构动力响应后处理的方法，包括基于模态叠加法的拉索应力计算方法和直接计算法。

(1) 基于模态叠加法的拉索应力计算方法

采用模态叠加法建立风-车-桥耦合动力方程，求解得到结构模态坐标下的响应，不考虑初始应力作用，结构中第 i 个单元的单元应力可表示为

$$\{\sigma_{bi}^e\} = [\Gamma_{bi}]\{q_b\} \tag{6.19}$$

式中　$\{q_b\}$——模态坐标系下的位移矩阵；

$[\Gamma_{bi}]$——第 i 个单元对应的模态应力矩阵，可由下式得到：

$$[\Gamma_{bi}] = [D_{bi}][L_{bi}][N_{bi}][\Phi_{bi}] \tag{6.20}$$

式中　$[\Phi_{bi}]$——第 i 个单元节点的振型向量；

$[N_{bi}]$——位移转换形函数；

$[L_{bi}]$——位移应变转换微分算子；

$[D_{bi}]$——表征应力应变关系的弹性矩阵。

求解风-车-桥耦合方程得到广义模态动力响应后，利用通用有限元软件直接获取拉索单元模态应力矩阵，通过式(6.19)处理后得到拉索的应力时程响应。

(2) 拉索应力直接计算法

由风-车-桥耦合方程求解得到广义位移响应，通过式(6.21)可得到拉索与主梁、桥塔连接对应节点的位移响应：

$$U_b = [\Phi_b]\{q_b\} \tag{6.21}$$

式中　$[\Phi_b]$——桥梁对应节点的振型向量；

$\{q_b\}$——由耦合方程求解得到的模态响应。

拉索索力和应力可由式(6.22)得到：

$$\begin{cases} F_c = [K_c]U_b\cos\theta_c \\ \sigma_c = F_c/B_c \end{cases} \tag{6.22}$$

式中　$[K_c]$——拉索单元刚度矩阵；

U_b——物理坐标系下拉索在桥塔与主梁上锚固节点的位移响应；

θ_c——相对于桥塔而言的拉索与主梁之间的夹角；

B_c——拉索截面面积；

F_c，σ_c——拉索的索力与应力。

6.1.3　风车联合作用叠加分析方法的原理和理论框架

1. 随机交通荷载下结构效应简化分析方法

基于南京二桥交通调查数据归纳得到与本书第 5 章相同的 6 种代表车型，车辆动力分析模型及其参数详见文献[14]。

基于所建立的车桥振动分析方法和程序，考虑车速、车型和桥面状况三类因素，进行前述 6 种典型车型下斜拉桥拉索索力冲击效应分析。桥面不平度考虑"很好""好"和"一般"三种情况，车速为 20～100km/h。

对上述典型车型，车速为 60km/h，且行车车道为最外侧车道，桥面不平度等级为"好"，以 A1 号拉索为例，其索力时程如图 6.7 所示。

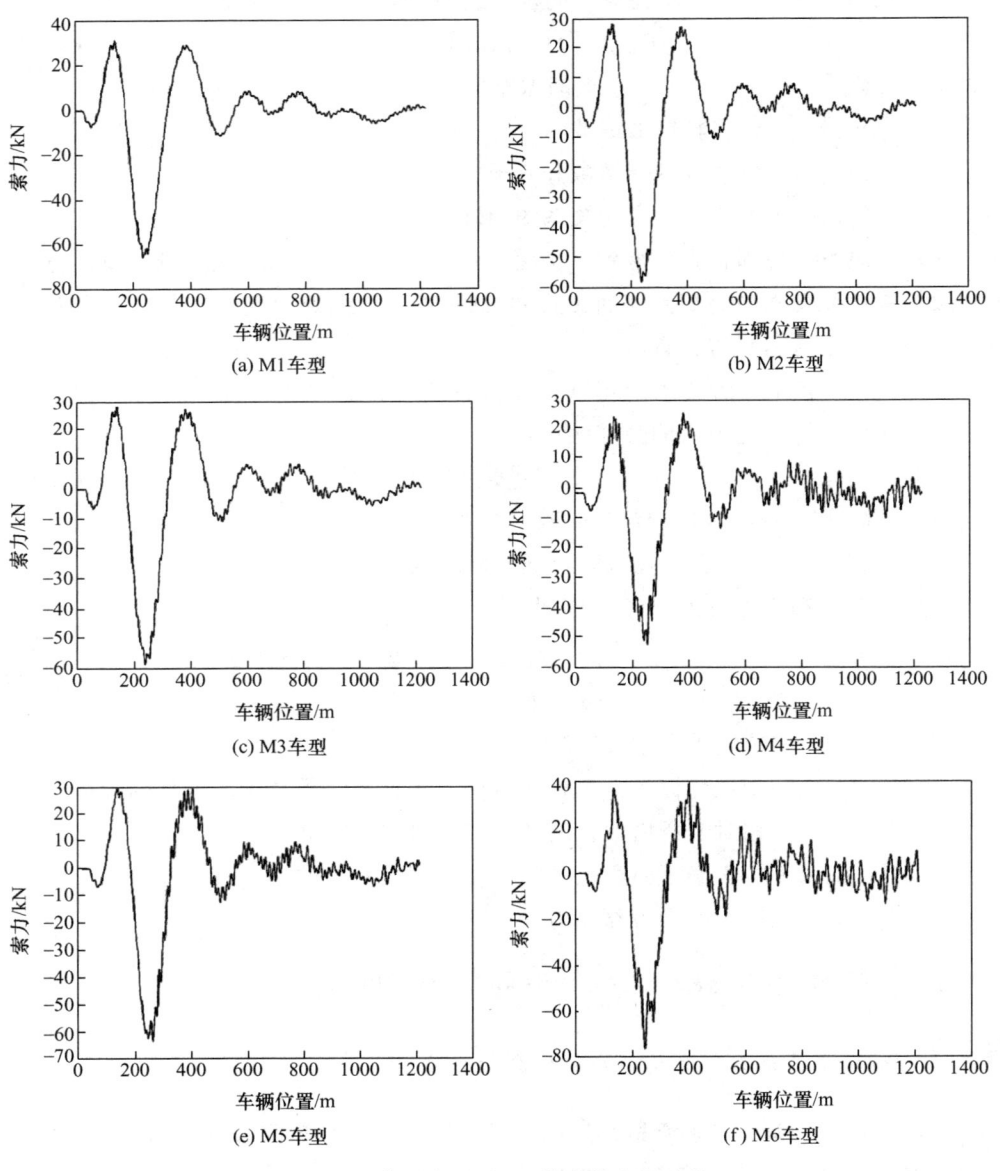

(a) M1 车型

(b) M2 车型

(c) M3 车型

(d) M4 车型

(e) M5 车型

(f) M6 车型

图 6.7 典型车型下 A1 拉索的索力时程

M1 车型作用下不同长度的代表性拉索 A1、A10、A20 号（拉索编号见图 6.2）拉索索力动力放大系数结果列于图 6.8 中。可见，靠近桥塔 A1 号短索的动力放大系数（Dynamical Magnification Factor，DMF）受桥面等级和车型、车速的影响程度相对于其他位置的拉索来说更大，这与相关研究结论相同[15]。为此，后续分析偏安全地取 A1 号拉索的 DMF 表征全桥拉索的动力放大效应。

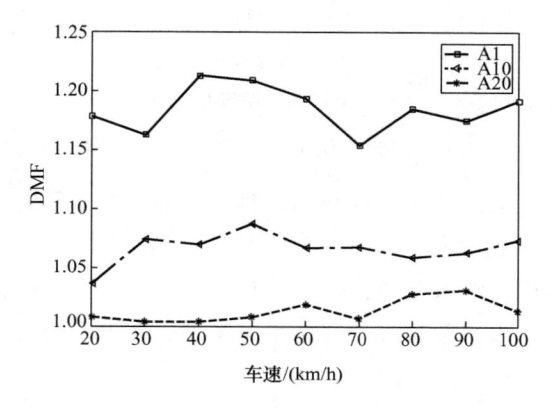

图 6.8　M1 车型下 A1、A10、A20 号拉索索力 DMF 图

下面以 A1 号拉索为对象，研究车速、桥面等级、车型对拉索 DMF 的影响，分析车道为右侧最外侧车道，结果如图 6.9、图 6.10 和表 6.3 所示。

分析可见，A1 号拉索的索力动力放大系数并不随着车速的提高而增大，而是在某一特定的车速下达到最大值，且不同车型动力放大系数达到最大值时对应

(a) 不平度等级为"一般"　　　　(b) 不平度等级为"好"

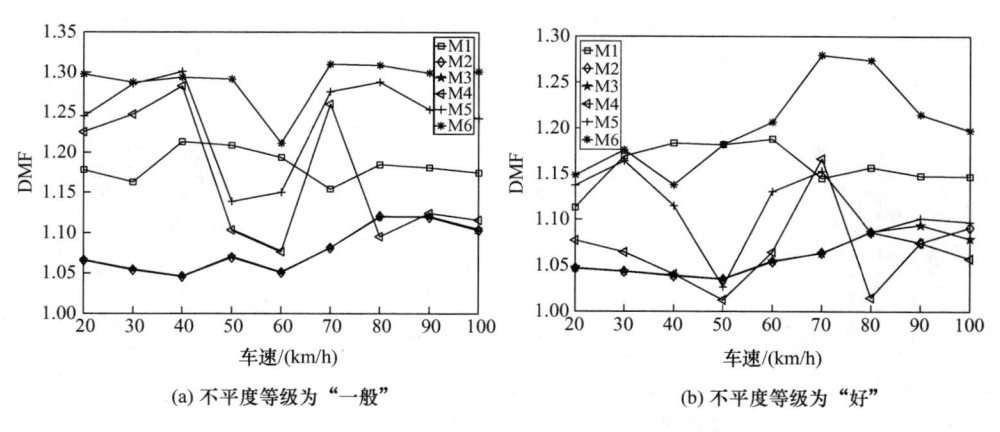

图 6.9　不同不平度等级下 A1 号拉索索力 DMF 图

(c) 不平度等级为"很好"

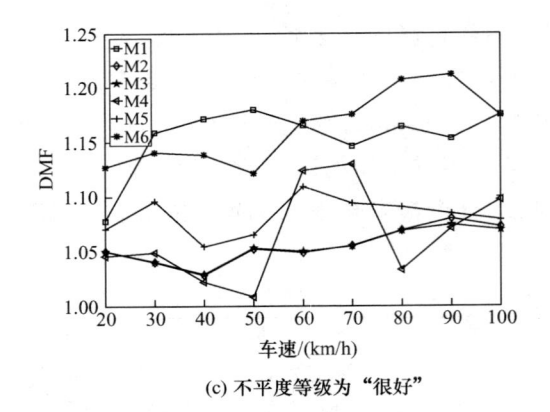

图 6.9 不同不平度等级下 A1 号拉索索力 DMF 图（续）

的车速不同。同时，动力放大系数与车型有一定的关系，随着车型车轴数及轴重的增加，动力放大系数增大。桥面不平度等级也影响着 A1 号拉索的动力放大系数。就上述分析来说，绝大多数情况下，在车型和车速条件相同时，桥面不平度等级越低，其动力放大系数越大。综合考虑车型、车速、桥面等级的影响，全桥拉索 DMF 值偏安全地取为 1.31。

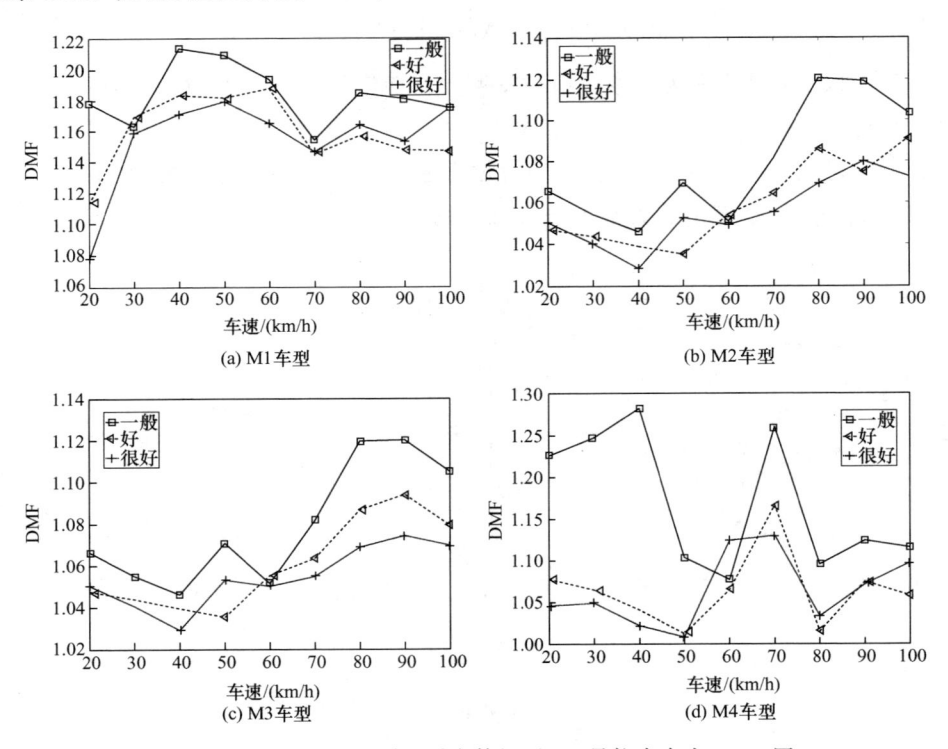

(a) M1 车型

(b) M2 车型

(c) M3 车型

(d) M4 车型

图 6.10 不同车型不同不平度等级下 A1 号拉索索力 DMF 图

(e) M5车型　　　　　　　　　　　　(f) M6车型

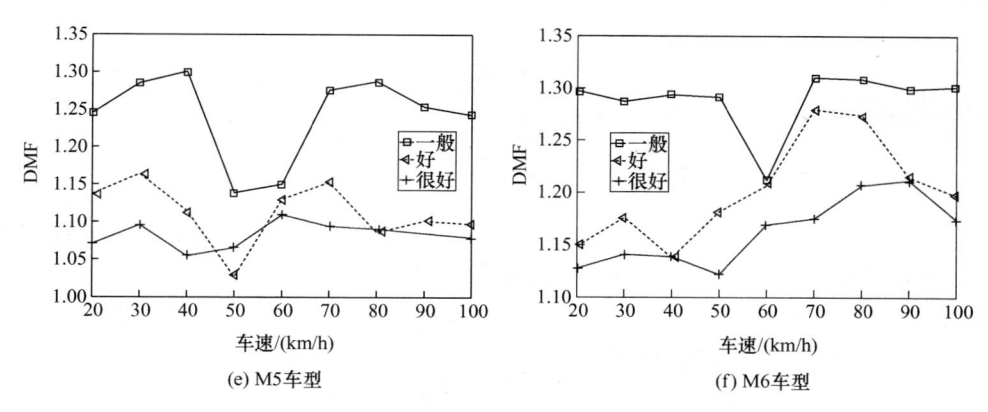

图 6.10　不同车型不同不平度等级下 A1 号拉索索力 DMF 图（续）

表 6.3　不平度等级为"一般"条件下 A1 号拉索索力 DMF

车型	车速/(km/h)								
	20	30	40	50	60	70	80	90	100
M1	1.178	1.163	1.214	1.209	1.194	1.154	1.185	1.181	1.175
M2	1.066	1.054	1.046	1.070	1.051	1.082	1.121	1.119	1.103
M3	1.067	1.055	1.046	1.071	1.051	1.082	1.120	1.120	1.105
M4	1.226	1.248	1.283	1.104	1.077	1.261	1.095	1.124	1.116
M5	1.245	1.285	1.301	1.139	1.150	1.276	1.288	1.254	1.243
M6	1.298	1.287	1.294	1.291	1.212	1.310	1.309	1.299	1.301

本章桥例的桥面布置为双向六车道，车辆在桥面不同车道对拉索索力的影响采用横向分布系数考虑。基于该桥主梁抗扭刚度较大的特点，采用杠杆法简化求解拉索的横向分布影响线，结果如图 6.11 所示。通过上述影响线加载获得拉索应力谱的流程如图 6.12 所示。

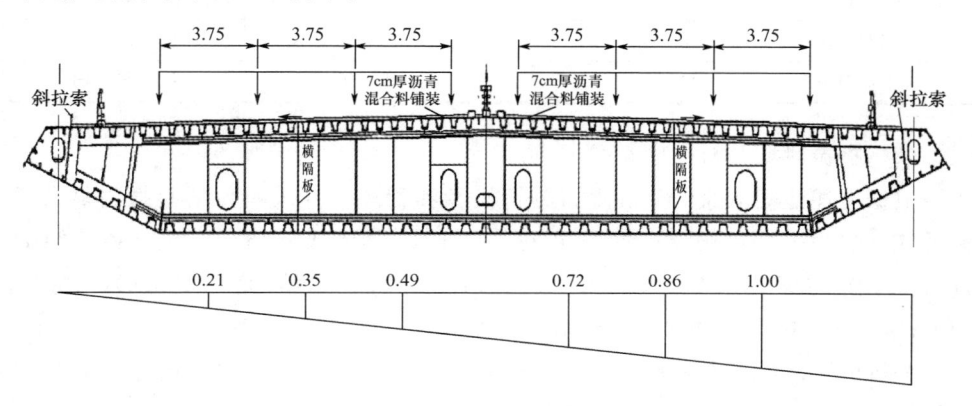

图 6.11　横向分布系数计算图示（单位：m）

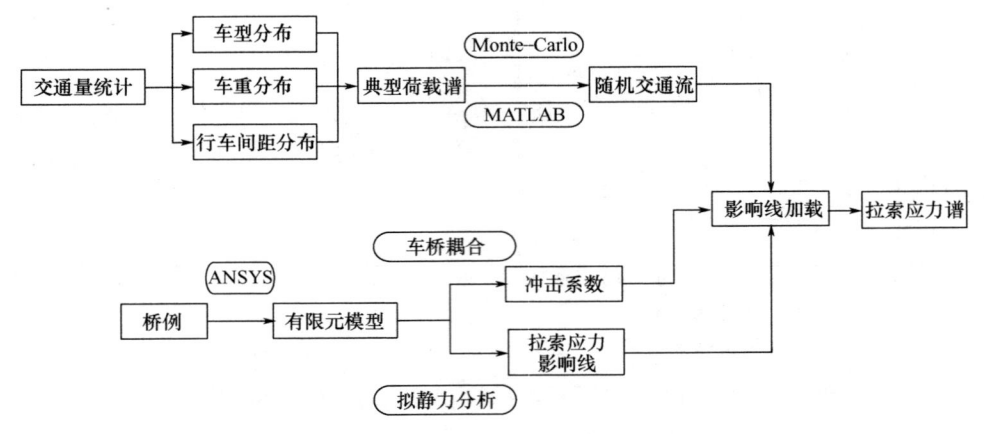

图 6.12　基于影响线加载的车载下拉索应力谱分析流程

2. 风载下结构动力效应分析方法

(1) 桥位风速资料

南京长江二桥桥址处的风速沿高度分布的幂指数为 0.142，地面粗糙高度取为 0.03m。桥面设计基准风速为 40m/s，30 年重现期的基本风速为 36.8m/s。根据前述风荷载模拟方法，对桥例的脉动风场进行数值模拟，模拟参数见表 6.4。

表 6.4　风荷载模拟参数

参数	取值	参数	取值
跨度/m	1238	截止频率/(rad/s)	4π
主梁距地面高度/m	45	频率等分数	1024
地面粗糙度/m	0.03	采样时距/s	0.125
主梁平均风速/(m/s)	5～40	模拟点数	2048
模拟点数	81	采样时间长度/s	256
模拟点间距/m	15.475	风速谱	同文献[16]

(2) 抖振时域分析

根据上述建立的风-车-桥动力分析模型和程序，开展斜拉桥抖振时域分析。大桥气动参数采用风洞试验的结果[17]。下面以岸侧 A1、A10、A20 和江侧 J1、J10、J20 号拉索为对象，给出低风速（10m/s）、中等风速（25m/s）、高风速（40m/s）下的拉索抖振动力响应结果，如图 6.13～图 6.15 所示。

分析可知，各级风速下，A1、A10 与 J1、J10 拉索的应力幅值相近，A20 的应力幅值大致为 J20 的 2 倍。对于 A1、A10、A20 三根典型拉索，低风速（10m/s）

下应力最大绝对值分别为 1.47MPa、3.01MPa、6.33MPa；中等风速（25m/s）下分别为 12.1MPa、30.7MPa、61.2MPa，与低风速相比增加了 7.2 倍、9.2 倍、8.7 倍；高风速（40m/s）下分别为 31.2MPa、59.4MPa、107.1MPa，与低风速相比增加了 20.2 倍、18.7 倍、15.9 倍。

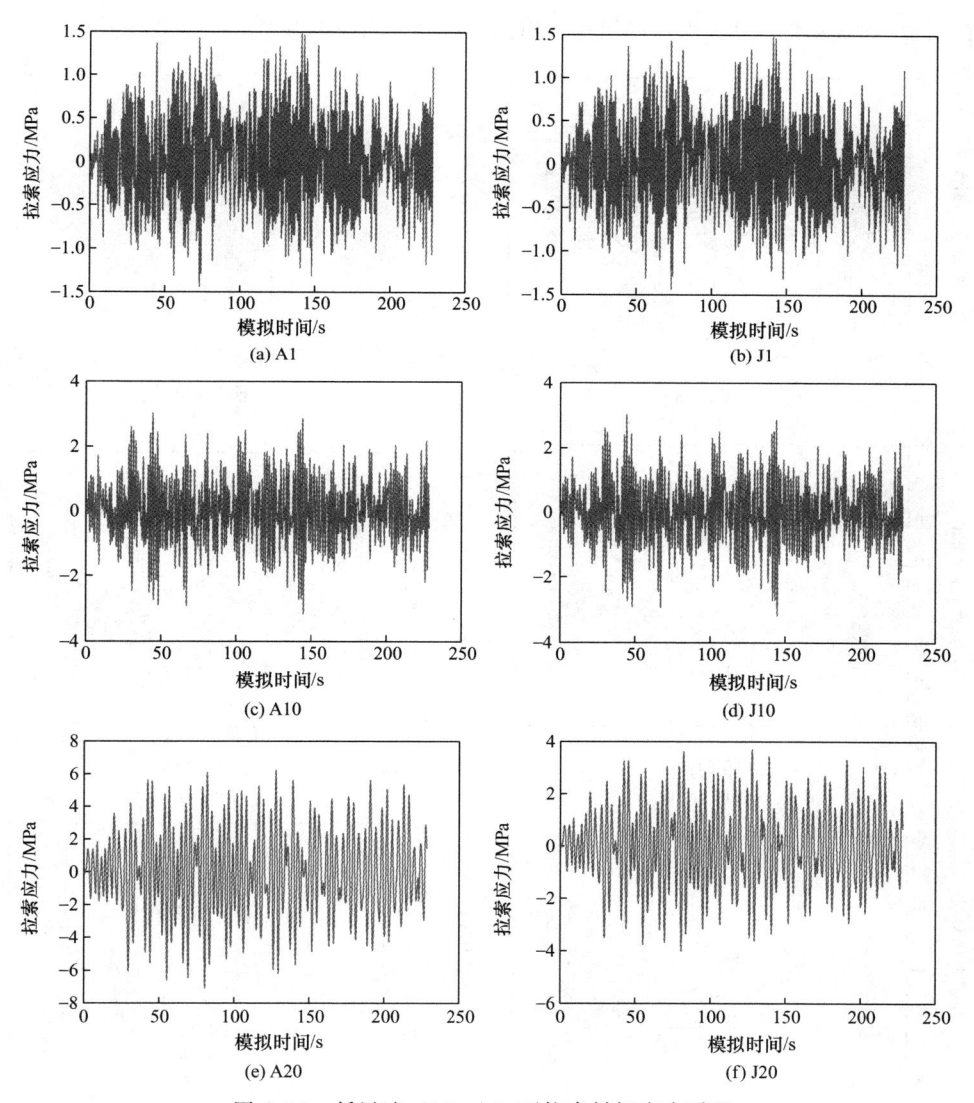

图 6.13　低风速（10m/s）下拉索抖振应力时程

图 6.16～图 6.18 所示为三种风速下拉索应力幅直方图。对 A1、A10、A20 三根典型拉索而言，在低风速（10m/s）下，半应力幅范围分别为 −1.5～1.5MPa、−4～4MPa、−8～8MPa，最大应力幅循环次数分别为 1087 次、1200 次、971 次；

在中等风速（25m/s）下，应力幅范围分别为 $-15\sim15$MPa、$-30\sim40$MPa、$-80\sim80$MPa，相比低风速增加了近 10 倍，最大应力幅循环次数分别为 1280 次、2309 次、1980 次；在高风速（40m/s）下，应力幅范围分别为 $-40\sim40$MPa、$-60\sim60$MPa、$-150\sim150$MPa，相比低风速增加了约 20 倍，最大应力幅循环次数分别为 1132 次、2103 次、2305 次；同风速下岸侧和江侧拉索应力幅及循环次数相差不大。

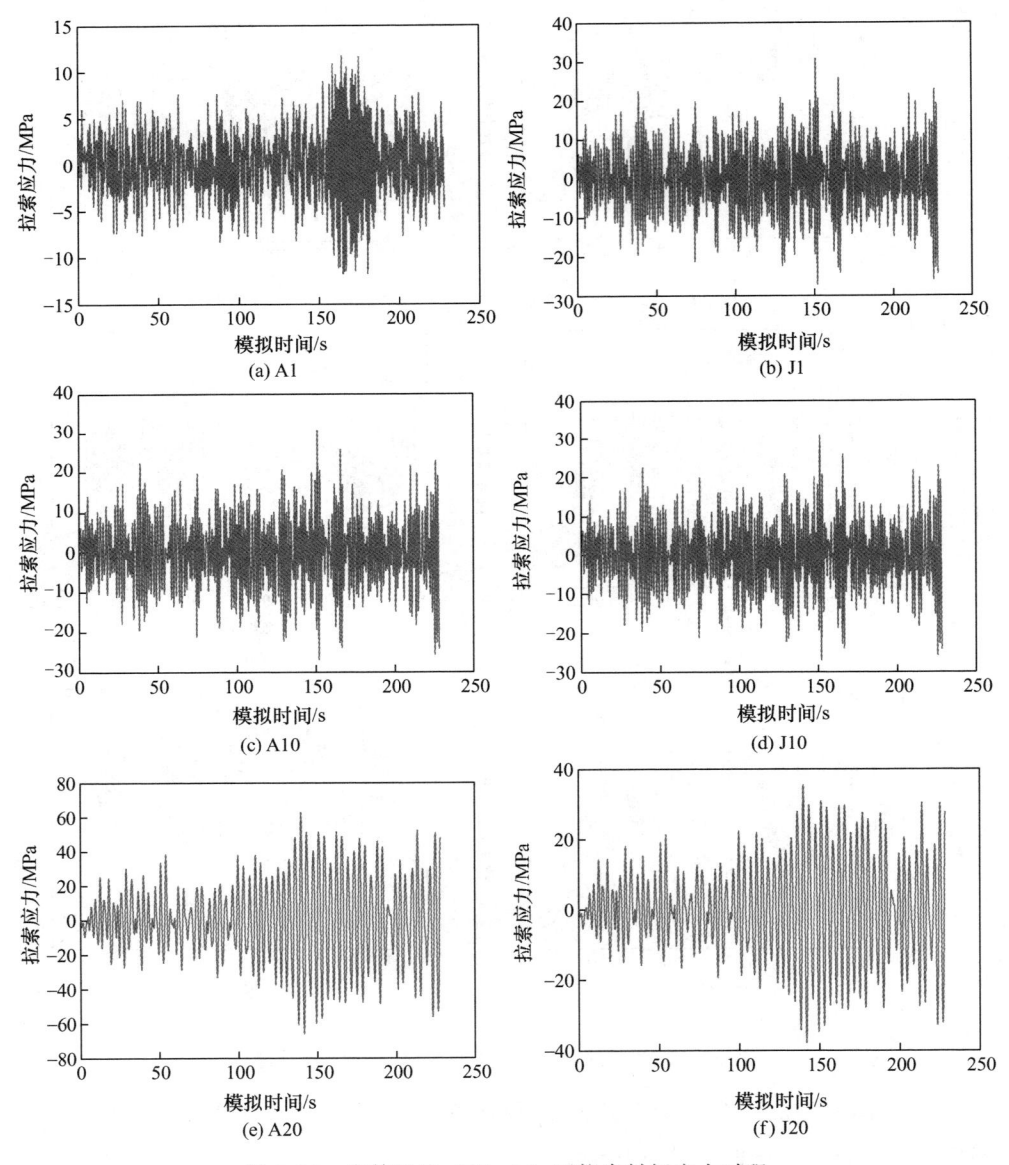

图 6.14 中等风速（25m/s）下拉索抖振应力时程

(a) A1

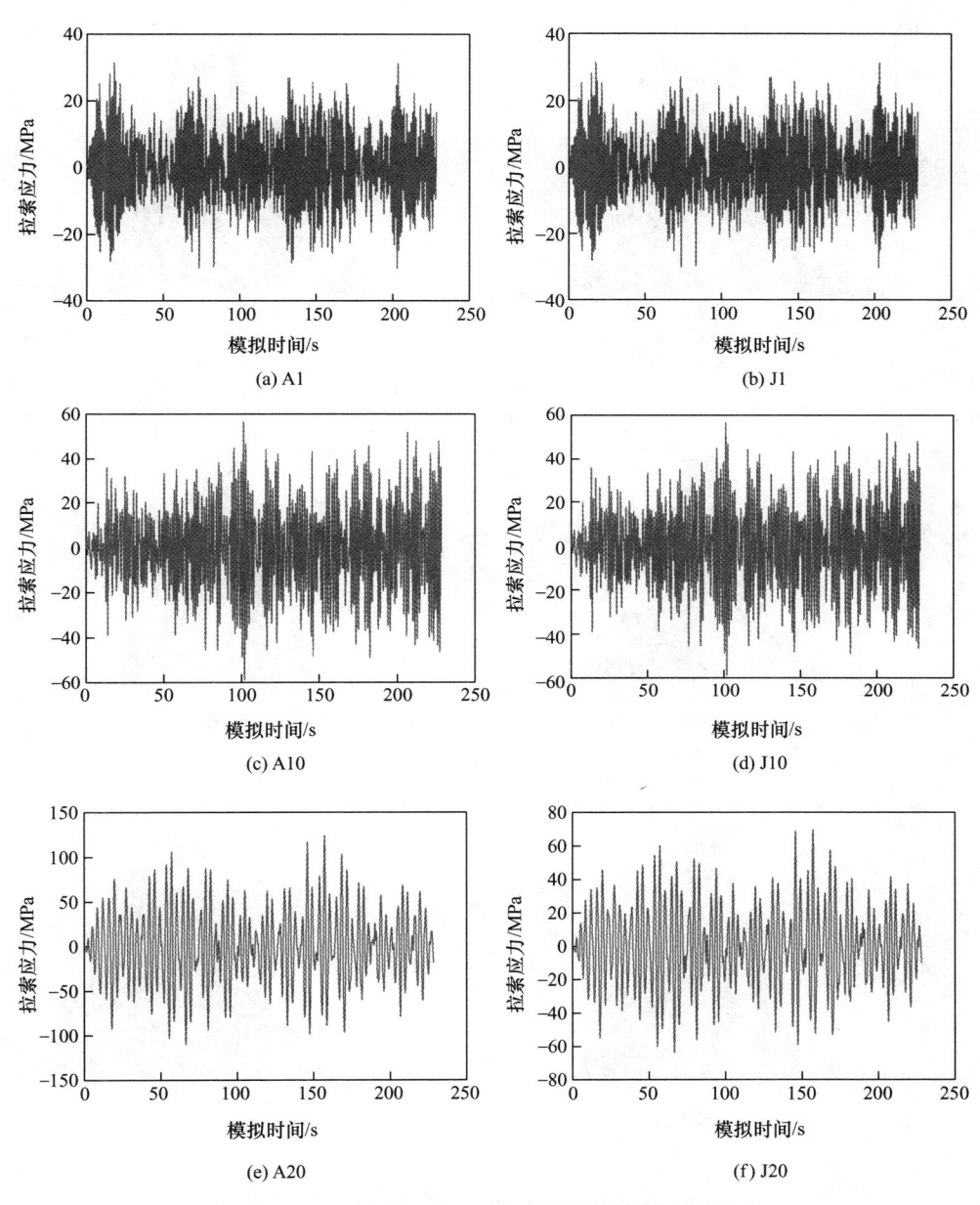

(b) J1

(c) A10

(d) J10

(e) A20

(f) J20

图 6.15 高风速（40m/s）下拉索抖振应力时程

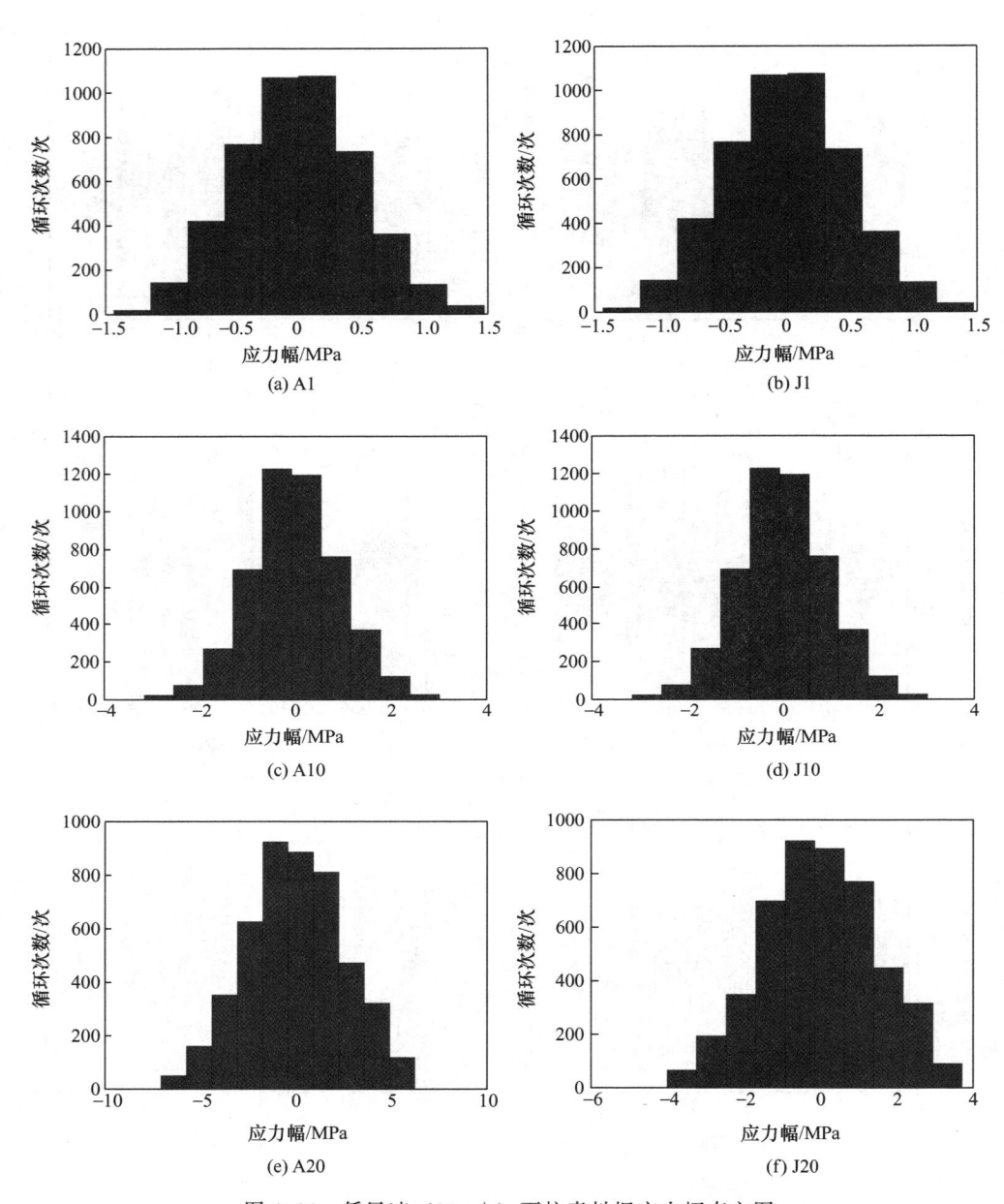

图 6.16 低风速（10m/s）下拉索抖振应力幅直方图

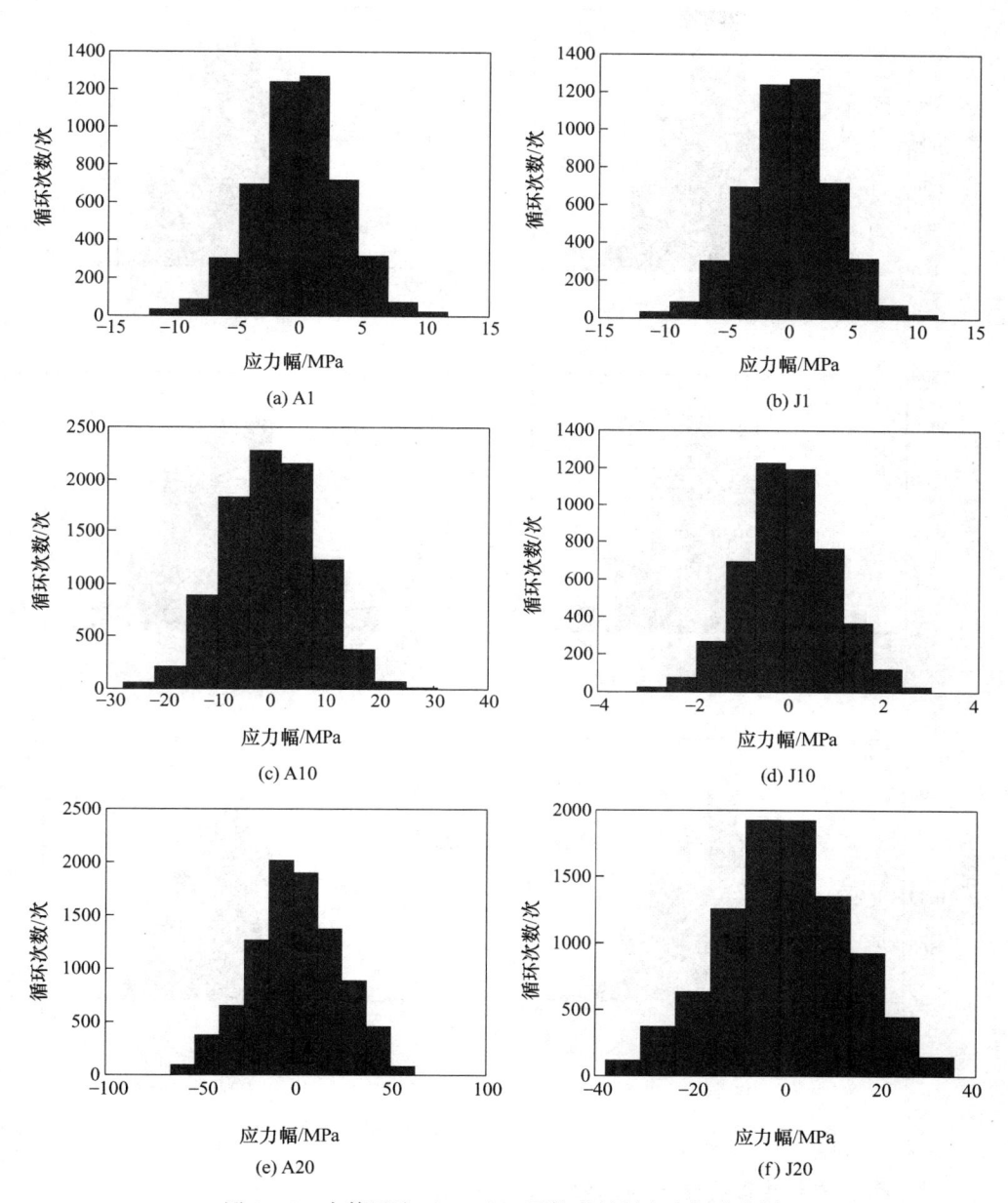

图 6.17 中等风速（25m/s）下拉索抖振应力幅直方图

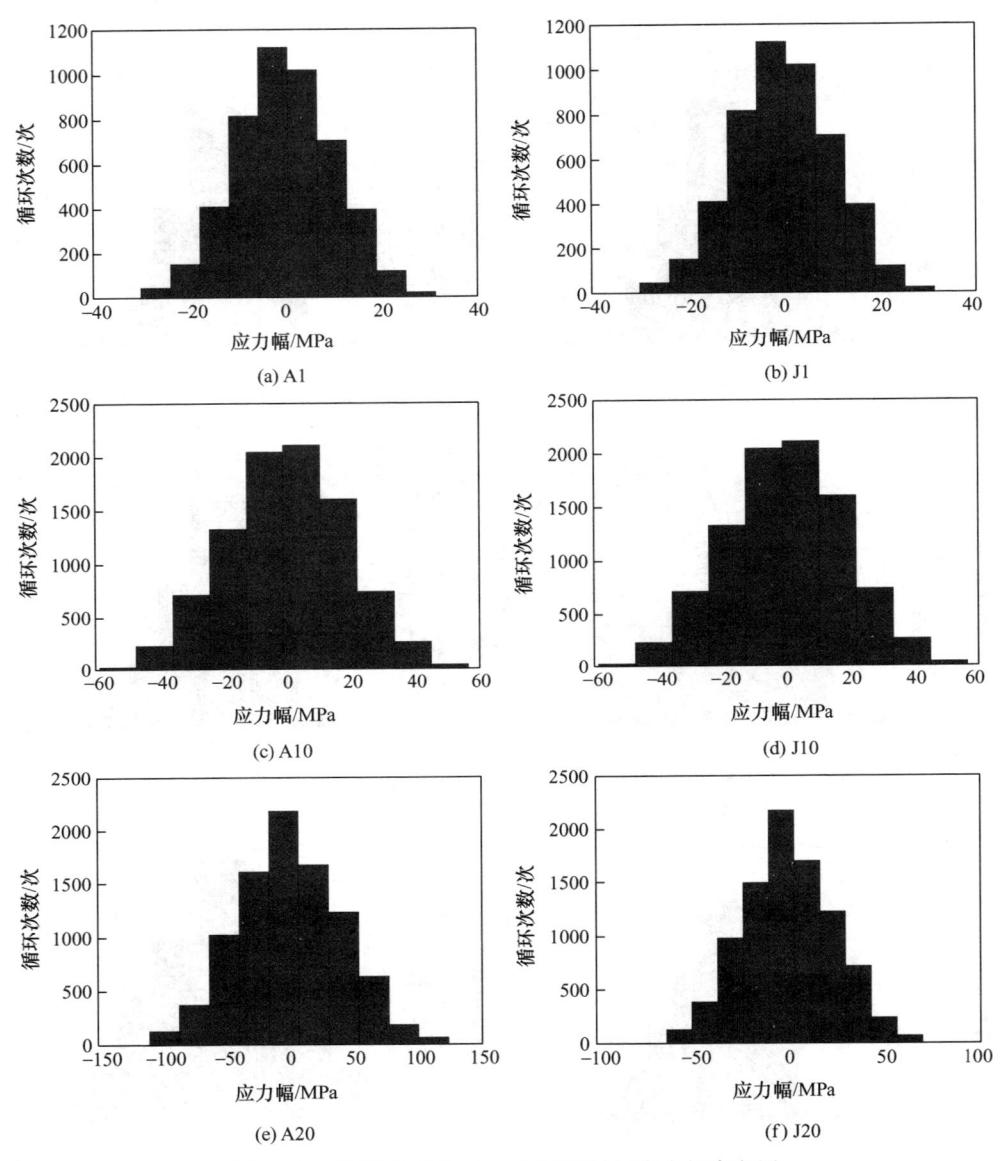

图 6.18 高风速（40m/s）下拉索抖振应力幅直方图

3. 风车联合作用下桥梁响应的叠加分析框架

基于车桥耦合动力分析和桥梁抖振分析相关研究结论，面向结构疲劳评估，提出考虑风车联合作用的结构效应叠加分析简化方法，其流程如图 6.19 所示，关键步骤如下：

1) 考虑车速、桥面不平度等级和车型等因素影响，开展车辆作用下桥梁的

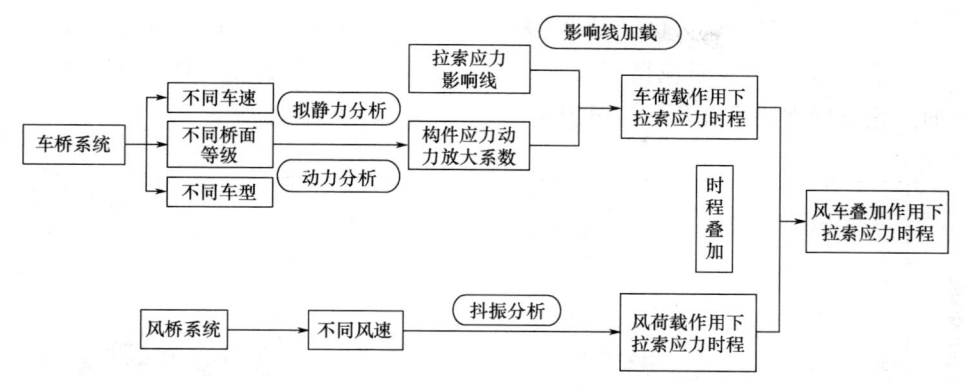

图 6.19 风车联合作用叠加分析流程

动力和拟静力分析，获得典型构件（如拉索）应力响应的动力放大系数。

2）基于通用有限元软件求解构件（如拉索）的应力影响线，考虑构件应力动力放大系数，采用影响线加载法获得车载下构件的应力响应时程。

3）考虑不同风速作用，对桥梁进行抖振分析，获得构件抖振响应时程。

4）将车辆作用和抖振作用下的构件应力时程叠加，得到等效风车联合作用下的构件应力时程。

叠加过程中注意抖振作用和车辆作用下的时间尺度和步长一致，如不一致，应通过插值处理至一致。

6.1.4 风车联合作用下结构响应叠加分析方法的适用性

以 M1 车型、车速 60km/h、桥面不平度等级为"一般"的状况为例，通过低、中、高三种风速下风-车-桥耦合振动分析与风车联合作用叠加分析结果的比较，研究风车联合作用叠加分析简化方法的适用性。低风速范围为 5~10m/s，中等风速范围为 15~25m/s，高风速范围为 30~40m/s。

1. 低风速下风-车-桥耦合分析与作用叠加的比较

对低风速（5~10m/s）下 A1 号拉索分别采用风-车-桥耦合分析方法和风车作用叠加分析方法进行应力时程分析，分析结果如图 6.20 所示。

可见，用两种方法得到的典型拉索应力时程吻合较好。用雨流计数法对由两种分析方法得到的 A1 号拉索的应力时程进行统计分析，结果如图 6.21 所示。

低风速下两种方法得到的 A1 号拉索应力幅直方图基本一致，5m/s 和 10m/s 风速下风车叠加作用对应的等效应力幅分别为 3.27MPa 和 3.40MPa，对应的循环次数为 1532 次和 1536 次；风-车-桥耦合作用对应的等效应力幅分别为

3.28MPa 和 3.37MPa，对应的循环次数为 1525 次和 1530 次；等效应力幅相差了 0.31% 和 0.88%，对应循环次数相差了 0.46% 和 0.39%，表明低风速下所提出的简化分析方法具有较好的适用性。

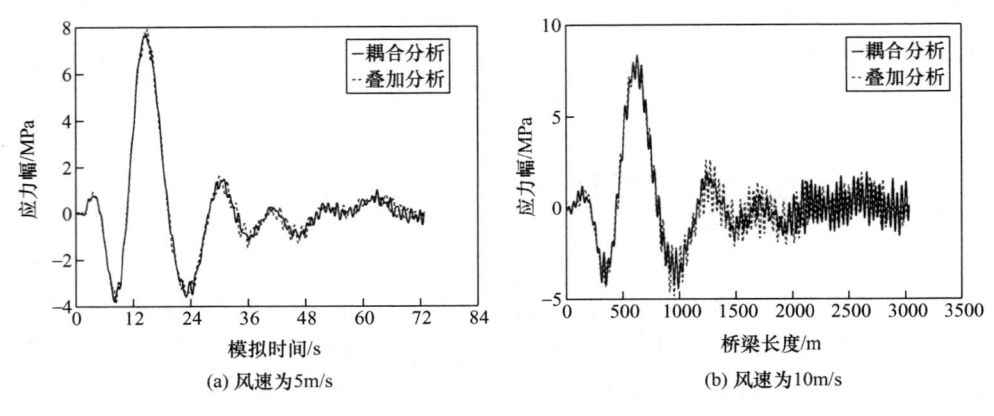

(a) 风速为5m/s

(b) 风速为10m/s

图 6.20　低风速下 A1 号拉索的应力时程

(a) 5m/s风速下风-车-桥耦合分析

(b) 5m/s风速下风车作用叠加分析

(c) 10m/s风速下风-车-桥耦合分析

(d) 10m/s风速下风车作用叠加分析

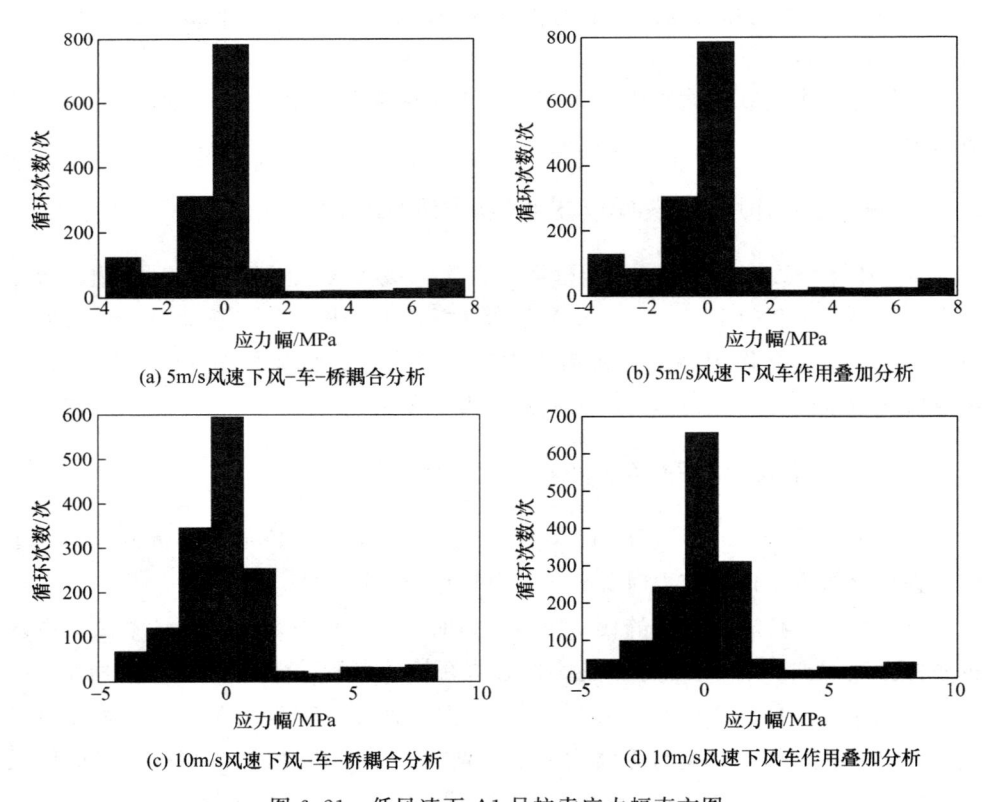

图 6.21　低风速下 A1 号拉索应力幅直方图

2. 中等风速下风-车-桥耦合分析与作用叠加的比较

对中等风速（15～25m/s）下 A1 号拉索分别采用风-车-桥耦合分析方法和风车作用叠加分析方法进行应力时程分析，分析结果如图 6.22 所示。

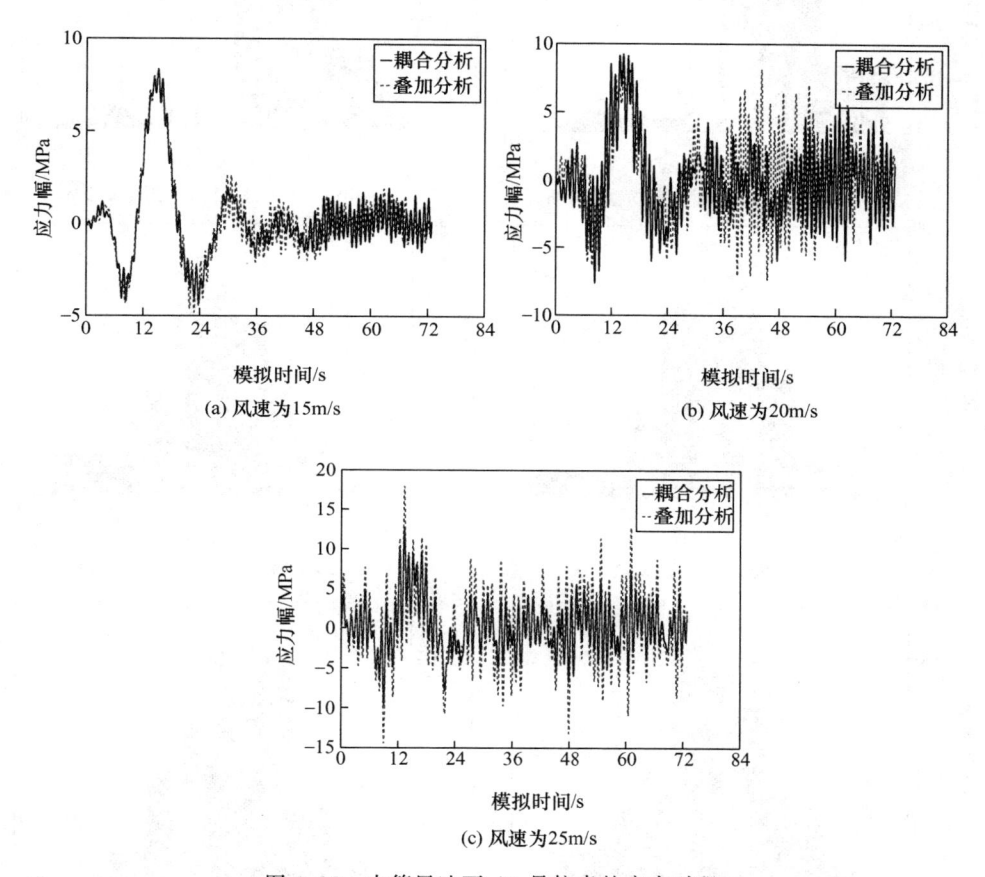

(a) 风速为15m/s

(b) 风速为20m/s

(c) 风速为25m/s

图 6.22 中等风速下 A1 号拉索的应力时程

可见，两种方法分析结果吻合较好。用雨流计数法对 A1 号拉索的应力时程进行统计，结果如图 6.23 所示。

由典型的 A1 号拉索的应力幅直方图分析可知：随风速的增大，应力幅分布范围由 15m/s 对应的−4～8MPa 增长到 25m/s 对应的−10～20MPa，应力幅集中范围由 15m/s 对应的−2～2MPa 增长到−8～8MPa，且在同等风速下两种方法应力幅分布范围和应力幅集中范围基本相同。在风-车-桥耦合分析方法下，各级风速对应的拉索等效应力幅分别为 3.29MPa、3.89MPa、5.38MPa，对应的应力循环次数分别为 1532 次、1539 次、1578 次；在风车作用叠加分析方法下，各

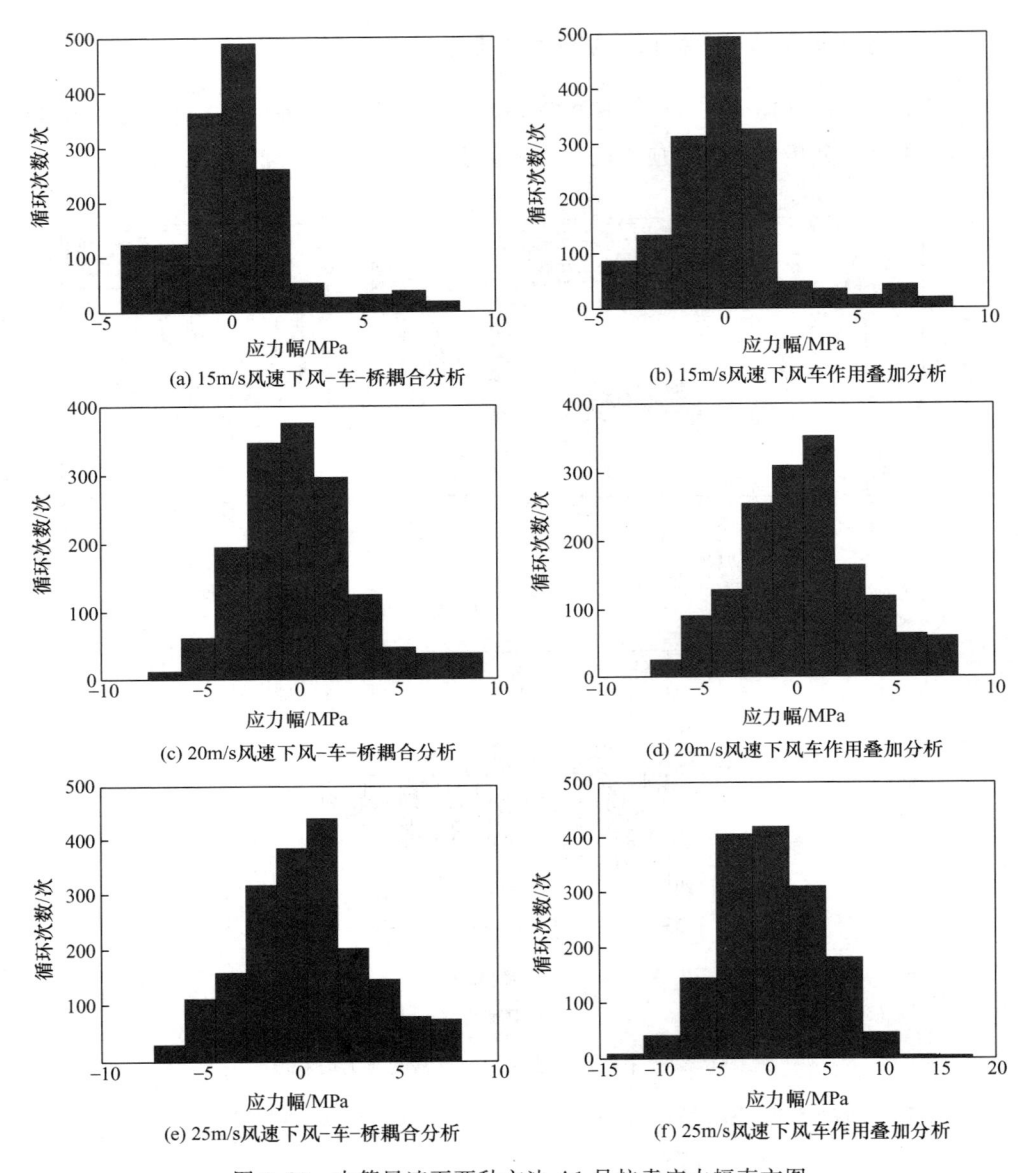

图 6.23 中等风速下两种方法 A1 号拉索应力幅直方图

级风速对应的拉索等效应力幅分别为 3.31MPa、3.96MPa、5.94MPa，对应的应力循环次数分别为 1522 次、1572 次、1572 次，等效应力幅相对差别为 0.61%、1.8%、10.4%，应力幅循环次数相差了 0.65%、2.1%、0.38%。相对误差最大为 10.4%，且叠加方法偏于安全，表明中等风速下所提出的风车叠加简化方法在结构疲劳评估中具有较好的适用性。

3. 高风速下风-车-桥耦合分析与作用叠加的比较

高风速（30~40m/s）下叠加分析与风-车-桥耦合分析的 A1 号拉索的应力时程吻合较好（图6.24）。随风速的增大，拉索动力响应主要受风荷载控制。A1 号拉索应力时程的雨流法统计分析结果如图6.25所示。

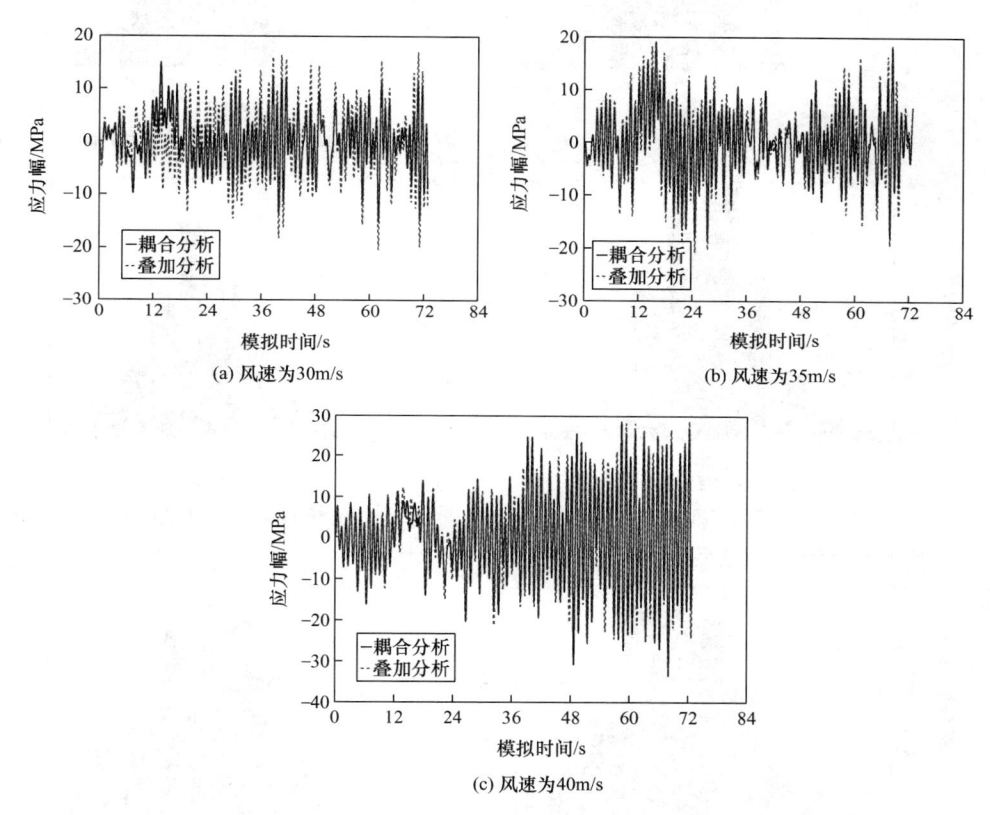

图6.24 高风速下 A1 号拉索的应力时程

分析可知，随风速的增大，应力幅分布的范围由 30m/s 对应的 −15~20MPa 增长到 40m/s 对应的 −40~30MPa，应力幅集中范围由 30m/s 对应的 −5~5MPa 增长到 −10~10MPa；同等风速下，两种方法应力幅分布范围和应力幅集中范围基本相同。在风-车-桥耦合分析方法下，各级风速对应的拉索等效应力幅分别为 6.95MPa、7.93MPa、13.53MPa，对应的应力循环次数分别为 1579 次、1555 次、1596 次；在风车作用叠加分析方法下，各级风速对应的拉索等效应力幅分别为 7.74MPa、8.77MPa、13.65MPa，对应的应力循环次数分别为 1608 次、1577 次、1595 次，等效应力幅相差了 11.4%、10.6%、0.89%，应力幅循

(a) 30m/s风速下风-车-桥耦合分析

(b) 30m/s风速下风车作用叠加分析

(c) 35m/s风速下风-车-桥耦合分析

(d) 35m/s风速下风车作用叠加分析

(e) 40m/s风速下风-车-桥耦合分析

(f) 40m/s风速下风车作用叠加分析

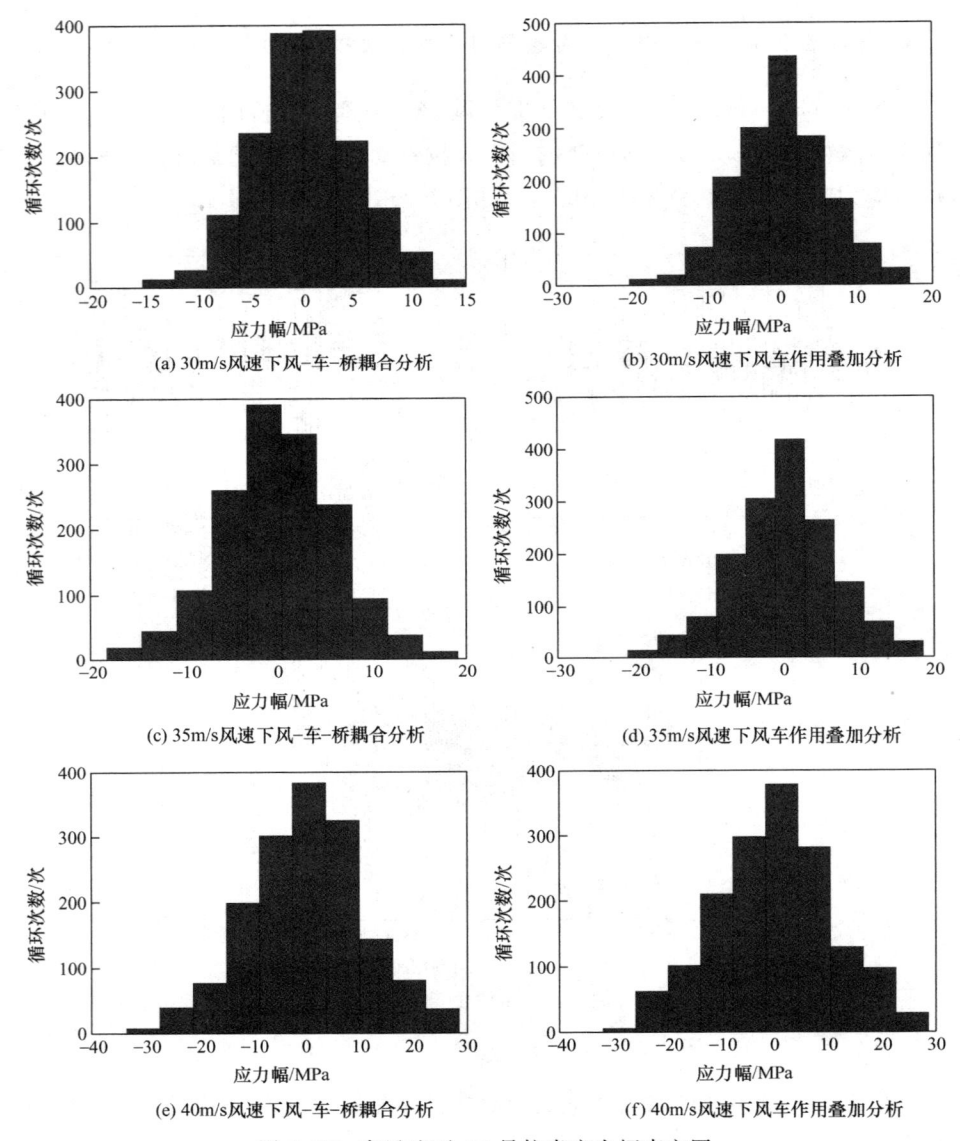

图 6.25　高风速下 A1 号拉索应力幅直方图

环次数相差了 1.8%、1.4%、0.06%，说明高风速下用两种方法计算典型的 A1 号拉索的等效应力幅循环次数差别不大，但风车叠加作用的等效应力幅稍大于风-车-桥耦合分析下的等效应力幅。

选取 A1、A5、A10、A15、A20 五根代表性拉索，比较其由两种分析方法得到的等效应力幅，如图 6.26 所示。可以发现，各级风速下本节所提出的叠加分析方法具有较好的适用性，最大误差在 10% 左右，对应的应力幅循环次数相

(a) 风-车-桥耦合分析

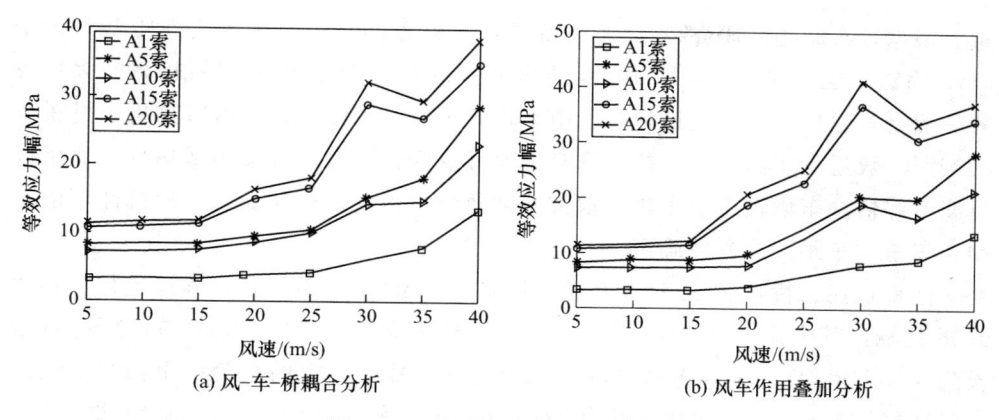

(b) 风车作用叠加分析

图 6.26　不同拉索的等效应力幅

对差别低于 4%，且由叠加法得到的结果偏于保守。

综上，分析表明，本节所提出的风车作用叠加简化分析方法和框架相对于直接的风-车-桥耦合分析误差较小，且偏于安全，具有较好的适用性，可用于斜拉桥拉索疲劳评估中的应力谱简化分析。

6.2　考虑双重随机性的风车联合作用下斜拉桥拉索疲劳可靠性分析

拉索是斜拉桥的关键易损构件，在运营期间受到交通荷载和风荷载的反复作用，其疲劳问题一直备受关注。现有的考虑风车联合作用的拉索疲劳评估研究更多关注拉索疲劳抗力的随机性，对于荷载随机性特征对拉索疲劳可靠性的影响较少考虑。本节依托前述桥例，首先分析交通荷载和风载随机性对拉索等效应力幅的影响，进而得到随机交通荷载和风载作用下拉索等效应力幅的概率分布模型，并基于线性疲劳累积损伤理论和蒙特卡罗方法，建立考虑抗力随机性和交通荷载及风载双重随机性的拉索疲劳可靠性分析模型，系统分析风车联合作用下荷载随机性对拉索疲劳可靠性的影响规律。

6.2.1　随机交通荷载模拟

1. 车辆荷载特征

作用于桥梁上的车辆荷载一般可采用平稳随机过程进行描述。公路车辆荷载运行状态可分为一般和密集两种[18]。一般运行状态下车辆间相互干扰少，基本能自由通过，密集运行状态下车辆之间的相互干扰及车辆受环境的干扰比较严重。根据车头间距的研究[19]，城市桥梁在车辆最拥挤的时段车头间距基本大于9m，而密集运行状态下仅有 1.2% 的车头间距大于 9m。道路等级较高的大跨桥梁一般行车通畅，可认为运行过程中车辆处于一般运行状态。后续分析中过桥车辆按照一般运行状态考虑。桥梁日交通通过量变化不大，可按年平均日交通量进行疲劳评估。车辆轴重由车辆总重按照轴数分配得到。车辆荷载的随机性可由车型、车重、车距三个参数确定。

南京长江二桥自 2000 年 3 月通车以来，截至 2016 年 3 月，累计通行车辆达 2.55 亿辆，其中大货车 7015 万辆，年平均日交通量从建成之初的 9500 辆/日增长到 8.3 万辆/日。选取南京二桥 2001 年 6—7 月中 7 天的车辆称重数据，统计分析结果见表 6.5；日均交通量为 9325 辆，小型车辆占 58.89%，对结构疲劳影响较大的大型车辆（V6～V18）占 41.11%；各类车数辆轮距范围为 1.7～2.0m，各类车辆轮距统一取 1.8m。

表 6.5　各车型所占比例

车辆型号	运输性质	轴数	日平均交通量/辆	所占比例/%
V1	小客（货）车	二	5491	58.89
V2	中客	二	215	2.31
V3	大客	二	219	2.35
V4	中货	二	104	1.12
V5		二	278	2.98
V6	重货	三	745	7.99
V7		三	581	6.23
V8		四	762	8.17
V9		五	251	2.69
V10		六	541	5.8
V11	集装箱	四	25	0.27
V12		五	51	0.55
V13	特种车	三	17	0.18
V14		三	20	0.21
V15		二	2	0.02
V16		二	10	0.11
V17		三	8	0.09
V18		四	5	0.05
合计			9325	100

第6章 风车联合作用下斜拉桥拉索疲劳可靠性分析

按照与第5章相同的方法，归纳总结出6种典型重车车型，各车型特征及动力分析模型参数等详见前文及文献[14]。根据K-S检验及交通量的调查结果，确定车型分布为均匀分布，车重和车间距服从对数正态分布，分析结果见表6.6。

表6.6 车辆荷载概率分布类型及其参数估计

车辆参数	分布类型	期望值	标准差
车重/t	对数正态	$\mu=2.4272$	$\sigma=1.0463$
一般运行状态车间距	对数正态	$\mu=3.7921$	$\sigma=0.6822$
密集运行状态车间距	对数正态	$\mu=1.5713$	$\sigma=0.2845$

2. 随机交通荷载的模拟

基于前述南京长江二桥交通量调查数据所确定的随机交通荷载中的典型车型，采用K-S法进行车辆荷载的随机分布优度拟合和参数确定，应用蒙特卡罗法模拟随机车流，具体流程如图6.27所示。

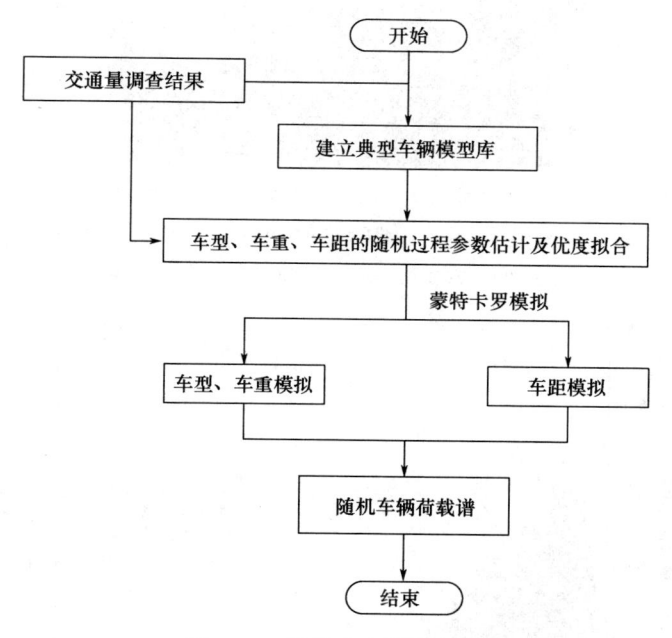

图6.27 随机车流模拟流程

根据前述车重、车型和车距的随机分布类型和参数，采用蒙特卡罗法对南京长江二桥随机车辆荷载进行模拟。以样本容量9325辆为例，模拟结果如图6.28～图6.33所示。

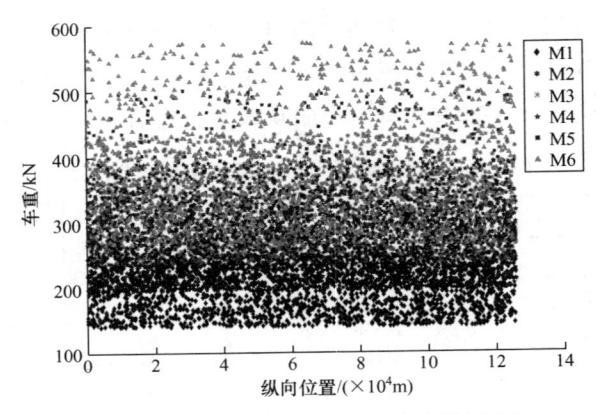

图 6.28 一般行车间距下随机车重模拟结果

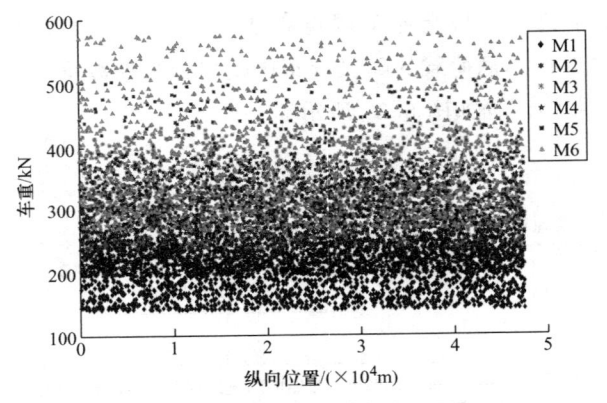

图 6.29 密集行车间距下随机车重模拟结果

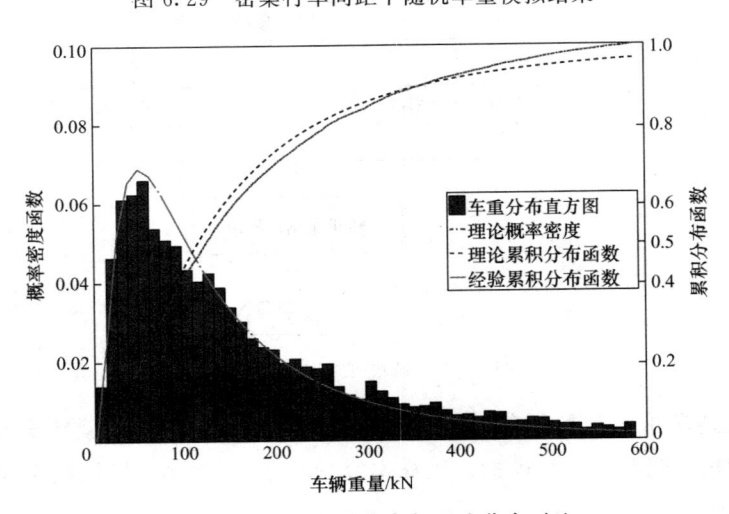

图 6.30 随机车重分布与理论分布对比

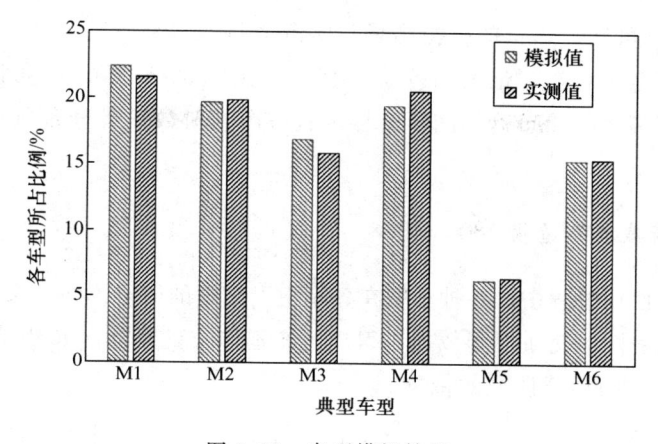

图 6.31 车型模拟结果

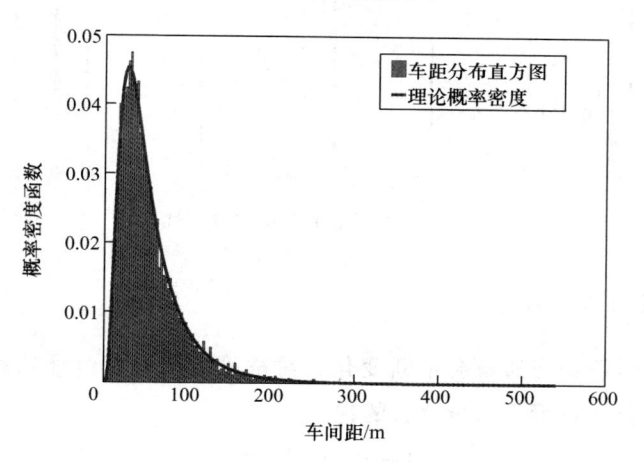

图 6.32 一般运行状态下车间距分布

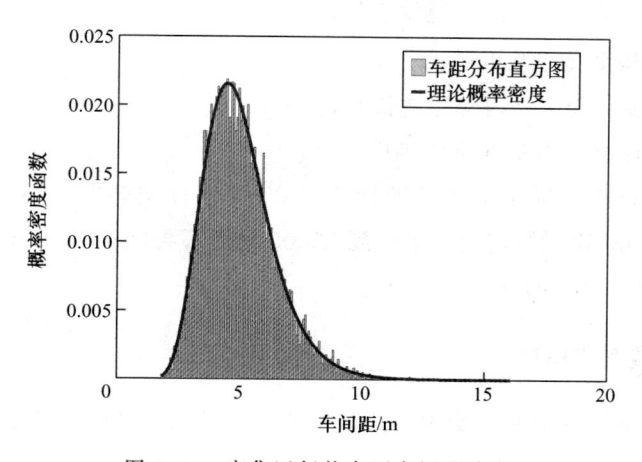

图 6.33 密集运行状态下车间距分布

由图 6.30 可知，车重的模拟结果与实测值基本吻合。图 6.31 显示车型模拟结果与实测值基本相符，最大相差 6.29%。由图 6.32 与图 6.33 可以看出，一般运行状态和密集运行状态行车间距的样本直方图与对数正态分布概率密度图吻合较好。

3. 交通荷载各车道横向分布比例

实际桥梁使用过程中，各种车型在各车道上出现的概率不同。文献[20]研究了德国具有代表性的交通观测数据，得出各车道卡车的横向分布比例如图 6.34 所示，本书以此作为后续研究的依据。

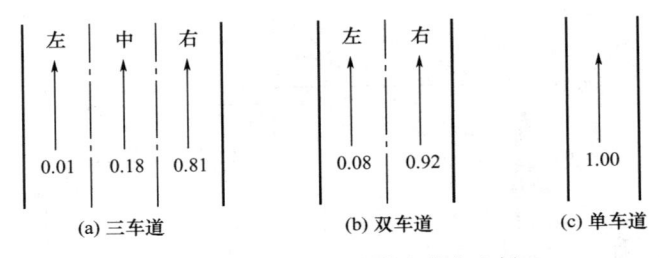

图 6.34 各车道卡车横向分布比例

4. 交通量增长预测

桥梁运营过程中交通量会不断变化，对桥梁结构的疲劳评估产生较大影响。本书采用如下公式进行交通量增长的预测：

$$Q_i = Q_0 \times (1+\gamma_i)^n \tag{6.23}$$

式中 Q_i——规划 i 年后的交通发生量；

Q_0——基年交通发生量；

γ_i——基年至 i 年内交通增长率；

n——预测年与基准年的年份差值。

根据南京长江二桥年交通量统计，以 2001 年日交通量 9500 辆为基准交通量，即 $Q_0=9500$ 辆，假定交通量达到 85000 辆时不再增长；取 2001—2010 年共 10 年的平均增长率，即 $\gamma_{均}=8.13\%$。

6.2.2 风荷载概率模型

风荷载环境特征前文已给出，此处不赘述。这里涉及的风荷载概率描述主要分为极值风速和平均风速两部分。

1. 极值风速

根据年最大风速资料，经假设检验，极值风速服从极值 I 型概率分布，分布函数为

$$F_G(u) = \exp\left[-\exp\left(-\frac{u-b}{a}\right)\right] \quad (6.24)$$

大桥设计基准风速为百年一遇，施工基准期为 30 年一遇，根据式（6.24）及 100 年、30 年重现期的基准风速，可以计算得到风速参数，计算公式为

$$\begin{cases} 1-\dfrac{1}{30} = \exp\left[-\exp\left(-\dfrac{36.8-b}{a}\right)\right] \\ 1-\dfrac{1}{100} = \exp\left[-\exp\left(-\dfrac{40-b}{a}\right)\right] \end{cases} \quad (6.25)$$

计算得到风速尺度参数 $a=2.632$，位置参数 $b=27.892$，由此可以计算出不同重现期内的设计基准风速，计算结果见表 6.7。

表 6.7 不同重现期内的基准风速

重现期/年	5	10	20	30	50	100	150
基准风速/(m/s)	31.2	33.6	35.2	36.8	38	40	60

2. 平均风速

平均风速具有空间分布的特性，可作用于任意方向，且各个方向上的强度及出现频率不同，实测表明高风速风向分布离散程度小，低风速风向分布离散程度大。本书采用风速玫瑰图来描述平均风的作用，将风作用平面均分为 16 个方向，对每个方向内风的强度、出现的概率进行统计分析，进而得出风的分布规律。

在某风向上，平均风速出现的概率服从威布尔分布：

$$p(\bar{v}, k, c) = \frac{k \bar{v}^{k-1}}{c^k} \exp\left[-\left(\frac{\bar{v}}{c}\right)^k\right] \quad (6.26)$$

式中 $p(\bar{v}, k, c)$——概率密度函数；

$\bar{v}$——平均风速；

k, c——分布参数。

南京长江二桥各风向出现的频率见表 6.8。研究表明，斜拉桥抖振响应受横向风荷载的影响最大[9]，将对桥梁动力响应影响较大的各风向（NNE、NE、SSW 和 SW 四个方向）视为一个风向，出现频率合计为 23%。通过桥址处 40 年的风速统计和参考相关资料可拟合得到前述 23% 风向平均风速威布尔分布参数为

$k=1.75$,$c=5.86$。

由此可通过蒙特卡罗方法模拟得到该桥该风向平均风速的频率分布如表 6.9 所示。

表 6.8 各风向出现的频率

风向	N	NNE	NE	ENE	E	ESE	SE	SSE	S	SSW	SW	WSW	W	WNW	NW	NNW
频率/%	5	6	8	9	11	11	7	5	3	3	6	8	5	4	4	5

表 6.9 各级风速所占的比例

风速/(m/s)	[5,7.5]	(7.5,12.5]	(12.5,17.5]	(17.5,22.5]	(22.5,27.5]	(27.5,32.5]	(32.5,37.5]	(37.5,40]	[0,5)
比例/%	18.6	12.0	3.9	1.1	0.26	0.07	0.029	0.0003	64.04

6.2.3 运营条件下桥梁结构应力循环块的计算流程

1. 随机交通荷载下的应力循环块计算

1) 基于长期交通量的调查数据,获得日平均交通量,并确定典型车型。

2) 根据典型车型对应的出现概率、车型参数,拟合随机交通流的车型、车重、车间距的随机分布类型和参数。

3) 根据所确定的随机分布类型和参数,考虑交通荷载多车道横向分布比例,采用蒙特卡罗法模拟随机交通流。

4) 由影响线加载法得到随机交通荷载作用下的典型日桥梁构件应力时程,应用雨流法对应力时程进行统计,过滤掉对疲劳影响很小的小于 2MPa[21] 的应力幅,得到典型日交通荷载应力循环块。

2. 随机风荷载下的应力循环块计算

1) 通过桥址处风荷载的调查统计获得设计基准期极值风速,根据风速玫瑰图获得各个方向上平均风强度及风速的分布频率,并将作用于桥上的平均风速以 5m/s 为间隔划分为多个等级。

2) 将控制桥梁抖振动力响应的多个不利风向整合为一个风向,统计获得上述不利风向出现的频率。

3) 编制 MATLAB 程序,实现不同等级平均风速下的随机脉动风荷载模拟。

4) 根据不利风向上各风速的发生频率,计算得到设计使用期内 1 天内不利风向各级风速持续的等效时长。通过对前述各级风速的模拟时程样本按照时长比例进行组合，获得典型日内的不利风向等效风载时程。

5）获得典型日内的随机风荷载后，可由多级风速下的桥梁抖振时程分析得到风荷载作用下结构的应力响应时程，采用雨流法统计和去除无影响的低应力幅后得到典型日风荷载应力循环块。

3. 风车联合作用下的应力循环块计算

基于 6.2 节提出的风车叠加作用分析方法的适用性研究结果，采用自编的大跨桥梁风-车-桥叠加动力响应分析程序，计算风车联合作用下桥梁结构的应力循环块，具体步骤如下：

1）根据交通量调查，获得日交通量数据，统计典型车型，确定随机交通流的车型、车重和车间距的随机分布类型和参数。

2）采用蒙特卡罗法模拟典型日随机交通流，采用影响线加载法获得随机车辆荷载作用下的典型日结构应力时程。

3）根据桥址处风荷载的调查统计数据和风速玫瑰图获得典型日内各风向出现的概率、风强度、风速分布频率，并将对桥梁抖振响应影响最大的风向整合为一个风向，总结出该风向出现的概率、该风向上各级平均风速所占的比例。

4）用 MATLAB 编制程序进行该风向上各级风速脉动时程的数值模拟，按照各风速占比合成典型时段风载时程，进而对桥梁进行抖振分析，得到风荷载作用下的典型日结构应力时程。

5）将随机车载和随机风载作用下的典型日应力时程采用风车叠加分析方法进行叠加，可得到风车联合作用下的典型日应力时程；对其采用雨流法统计，即可得到对应的典型日应力循环块。

6.2.4 斜拉索疲劳可靠性分析方法

考虑平均应力影响的斜拉索疲劳寿命 $S\text{-}N$ 曲线可表达为[22]

$$NS_{eq}^m = C \tag{6.27}$$

式中　m,C——与材料性能及构件构造细节有关的常数；

　　　S_{eq}——等效应力幅，$S_{eq}=k_e S$，$k_e=1/(1-S_m/S_b)$，S 为变幅随机应力幅，S_b 为极限强度，S_m 为平均应力；

　　　N——等效应力幅下拉索的疲劳寿命。

本书采用疲劳累积损伤模型进行拉索的疲劳可靠性分析，安全余量方程为

$$D(n)-D_c \leqslant 0 \tag{6.28}$$

式中　$D(n)$——累积损伤，为一随机过程；

D_c——临界损伤值,可视为随机变量,服从均值为 1、方差为 0.3 的对数正态分布[21]。

当满足式(6.28)时,构件安全。构件疲劳可靠度 P_s 可写为

$$P_s = P(D(n) - D_c \leqslant 0) \quad (6.29)$$

本节将介绍基于线性 Miner 准则的线性疲劳可靠性分析框架和方法,并进行后续拉索疲劳可靠性分析,具体分析流程如图 6.35 所示。

按照线性累积损伤准则,随机荷载下拉索的疲劳损伤可描述为

$$D(n) = \sum_{i=1}^{n} \Delta D_i = \sum_{i=1}^{n} \frac{1}{N_i} \quad (6.30)$$

式中 ΔD_i——第 i 级应力幅造成的损伤。

考虑服役期内拉索承受连续变化的循环应力幅作用,将拉索 S-N 方程代入式(6.26),可得

$$D(n) = \sum_{i=1}^{n} \frac{S_i^m}{C} = \frac{nE(S^m)}{C} \quad (6.31)$$

式中 $E(\cdot)$——数学期望。

则疲劳极限状态方程式(6.27) 变为

$$\frac{nE(S^m)}{C} - D_c = 0 \quad (6.32)$$

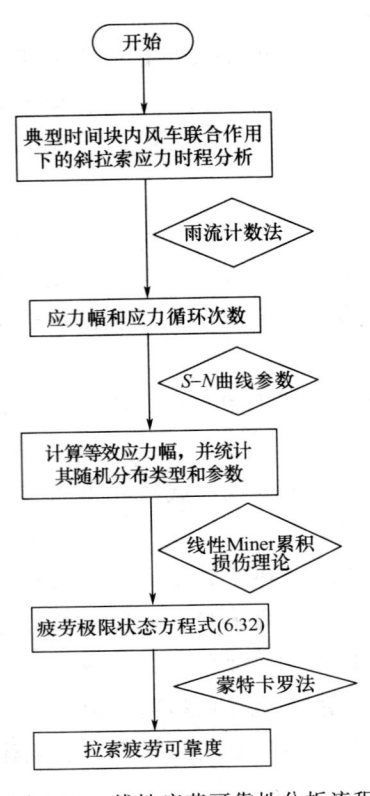

图 6.35 线性疲劳可靠性分析流程

按照线性累积损伤等效原则,变幅应力对应的等效应力幅的计算公式为

$$S_{eq} = \left(\frac{\sum_{i=1}^{n} n_i S_i^m}{\sum_{i=1}^{n} n_i} \right)^{\frac{1}{m}} = [E(S^m)]^{1/m} \quad (6.33)$$

式中 S_{eq}——等效应力幅,为随机变量。

将式(6.30) 代入式(6.29),方程变换为

$$\frac{nS_{eq}^m}{C} - D_c = 0 \quad (6.34)$$

参数 C 可通过拉索 S-N 曲线获得。临界损伤 D_c 服从对数正态分布[16]。由于交通荷载和风荷载的随机性,拉索的等效应力幅 S_{eq} 具有一定的随机性,其随机性需要通过对应力谱的模拟计算及 S_{eq} 的统计分析来描述。首先,模拟计算得

到多个典型时间块的拉索应力时程,由雨流计数法统计其应力幅和循环次数。然后,分析得到各时段的等效应力幅,并统计分析得到各典型时间段的等效应力幅。最后,拟合得到 S_{eq} 的随机分布类型和参数。确定了式(6.32)中的各个参数(表 6.10)之后,进行蒙特卡罗随机抽样,即可求得对应的疲劳可靠度。

表 6.10 疲劳可靠度计算参数

参数	意义	概率类型	均值	方差
S_{eq}	等效应力幅	对数正态分布	统计分析得到	
C	材料疲劳参数	对数正态分布	5.205e17	1.6684
D_c	临界损伤	对数正态分布	1.0	0.3

6.2.5 算例分析

1. 交通荷载随机性对拉索疲劳可靠性的影响

基于前述线性 Miner 累积损伤理论下的拉索疲劳可靠度计算方法,分析交通荷载随机性对拉索疲劳可靠性的影响。本桥例拉索采用平行钢丝拉索,拉索的 S-N 曲线方程为[23]

$$\lg N = 17.7164 - 3.645 \lg S \tag{6.35}$$

由方程式(6.35)确定式(6.31)所示极限状态方程中的各个参数。其中,材料性能参数 C 通过疲劳试验得到,服从对数正态分布;参数 m 为常数;临界损伤 D_c 服从均值为 1.0、方差为 0.3 的对数正态分布。

为分析交通荷载样本随机性对拉索疲劳可靠度的影响,现生成 30 个典型日交通荷载应力循环块样本,样本交通量为 5000 辆,横向车道车辆按照图 6.34 中三车道的比例分配。计算各拉索对应的等效应力幅 S_{eq}^i。全桥各拉索 30 个样本容量下的等效应力幅均值和方差结果如图 6.36 和图 6.37 所示。通过对 S_{eq}^i 样本进行极大似然估计和 K-S 检验,得到交通荷载下拉索等效应力幅 S_{eq}^i 服从对数正态分布。

基于前述疲劳极限状态方程,采用蒙特卡罗方法进行拉索的疲劳可靠性分析,并按照上述典型日交通荷载下拉索等效应力幅服从的概率分布,考虑交通荷载随机性对拉索疲劳可靠性的影响。当不考虑交通荷载随机性影响时取等效应力幅均值进行计算。投入运营后,前 10 年全桥拉索的可靠指标分析结果如图 6.38 所示。可见,考虑交通荷载随机性的拉索疲劳可靠性指标总体略高于不考虑交通荷载随机性的情况。

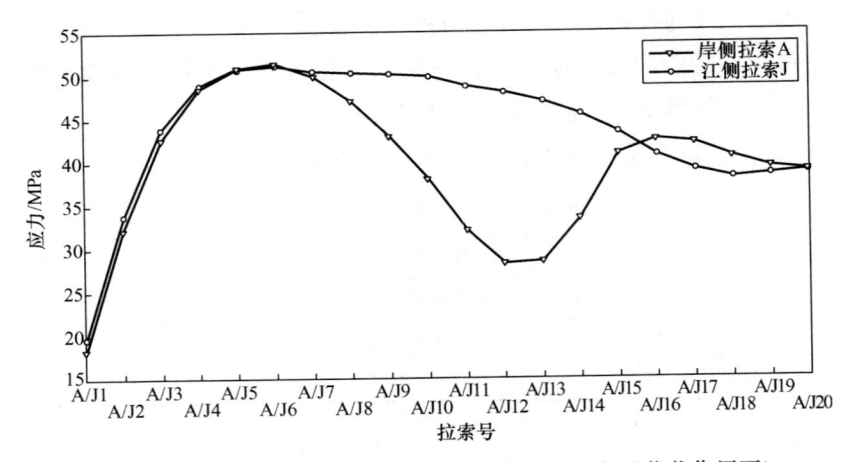

图 6.36 岸侧与江侧拉索等效应力幅样本均值（交通荷载作用下）

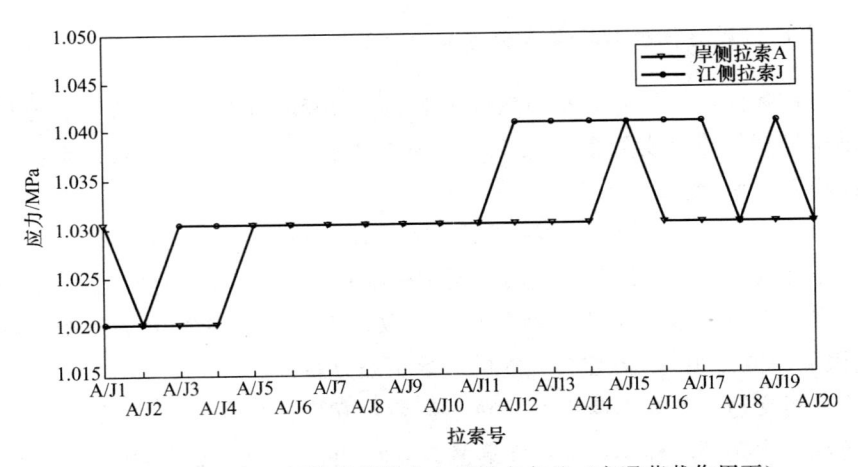

图 6.37 岸侧与江侧拉索等效应力幅样本方差（交通荷载作用下）

现以疲劳可靠度最低的 A6 号拉索为例，按照公式(6.23)，考虑交通量的增长，进行考虑与不考虑交通荷载随机性的动态疲劳可靠性指标分析，结果如图 6.39 所示。随运营时间的增长，拉索疲劳可靠性指标不断下降，且在前 30 年下降更为迅速，可见做好早期的拉索维护工作十分重要。此外，A6 号拉索当考虑交通荷载随机性影响时动态疲劳可靠性指标高于不考虑的情况，且在运营后期两者差距更为明显，最大相差 16.14%，说明不考虑交通荷载样本随机性时得到的拉索动态疲劳可靠性指标偏于保守。

根据相关规范和文献，选取目标可靠性指标 $\beta_T = 3.5$[9]，进行考虑与不考虑交通荷载随机性的全桥拉索疲劳可靠性寿命分析，结果如图 6.40 所示。A6 号拉

第 6 章　风车联合作用下斜拉桥拉索疲劳可靠性分析

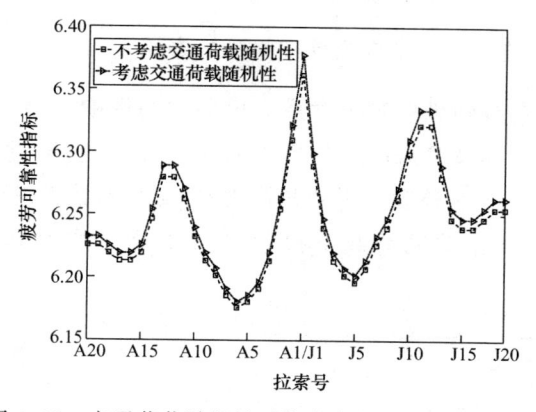

图 6.38　交通荷载随机性对拉索疲劳可靠指标的影响

(a) A6号拉索动态疲劳可靠性指标

(b) A6号拉索动态疲劳可靠性指标对比

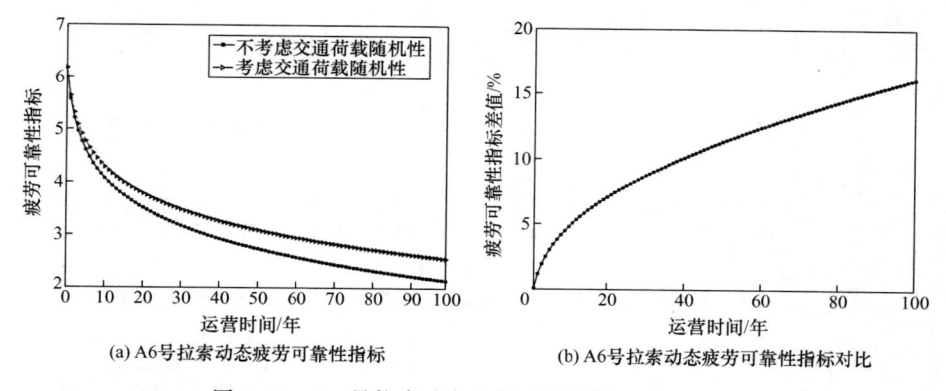

图 6.39　A6 号拉索动态疲劳可靠性指标对比分析

索疲劳寿命最低，考虑与不考虑交通荷载随机性的拉索疲劳寿命最大相差 30.2%，且不考虑荷载随机性的分析结果偏于保守。

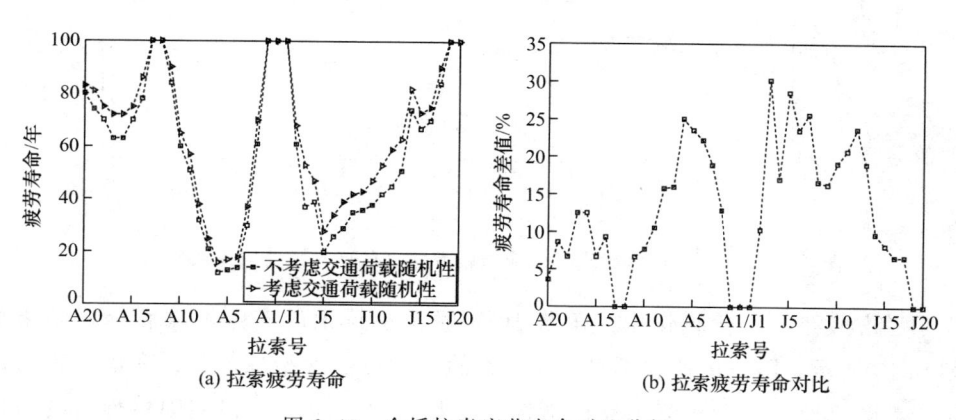

(a) 拉索疲劳寿命

(b) 拉索疲劳寿命对比

图 6.40　全桥拉索疲劳寿命对比分析

2. 脉动风荷载随机性对拉索疲劳可靠性的影响

为考虑脉动风荷载随机性对拉索疲劳可靠性的影响，模拟生成 30 个典型日风荷载应力循环块样本及其对应的拉索等效应力幅 S_{eq}^i。通过对等效应力幅样本进行极大似然估计和 K-S 检验，得到各拉索 S_{eq}^i 服从对数正态分布。

全桥拉索典型日脉动风荷载下拉索应力幅统计均值和方差如图 6.41 和图 6.42 所示。

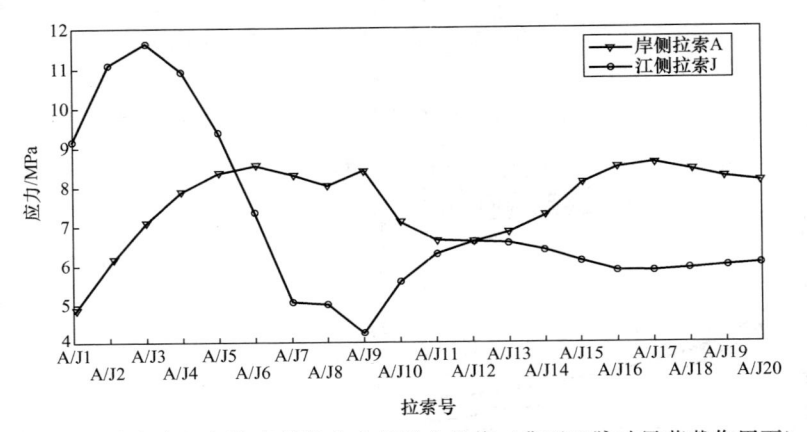

图 6.41 岸侧与江侧拉索等效应力幅样本均值（典型日脉动风荷载作用下）

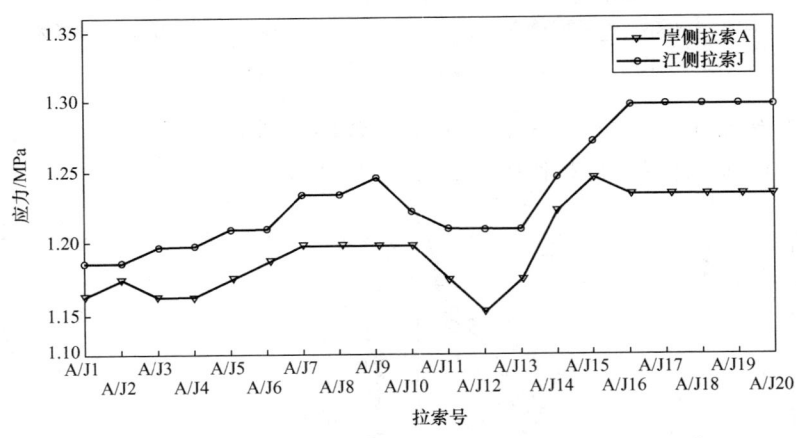

图 6.42 岸侧与江侧拉索等效应力幅方差（典型日脉动风荷载作用下）

考虑典型日风荷载作用，运营 10 年时全桥拉索的疲劳可靠性分析结果如图 6.43 所示。随机风荷载下 A6 号拉索的疲劳可靠性指标最低；考虑与不考虑风荷载随机性的拉索疲劳可靠性指标最大相差仅 0.49%，说明随机性对疲劳可靠性指标的影响微小，可以忽略。

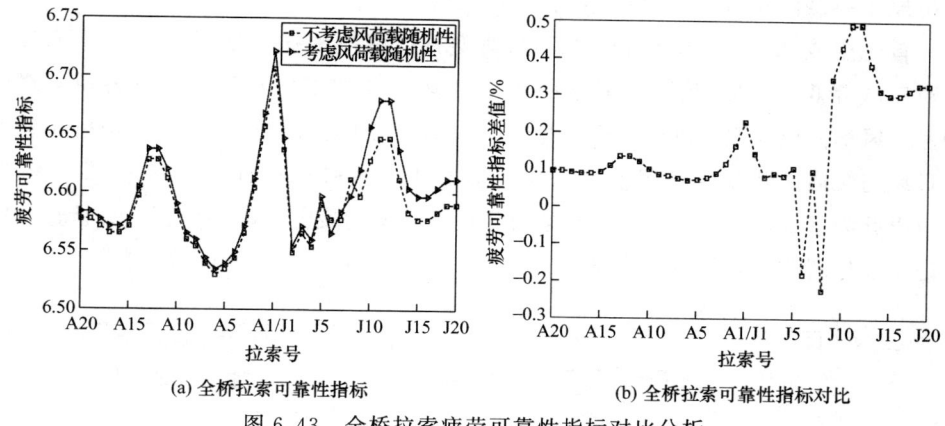

图 6.43　全桥拉索疲劳可靠性指标对比分析

以疲劳可靠性指标最低的 A6 号拉索为例，进行考虑与不考虑脉动风荷载随机性的动态疲劳可靠性指标分析，结果如图 6.44 所示。随运营时间的增长，疲劳可靠性指标不断下降，拉索在考虑脉动风荷载随机性影响时的动态疲劳可靠指标高于不考虑脉动风荷载随机性的情况，最大相差仅 3.92%。仅考虑风荷载作用时拉索疲劳寿命超过 100 年。

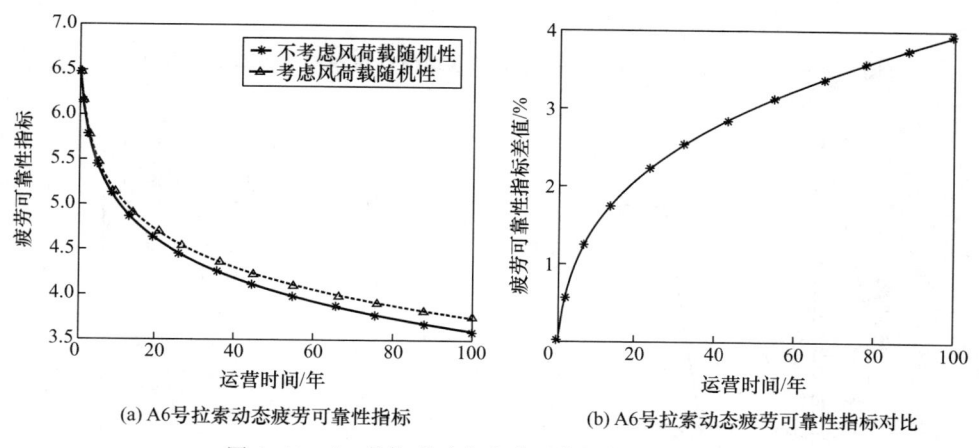

图 6.44　A6 号拉索动态疲劳可靠性指标对比分析

3. 风与交通荷载联合作用下拉索疲劳可靠性分析

基于前述风车联合作用叠加分析方法，生成多个风车联合作用下的典型日拉索应力循环块，计算多个全桥拉索等效应力幅 S_{eq}^i，并对其进行参数估计和随机分布拟合，以获得各拉索等效应力幅所服从的概率分布类型和参数，以此为基础分析风车荷载随机性对全桥拉索疲劳可靠度的影响。

首先生成 30 个风车联合作用下的典型日拉索应力循环块样本，并计算各拉索对应的等效应力幅 S_{eq}^i，对其进行极大似然估计和 K-S 检验，得到各拉索对应的考虑风车荷载双重随机性的拉索等效应力幅 S_{eq}^i 服从对数正态分布。全桥拉索典型日风与交通荷载联合作用下拉索应力幅统计均值和方差如图 6.45 和图 6.46 所示。以此为基础进行风与交通荷载联合作用下拉索的疲劳可靠性分析，分析过程中考虑交通量的增长，且日交通量由 9500 辆增长至 85000 辆后不再增长。

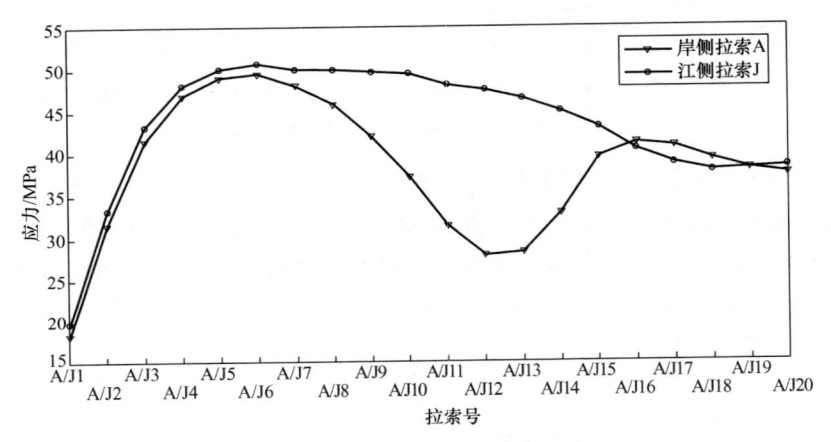

图 6.45　岸侧与江侧拉索等效应力幅样本均值（风与交通荷载联合作用下）

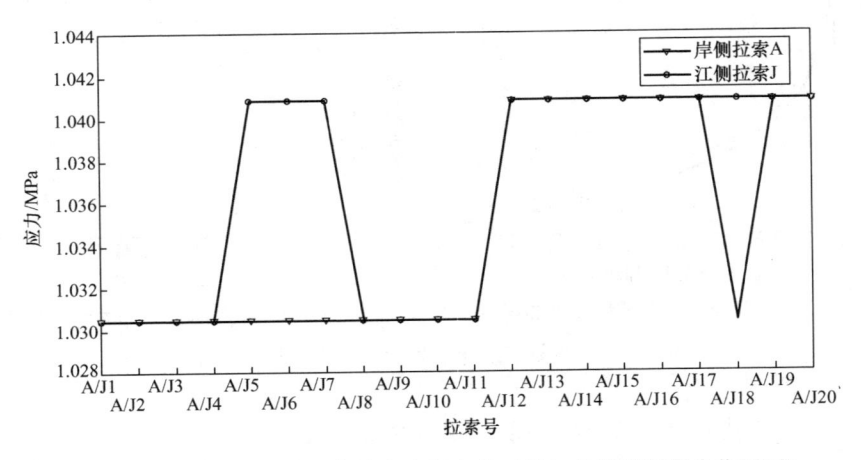

图 6.46　岸侧与江侧拉索等效应力幅方差（风与交通荷载联合作用下）

以全桥拉索为对象，分析桥例运营 10 年时仅考虑交通荷载和考虑风车荷载联合作用的拉索疲劳可靠性指标，结果如图 6.47 所示。

(a) 全桥拉索可靠性指标

(b) 全桥拉索可靠性指标对比

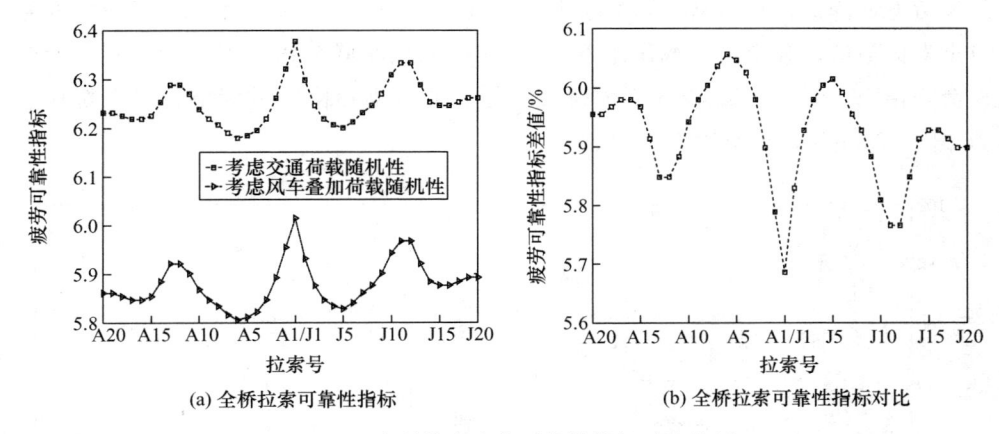

图 6.47　全桥拉索疲劳可靠性指标对比分析

可见，风车荷载作用下全桥拉索可靠性指标均低于仅考虑交通荷载的情况，最大相差 6.06%。

以最不利拉索 A6 为例进行动态疲劳可靠性指标对比分析，结果如图 6.48 所示。交通荷载、风车联合作用两种工况下 A6 号拉索的动态疲劳可靠性指标对比表明，风荷载对拉索动态疲劳可靠性指标影响较大，使疲劳可靠性指标降低，随运营年限的增长，影响幅度增大，由建成之初的 6.05% 增长至建成 100 年的 21.02%。

(a) A6号拉索动态疲劳可靠性指标

(b) A6号拉索动态疲劳可靠性指标对比

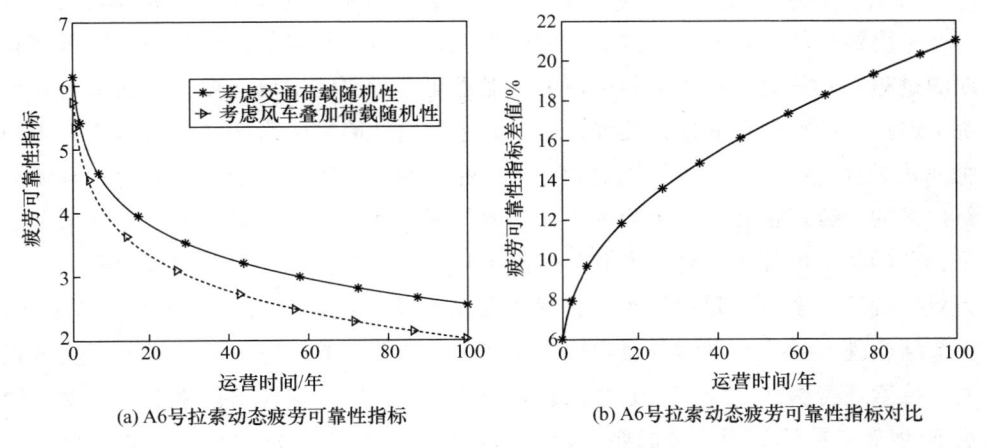

图 6.48　A6 号拉索动态疲劳可靠性指标对比分析

基于目标可靠性指标 $\beta_T = 3.5$，进行全桥拉索疲劳可靠性寿命预测，结果如图 6.49 所示。可见，风荷载对拉索疲劳寿命的影响较大，风荷载作用会使拉索的疲劳寿命降低,对短索的影响较小,对远离桥塔的拉索影响较大。全桥 A6 号拉索寿命最低,在交通荷载作用下为 16 年,在风车联合作用下仅为 9 年,疲劳寿命降幅为 43.8%。综合分析风荷载对拉索疲劳寿命降幅的影响,对全桥拉索为 2%～73.6%,平均约为 40.5%。

(a) 全桥拉索疲劳寿命

(b) 全桥拉索疲劳寿命对比

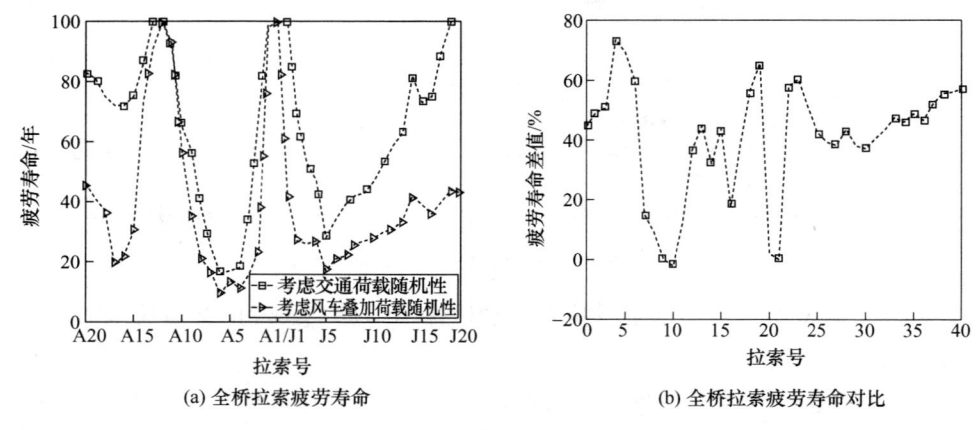

图 6.49 全桥拉索疲劳寿命对比分析

6.3 腐蚀对运营斜拉桥拉索疲劳可靠性的影响

斜拉索作为斜拉桥的关键构件,在使用期内会因环境因素和人为因素的影响而产生腐蚀破坏,进而影响拉索的疲劳性能;同时,拉索的腐蚀是一个缓慢而长期的过程,对其腐蚀所造成的抗疲劳性能退化进行研究十分必要。目前针对在役桥梁斜拉索的疲劳可靠性预测和评定研究中,腐蚀因素的影响还少有考虑,不同腐蚀状况对于运营斜拉桥拉索的疲劳可靠性影响规律还不明晰,难以为在役桥梁斜拉索的疲劳评估和状态预测提供必要的依据和理论基础。开展运营条件下考虑风、车辆和腐蚀等因素对拉索疲劳性能影响的量化评价方法和影响规律研究,可为斜拉桥的安全评估和状态预测提供重要的理论基础,具有重要意义。基于此,本节结合既有的拉索腐蚀分级理论及拉索腐蚀疲劳试验研究成果,对不同腐蚀程度的拉索进行腐蚀分级,并通过拉索腐蚀疲劳试验数据拟合出拉索在时变腐蚀影响下的 $S\text{-}N$ 曲线,提出考虑腐蚀影响的随机风车作用下斜拉桥拉索疲劳可靠性分析研究的腐蚀疲劳模型,为在役斜拉桥拉索的疲劳寿命评价和安全评估提供参考。

6.3.1 考虑腐蚀影响的斜拉索疲劳抗力模型

1. 人工加速腐蚀高强钢丝的疲劳性能

依据拉索常用镀锌高强度钢丝试件的人工加速腐蚀试验结果[24,25]，通过对不同人工加速腐蚀时长的钢丝样本表观状况与腐蚀分级特征描述[26]的对比分析，得到试验样本钢丝腐蚀等级如下：1d，腐蚀等级Ⅰ；7d，腐蚀等级Ⅱ；10d，腐蚀等级Ⅲ；30d，腐蚀等级Ⅳ；60d，腐蚀等级Ⅴ。选取腐蚀暴露时间为1d，7d，10d，30d和60d的腐蚀钢丝进行四种应力水平[(0.4～0.8)σ_u，(0.3～0.6)σ_u，(0.25～0.5)σ_u 和 (0.2～0.4)σ_u，$\sigma_u=1670$MPa，为极限强度，应力比为0.5]的疲劳强度试验。该试验采用先对钢丝预腐蚀，后进行疲劳试验的拉索腐蚀疲劳常用试验方法，未考虑应力与腐蚀的交互作用。基于试验结果，拟合得到上述五种不同腐蚀程度钢丝的疲劳寿命曲线。

既有研究结果表明，平行钢丝斜拉索的高强钢丝和拉索的 S-N 曲线斜率相同，且当保证率为99.7%时，拉索的疲劳寿命大于钢丝的疲劳寿命，与设计疲劳寿命为200万次的研究结果类似[24,27]。同时，拉索的疲劳寿命主要由组成拉索的一小部分疲劳寿命最短的钢丝控制。考虑到实际运营环境中的拉索腐蚀并不是均匀发生的，一般按照腐蚀程度最为严重的部分钢丝的状况确定腐蚀等级[26]。为此，本节偏安全地基于前述腐蚀钢丝疲劳试验结果，将腐蚀钢丝与拉索的疲劳寿命曲线等效，得到不同腐蚀等级的拉索（对应不同加速腐蚀周期）的 S-N 曲线方程如下：

$$\begin{cases} 腐蚀等级 Ⅰ: \lg N=23.02-6.49\lg S, 1d \\ 腐蚀等级 Ⅱ: \lg N=21.75-6.06\lg S, 7d \\ 腐蚀等级 Ⅲ: \lg N=21.24-5.88\lg S, 10d \\ 腐蚀等级 Ⅳ: \lg N=19.48-5.26\lg S, 30d \\ 腐蚀等级 Ⅴ: \lg N=19.33-5.26\lg S, 60d \end{cases} \quad (6.36)$$

上述腐蚀和疲劳试验过程及相关数据可参考文献[28]，此处不赘述。目前工程设计中对于斜拉索一般以考虑安全系数的设计荷载（如车辆活载等）下200万次等效加载循环作为评价其疲劳性能的标准。相关研究引用最为广泛的是美国后张法学会斜拉桥委员会基于大量试验数据给出的拉索疲劳设计准则，其中平行钢丝拉索200万次加载循环的疲劳应力幅设计值为144.8MPa，并指出任何超过20.69MPa的受拉应力幅均应计入[29]。同时，拉索疲劳试验研究受时间和试验条件等限制，循环次数远大于200万次的低应力幅疲劳试验很少开展。各国学者开展的斜拉桥拉索疲劳损伤相关研究均以既有试验研究数据拟合得到 S-N 曲线，然后进行桥梁使用荷载下的疲劳寿命或可靠性分析[30-32]。

2. 加速腐蚀与实际服役的时间尺度转化

斜拉索内部高强钢丝受外界环境等因素影响发生腐蚀后,其腐蚀状况将随运营时间的增长不断恶化[27]。时变腐蚀对拉索疲劳性能的影响可通过对拉索 S-N 曲线进行时变更新来描述。本节将以前述试验数据为基础,建立加速腐蚀时间与实际服役时间的关系,拟合得到拉索 S-N 曲线参数与实际服役时间之间的关系,从而建立时变腐蚀拉索 S-N 曲线退化模型。

由前述加速腐蚀试验数据得到加速腐蚀条件下钢丝均匀腐蚀深度随时间变化的规律如图 6.50 所示[28]。

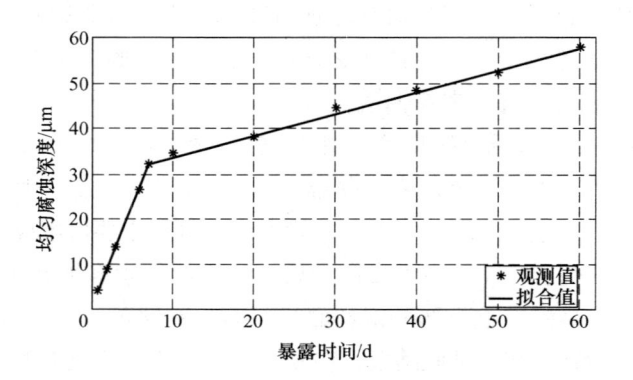

图 6.50 均匀腐蚀深度随时间变化的规律

由图 6.50 可以看出,在人工加速腐蚀试验中,钢丝腐蚀速率的转折点将钢丝腐蚀分成了两个阶段:仅镀锌层腐蚀阶段和内部高强钢丝腐蚀阶段。两个阶段的转折点在第 7 天。拉索高强钢丝均匀腐蚀的两个阶段可用如下公式表示:

$$\begin{cases} d_{u,Zn}(t) = \psi_1 t^{\gamma_1}, t \leqslant t_c \\ d_{u,Fe}(t) = \psi_2 (t-t_c)^{\gamma_2}, t > t_c \end{cases} \quad (6.37)$$

式中　　ψ_1,ψ_2——镀锌层和钢的腐蚀速率;

　　　　γ_1,γ_2——模型参数;

　　　　t_c——腐蚀转折时间点;

$d_{u,Zn}(t)$,$d_{u,Fe}(t)$——钢丝镀锌层和内部高强钢丝的均匀腐蚀深度。

各系数回归值为

$$\begin{cases} \bar{d}_{u,Zn}(t) = \bar{\psi}_1 t^{\gamma_1} = 4.381 \times t^{1.0234}, t \leqslant 7d \\ \bar{d}_{u,Fe}(t) = \bar{\psi}_2 (t-t_c)^{\gamma_2} = 0.672 \times (t-7)0.915, t > 7d \end{cases} \quad (6.38)$$

当人工加速腐蚀试验与实际服役环境腐蚀导致的均匀腐蚀深度相同时，可认为加速腐蚀钢丝与对应的实际服役环境下钢丝的腐蚀程度相当。实际上斜拉桥由于服役腐蚀环境的差异，斜拉索的腐蚀速率不同。根据均匀腐蚀深度等效原则可建立人工加速腐蚀时间尺度与实际服役时间尺度的关系。现以南京三桥为例，按照以上等效原则，建立人工加速腐蚀与实际服役时间尺度的关系。该桥位于工业区，根据对该区域自然环境下高强镀锌钢丝腐蚀试验的研究结果[32]，发现高强钢丝厚 $24\mu m$ 的镀锌层全部腐蚀需 3.9 年。此时，钢丝处于第一腐蚀阶段，据此有如下换算关系：

$$d_{act,Zn} = \psi_1 t^{\gamma_1} = \psi_{act,Zn} t_{act,Zn}^{\gamma_1} \tag{6.39}$$

式中　$d_{act,Zn}$——实际环境下高强钢丝的均匀腐蚀深度；

　　　$\psi_{act,Zn}$——实际环境中钢丝的腐蚀速率；

　　　$t_{act,Zn}$——自然环境下拉索的暴露时间。

由观测数据知 $d_{act,Zn} = 24\mu m$，$t_{act,Zn} = 3.9$ 年。根据均匀腐蚀深度等效原则，可获得人工加速腐蚀试验时间尺度与实际服役环境时间尺度的关系：

$$\frac{t_{act,Zn}}{t} = \frac{t_{act,Zn}}{(d_{act,Zn}/\psi_1)^{1/\gamma_1}} = \frac{3.9}{(24/4.381)^{1/1.024}} = 0.74 \ 年/d \tag{6.40}$$

由此可知，钢丝腐蚀阶段，盐雾试验条件下 1d 相当于该桥在所在地区自然条件环境中 0.74 年的腐蚀程度。盐雾试验条件为：盐雾 NaCl 溶液浓度为（5±0.5）%，pH 为 3.0～3.1，室内温度为（35±2）℃。

虽然当斜拉桥处于不同桥址环境中时斜拉索受到环境腐蚀的影响程度不同，但采用均匀腐蚀深度等效原则建立人工加速腐蚀试验时间尺度与实际服役环境时间尺度的换算公式的方法具有通用性[33]。

3. 考虑时变腐蚀的拉索 S-N 曲线

以前述高强钢丝加速腐蚀试验结果为基础，建立拉索时变腐蚀的疲劳退化模型。

首先，为了便于应用式(6.36)，将拉索 S-N 曲线方程 $NS^m = C$ 写成对数形式：

$$\lg N = A - B\lg S \tag{6.41}$$

其中，$A = \lg C$，$B = m$，m 和 C 是与材料性能及构件构造细节有关的常数。

根据高强钢丝加速腐蚀试件疲劳试验得到的 S-N 曲线方程式(6.36)，将试验的时间尺度按照方程式(6.40)转化至实际环境服役时间尺度，由最小二乘法拟合得到参数时变腐蚀拉索 S-N 曲线的参数 A、B 随时间变化的关系如图 6.51

所示。

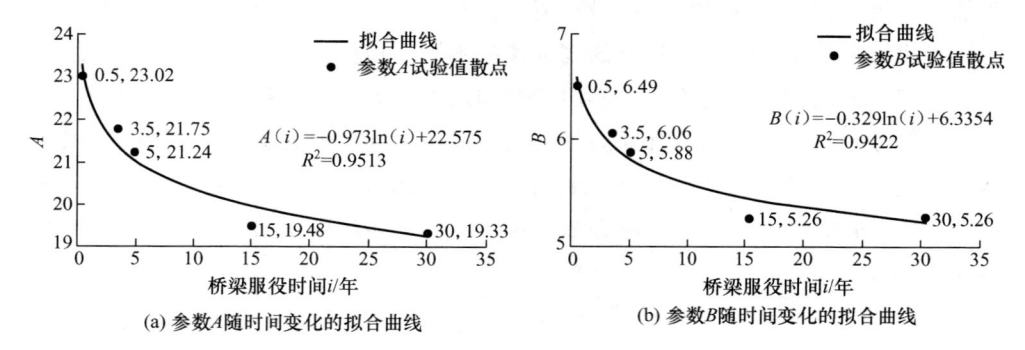

图 6.51 时变腐蚀条件下拉索 S-N 方程参数时变曲线

由此得到时变腐蚀条件下拉索 S-N 曲线参数 A，B 的时变表达式：

$$\begin{cases} A(i)=-0.973\ln(i)+22.575 \\ B(i)=-0.329\ln(i)+6.3354 \end{cases} \quad (6.42)$$

式中 i——桥梁服役时间（年）。

据此得到桥梁服役期内考虑腐蚀的拉索时变 S-N 曲线方程为

$$\lg N = A_i - B_i \ln S \quad (6.43)$$

6.3.2 考虑腐蚀影响的斜拉索疲劳可靠性分析方法

1. 考虑腐蚀影响的拉索疲劳可靠性分析模型

在随机荷载作用下拉索内部的损伤逐渐累积，导致拉索的疲劳破坏，采用线性疲劳累积损伤模型可以得到拉索的安全余量方程为

$$D(n) - D_c \leqslant 0 \quad (6.44)$$

式中 $D(n)$，D_c——累积损伤和临界损伤，均为随机变量。

拉索的疲劳可靠度 P_s 可表示为

$$P_s = P(D(n) - D_c \leqslant 0) \quad (6.45)$$

（1）腐蚀分级条件下拉索疲劳可靠性分析模型

按照 Miner 线性累积损伤准则，随机荷载下拉索的疲劳损伤可描述为

$$D(n) = \sum_{i=1}^{n} \Delta D_i = \sum_{i=1}^{n} \frac{1}{N_i} \quad (6.46)$$

式中 ΔD_i——第 i 级应力幅造成的损伤。

考虑到服役期内拉索承受连续变化的循环应力幅作用，将拉索 S-N 方程代

入式(6.46),可得

$$D(n) = \sum_{i=1}^{n} \frac{S_i^m}{C} = \frac{nE(S^m)}{C} \tag{6.47}$$

式中 $E(\cdot)$——数学期望。

则疲劳极限状态方程变为

$$\frac{nE(S^m)}{C} - D_c = 0 \tag{6.48}$$

按照线性累积损伤等效原则,变幅应力对应的等效应力幅的计算公式为

$$S_{eq} = \left(\frac{\sum n_i S_i^m}{\sum n_i}\right)^{\frac{1}{m}} = [E(S^m)]^{1/m} \tag{6.49}$$

式中 S_{eq}——等效应力幅,其随机分布类型由统计获得。

将式(6.49)代入式(6.48),疲劳极限状态方程变为

$$\frac{nS_{eq}^m}{C} - D_c = 0 \tag{6.50}$$

式(6.50)中,材料性能参数 C 可通过不同腐蚀等级下的拉索 $S\text{-}N$ 曲线获得,临界损伤 D_c 服从对数正态分布[16]。通过应力谱的模拟计算及 S_{eq} 的统计分析来描述交通和风荷载的随机性。首先通过模拟计算得到多个典型时间块的拉索应力时程,经雨流法计数处理后获得应力幅及其循环次数,然后分析得到各时段的等效应力幅,并由统计分析得到各典型时间段的等效应力幅,最后拟合得到等效应力幅的随机分布类型和参数。

(2) 时变腐蚀条件下拉索疲劳可靠性分析模型

将时变腐蚀拉索的 $S\text{-}N$ 曲线方程式(6.43)代入拉索疲劳极限状态方程式(6.50),可得运营年限为 N_s 时的拉索疲劳极限状态方程为

$$\sum_{i=1}^{N_s} \frac{n_i (S_{eq}^i)^{m_i}}{C_i} - D_c = 0 \tag{6.51}$$

式中 S_{eq}^i——第 i 年的等效应力幅,为随机变量;

n_i——第 i 年等效应力幅的循环次数;

m_i, C_i——第 i 年时变腐蚀影响下的拉索 $S\text{-}N$ 曲线参数,可由式(6.42)变换得到,即

$$m_i = -0.329\ln(i) + 6.3354 \tag{6.52}$$

$$C_i = C^{A_i} = C^{-0.973\ln(i) + 22.575} \tag{6.53}$$

2. 疲劳可靠度计算过程和步骤

图 6.52 给出了基于蒙特卡罗法考虑腐蚀的随机车辆与风荷载联合作用下的

斜拉索疲劳可靠度分析流程，因篇幅所限，详细步骤未予说明，具体可见文献[34]。

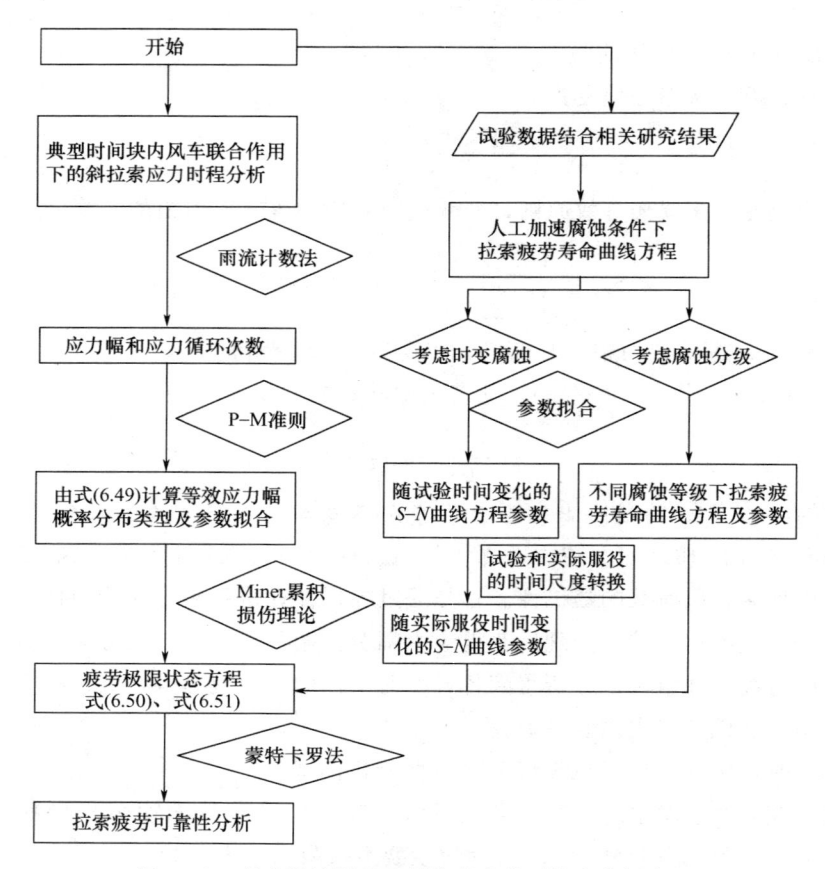

图 6.52 考虑腐蚀影响的斜拉索疲劳可靠度分析流程

在此仅对拉索等效应力幅的计算过程予以简要说明：

1) 按照交通调查数据确定车型、车重、车间距和横向位置随机分布模型，进行随机车辆模拟，获得典型时间块内的随机交通荷载样本。

2) 按照桥址处风荷载统计数据和概率分布拟合结果确定极值风速、平均风速和风向服从的概率分布，开展风速、风向和脉动风时程样本模拟。

3) 基于数值模拟分析程序计算典型时间块内拉索的动力响应时程。

4) 考虑车辆和风荷载随机性，对各样本典型时间块内拉索的应力时程进行应力幅和循环次数统计；基于线性累积损伤等效准则，以循环次数为常量，由式(6.49)分别计算得到多个等效应力幅样本。

5) 对多个等效应力幅样本进行统计分析，获得其服从的概率分布及参数。

6.3.3 算例分析

仍以前述南京长江二桥南汊主桥为例进行分析，桥例概况如前文所述。基于风车叠加分析理论，对桥例开展不同风速下随机车流与桥梁耦合振动响应分析，计算考虑交通量增长的随机车载和风载联合作用下的拉索应力谱、等效应力幅，并进行概率统计分析，考虑荷载随机性的影响。具体实现过程和结果详见前文。研究中采用的不同腐蚀等级拉索 S-N 曲线及对应的参数和时变腐蚀影响下的拉索 S-N 曲线及其参数如前所述。

1. 考虑腐蚀等级的拉索疲劳可靠性分析

首先以运营 10 年为例，分析得到随机交通与风荷载联合作用下全桥拉索的疲劳可靠度（图 6.53）。由图 6.53 可知，拉索疲劳可靠度分布并不均匀，可靠度较低的拉索主要为江侧 J5～J10 和岸侧 A5～A8 号拉索，可靠度最低的是 A6 号拉索。为此，后文考虑腐蚀影响的拉索疲劳可靠性分析以 A6 号拉索为对象进行。

南京长江二桥与南京长江三桥所处环境基本相同，可认为前文已建立的人工加速腐蚀试验与实际服役环境时间尺度的换算公式式(6.40)及相关参数适用于本桥。

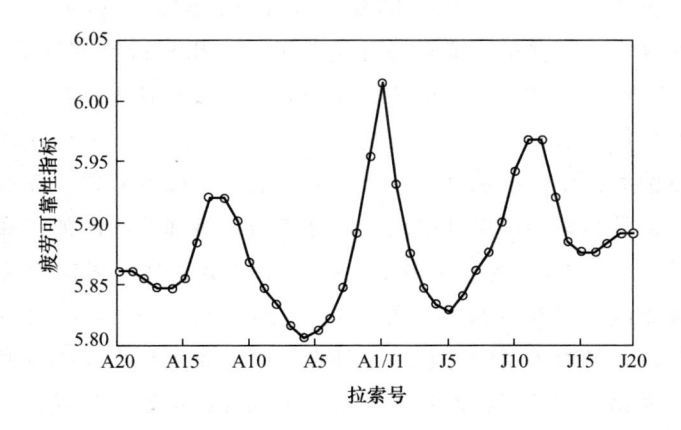

图 6.53 运营 10 年后全桥拉索的疲劳可靠度

根据实际交通观测和交通量增长预测模型[2]，考虑过桥交通量增长的影响，以 A6 号拉索为例，基于前述分析方法得到其在不同腐蚀等级下的动态疲劳可靠度，如图 6.54 所示（假定腐蚀等级Ⅰ级与无腐蚀条件相当）。可见，随服役时间的增长，各腐蚀等级的拉索疲劳可靠性指标均不断下降，且下降速度前期（前

25 年内）明显大于后续使用期（25～100 年）。在桥梁运营初期，随腐蚀等级的恶化，拉索疲劳可靠性指标下降速度变快。以 V 级腐蚀为例，使用期前 25 年内拉索动态疲劳可靠性指标合计下降 21.8%，下降速度为 0.87%/年，为完好状况时下降速度的 1.42 倍；使用期后 75 年，拉索可靠性指标下降了 11.3%，下降速度为 0.15%/年，为完好状况时下降速度的 1.63 倍。

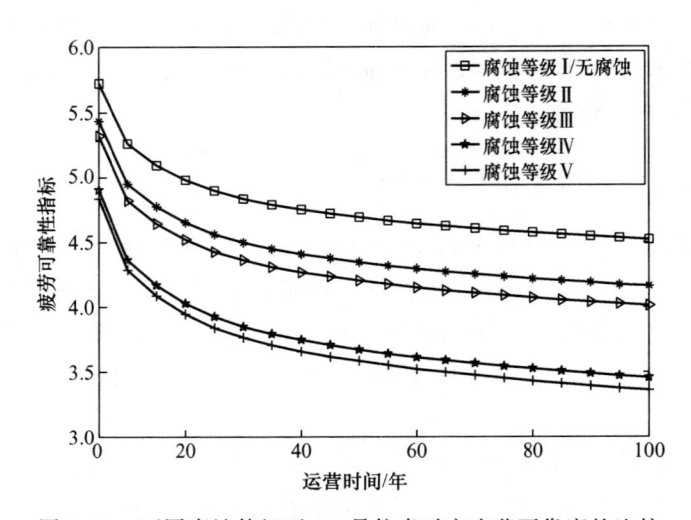

图 6.54　不同腐蚀等级下 A6 号拉索时变疲劳可靠度的比较

为进一步分析设计使用期内不同腐蚀等级下拉索的疲劳可靠性指标差异情况，将不同腐蚀状况下 A6 号拉索动态疲劳可靠性指标进行相邻等级差值处理，结果如图 6.55 所示。由图 6.55 可知，腐蚀等级 II 级和 III 级及 IV 级和 V 级间的拉索疲劳可靠性指标差值相对最小，变化范围为 0.1～0.15。导致该现象的原因为 II 级和 III 级腐蚀时拉索内部的高强钢丝都处于镀锌层腐蚀阶段，IV 级和 V 级时则都处于拉索内部的高强钢丝腐蚀阶段。腐蚀等级 I 级和 II 级间的可靠性指标差值变化范围为 0.29～0.36，该差值主要是由于 II 级腐蚀时高强钢丝镀锌层开始腐蚀所致。腐蚀等级 III 级与 IV 级的可靠性指标差值变化范围为 0.41～0.55，相对变化最为显著，这是由于 III 级与 IV 级正处在镀锌层腐蚀与高强钢丝腐蚀的过渡阶段，当内部高强钢丝开始腐蚀时拉索的疲劳可靠性指标明显降低。

为考察腐蚀等级对全桥拉索疲劳可靠度的影响规律，以服役期 10 年为例进行拉索疲劳可靠度分析，结果如图 6.56 所示。由图 6.56 可见，随着腐蚀等级的提高，全桥拉索的疲劳可靠性指标均呈明显的下降趋势，其中可靠性指标最低的是 A6 号拉索，腐蚀等级 V 级相对 I 级条件下可靠性指标下降了 19.6%。

为进一步研究腐蚀等级对拉索疲劳寿命的影响，选取目标可靠性指标为

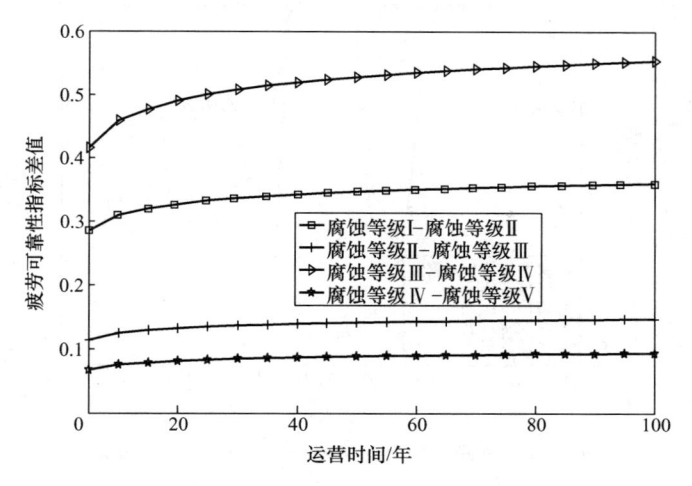

图 6.55 相邻腐蚀等级间 A6 号拉索时变疲劳可靠性指标差值

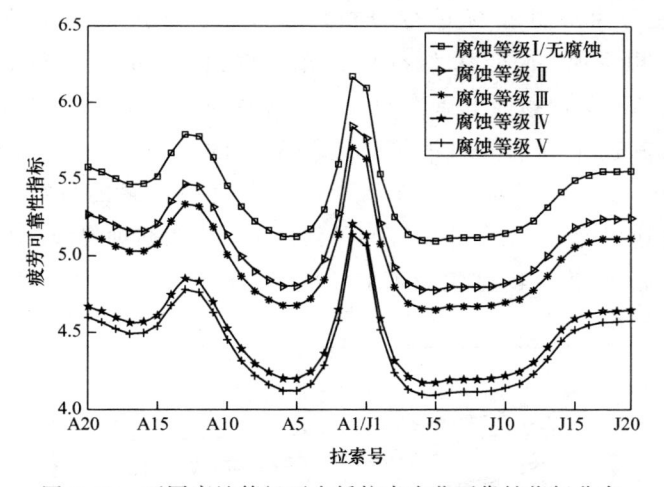

图 6.56 不同腐蚀等级下全桥拉索疲劳可靠性指标分布

3.5[2]，进行全桥拉索疲劳寿命预测，结果如图 6.57 所示。由图 6.57 可知，腐蚀等级Ⅰ、Ⅱ和Ⅲ级条件下，目标可靠性指标下全桥拉索疲劳寿命均可达到 100 年；当腐蚀等级达到Ⅳ级以上时，腐蚀对中等长度拉索疲劳寿命的影响较大；当腐蚀等级达到Ⅳ级时，全桥拉索疲劳寿命较无腐蚀情况的降幅为 1%～24%；腐蚀等级为Ⅴ级时，全桥拉索疲劳寿命降幅为 1%～44%。

2. 考虑时变腐蚀退化的拉索疲劳可靠性分析

实际斜拉桥拉索发生腐蚀后，腐蚀会由于环境和荷载等因素的影响逐步发展，其过程可通过前述建立的拉索时变腐蚀疲劳模型进行描述。为研究时变腐蚀

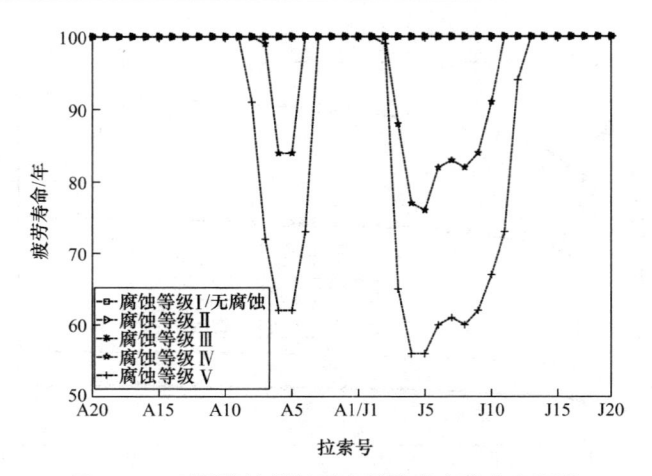

图 6.57　不同腐蚀等级下全桥拉索疲劳寿命预测

对拉索疲劳可靠性的影响，针对桥例在时变腐蚀、不同腐蚀等级和无腐蚀条件下拉索的动态疲劳可靠性指标进行分析，并以 A6 号拉索为例给出分析结果（图 6.58）。可以发现，时变腐蚀影响下（假定腐蚀从桥梁通车运营开始），前 25 年内拉索的疲劳可靠性指标下降了 41.9%，降幅速率为 1.68%/年，其疲劳可靠性指标降幅及其速率分别为腐蚀等级 I～V 级的 2.74 倍、2.46 倍、2.35 倍、1.98 倍和 1.43 倍。服役期 25～100 年，时变腐蚀拉索的可靠性指标下降了 46.9%，降幅速率为 0.63%/年，降幅及其速率分别为腐蚀等级 I～V 级的 6.80 倍、5.90 倍、5.54 倍、4.33 倍和 4.14 倍。

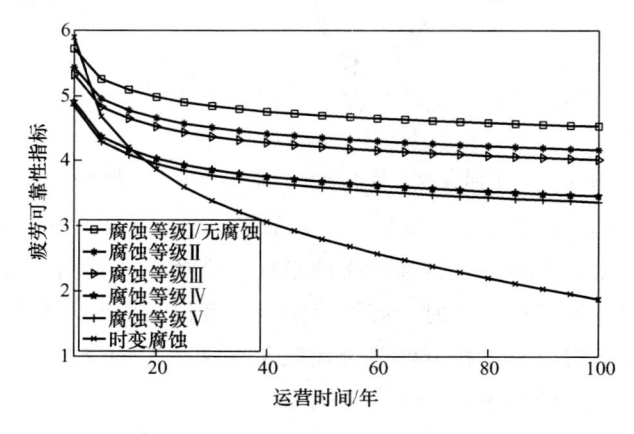

图 6.58　时变腐蚀与不同腐蚀等级下 A6 号拉索疲劳可靠度比较

综上所述，拉索腐蚀一旦发生，如不及时采取必要的维修和补救措施，则在时变腐蚀影响下拉索的疲劳可靠性指标将迅速下降。其下降幅度和速率较仅考虑腐蚀等级更为明显，时变腐蚀导致的拉索损伤积累速率相对于腐蚀程度不变的情况增长更快，进而造成拉索疲劳可靠寿命急剧下降。因此，在实际工程中及时在早期发现拉索腐蚀病害并进行及时处理，采取有效措施避免腐蚀恶化或有效减缓其发展，是保证拉索安全和延长其使用寿命的关键。

斜拉索运营期的维护质量也是显著影响拉索疲劳可靠寿命的重要因素。现以桥例拉索受到腐蚀影响的起始时间分别为运营 10 年、15 年和 20 年为例，分析研究时变腐蚀模型下腐蚀开始时间对拉索动态疲劳可靠性的影响。以 A6 号拉索为例，分析结果如图 6.59 所示。目标可靠性指标为 3.5 条件下，腐蚀开始时间为运营 10 年、15 年和 20 年的拉索疲劳可靠寿命分别为 13 年、18 年、38 年，腐蚀发生后仍可安全运营的时间分别为 3 年、5 年、18 年。可见，腐蚀发生时间越早，拉索的疲劳可靠性下降越快。

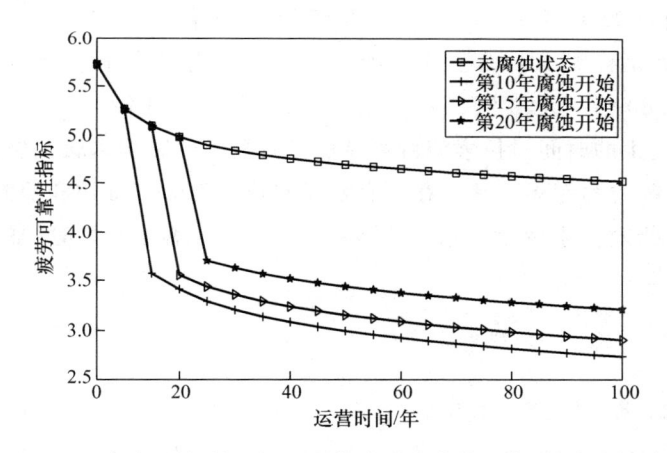

图 6.59 腐蚀开始时间对 A6 号拉索时变疲劳可靠性指标的影响

因此，在既有桥梁的斜拉索腐蚀检测与寿命评估中，应考虑腐蚀开始时间的影响，以便更合理地估计拉索的安全使用寿命，科学选择拉索的维护或更换处置方案，提高维护的经济性。

3. 分析结论

1) 基于拉索高强钢丝的加速腐蚀试验和疲劳试验，并结合既有的相关研究结果，提出了考虑腐蚀的斜拉索疲劳抗力模型，建立了考虑腐蚀影响的斜拉索疲劳可靠度分析方法，可为在役斜拉桥拉索的疲劳寿命评估提供基础和借鉴。

2) 拉索动态疲劳可靠性指标的下降速率随腐蚀等级的提高而增大，且运营初期下降速率远大于后期；腐蚀等级为Ⅰ级和Ⅱ级时，腐蚀对拉索疲劳可靠寿命的影响较小；当腐蚀等级达到Ⅲ级及以上时，腐蚀对拉索疲劳寿命影响明显，对靠近桥塔及辅助墩处拉索的影响最大。其中，Ⅳ级和Ⅴ级腐蚀时，拉索疲劳寿命较无腐蚀状况的降幅最大分别达24%和44%。

3）相邻腐蚀等级下拉索动态疲劳可靠性指标的变化程度分析表明：腐蚀Ⅱ级和Ⅲ级、Ⅳ级和Ⅴ级间的疲劳可靠性指标变化幅度最小（0.1～0.15），腐蚀Ⅰ级和Ⅱ级的可靠性指标变化幅度较大（0.29～0.36），腐蚀Ⅲ级与Ⅳ级的可靠性指标变化幅度最大（0.41～0.55）；相邻腐蚀等级处于不同的腐蚀阶段（镀锌层腐蚀阶段与高强钢丝内部腐蚀阶段）是导致其对应的拉索疲劳可靠性指标产生显著变化的主要原因。

4）时变腐蚀影响下拉索的动态疲劳可靠性指标下降迅速，其降幅和降速均明显大于仅考虑腐蚀等级的情况。时变腐蚀条件下运营前期（前25年）拉索疲劳可靠性指标降幅为腐蚀等级为Ⅰ～Ⅴ级的2.74倍、2.46倍、2.35倍、1.98倍和1.43倍；运营后期（25～100年）的疲劳可靠性指标降幅为腐蚀等级为Ⅰ～Ⅴ级的6.80倍、5.90倍、5.54倍、4.33倍和4.14倍。

5）腐蚀发生的时间对拉索疲劳可靠性具有显著的影响，腐蚀发生时间越早，拉索的疲劳可靠寿命越短。建议在既有桥梁斜拉索的运营维护和检测评估中，既要关注腐蚀等级对拉索疲劳可靠性的影响，也应考虑腐蚀开始时间的不利影响。

参考文献

[1] 尚鑫，徐岳. 基于灰色理论的斜拉桥拉索安全性评价 [J]. 长安大学学报（自然科学版），2004，24（1）：52-55.

[2] 李岩，吕大刚，盛洪飞. 考虑随机车载-风载联合作用的斜拉桥拉索疲劳可靠性分析 [J]. 中国公路学报，2012，25（2）：60-66.

[3] 徐俊. 拉索损伤演化机理与剩余使用寿命评估 [D]. 上海：同济大学，2006.

[4] 李岩，杨婷婷，夏梁钟. 腐蚀对风车联合作用下斜拉桥拉索疲劳可靠性的影响分析 [J]. 湖南大学学报（自然科学版），2020，47（5）：107-115.

[5] 李永乐，强士中，廖海黎. 考虑车辆位置影响的风-车-桥系统耦合振动研究 [J]. 桥梁建设，2004（3）：1-4.

[6] CAI C S, CHEN S R. Framework of vehicle-bridge-wind dynamic analysis [J]. Journal of Wind Engineering & Industrial Aerodynamics，2004，92（7）：578-607.

[7] CHEN S R, CAI C S, CHANG C C, et al. Modal coupling assessment and approximated prediction of coupled multimode wind vibration of long-span bridges [J]. Journal of Wind Engineering & Industrial Aerodynamics，2004，92（5）：393-412.

[8] 韩艳,刘叶,黄静文,等.考虑车桥间气动干扰的桥上车辆行驶安全性分析[J].湖南大学学报(自然科学版),2019,46(7):76-85.

[9] 李岩.大跨度斜拉桥风-车-桥动力响应及拉索疲劳可靠性研究[D].哈尔滨:哈尔滨工业大学,2008.

[10] 李岩,盛洪飞,陈彦江.强风环境下斜拉桥车桥系统动力响应分析研究[J].公路交通科技,2008(7):59-64.

[11] 中华人民共和国推荐性行业标准.公路桥梁抗风设计规范(JTG/T 3360-01—2018)[S].北京:人民交通出版社,2019.

[12] 庞加斌,林志兴,余卓平,等.TJ-2风洞汽车模型试验的修正方法[J].汽车工程,2002,24(5):371-375.

[13] MIAO T J, CHAN T H T. Bridge live load models from WIM data [J]. Engineering Structures, 2002, 24 (8): 1071-1084.

[14] 商贺嵩.装配式混凝土梁桥横向联系的疲劳评定研究[D].哈尔滨:哈尔滨工业大学,2017.

[15] 舒翔,朱乐东.季风作用下主梁涡激共振对斜拉索疲劳损伤分析[G]//中国力学学会,《工程力学》编委会.第23届全国结构工程学术会议论文集.兰州,2014:168-175.

[16] TOVO R. On the fatigue reliability evaluation of structural components under service loading [J]. International Journal of Fatigue, 2001, 23 (7): 587-598.

[17] 同济大学风洞实验室.南京长江第二大桥风洞实验报告[R].上海,1998.

[18] 鲍卫刚,李扬海,张士铎,等.公路桥梁车辆荷载纵横向折减系数研究[J].中国公路学报,1995(1):80-86.

[19] 王硕.桥梁运营荷载状况研究[D].上海:同济大学,2007.

[20] KONG G, SEIFERT P. Fatigue loading and design for road bridges [M]//Bridge evaluation, repair and rehabilitation. Netherlands: Springer, 1990: 261-275.

[21] 兰成明.平行钢丝斜拉索全寿命安全评定方法研究[D].哈尔滨:哈尔滨工业大学,2009.

[22] 项海帆,等.现代桥梁抗风理论与实践[M].北京:人民交通出版社,2005.

[23] 常大民,江克斌.桥梁结构可靠性分析与设计[M].北京:中国铁道出版社,1995.

[24] 徐阳.腐蚀环境下斜拉索高强钢丝退化状态研究[D].哈尔滨:哈尔滨工业大学,2014.

[25] XU Y, LI S L, LI H, et al. Surface characteristics and mechanical properties of high-strength steel wires in corrosive conditions [C]// Proceedings of SPIE, society of photo-optical instrumentation engineers. San Diego, California, United States: SPIE, 2013: 86-92.

[26] 徐俊.拉索损伤演化机理与剩余使用寿命评估[D].上海:同济大学,2006.

[27] 兰成明,任登路,徐阳,等.平行钢丝斜拉索疲劳性能评定Ⅱ:斜拉索疲劳寿命模型[J].土木工程学报,2017,50(7):69-77.

[28] LI S, XU Y, LI H. Fatigue property of accelerated corroded high-strength steel wires in laboratory and naturally corroded bridge wires from replaced cables [C] // Structural health monitoring. 10th International Workshop on Structural Health Monitoring. Stanford, California, United States, Air Force Office of Scientific Research, 2015: 791-798.

[29] 党志杰. 斜拉索的疲劳抗力 [J]. 桥梁建设, 1999 (4): 18-22.

[30] 谭冬梅, 罗素珍, 瞿伟廉, 等. 斜拉索在随机风-车-覆冰联合作用下的疲劳可靠度分析 [J]. 长安大学学报, 2019, 39 (2): 91-99.

[31] 李春祥, 李薇薇. 斜拉索风致振动疲劳的分析 [J]. 振动与冲击, 2009, 28 (9): 135-138.

[32] 曹楚南. 中国材料的自然环境腐蚀 [M]. 北京: 化学工业出版社, 2005: 130-142.

[33] LI S, XU Y, LI H, et al. Uniform and pitting corrosion modeling for high strength bridge wires [J]. Journal of Bridge Engineering, 2014, 19 (7): 1-18.

[34] 夏梁钟. 考虑腐蚀影响的随机风车荷载作用下斜拉桥拉索疲劳可靠性评估方法 [D]. 哈尔滨: 哈尔滨工业大学, 2018.

第7章 基于车桥耦合振动的桥梁下部结构损伤识别研究

7.1 概 述

7.1.1 研究背景

桥梁作为道路网络的重要组成部分，其结构安全一直被人们关注，而桥梁下部结构是支撑桥梁的重要基础，对整个桥梁结构的正常使用及安全性能将造成直接的影响。在长期运营过程中，桥梁的下部结构易受到水流冲刷、基础弱化、地下水侵蚀、冻融、材料性能退化及船只、漂浮物和车辆撞击等不利作用，造成不同程度的损伤[1]，影响桥梁结构的整体服役状态，威胁桥梁运营安全。近年来国内外因下部结构损伤导致的桥梁垮塌事故频发[2-5]。例如，2004年台湾省苗栗县龟山大桥因台风影响，2号桥墩沉陷导致桥面发生严重塌陷［图7.1（a）］；2009年6月29日，铁力市呼兰河大桥3号墩基底局部被水流冲刷脱空，造成承载力不足，最终导致基础沉降进而垮塌，造成8台车辆落水、4人死亡、4人受伤［图7.1（b）］；2013年7月9日，由于四川省江油市绵江公路通口河发生洪水灾害，老青莲大桥桥梁基础发生垮塌，多辆汽车和行人掉入河中［图7.1（c）］。这些事故给人民生命财产和社会经济造成了巨大损失。开展桥梁下部结构的损伤检测与诊断新方法的研究，对于保障桥梁安全运营具有重要意义。

(a) 台湾后丰大桥塌陷事故　　(b) 铁力呼兰河大桥坍塌事故　　(c) 江油盘江大桥垮塌事故

图7.1　大型桥梁坍塌事故案例

7.1.2 研究意义

公路桥梁下部结构的典型损伤如基础冲刷、墩柱冻融、剥蚀和支座脱空、偏压等多发生在地下、水下及预留空间狭小的隐蔽位置，检测评估难度大[6,7]。现有外观和无损检测方法用于下部结构评估时存在诸多问题和很大的局限性，且难以直接评价损伤对桥梁工作性能的影响。目前，基础冲刷和水下部分桥墩状况的检测中，人工潜水观察、雷达和声呐技术等仍是主要方法[8]，但这些水下作业手段存在风险高、耗时长、费用昂贵及设备水下安装操作难度大等问题，且易受水文条件等问题、自然环境和气候等因素的干扰和限制，无法识别冲刷后杂物回填，限制了其在常规桥梁检测中的广泛应用[8]。针对支座状况常用的外观检查、压力传感器法、刀片法、位移法和摄像法等存在测试要求高、部分特殊隐蔽位置检测难度大、不适合大量桥梁支座的评估等问题[9,10]。因此，深入开展高效、适用的桥梁下部结构损伤诊断与状态评估方法的相关研究具有重要的理论意义和应用价值。目前基于动力的桥梁下部结构状态评估方法显示了突出的比较优势和良好的预期应用前景，但现有相关研究所采用的外部激励方式仍存在诸多问题和很大的局限性，难以适应工程实际需求。例如，其中环境振动引起的结构响应小、易受环境和噪声等干扰，影响和限制了诊断方法的适用性；人工强迫振动采用力锤、激振器等方式，需现场安装激励设备，操作不当时可能造成桥体破损，且一般仅能激起结构的局部振动，振动方向固定；匀速过桥车辆作用下桥梁结构以竖向振动为主，对下部结构损伤敏感的结构纵横向响应不显著。

既有研究表明，车辆制动作用可显著激发包含墩梁耦合、桥墩纵向和横向及墩柱框架扭转等振动特征的桥梁空间动力响应，是具有很好的应用潜力的下部结构状态评估外部激励源。为此，笔者所在的课题组以力学体系简单、结构冗余度低、下部结构损伤易导致严重后果的公路梁桥为对象，以车辆制动方式激发对下部结构损伤敏感的桥梁动力响应，提出一种基于车激动力响应小波包分析的下部结构损伤诊断方法。

7.2 桥梁下部结构损伤对移动车辆下桥梁动力响应的影响

现有的车桥耦合振动研究主要考虑车辆匀速过桥的情况，对于实际运营中常见的车辆制动和变速行驶等状况较少涉及。相关研究大多关注车辆作用下桥梁上部结构的竖向动力行为，而对车辆制动作用下桥梁下部结构动力行为的研究较少。同时，下部结构对车辆制动水平激励更为敏感，以制动激励作为激励源的结构损伤识别研究具有很好的应用潜力。为此，本章以宁古塔大桥为工程背景（相关车辆和桥梁信息详见本书第 4 章 4.3.4 节），系统分析了下部结构典型损伤对车辆制动激励下桥梁动力响应的影响规律，从而为基于车激动力响应的桥梁下部结构状态评估和诊断等后续研究奠定基础。

7.2.1 支座损伤的影响

桥梁支座主要起传递荷载和适应结构变位的作用，易发生老化、脱空、偏压等病害，进而会对结构服役状态造成不利影响，甚至引发严重的桥梁事故。公路桥梁中常用橡胶支座的刚度随压应力的增大而提高，且由于橡胶材料特性呈现非线性关系[11]，一般采用可变刚度的弹簧单元对支座进行模拟。对于常见的支座受力不均（支座脱空）病害，一般可利用支座竖向刚度下降来模拟，并用支座弹簧刚度的下降率表征损伤程度[12,13]。对于前述桥例，将对表 7.1 中的几种支座损伤工况进行模拟分析。

表 7.1 支座损伤工况

工况编号	损伤位置	损伤程度/%
1	B1-1	10
2	B2-1	10
3	B3-1	10
4	B3-1	30
5	B3-1	50

图 7.2 给出了在多种支座损伤工况下，桥面不平度等级为"好"，汽车以初始速度 50km/h 由车道二驶入桥梁，制动峰值系数 φ_p 取 0.7，制动力上升时间为 0.3s，汽车制动后前轮停止在 D3 墩处时最左排桥墩（D1-1～D5-1）墩顶及各跨跨中纵桥向加速度及位移响应最大值变化的情况。

从图 7.2 中可以看出，各墩顶加速度及位移峰值在不同损伤工况下并无明显的变化，当损伤程度为 10% 时，动力响应幅值与未损伤状态下基本一致。分析工况 3、工况 4、工况 5 可知，随着 B3-1 支座损伤程度的增加，D3-1 墩顶纵桥向加速度及位移将出现小幅下降，当损伤程度达到 50% 时，对应的变化量仅为 7.18% 及 9.19%。各跨跨中桥面在支座损伤时纵桥向加速度峰值减小，位移峰值增大，且变化量随着损伤的程度增加而增大，但不同位置相同程度的损伤对桥面动力响应影响不大，当损伤程度达到 50% 时，最大变化量仅为 0.97% 及 1.14%。以上分析结果表明桥梁纵向动力响应对其单一支座损伤并不敏感。

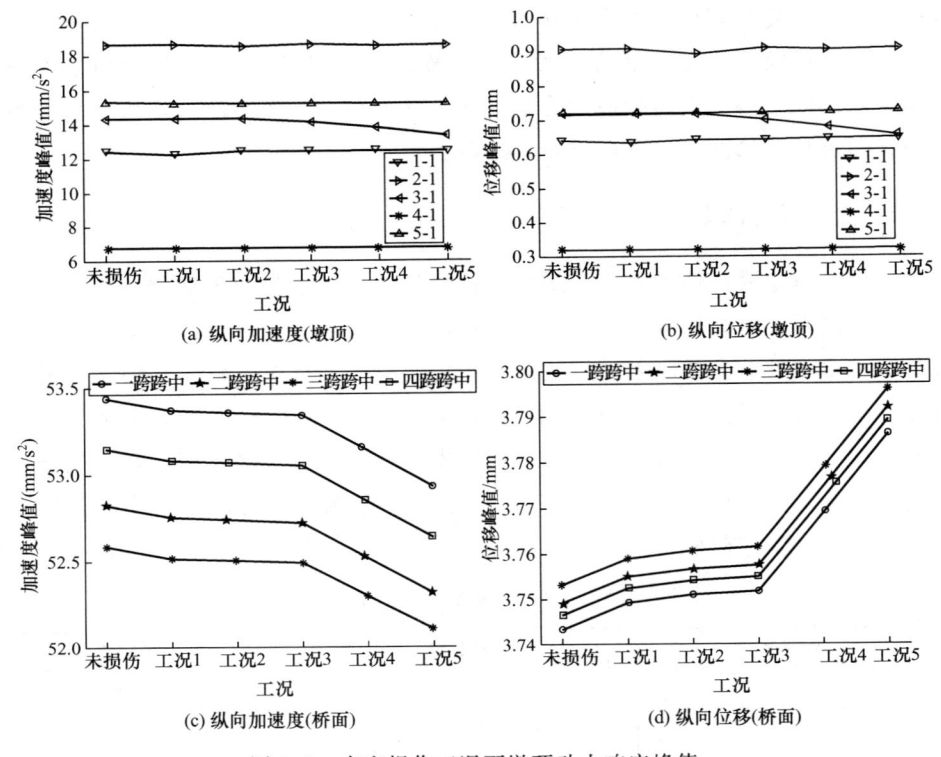

图 7.2 支座损伤工况下墩顶动力响应峰值

7.2.2 桥墩损伤的影响

桥墩常受到水流冲刷、环境侵蚀和车、船及流冰撞击作用等影响[14]，运营过程中易发生损伤，进而危及桥梁安全。既有研究对于桥墩损伤模拟多采用质量不变、单元刚度折减[3,15]的处理策略。本节根据桥例桥墩水流冲蚀、冻融发生位置，通过折减水下墩柱单元刚度模拟桥墩损伤。因河流常年水位在桥面以下 3～4m 间浮动，所以假定桥面 4m 以下桥墩单元为损伤位置，如图 7.3 所示。针对不同的桥墩损伤位置和损伤程度考虑 5 种损伤工况，见表 7.2。

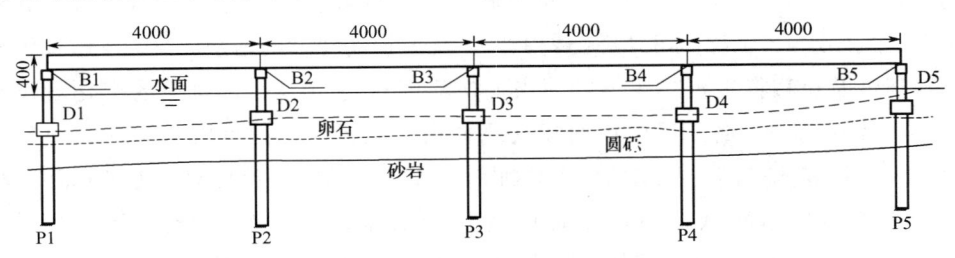

图 7.3 桥梁水位示意图（单位：cm）

表 7.2 桥墩损伤工况

工况编号	损伤位置	损伤程度/%
1	D1	10
2	D2	10
3	D3	10
4	D3	30
5	D3	50

取桥面不平度等级为"好",汽车以初始速度50km/h由车道二驶入桥梁,制动峰值系数 φ_p 为0.7,制动力上升时间为0.3s,汽车制动后前轮停止在D3墩处时,在水下桥墩刚度折减各工况下,最左排桥墩(D1-1～D5-1)墩顶及各跨跨中纵桥向加速度及位移响应峰值的变化如图7.4所示。

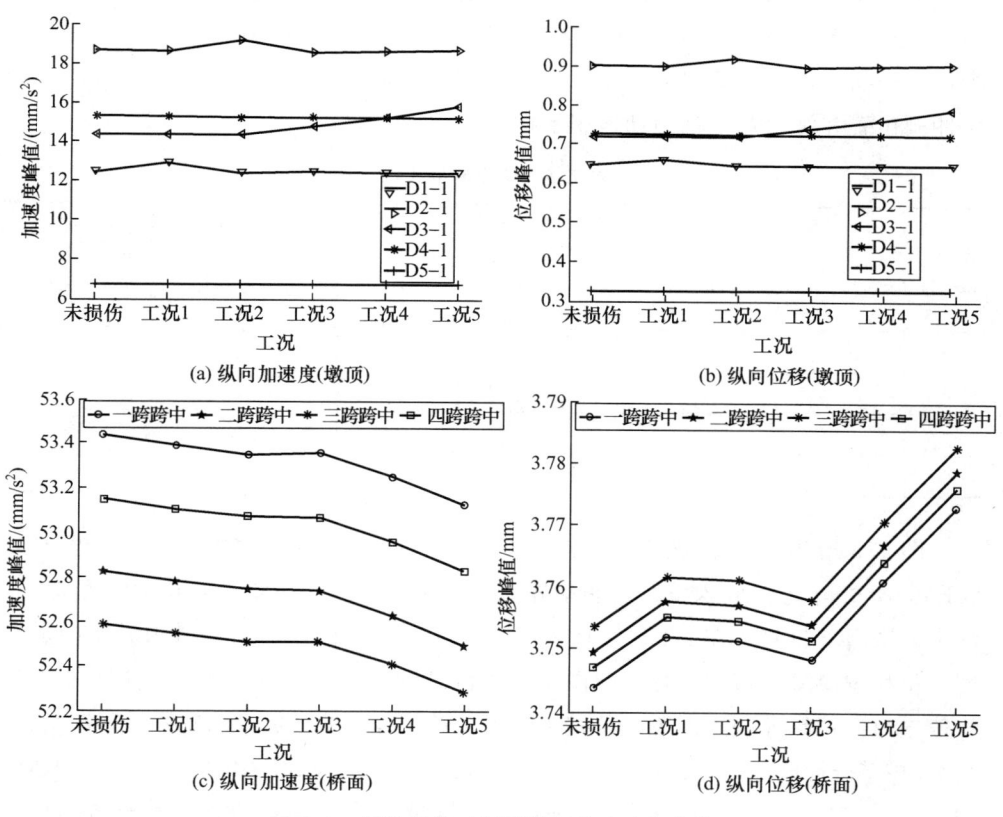

图 7.4 桥墩损伤工况下墩顶动力响应峰值

从图7.4中可以看出,各墩顶纵桥向加速度及位移峰值在对应位置发生损伤时峰值较大,且随损伤程度的增加,响应峰值逐渐增大。当 D3 墩水下桥墩单元刚度下降 50% 时,D3-1 墩顶加速度及位移峰值变化量最大,分别达到 10.33% 及 9.41%。桥面动力响应在不同损伤位置并无较大区别,加速度随损伤程度的增加而减小,最大变化量为 0.79%;位移响应变化规律则恰好相反,随损伤程度的增加而增大,最大变化量为 0.63%。桥墩顶及桥面纵桥向动力响应在损伤工况下变化幅度较小,说明其对桥墩损伤并不敏感。

7.2.3 基础冲刷的影响

基础冲刷对桥梁结构的动力性会产生显著影响[16]。冲刷可造成基础一定深度内周围表层附着土体的剥离,土体对桩的约束消失。一般可采用改变桩土作用范围的方式对冲刷影响进行模拟。

为考虑桩土相互作用,计算中将桩周土体对基础的约束作用采用土弹簧进行模拟,约束条件采取 m 法计算。当基础发生冲刷时,利用去除表层土弹簧进行模拟。根据宁古塔大桥实际水文条件,研究中考虑了 6 种冲刷工况(表 7.3),分析冲刷位置和深度对车辆制动作用下桥梁结构动力响应的影响。

表 7.3 基础冲刷工况

工况编号	冲刷位置	冲刷深度/m
1	P1	1
2	P2	1
3	P3	1
4	P3	2
5	P3	3
6	P3	4

图 7.5 给出了不同桩基冲刷工况下,桥面不平度为"好",初始速度为 50km/h,由车道二驶入桥梁,制动峰值系数 φ_p 为 0.7,制动力上升时间为 0.3s,汽车制动后前轮停止在 D3 墩处时最左排桥墩(D1-1~D5-1)墩顶纵桥向加速度及位移响应最大值的变化。从图 7.5 中可以看出,各墩顶纵桥向加速度及位移峰值在对应位置冲刷工况下峰值较大,且随冲刷程度的增加,响应峰值逐渐增大。当 P3 桩基础冲刷达到 4m 时,D3-1 墩顶加速度及位移峰值变化量最大,分别达到 59.92% 及 70.33%,而各跨跨中加速度及位移峰值变化规律与支座及桥墩损伤一致,在各损伤工况下二者最大变化量达 5.11% 及 5.48%。墩顶及桥面响应在冲刷影响下变化程度更大,说明基础冲刷对墩顶纵桥向动力响应的影响较为显著。

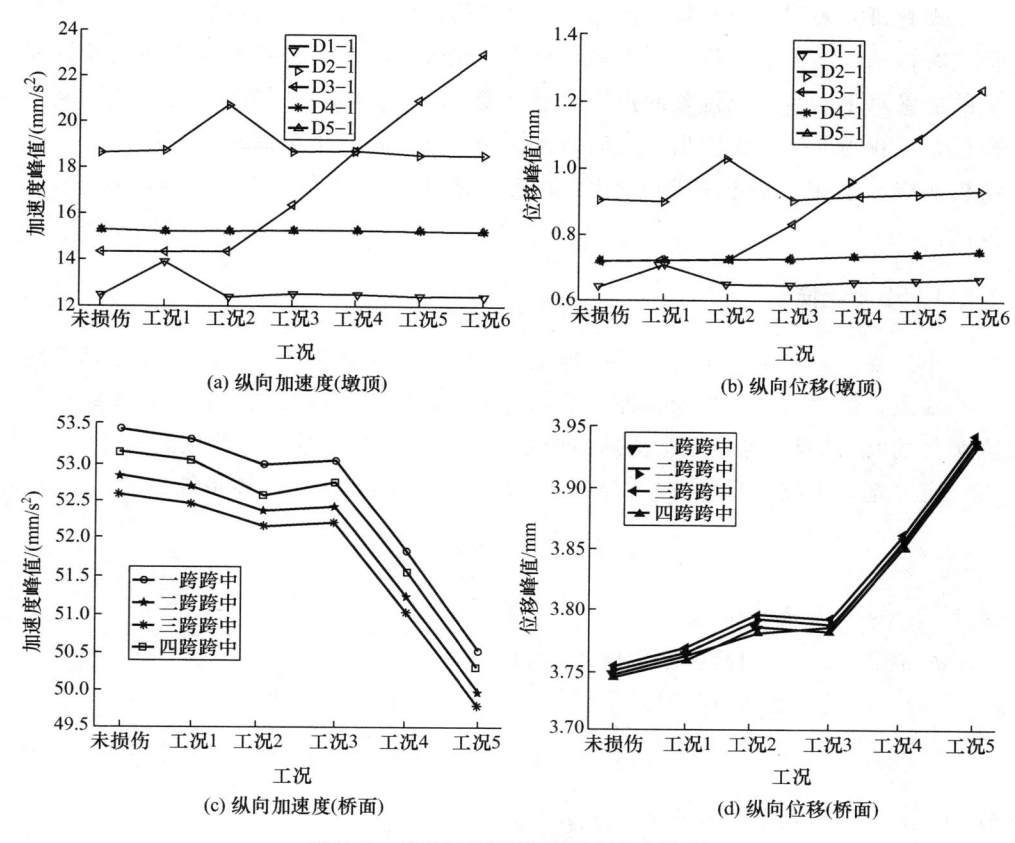

图 7.5 基础冲刷下墩顶动力响应峰值

7.3 基于小波包能量的结构损伤识别理论

1984年法国地球物理学家莫莱（Morlet）在地球物理勘探资料的整理分析过程中首次提出小波变换（Wavelet Transform）这一概念。在傅里叶变换的基础上，理论物理学家格罗斯曼（Grossman）采用平移和伸缩不变性方法建立了小波变换的理论体系。与短时傅里叶分析[17]相同，小波分析可视作对信号进行"加窗"处理的过程，但后者的"窗口"具有尺寸固定、形状可变的特点，克服了傅里叶变换与短时傅里叶变换不能同时兼顾时-频域信息的缺点。因此，在现代信号处理中，小波分析起到了越来越重要的作用。但小波分析对高频信息的处理能力较弱，因此小波包的概念应运而生，它可对信号按照频率进行划分，分层处理信息，较好地弥补了小波分析的不足。

现有研究表明，小波包能量是一种对结构损伤较为敏感的指标。当结构发生损伤时，结构动力响应将受到影响，对应各频带上的能量将发生变化，且各频带上的能量对不同类型及位置的损伤敏感程度也不同，根据这些能量变化进行统计分析，可较为准确地识别出对应的结构损伤。本节将利用车辆制动下的桥梁下部结构响应，运用小波包的损伤识别原理，建立桥梁下部结构损伤识别指标和方法。

7.3.1 小波变换

小波变换是一种常用的信号处理工具，它克服了傅里叶变换在信号处理中的一些缺点，可以通过平移及伸缩的手段对某一段信号进行细化分析，并兼顾信号内蕴含的时-频域信息，在结构损伤诊断中实现对结构信息的充分挖掘。

定义基本小波（母小波）$\psi(t) \in L^2(R)$，要求其满足允许性条件：

$$0 < C_\psi = \int_{-\infty}^{\infty} \frac{|\hat{\psi}(\omega)|}{|\omega|} d\omega < \infty \tag{7.1}$$

式中 C_ψ——允许性常数；

$\psi(\omega)$——$\psi(t)$ 的傅里叶变换，称 $\psi(t)$ 为基小波。

$\psi(t)$ 经过尺度伸缩与时间平移生成的小波函数可表示为

$$\psi_{a,b}(t) = |a|^{-\frac{1}{2}} \psi\left(\frac{t-b}{a}\right) \tag{7.2}$$

式中 a——尺度因子，$a \in \mathbf{R}$，且 $a \neq 0$；

b——平移因子，$b \in \mathbf{R}$。

由式(7.2)可知随着尺度因子 a 的增大，小波函数 $\psi_{a,b}(t)$ 的区间将扩大，其峰值将减小，但小波函数的形状不受 a，b 影响。引入小波能量的概念：

$$\|\psi_{a,b}\| = \int |\psi_{a,b}|^2 dt = \int |\psi(t)|^2 dt \tag{7.3}$$

由此可知，对于一种小波基函数，其小波能量不随 a，b 变化，仅与小波函数自身的形式有关。

总结式(7.1)～式(7.3)可知小波函数具有如下特点：

1) 小波基函数相当于信号的窗口函数，随着尺度因子 a、平移因子 b 的改变，可对特定区域的信号进行分析，因此具有较好的时-频域特性[18]。

2) 小波基函数需要具有正负交替的波动性。

1. 连续小波变换

定义 $f(t) \in L^2(R)$，其小波基函数 $\psi_{a,b}(t)$ 的连续小波变换为

$$(W_\psi f)(a,b) = \langle f(t), \psi_{a,b}(t) \rangle = |a|^{-\frac{1}{2}} \int_{-\infty}^{+\infty} f(t) \overline{\psi\left(\frac{t-b}{a}\right)} dt \quad (7.4)$$

式中 $\overline{\psi_{a,b}(t)}$ ——$\psi_{a,b}(t)$ 的复共轭形式。

式(7.4)把初始信号 $f(t)$ 进行小波分解，转化为小波系数 $(W_\psi f)(a,b)$，而对小波系数进行逆变换则可以重新得到初始信号 $f(t)$：

$$f(t) = \int_{-\infty}^{+\infty} \int_{-\infty}^{+\infty} |a|^{-\frac{1}{2}} (W_\psi f)(a,b) \psi\left(\frac{t-b}{a}\right) dadb \quad (7.5)$$

在小波变换中，通过对小波函数尺度因子 a 及平移因子 b 进行调整，可以对全时间段上的初始信号进行分析。改变尺度因子的大小，可以调整小波函数自身对应的频率，按照需求选择高频或低频分析；改变平移因子，可以将小波基函数推广至时间域上的各个区段。简言之，小波分解的过程建立在母函数按照不同尺度伸缩及平移的基础上。

2. 离散小波变换

一方面，在连续小波变换中，小波函数 $\psi_{a,b}(t)$ 具有连续性，对初始信号进行小波变换后将得到一些多余的信息，这无疑增加了分析的工作量；另一方面，实际应用中采集的数据多为离散信号。因此，有研究者提出了离散小波的概念，在减少了计算量的同时还可以剔除多余的信息，也符合实际工程应用的需求。

离散小波变换中的尺度因子及平移因子表达形式如下：

$$a = a_0^j, \quad b = ka_0^j b_0, \quad j \in \mathbf{Z}, \quad k \in \mathbf{Z} \quad (7.6)$$

根据以上分析，离散小波函数 $\psi_{j,k}(t)$ 可表达为

$$\psi_{j,k}(t) = a_0^{-j/2} \psi\left(\frac{t - ka_0^j b_0}{a_0^{-j}}\right) = a_0^{-j/2} \psi(a_0^{-j} t - kb_0) \quad (7.7)$$

对应的，离散小波变换系数的表达形式可改写为

$$C(j,k) = \langle f(t), \psi_{j,k}(t) \rangle = \int_{-\infty}^{+\infty} f(t) \psi_{j,k}(t) dt \quad (7.8)$$

则离散小波分析的逆变换形式为

$$f(t) = c \sum_{-\infty}^{\infty} \sum_{-\infty}^{\infty} C_{j,k} \psi_{j,k}(t) \quad (7.9)$$

式中 c——离散小波逆变换常数。

当 $a_0 = 2$，$b_0 = 1$ 时，称离散小波为二进制小波：

$$\psi_{j,k}(t) = 2^{-j/2} \psi(2^j t - k), \quad j \in \mathbf{Z}, \quad k \in \mathbf{Z} \quad (7.10)$$

二进制小波既保留了连续小波函数的部分特点，平移因子满足在时间域上连

续变化的要求，具备时移共变性，又对尺度因子进行了离散变化，减少了信号处理计算量，因此在图像处理领域应用较广泛。

3. 小波多分辨率分析

小波多分辨率分析（Multi-Resolution Analysis，MRA）的方法最早由马拉特（Mallat）提出，其后又引入 Mallat 算法[19]，大大提高了小波分析的计算速率。后来又相继提出了滤波器组及金字塔编码等算法，推动了小波分析的发展[20]。

小波多分辨率分析的核心内容是构建具有一致形式的函数空间，且每个空间序列都逼近 $L^2(R)$，将 $L^2(R)$ 按 $\{2^{-j}\}$ 的分辨率分解为子空间序列 $\{V_j\}$，再通过正交分解将 $L^2(R)$ 转化为一组正交子空间序列 $\{W_j\}$，最后将信号 $f(t)$ 投影至不同分辨率子空间，研究初始信号在各子空间 $\{W_j\}$ 内的特征。

空间 $L^2(R)$ 中的多分辨率分析是指若 $L^2(R)$ 中的一个空间序列 $\{V_j\}_{j\in Z}$ 满足以下条件：

1) 单调性：$V_j \subset V_{j-1}$，$\forall j \in \mathbf{Z}$。
2) 逼近性：$\bigcap_{j\leqslant \mathbf{Z}} V_j = \{0\}$，$\bigcup_{j\leqslant \mathbf{Z}} V_j = L^2(R)$。
3) 可伸缩性：$f(x) \in V_j \Leftrightarrow f(x_2) \in V_{j-1}$。
4) 平移不变性：$f(x) \in V_0 \Leftrightarrow f(x-k) \in \Leftrightarrow f(2^{-j}x-k) \in \forall j$。
5) 里斯（Riesz）基存在性：存在低通的平滑函数 $2^{-j/2} f(2^{-j}t) \in V_j$，使得它的整数移位集合 $\{f_{j,k}(t) = 2^{-j/2} f(2^{-j}t-k), k \in \mathbf{Z}\}$ 构成 V_j 的 Riesz 基，且 $\{f_{j,k}(t) \mid k \in \mathbf{Z}\}$ 是一组线性独立族，满足：

$$A \sum_{k \in \mathbf{Z}} \left| c_k^j \right|^2 \leqslant \left| \sum_{k \in \mathbf{Z}} c_k^j \varphi_{j,k}(t) \right|^2 \leqslant B \sum_{k \in \mathbf{Z}} \left| c_k^j \right|^2 \quad (7.11)$$

$$\left| \{c_k^j\} \right|_2^2 = \sum_{k \in \mathbf{Z}} |c_k^j|^2 < \infty \quad (7.12)$$

如果 $\phi(t)$ 生成一个多分辨率分析，则称 $\phi(t)$ 为一个尺度函数。

V_j 中的任意函数 $P_j x(t)$ 都可以表示成 $\{\phi_{j,k}(t) \mid k \in \mathbf{Z}\}$ 的线性组合：

$$P_j x(t) = \sum (P_j x(t), \phi_{j,k}(t)) \phi_{j,k}(t) = \sum (x(t), \phi_{j,k}(t)) \phi_{j,k}(t) \quad (7.13)$$

$P_j x(t)$ 是 $x(t)$ 在 V_j 中的重组，即 $x(t)$ 在分辨率 j 下的表象。

同样，还存在类似的函数 $2^{-j/2} \psi(2^{-j}t) \in W_j$，使得它的整数移位集合 $\{\psi_{j,k}(t) = 2^{-j/2} \psi(2^{-j}t-k), k \in \mathbf{Z}\}$ 构成 W_j 的 Riesz 基。W_j 中的任意函数 $D_j x(t)$ 也都可以表示成 $\{\psi_{j,k}(t) \mid k \in \mathbf{Z}\}$ 的线性组合：

$$D_j x(t) = \sum \langle D_j x(t), \psi_{j,k}(t) \rangle \psi_{j,k}(t) = \sum \langle x(t), \psi_{j,k}(t) \rangle \psi_{j,k}(t) \quad (7.14)$$

由 $V_{j-1}=V_j \oplus W_j$ 可以得到

$$P_{j-1}x(t)=P_jx(t)+D_jx(t) \tag{7.15}$$

$$D_jx(t)=P_{j-1}x(t)-P_jx(t) \tag{7.16}$$

$D_jx(t)$ 是 $x(t)$ 在 V_j，V_{j-1} 两级子空间的差值，也作为分辨率 j 下的细节函数。$D_jx(t)$ 中的权重值 $\langle x(t), \psi_{j,k}(t)\rangle$ 即 $x(t)$ 对应的离散小波变换系数。显然，以上分解方式确保了子空间 V_j 与 W_j 相互正交，同时子空间 W_j 内部也存在相互正交的关系。

若通过上述方法对信号进行逐次分解，假定初始信号 $x(t)$ 占据的初始空间为 V_0，分布频带区间为 $(0, \pi)$，一级分解后得到两个子空间，即低频的 V_1 $\left[\text{区间为}\left(0, \dfrac{\pi}{2}\right)\right]$ 和高频的 $W_1 \left[\text{区间为}\left(\dfrac{\pi}{2}, \pi\right)\right]$。对 V_1 进行二级分解后又可得到两个子空间，即低频的 $V_2 \left[\text{区间为}\left(0, \dfrac{\pi}{4}\right)\right]$ 和高频的 $W_2 \left[\text{区间为}\left(\dfrac{\pi}{4}, \dfrac{\pi}{2}\right)\right]$。逐次分解，直至满足计算精度要求。高频空间对应细节信息，低频空间对应概况信息。由此可知，分解层数越多，小波分解后反映的信息越丰富，精度越高。图 7.6 为小波分解示意图，其中 S 代表初始信号，A 代表分解后的低频分量，D 代表高频分量，下标数字代表分解层次。

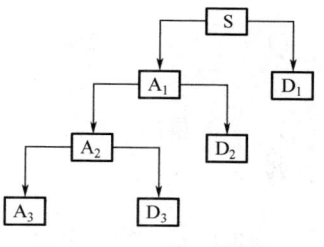

图 7.6 小波分解示意图

初始信号 S 可以用以下形式表示：

$$S=A_3+D_3+D_2+D_1 \tag{7.17}$$

在信号处理及损伤诊断领域，多分辨率分析可以用不同分辨率对信号的局部特征进行表达，找到信号细节的间断点，即对应结构损伤出现的位置或时间点。利用多分辨率分析技术，能够更好地了解信号中蕴含的结构信息，全面且详细地了解结构的整体及局部状态。

7.3.2 小波包的基本原理

在实际问题中，需要对信号的时-频域信息进行全面的分析，而小波分析只能在一定程度上分解信号，不能同时提高时域及频域信息的分辨率。因此，小波包分解的概念应运而生，它能够同时对高频及低频信息进行更为精细的分解。小波包是正交小波概念的拓展，它具备小波分析的优点及特性。

首先，假定存在某一数列 $\{h_n\}_{n\in z}$ 满足以下关系：

$$\sum h_{n-2k}h_{n-2l} = \delta_{k,l}, \quad \sum h_n = 2^{1/2} \tag{7.18}$$

其次，定义递归函数 $w_n \in L^2(R)$ $(n=1,2,\cdots)$，形式如下：

$$w_0(t) = \phi(t), \quad w_1(t) = \psi(t) \tag{7.19}$$

$$\begin{cases} w_{2n}(t) = \sqrt{2}\sum_k h_k w_n(2t-k) \\ w_{2n+1}(t) = \sqrt{2}\sum_k g_k w_n(2t-k) \end{cases} \tag{7.20}$$

其中，$\phi(t)$，$\psi(t)$ 分别称为尺度函数和小波函数。由公式(7.20)得到的数列 $\{w_n(t)\}_{n\in\mathbf{Z}}$ 称为由 $\phi(t)$，$\psi(t)$ 确定的小波包。小波包具有如下特点：

1) 平移正交性。假设 $\mu_0(t)$ 是一组标准正交基的尺度函数，则其生成的小波包 $\{\mu_n(t)\}_{n\in\mathbf{Z}}$ 具有平移正交性：

$$\langle \mu_n(t-j) \cdot \mu_n(t-k) \rangle = \delta_{j,k} \quad j,k \in \mathbf{Z} \tag{7.21}$$

2) μ_{2n} 与 μ_{2n+1} 之间的正交性。对于 1) 中生成的小波包 $\{\mu_n(t)\}_{n\in\mathbf{Z}}$，有

$$\langle \mu_{2n}(t-j) \cdot \mu_{2n+1}(t-k) \rangle = \delta_{j,k} \quad j,k \in \mathbf{Z} \tag{7.22}$$

3) 小波包的平移序列 $\{\mu_n(t-k)\}$，$n \in \mathbf{Z}, k \in \mathbf{Z}\}$ 构成 $L^2(R)$ 的一组规范正交基。

7.3.3 小波包子空间分解

将公式(7.19)中的尺度函数 $\phi(t)$ 与小波函数 $\psi(t)$ 分别组成子空间 $\{V_j\}_{j\in\mathbf{Z}}$，$\{W_j\}_{j\in\mathbf{Z}}$，引入

$$U_j^0 = V_j, U_j^1 = W_j, \quad j \in \mathbf{Z} \tag{7.23}$$

由小波多分辨率分析可得 $V_j = V_{j+1}^0 \oplus U_{j+1}^1$，代入上式，即

$$U_j^0 = U_{j+1}^0 \oplus U_{j+1}^1 \tag{7.24}$$

推广到小波包，有

$$U_j^n = U_{j+1}^{2n} \oplus U_{j+1}^{2n+1} \tag{7.25}$$

根据公式(7.22)，U_{j+1}^{2n}，U_{j+1}^{2n+1} 为 U_j^n 的子空间，U_{j+1}^{2n} 对应 w_{2n}，U_{j+1}^{2n+1} 对应 w_{2n+1}。结合 $L^2(R) = \bigoplus_{j\in\mathbf{Z}} W_j$，用 W_j^n 表示 U_j^n，则小波包空间分解可表示为如下形式：

$$W_j^n = U_j^n = U_{j+1}^{2n} + U_{j+1}^{2n+1} \tag{7.26}$$

则 $L^2(R)$ 可被分解为 $\{V_j\}_{j\in\mathbf{Z}}$ 和 $\{W_j\}_{j\in\mathbf{Z}}$。按照二进制形式继续进行分解，可得到小波包分解的一般表达式：

$$\begin{cases} W_j = U_{j+1}^2 \oplus U_{j+1}^3 \\ W_j = U_{j+1}^4 \oplus U_{j+1}^5 \oplus U_{j+1}^6 \oplus U_{j+1}^7 \\ \vdots \\ W_j = U_{j+1}^{2^k} \oplus U_{j+1}^{2^k+1} \oplus \cdots \oplus U_{j+1}^{2^{k+1}-1} \end{cases} \quad \begin{matrix} k=1,2,3,\cdots \\ j=1,2,3,\cdots \end{matrix} \tag{7.27}$$

与 $U_{j+k}^{2^k+m}$ 相应的规范正交基为

$$\{2^{\frac{-(j+k)}{2}} w_{2^k+m} [2^{-(j+k)} t - l]\}_{l \in \mathbf{Z}} \tag{7.28}$$

其中，当 k，m 均取 0 时，$U_{j+k}^{2^k+m}$ 将还原为 $U_j^1 = W_j$，对应的小波基则为 $\{2^{-j/2} \psi (2^{-j} t - l)\}_{l \in \mathbf{Z}}$。

由上述小波分析相关理论可知，小波包分析对信号实现了更深入的分解，即将每层分解信号的高频信息继续分解，对信号信息进行了全频段挖掘。小波包分解示意图见图 7.7。A_j 表示第 j 层分解中得到的低频部分，D_j 则表示高频部分。经过三层小波包分解后，原始信号可表示为

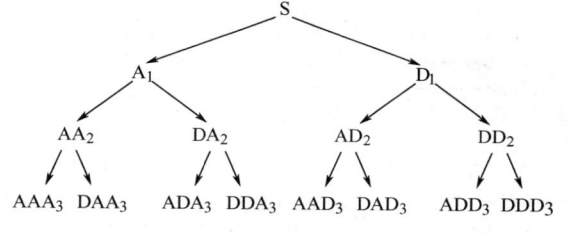

图 7.7 信号的小波包分解示意图

$$S = AAA_3 + DAA_3 + ADA_3 + DDA_3 + AAD_3 + DAD_3 + ADD_3 + DDD_3 \tag{7.29}$$

以前述桥例为对象，假定桥面不平度等级为"好"，汽车以初始速度 50km/h 由车道二驶入桥梁，汽车制动后前轮停止在 D3 墩处，得到未损伤及 P3 桩基冲刷 1m 后（7.2.3 节中的工况 3）结构的动力响应。对比二者 D3-1 墩顶加速度响应自由衰减段信号（图 7.8），并用 db2 小波对响应信号进行三层小波包分解，得到各频段信号如图 7.9 所示。

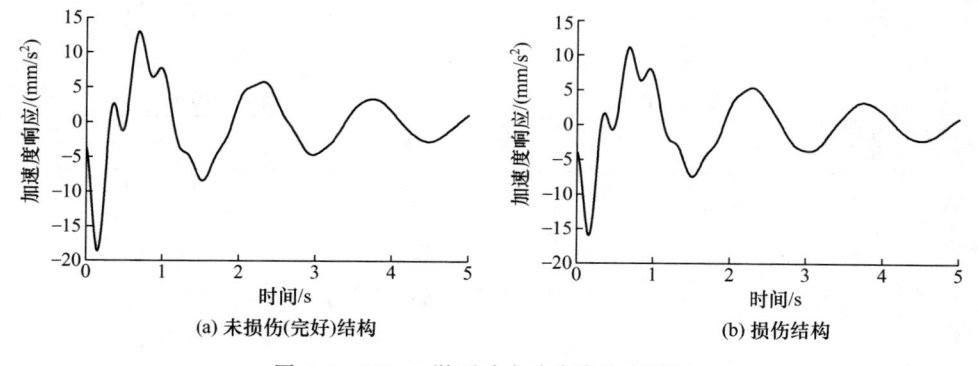

(a) 未损伤(完好)结构　　(b) 损伤结构

图 7.8 D3-1 墩顶动力响应自由衰减段

(a) 完好结构

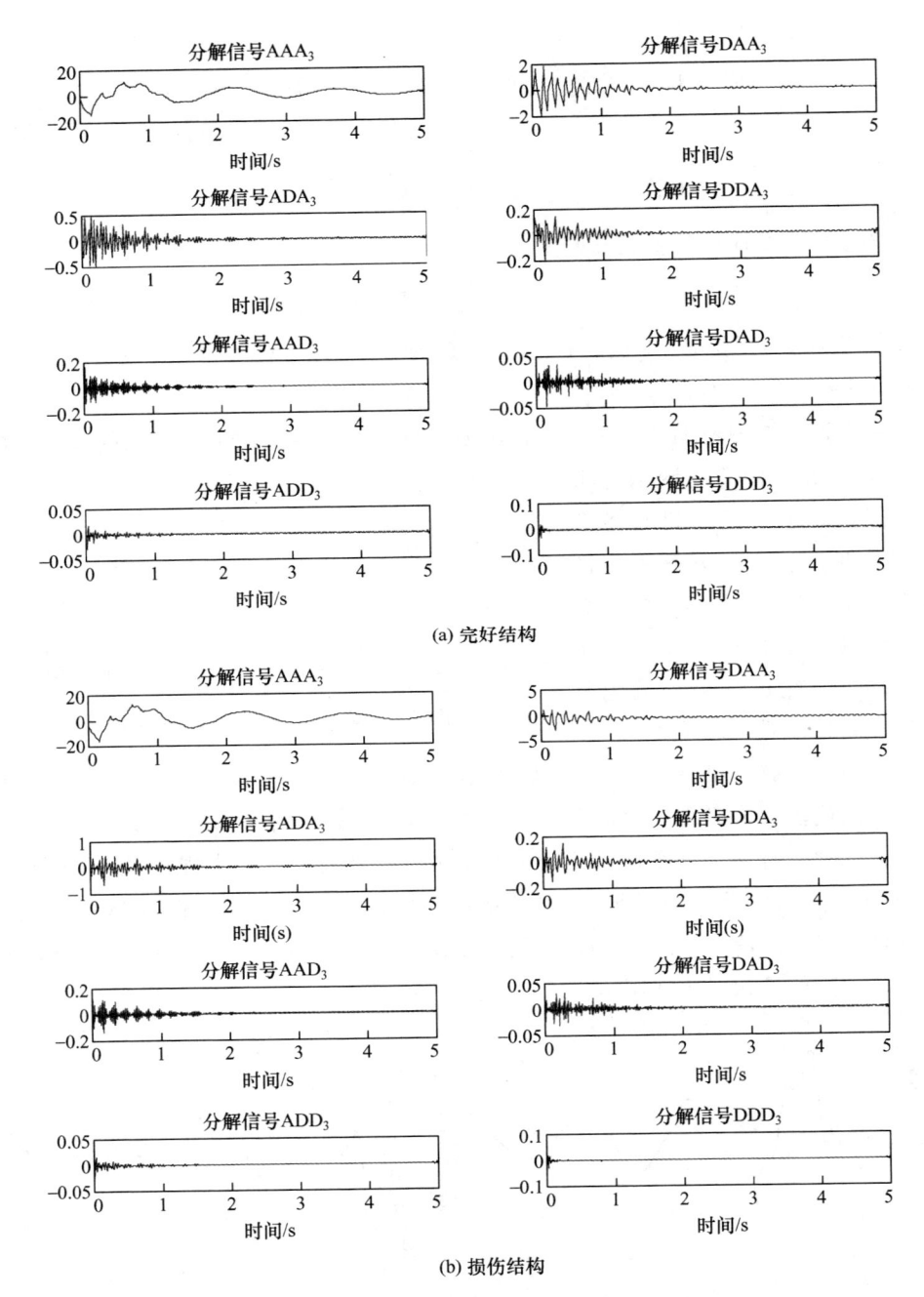

(b) 损伤结构

图 7.9 小波包分解各频段信号

分析图 7.9 可知，经三层分解后，原始信号将被分解到 8 个频段，由于这些信号为原始信号在时域及频域局部分解的结果，所以同时包含时间及频率信息。分解后低频段信号的幅值远大于高频段信号，可见信号能量绝大部分集中在低频段；同时可以发现，损伤信号在各个频段的分布与正常信号有所差别，因此利用小波包分解频带分布的差别进行损伤识别存在理论上的可能性。

7.3.4 小波包节点能量

在前文小波包理论的基础上，对信号分解后各频带上的能量进行统计，可得到小波包节点能量特征向量 WPCE[21]。研究表明，节点能量能够提供更具鲁棒性的信号特征。

对信号 $x(t)$ 进行 j 层小波包分解后，得到

$$x(t) = \sum_{i=1}^{2^i-1} x_j^i(t) \tag{7.30}$$

$$x_j^i(t) = \sum c_{j,k}^i \psi_{j,k,i}(t) \tag{7.31}$$

式中 $c_{j,k}^i$——小波包系数，表达式为

$$c_{j,k}^i = \int_{-\infty}^{\infty} x(t)\psi_{j,k,i}(t)\mathrm{d}t \tag{7.32}$$

式中 $\psi_{j,k,i}(t)$——小波包函数；

j, k, i——尺度指标、位置指标及频率指标。

$\psi_{j,k,i}(t)$ 是一组标准正交基，当 $m \neq n$ 时，存在正交性，即

$$\psi_{j,k}^m(t)\psi_{j,k}^n(t) = 0 \tag{7.33}$$

因此，信号 $x(t)$ 的总能量可表示为

$$E_x = \int_{-\infty}^{\infty} x^2(t)\mathrm{d}t = \sum_{m=0}^{2^j-1} \sum_{n=0}^{2^j-1} \int_{-\infty}^{\infty} x_j^m(t)x_j^n(t)\mathrm{d}t \tag{7.34}$$

由小波包的正交性可得

$$E_x = \sum_{i=0}^{2^j-1} E_{x_j^i} = \sum_{i=0}^{2^j-1} \int_{-\infty}^{\infty} x_j^i(t)^2 \mathrm{d}t \tag{7.35}$$

式中 $E_{x_j^i}$——第 i 频段内的信号能量。

当分解尺度为 j 时，总频带数为 2^j-1，各频段的信号能量之和为信号总能量。7.3.3 节中在结构完好及损伤两种情况下，响应对应的各频带能量见表 7.4。

表 7.4　各频带能量及能量比

信号		AAA₃	DAA₃	ADA₃	DDA₃	AAD₃	DAD₃	ADD₃	DDD₃
完好结构	能量值	8122.30	49.77	3.36	0.25	0.29	0.02	0.00	0.01
	百分比	99.34	0.61	0.04	0.00	0.00	0.00	0.00	0.00
损伤结构	能量值	10815.33	52.77	3.52	0.23	0.29	0.01	0.00	0.01
	百分比	99.48	0.49	0.03	0.00	0.00	0.00	0.00	0.00

由表 7.4 可知，损伤结构信号各频带的绝对能量值及相对能量与完好结构相比有一定的变化，可利用这一特点进行进一步的分析，用于完成损伤识别。对表 7.4 中的数值进行统计量值计算（表 7.5），结果显示小波包能量方差变化率最大，对损伤最为敏感。

表 7.5　频带能量及能量比统计量值

统计量	能量值		百分比	
	均值	方差	均值	方差
完好结构	1022.00	7202292.67	12.57	1075.70
损伤结构	1359.02	12774837.94	12.56	1079.36
变化率/%	32.98	77.37	0.11	0.34

7.3.5　小波包能量方差变化率指标

对于某一桥梁结构，结构响应的总能量与小波包分解后各层次的能量和相等。一旦结构出现损伤，信号分解后对应某一频段的能量将发生波动，对波动的幅值与所在的频段进行分析，可对损伤进行初步判别。

基于上节对小波包能量变化的分析，定义小波包能量变化率平方和（方差）变化率，作为结构损伤判别的指标。尺度 i 下的小波包能量方差变化率（Wavelet Packet Energy Variance Variation Rate，WPEVVR）表示为

$$\text{WPEVVR} = \left(\frac{\sigma_b^2 - \sigma_a^2}{\sigma_a^2}\right) \times 100\% = \left(\frac{\sigma_b^2}{\sigma_a^2} - 1\right) \times 100\% \tag{7.36}$$

$$\sigma^2 = \frac{\sum_{i=1}^{n}(E_i - \overline{E}_i)^2}{n} \tag{7.37}$$

式中　σ_a^2——完好结构响应的信号能量方差；

σ_b^2——损伤结构响应的信号能量方差；

$\overline{E}_i$——频带 i 的能量均值。

7.3.6 小波基函数与小波包分解层的选择

在实际应用中，不同的小波基函数及小波包分解层次将对分析结果产生巨大影响，因此在小波包分析的第一步即选取最优小波基函数与小波包分解层次。对于小波基函数的选取，通常考虑以下几点：

1) 紧支性：在有限区间内取非零值，对应的区间称为紧支区间。紧支区间越大，分析结果越能反映频域信息，反之则越能反映时域信息[22]。

2) 消失矩：消失矩对应小波函数 dbN 中的 N，对应小波变换后能量的集中程度，消失矩越高，高频自带的小波系数越小。消失矩与紧支性是一对矛盾体，需综合考虑二者的选取。

3) 正则性：一般消失矩充足时就能满足此项要求。

4) 对称性：具备该条件时可以创造紧支正则小波基，且具有线性相位，能避免信号在分解与重构过程中失真，进而降低误差[23]。

确定合适的小波基函数后，对结构动力响应进行小波分解。应对计算时间及代价函数进行综合考量，选取合适的分解层次，因此需要对分解过程中的代价函数进行计算。为了确定最优分解层次，采用范数熵 l_p（$1 \leqslant p \leqslant 2$）标准作为代价函数[24]，以代价函数值、计算时间值为指标进行分析。小波包分解范数熵表达式为

$$S_L(E_i) = \sum_j |E_{i,j}|^p \tag{7.38}$$

首先根据小波基函数选取的标准确定 dbN 小波作为小波基函数，之后参照小波基函数阶次的确定方法，选取不同的小波基函数阶次，采用小波包分解范数熵作为代价函数，计算各阶次基函数对应的代价函数值并记录计算时间。确定小波基函数阶次后，重复上述流程，选取不同的分解层次，计算各分解层次对应的代价函数值并记录计算时间。在确定最优小波基函数阶次及分解层次时，一般认为小波包分解范数熵的计算值越小，计算效率越高。

根据上述方法，首先通过计算对比代价函数确定 dbN 小波包分解所需的最优小波基函数。以健康状况下 D3 墩顶时程响应信号为例，分别选取 dbN 小波基的阶次为 1~14，按分解层次为 5 计算 l_p 范数熵，结果见表 7.6。

表 7.6 不同阶次小波基函数代价函数计算结果

阶次	1	2	3	4	5	6	7
代价函数值	0.8810	0.5789	0.3453	0.3957	0.4284	0.3601	0.3457
阶次	8	9	10	11	12	13	14
代价函数值	0.3981	0.3953	0.3358	0.3921	0.4116	0.3424	0.3664

由表 7.6 分析可知，当 dbN 小波基函数阶次取 10 时，代价函数值为 0.3358，小于其他阶次的计算结果，因此对该桥例采用 db10 小波基函数进行信号小波包分解。

在此基础上，采用 db10 小波基函数，分别选取分解层次为 3～12，对健康状况下 D3-1 墩顶时程响应信号进行小波包分解，并计算范数熵，结果见表 7.7。分析可知，当分解层次取 5 时代价函数值为 0.3358，小于其他分解层次的代价函数值，因而选取分解层次为 5。

表 7.7　不同分解层次代价函数计算结果

分解层次	3	4	5	6	7
代价函数值	0.7702	0.7170	0.3358	2.3267	0.5916
分解层次	8	9	10	11	12
代价函数值	0.3646	1.2357	1.4862	2.0759	2.6395

7.4　基于车辆制动与小波包分解的桥梁下部结构损伤识别方法

结合本章前述研究结果，提出基于车辆制动作用和小波包能量分析的桥梁下部结构损伤识别方法，损伤识别的具体步骤为：

1）根据实际桥梁结构特点，制订车辆制动试验或数值模拟分析及测点布设方案；通过实测或数值分析方式获得车辆制动作用下初始状态桥梁墩顶纵向加速度动力响应；选取动力响应自由衰减段作为信号分析样本。

2）对实际运营一定年限的既有桥梁，开展测点和车辆制动参数一致的桥梁现场动力试验，获得现状桥梁的动力响应。

3）考虑计算代价函数与时间，选择合适的小波基与分解层次。

4）根据确定的小波基与分解层次，分别对初始状态和损伤状况下采集的结构响应信号进行小波包分解，并根据式(7.35)计算各层次的小波包节点能量 $E_{x_j^i}$。

5）利用 4）中计算得到的小波包节点能量 $E_{x_j^i}$ 构造 WPEVVR 损伤指标，对桥梁下部结构损伤位置进行判定。

综上，可建立桥梁下部结构的损伤识别流程，如图 7.10 所示。上述结构损伤识别方法应用的细节和具体策略将通过后续算例进行介绍。

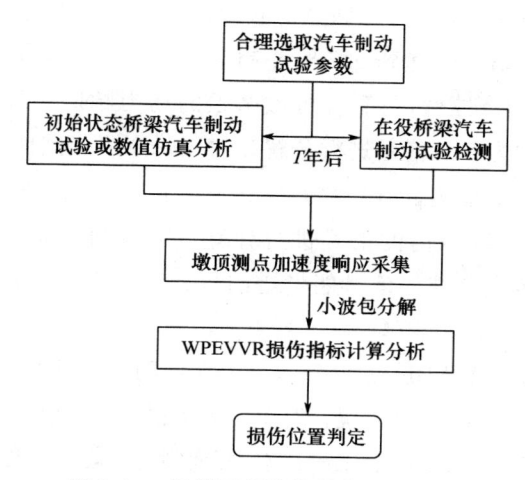

图 7.10 桥梁下部结构损伤识别流程

7.5 基于 WPEVVR 的损伤识别方法数值分析

基于 7.4 节所提出的基于小波包能量方差变化率的桥梁下部结构损伤识别方法的流程，仍以前述宁古塔大桥为研究对象，针对支座、桥墩及基础冲刷的不同损伤位置和程度，对此方法的识别效果进行验证。

7.5.1 动力响应数据采集位置

该部分的损伤识别工作将以制动车辆作用下桥墩墩顶纵桥向加速度响应为分析依据。本例取墩顶加速度进行数据采集，数据采集点的布置和编号如图 7.11 所示。

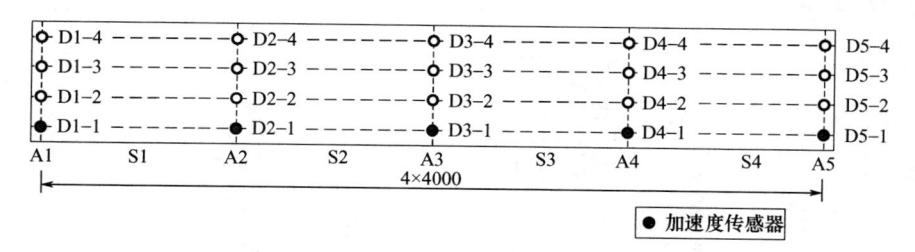

图 7.11 数值仿真分析数据采集点的布置（单位：mm）

7.5.2 支座损伤识别

基于所建立的车辆制动作用下车桥振动分析方法和程序，针对前述桥例及三轴重车，考虑桥面不平度等级为"好"，假设汽车以初始速度 50km/h 由车道二驶入桥梁，当制动峰值系数达到 0.7 时，制动力上升时间为 0.3s，汽车制动后前轮停止在 D3 墩处，得到损伤前后各桥墩墩顶的动力响应。采用 db10 小波基函数，并按照分解层次为 5 对信号进行分解。对于每个采集到的自由衰减段加速度时程信号，需先通过小波包进行分解，得到 2^5 个位于不同等宽频带的子信号，利用公式(7.35)对每个频带内的信号进行计算，可得到对应的子空间信号能量，这些信号能量共同组成了结构信号能量谱向量，利用式(7.37)计算得到各测点的 WPEVVR 值。

对于单支座损伤，设置 B1-1、B2-1 支座竖向刚度折减 10% 及 B3-1 支座竖向刚度折减 10%、30%、50% 五种工况；对于多支座损伤，设置 B1-1、B2-1 支座竖向刚度折减 10% 及 B1-1、B2-1、B3-1 支座竖向刚度折减 10% 两种工况，见表 7.8。

表 7.8　支座损伤工况

工况编号	损伤位置	损伤程度/%
1	B1-1	10
2	B2-1	10
3	B3-1	10
4	B3-1	30
5	B3-1	50
6	B1-1、B2-1	10
7	B1-1、B2-1、B3-1	10

对于单支座损伤工况，计算得到工况 1～5 下各测点的 WPEVVR 值，如图 7.12 所示。

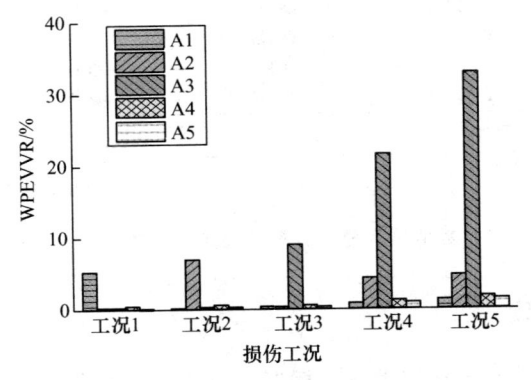

图 7.12　WPEVVR 损伤识别效果（单支座损伤）

分析图 7.12 可知，各测点处的 WPEVVR 分布不均匀，说明存在损伤；损伤支座临近的测点损伤指标值相对于其他测点显著突出，说明可指示损伤位置，且当损伤程度增加时，损伤指标 WPEVVR 值也随之增大，识别结果与损伤位置及程度相吻合。

对于多支座损伤工况，计算得到工况 6 及工况 7 下各测点的 WPEVVR 值，如图 7.13 所示。

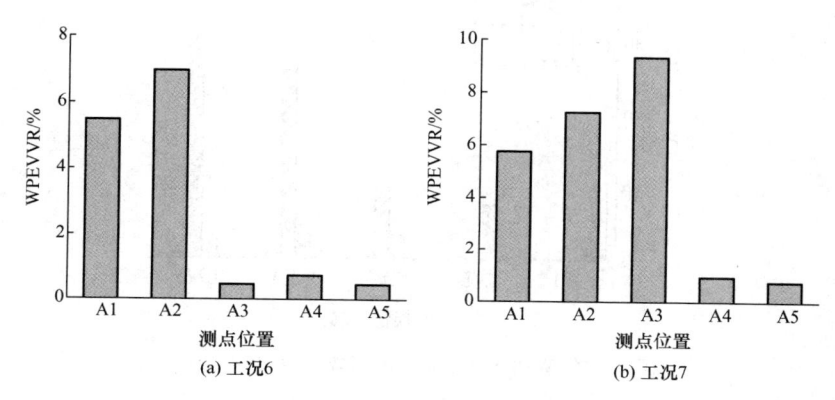

图 7.13 WPEVVR 损伤识别效果（多支座损伤）

分析图 7.13 可知，对于损伤支座临近的测点，损伤指标值相对于其他测点仍显著突出，说明 WPEVVR 损伤指标可对多处支座损伤的位置进行准确识别。

7.5.3 桥墩损伤识别

对于单墩损伤，设置桥墩 D1、D2 水下单元（桥面 4m 以下桥墩单元）刚度折减 10% 及 D3 水下单元（桥面 4m 以下桥墩单元）刚度折减 10%、30% 及 50% 五种工况；对于多墩损伤，设置桥墩 D1、D2 水下单元刚度同时折减 10% 及 D1、D2、D3 水下单元刚度同时折减 10% 两种工况，见表 7.9。

表 7.9 桥墩损伤工况

工况编号	损伤位置	损伤程度/%
1	D1	10
2	D2	10
3	D3	10
4	D3	30
5	D3	50
6	D1、D2	10
7	D1、D2、D3	10

对于单墩损伤工况，计算得到工况 1～工况 5 下各测点的 WPEVVR 值，如图 7.14 所示。

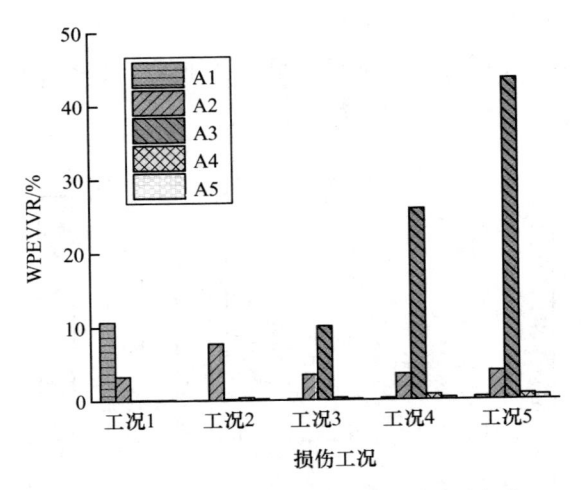

图 7.14 WPEVVR 损伤识别效果（单墩损伤）

如图 7.14 所示，损伤处的测点损伤指标值明显高于其他测点，且 WPEVVR 值在损伤程度变大时也随之增大，说明此指标对桥墩损伤的位置及程度均较为敏感。

对于多墩损伤工况，计算得到工况 6 及工况 7 下各测点的 WPEVVR 值，如图 7.15 所示。

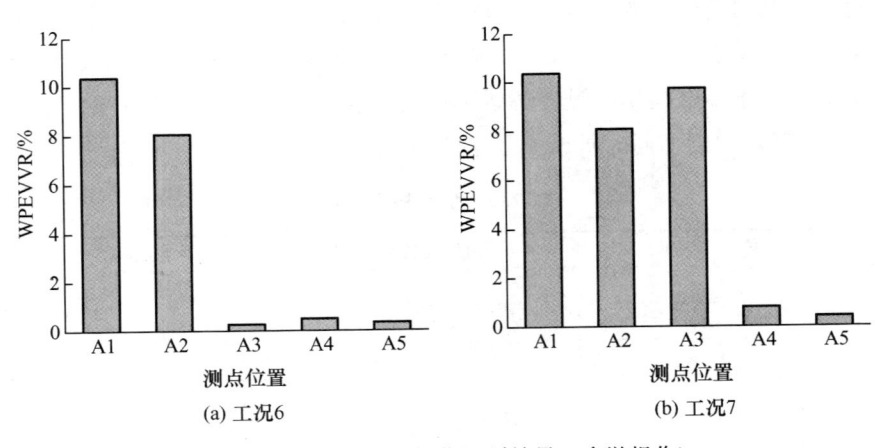

(a) 工况6

(b) 工况7

图 7.15 WPEVVR 损伤识别效果（多墩损伤）

分析图 7.15 可知，对于多墩损伤的工况，损伤桥墩临近的测点损伤指标值相对于其他测点显著突出，说明 WPEVVR 损伤指标可对多处桥墩损伤位置进行准确识别。

7.5.4 基础冲刷识别

基础冲刷导致桥墩及桩基周边土体剥离，使结构裸露，减弱了桥梁结构的地基约束作用，导致桥梁结构的动力特性在一定程度上受到干扰[25]。桥下冲刷包括河床的自然演变、桥下断面一般冲刷和桥墩局部冲刷，冲刷深度即为一般冲刷与局部冲刷之和[26]。我国规范[27]中对非黏性土河床的桥下一般冲刷后的最大水深规定为

$$h_{\mathrm{p}} = \left[\frac{A_{\mathrm{d}} \dfrac{Q_2}{\mu B_{\mathrm{cj}}} \left(\dfrac{h_{\mathrm{cm}}}{h_{\mathrm{cq}}} \right)^{\frac{5}{3}}}{E \overline{d}^{\frac{1}{6}}} \right]^{\frac{3}{5}} \quad (7.39)$$

式中 h_{p}——一般冲刷后的最大水深（m）；

h_{cm}——河道最大水深（m）；

h_{cq}——河道部分的平均水深（m）；

B_{cj}——河道部分桥孔净宽（m）；

Q_2——桥下河道的设计流量（m³/s）；

E——洪水期水流含沙量系数；

A_{d}——水流流量集中系数；

$\overline{d}$——泥沙平均粒径（mm）；

μ——桥墩水流侧向压缩系数。

局部冲刷的最大水深 h_{b} 按下式计算：

$$h_{\mathrm{b}} = \begin{cases} K_{\xi} K_{\eta 2} B_1^{0.6} (v - v_0'), & v \leqslant v_0 \\ K_{\xi} K_{\eta 1} B_1^{0.6} (v - v_0') \left(\dfrac{v - v_0'}{v_0 - v_0'} \right)^{n_1}, & v > v_0 \end{cases} \quad (7.40)$$

式中 K_{ξ}——桥墩形状系数；

$K_{\eta 1}$，$K_{\eta 2}$——泥沙粒径影响系数；

B_1——桥墩顺水流向计算宽度（m）；

v——一般冲刷后桥墩前水流的速度（m/s）；

v_0——河槽泥沙颗粒起冲流速（m/s）；

v_0'——桥墩泥沙颗粒起冲流速（m/s）；

n_1——指数常数。

结合桥例所处河道实际情况，根据表7.10、表7.11所列参数及式(7.39)可计算得到一般冲刷后最大水深为6.74m，为偏安全考虑，取一般冲刷深度为3.61m，而再根据公式(7.40)即可计算得出各墩下局部冲刷深度及总冲刷深度，见表7.12，其中冲刷程度最严重的D1墩基础冲刷前后的基础埋深如图7.16所示。

表7.10　一般冲刷计算参数

参数	A_d	$Q_2/(m^3/s)$	μ	B_{cj}/m	h_{cm}/m	h_{cq}/m	E	$\bar{d}/mm$
数值	1.22	2200	0.98	144	3.78	3.13	0.66	20

表7.11　局部冲刷计算参数

参数	K_ξ	$K_{\eta 1}$	B_1/m	$v_0/(m/s)$	$v_0'/(m/s)$
数值	1	0.72	1.6	2.70	0.96

表7.12　各墩基础冲刷深度　　　　　　　　　　　　　　单位：m

指标	墩号				
	D1	D2	D3	D4	D5
局部冲刷深度	4.26	3.56	3.44	2.53	2.23
总冲刷深度	7.87	7.17	7.05	6.14	5.84

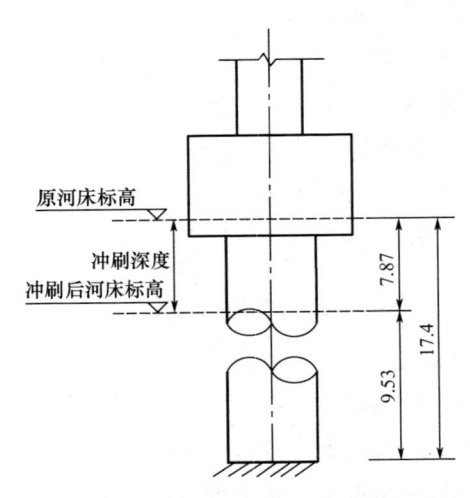

图7.16　D1墩基础冲刷前后的基础埋深（单位：m）

为对桥梁基础冲刷深度进行识别，设置各墩单独冲刷深度为2m，计算得到各墩基础冲刷后测点处的损伤指标WPEVVR，如图7.17所示。

分析图 7.17 可知，各桥墩发生基础冲刷时，被冲刷墩墩顶测点对应的加速度响应 WPEVVR 值明显大于其他测点处的计算值，分别达到 132.50%、155.56%、312.21%、315.97% 及 319.71%，这表明该指标对损伤有较高的敏感度，但由于各墩的损伤灵敏度不同，不同墩发生相同程度的冲刷时，损伤指标的计算值也有所差别。

根据表 7.12 中计算的各墩最大冲刷深度，设置各墩基础冲刷值分别达到最大冲刷深度的 25%、25%、50%、75% 及 100%，计算得到各测点的损伤指标 WPEVVR，如图 7.18 所示。

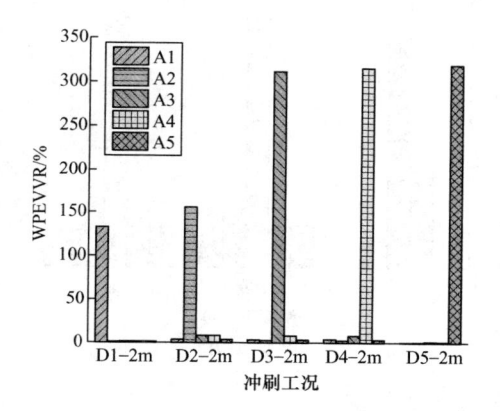

图 7.17 WPEVVR 损伤识别效果（单墩冲刷）

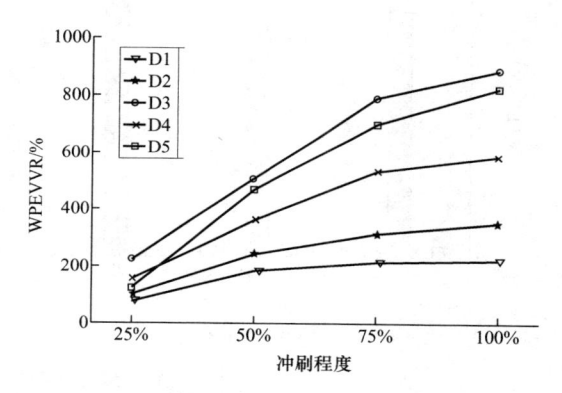

图 7.18 WPEVVR 损伤识别效果（各墩基础冲刷）

分析图 7.18 可以发现，随冲刷深度的增加，各墩对应测点的 WPEVVR 值均加大。此外，可以看出各墩对应的损伤指标灵敏度也不相同。当 D3 墩基础冲刷达到 100%（冲刷深度为 7.05m）时，A3 测点处损伤指标 WPEVVR 值为 825.43%；而当 D1 墩基础冲刷达 7.87m 时，A1 测点处计算得 WPEVVR 值仅为 221.74%。由此可知，WPEVVR 值可用于基础冲刷位置识别，且与冲刷深度存在正相关关系。

7.6 多种因素对下部结构损伤识别的影响

前文提出的下部结构损伤识别方法受到车桥相互作用系统多种参数的影响，为分析各参数的影响规律和机理，本节选取三种典型损伤工况（B3-1 支座竖向刚度折减 10%，D3 桥墩水面下单元刚度折减 10%，P3 基础冲刷 2m），分析在不同损伤类型下不同因素对前述损伤识别方法的影响。

7.6.1 桥面不平度的影响

假定车辆以初始速度 50km/h 于车道二上桥，且制动停止时前轮位于 D3 桥墩处，制动峰值系数达到 0.7，制动加速度上升时间为 0.3s，设置不平度状况为"好""一般"和"差"三种情况，在支座损伤、桥墩损伤及基础冲刷下，计算各测点（A1~A5）处纵桥向动力响应对应的损伤指标，结果如图 7.19 所示。

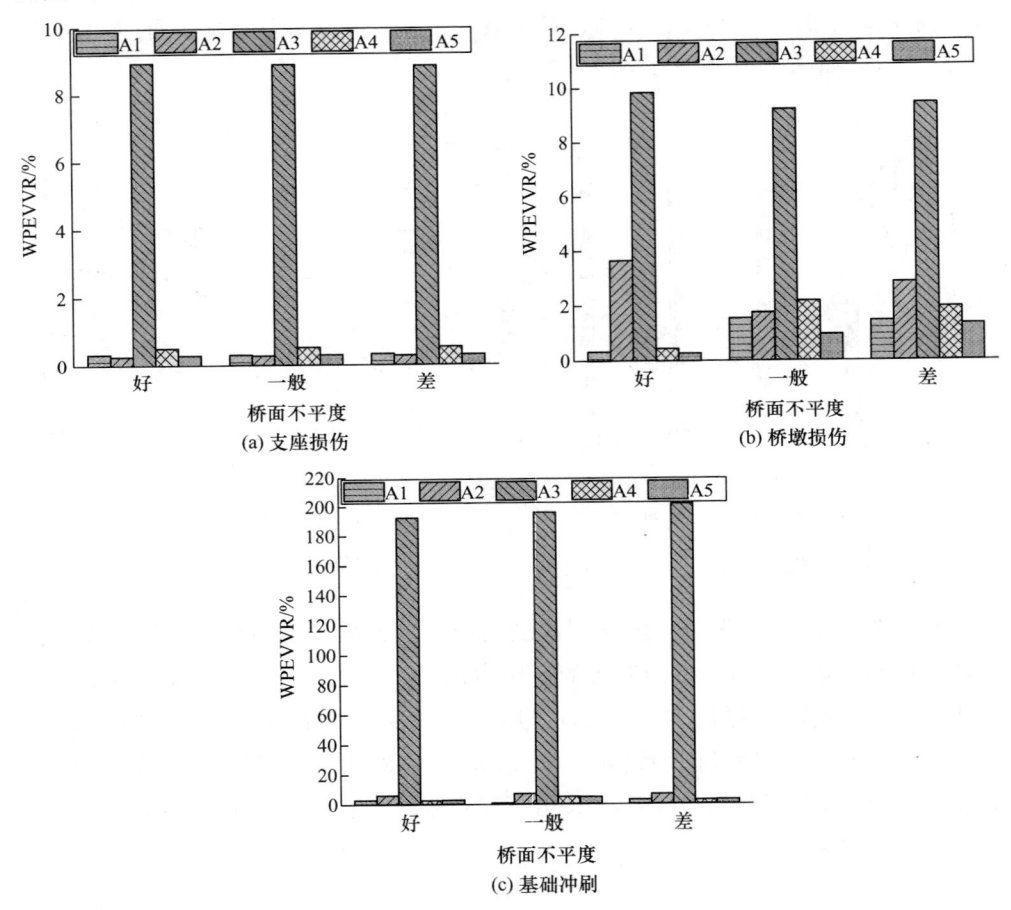

图 7.19 桥面不平度对损伤识别结果的影响

分析可知，对于三种不同类型的损伤，不同不平度下由 A3 测点的动力响应计算得到的 WPEVVR 值明显大于其他测点处，均可达到损伤识别效果。相较于桥面不平度为"好"时，其他两种情况在三种不同损伤类型下计算得到的 WPE-VVR 值最大仅分别变化了 1.83% 和 6.36%，说明桥面不平度状况对损伤识别的影响很小，基本可以忽略不计。

7.6.2 汽车制动位置的影响

1. 纵向制动位置的影响

车辆制动作用参数设置同前,比较车辆刹车后前轮分别停止在 D3 墩、三跨跨中、D4 墩、四跨跨中及 D5 墩处时,利用不同损伤工况桥梁下部结构纵桥向的动力响应计算得到各测点（A1～A5）处的 WPEVVR 值,如图 7.20 所示。

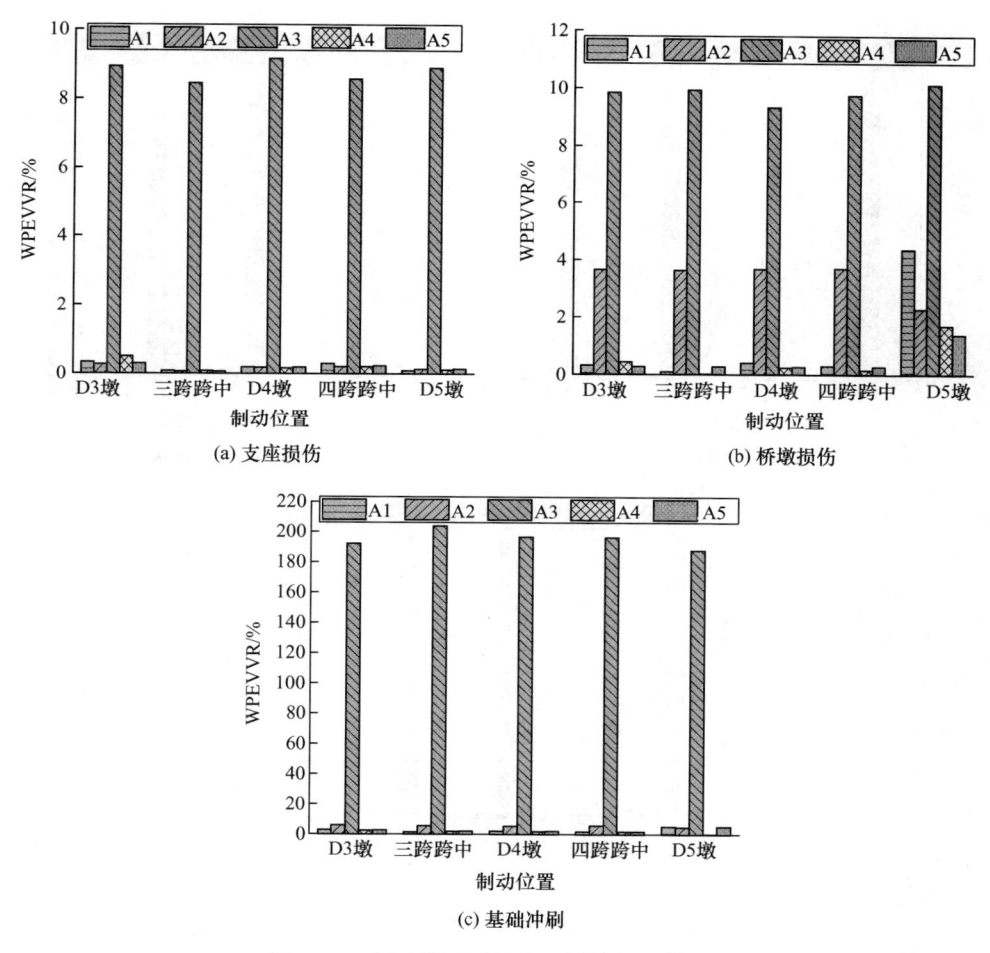

(a) 支座损伤

(b) 桥墩损伤

(c) 基础冲刷

图 7.20 制动位置对损伤识别结果的影响

分析图 7.20 可以看出,针对三种损伤工况,在不同的制动位置下计算得到的 WPEVVR 值均显示 A3 处测点的计算值最大。在支座损伤、桥墩损伤及基础冲刷情况下，相较于停止在 D3 墩处，在其他位置停止时 A3 测点处损伤指标最大变化 5.42%，说明纵向制动位置对损伤识别过程并无显著影响。

2. 车道位置的影响

为进一步分析制动车道位置的影响，选取车辆制动参数同前，且制动后前轮停止在 D3 墩，在不同车道制动，利用不同损伤工况桥梁下部结构纵桥向动力响应计算得到各测点（A1～A5）处的 WPEVVR 值，结果如图 7.21 所示。

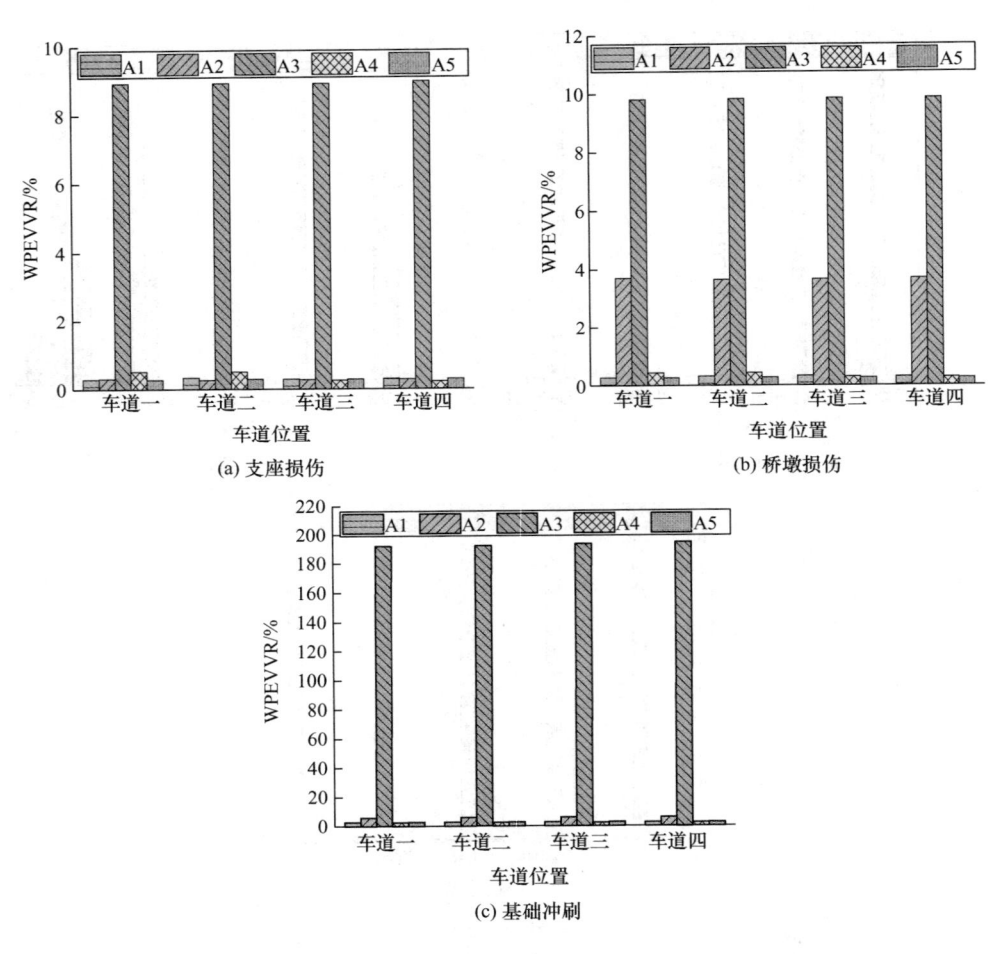

图 7.21 车道对损伤识别结果的影响

分析图 7.21 可知，对于不同的损伤工况，相较于在车道二处行驶，车辆在其他车道制动时计算得到 A3 测点 WPEVVR 值的最大相对变化量仅为 1.49%，说明不同制动车道位置对损伤识别的影响可忽略不计。

7.6.3 车辆初始速度的影响

选取车辆从车道二上桥、制动停止位置在 D3 墩处，进一步研究车辆初始速度对制动作用下桥梁下部结构损伤识别的影响。假定桥面不平度等级为"好"，车辆分别以 30km/h、50km/h 及 70km/h 的初始速度驶入桥梁，制动加速度上升时间为 0.3s，制动峰值系数达到 0.7，利用不同损伤工况桥梁下部结构纵桥向的动力响应计算得到各测点（A1～A5）处的 WPEVVR 值，如图 7.22 所示。

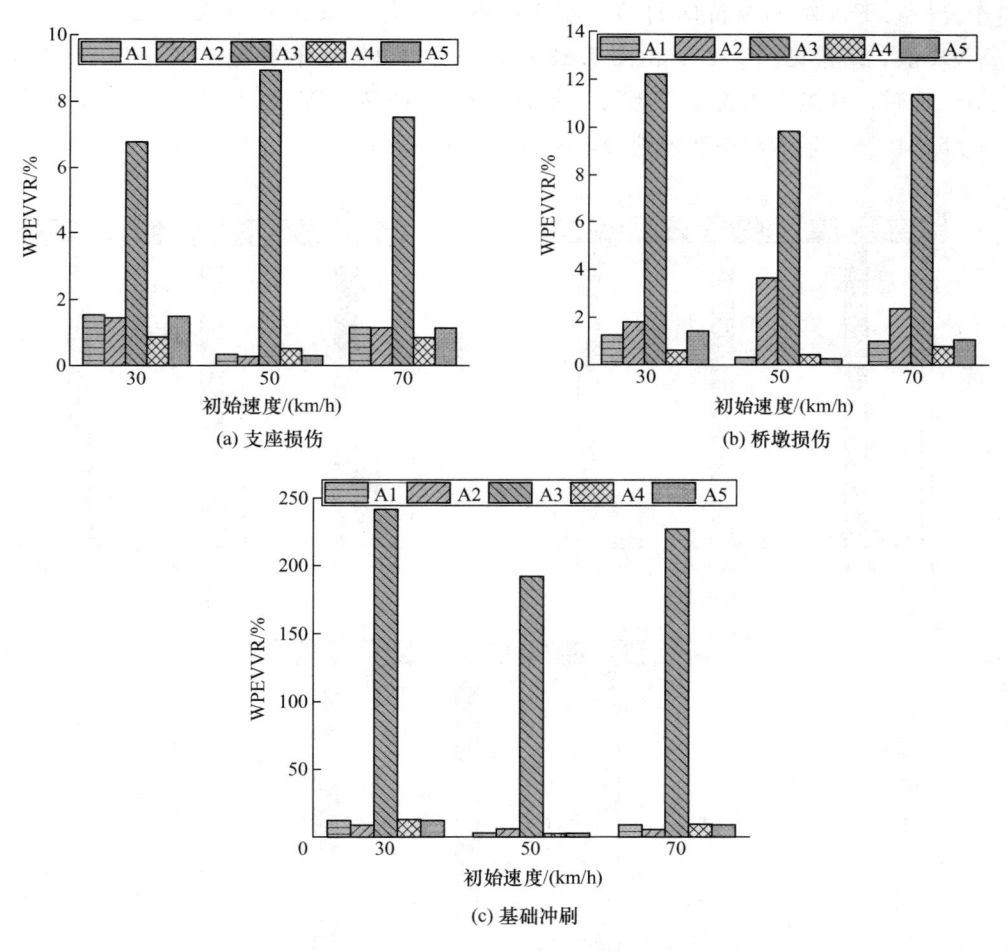

图 7.22 初始速度对损伤识别结果的影响

分析图 7.22 可知，相比其他测点，A3 测点处 WPEVVR 值最大，但在支座、桥墩及基础损伤工况下相较于初始车速为 50km/h，以其他初始车速行驶时制动处 A3 测点 WPEVVR 值最大变化量分别达到了 24.33%、15.90% 及

25.81%。由此可知，在不同损伤工况下，初始车速对 WPEVVR 值影响均较大，但不影响损伤定位结果。

7.6.4 车重的影响

取标准车重（29802kg）、1.2 倍车重（35762kg）、1.5 倍车重（44703kg）三种工况，单车以初始速度 50km/h 由车道二驶入桥梁并制动停止在 D3 墩处，制动峰值系数达到 0.7，分析车重对 WPEVVR 损伤识别的影响。利用不同损伤工况桥梁下部结构纵桥向的动力响应计算得到各测点（A1～A5）处的 WPE-VVR 值，结果见图 7.23。由图 7.23 可知，车辆由标准车重增加到 1.2 倍和 1.5 倍车重时，各损伤工况下 A3 测点处计算得到的 WPEVVR 值最大变化量仅为 0.45%，说明车重对损伤识别的影响不大，可忽略。

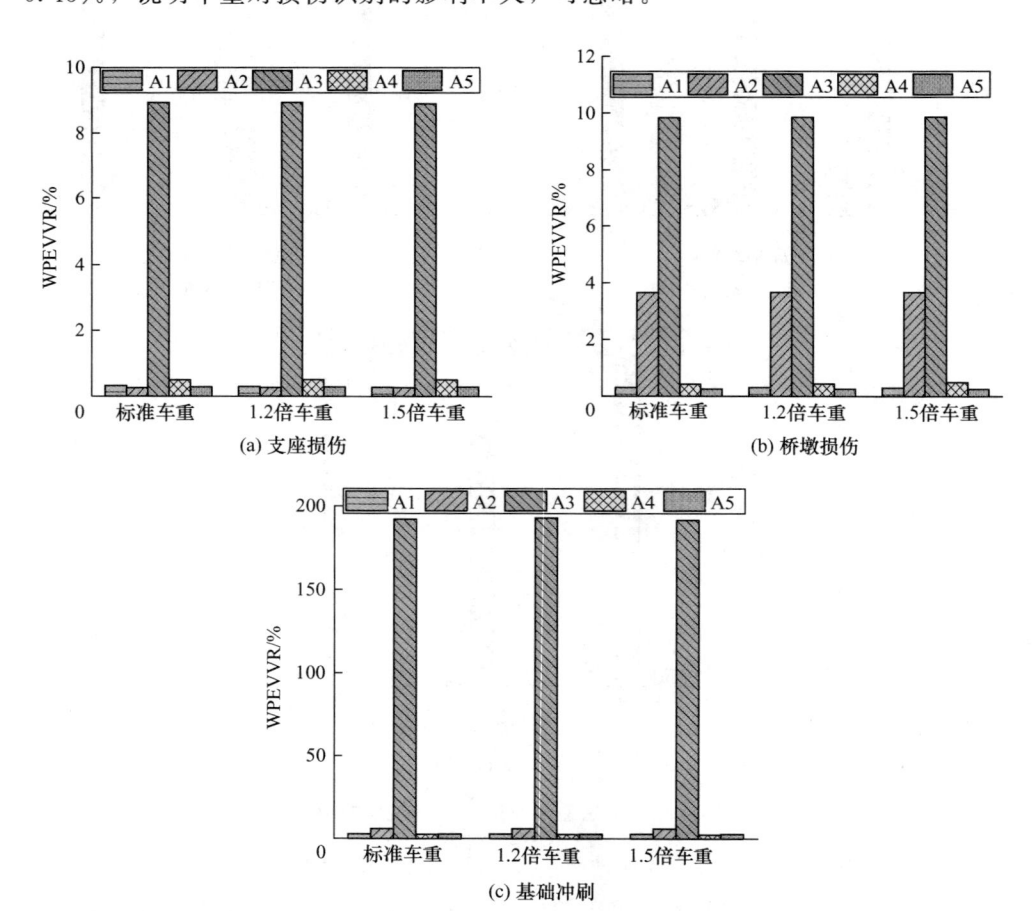

图 7.23 车重对损伤识别结果的影响

7.7 损伤识别方法的抗噪性能分析

现场动力试验不可避免地受环境噪声等的影响，下面将对所提出方法的抗噪性能进行分析。利用改变信噪比[28]的方法，将噪声添加到动力响应信号中，信噪比计算公式为

$$\mathrm{SNR} = 10\log_{10}\left(\frac{P_{\mathrm{signal}}}{P_{\mathrm{noise}}}\right) \tag{7.41}$$

式中 P_{signal}——信号功率；

P_{noise}——噪声功率。

对于 7.6 节所述的三种损伤工况，将各测点处产生的加速度信号分别添加不同信噪比（取 SNR=20，10，5），其中 A3 测点的信号如图 7.24（a～c）所示，再利用得到的动力响应计算各测点（A1～A5）处的 WPEVVR 值，进行损伤识别，如图 7.25 所示。

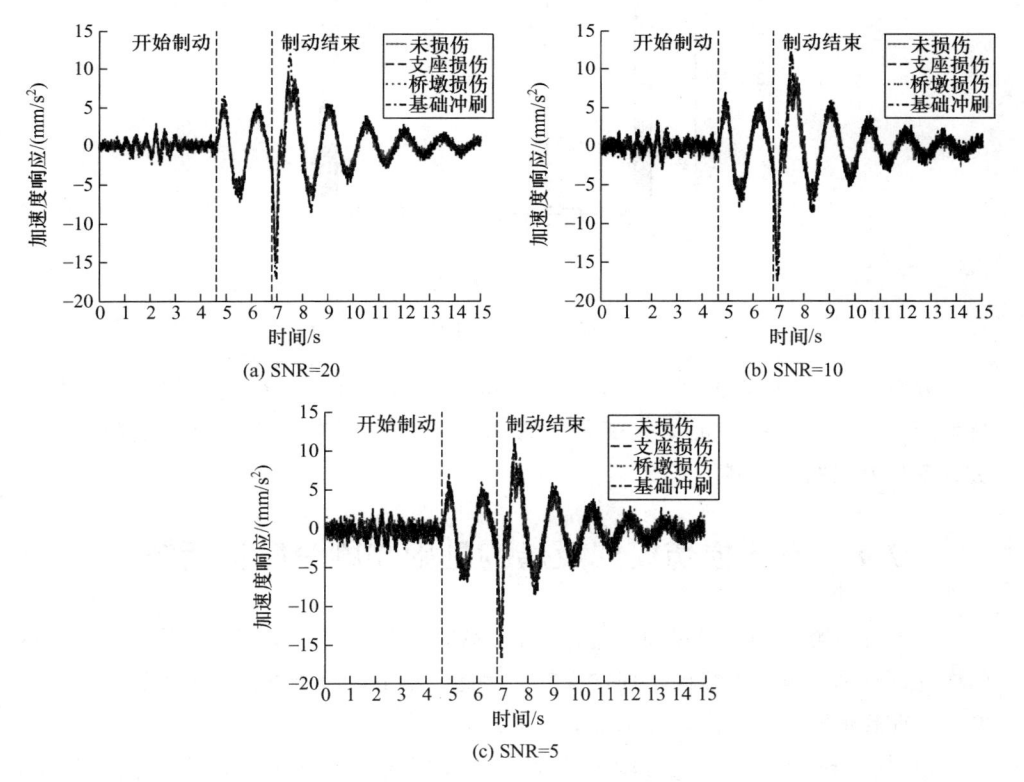

图 7.24 不同信噪比下的加速度响应

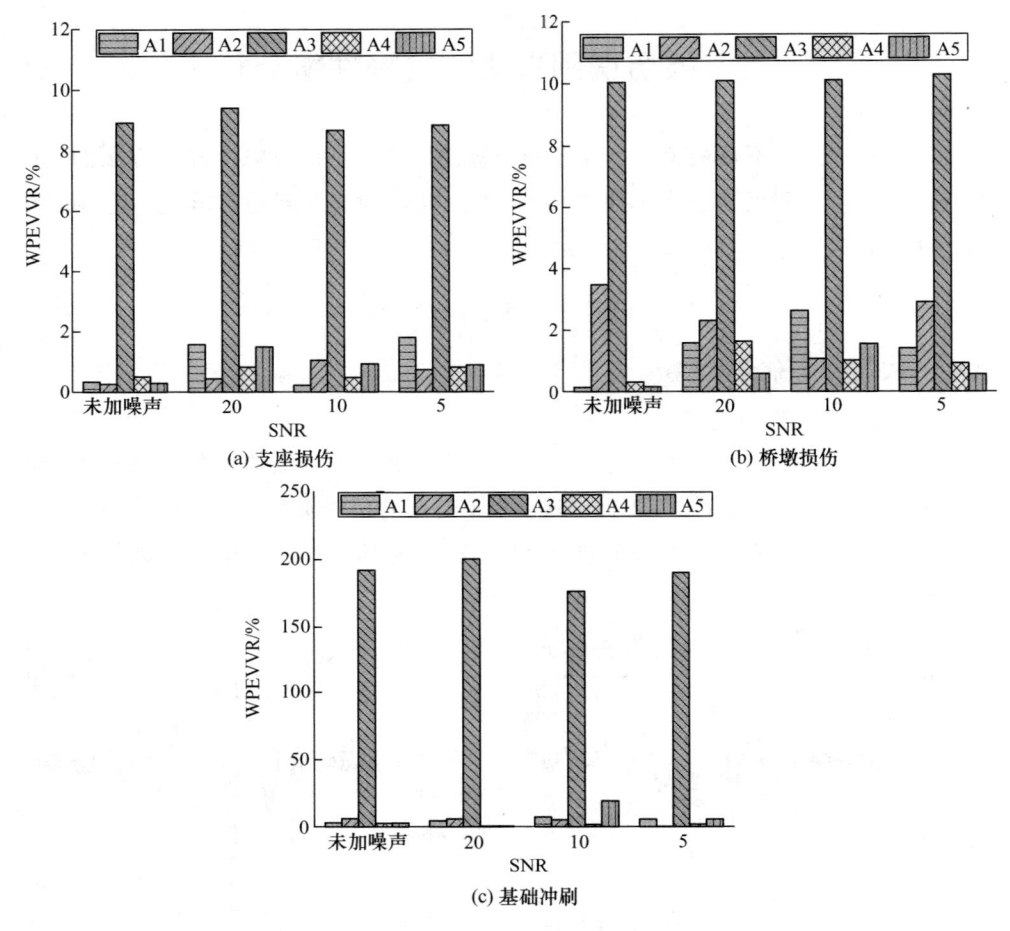

图 7.25 噪声对损伤识别结果的影响

分析图 7.25 可以发现，对于不同类型的损伤工况，噪声会对损伤指标计算结果产生一定的干扰，但最大变化仅为 5.24%，表明本章所提出的损伤识别方法具有良好的抗噪性能。

7.8 基于损伤模式反演的基础冲刷深度诊断方法

由上述研究可知，通过损伤指标 WPEVVR 值仅能对桥梁下部结构不同种类的损伤进行准确定位，不能确定损伤程度。因此，本节以桥梁下部基础冲刷为研究对象，为准确识别冲刷程度，在 7.4 节所提出的损伤识别流程基础上补充如下步骤：

1) 根据桥梁资料建立有限元模型，并根据实测的动力响应进行模态识别，构造合适的目标函数，进行模型修正，得到可较好地反映结构动力特性的基准有限元模型。

2) 根据识别的冲刷位置，选择合理的样本工况，建立相关模型，并计算其对应的损伤指标 WPEVVR，拟合出冲刷程度与 WPEVVR 间的函数关系，最终根据实测得到的动力响应计算得出其对应的 WPEVVR 值，对冲刷程度进行反演。

具体的桥梁基础冲刷识别流程如图 7.26 所示。

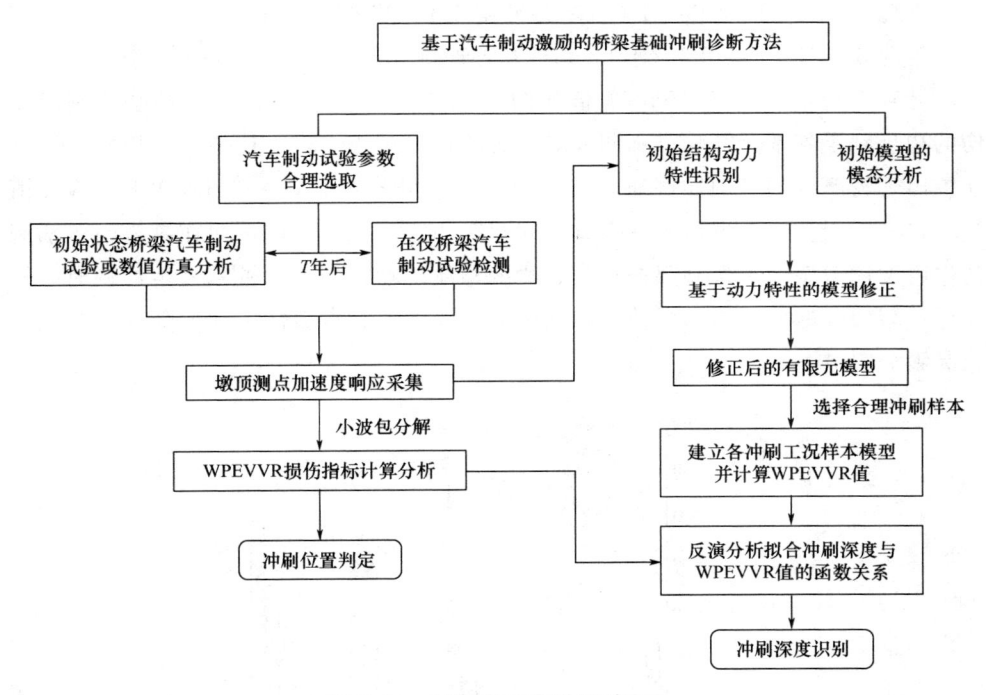

图 7.26 桥梁基础冲刷识别流程

在冲刷深度识别中，需要事先分析结构在损伤状态下的数据信号，建立桥梁各墩基础冲刷深度与损伤指标的函数关系，但是结构实际损伤状态无法直接获得，只能通过建立结构有限元模型进行仿真试验。因此，建立与实际结构相近的有限元模型进行数值模拟是一种有效的方式，也是目前大型结构的损伤诊断中最常用的一种方法，而模型的精确程度将极大地影响损伤诊断的效果。随着模型修正技术的不断发展，通过对实测数据及数值模型的响应值进行比对，不断修正模型参数，可最终得到能够较好地反映结构实际静动力特性的基准有限元分析模型。具体实现过程可参考相关研究[29-31]，此处不再赘述。

7.8.1 多桥墩基础冲刷对损伤识别指标的耦合影响

对于多跨桥梁，如多处桩基发生冲刷，则桥梁下部结构的动力响应将受到各墩基础冲刷的耦合作用，进一步会对损伤指标 WPEVVR 值产生影响。为分析多墩基础冲刷对损伤识别指标的耦合作用和影响，设置如下五种工况进行研究：

工况 1：P1 桩基冲刷 5m，其他桩无冲刷。

工况 2：P1、P2 桩基各冲刷 5m，其他桩无冲刷。

工况 3：P1、P2、P3 桩基各冲刷 5m，P4、P5 桩无冲刷。

工况 4：P1、P2、P3、P4 桩基各冲刷 5m，P5 桩无冲刷。

工况 5：P1、P2、P3、P4、P5 桩基各冲刷 5m。

计算得到各测点 WPEVVR 值如图 7.27 所示。可以看出：多桩基冲刷对损伤的初步判定基本无影响，不同冲刷位置均可通过 WPEVVR 值进行识别。当其他桩出现较严重的基础冲刷时，与工况 1 损伤状态相比，A1 测点 WPEVVR 值减小，其原因在于：纵桥向各墩梁之间存在一定的耦合作用，而在纵桥向车辆制动作用下桥墩振动包含局部振动和墩梁的整体摆动，当多个桩基发生冲刷时，桥梁下部结构各部分的局部振动会相互影响，导致各测点损伤指标值受其他墩损伤状况影响明显。

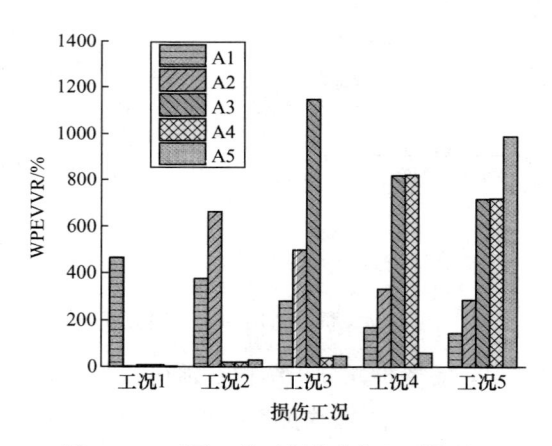

图 7.27 不同工况下损伤指标识别结果

7.8.2 基于损伤模式反演分析的基础冲刷深度诊断

由 7.8.1 节的分析可知，对于多跨桥梁，当出现多桩基冲刷时，各测点的冲刷识别指标值会相互影响，从而导致冲刷程度的误判。假设不同桩基础冲刷对各测点的 WPEVVR 计算值产生的影响一定，则仅需根据各测点实测 WPEVVR 值求解一个自变量为各排桩基冲刷深度，因变量为各测点处损伤指标值的多元方程组，即可确定各排桩基下的冲刷深度。例如，如果存在两排桩基础，可能发生的

冲刷深度为 h_1 与 h_2，只需合理建立多组不同冲刷深度的损伤模型，并计算出对应桥墩上测点的 WPEVVR 值，进而建立 h_1、h_2 与 WPEVVR_1 和 WPEVVR_2 的函数关系，用函数 f_1 与 f_2 表示，构造一个如下的二元方程组：

$$\begin{cases} f_1(h_1,h_2)=\text{WPEVVR}_1 \\ f_2(h_1,h_2)=\text{WPEVVR}_2 \end{cases} \tag{7.42}$$

建立 P1~P5 桩基础分别冲刷 1~5m 的有限元模型，并计算得出各测点的 WPEVVR 值，如图 7.28 所示。

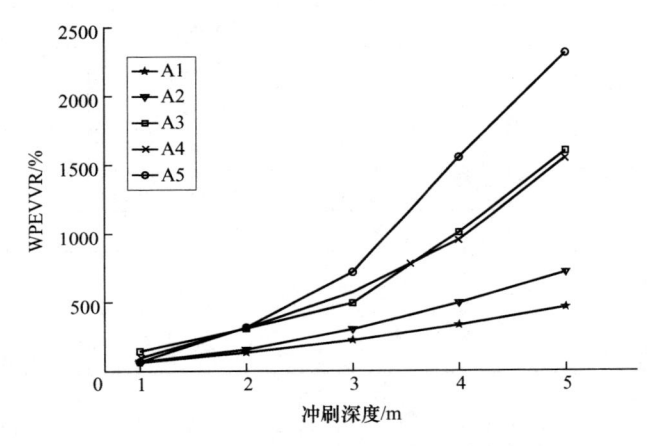

图 7.28 各测点 WPEVVR 值随冲刷深度变化的曲线

由图 7.28 可知，WPEVVR 与冲刷深度可近似为二次曲线关系。假设仅有 P1 与 P2 桩受到冲刷，考虑两桩之间相对的耦合作用，并假定 h_1、h_2 与 WPEVVR_1 和 WPEVVR_2 之间存在二元二次关系，可构造如下方程形式：

$$\begin{cases} A_1 h_1^2 + B_1 h_1 h_2 + C_1 h_2^2 + D_1 h_1 + E_1 h_2 + F_1 = \text{WPEVVR}_1 \\ A_2 h_1^2 + B_2 h_1 h_2 + C_2 h_2^2 + D_2 h_1 + E_2 h_2 + F_2 = \text{WPEVVR}_2 \end{cases} \tag{7.43}$$

建立多组典型冲刷工况，并求解出 A1 及 A2 测点损伤指标值，见表 7.13。

表 7.13 不同冲刷工况下相应测点的 WPEVVR 值

设定冲刷深度/m		WPEVVR/%	
P1	P2	A1	A2
0	0	0	0
0	1.75	2.90	127.47
0	3.5	6.90	398.38
0	5.25	11.26	781.89
0	7	21.42	1506.73

续表

设定冲刷深度/m		WPEVVR/%	
P1	P2	A1	A2
1	1	58.59	66.18
	2	55.95	154.09
	3	50.60	299.05
	4	41.10	482.25
	5	38.08	693.85
2	0	132.50	0.77
4		331.31	1.55
6		643.47	6.59
8		1267.82	8.02
2	1	129.37	65.16
3		218.73	60.23
4		325.73	59.51
5		448.18	57.55

根据表 7.13 中的数据，以 h_1，h_2 为自变量，WPEVVR$_1$ 与 WPEVVR$_2$ 为因变量，可拟合出式(7.44) 表示的函数关系，函数图像如图 7.29 所示。

$$\begin{cases} 18.49h_1^2 - 0.02h_2^2 - 0.78h_1h_2 + 1.99h_1 - 1.08h_2 + 25.64 = \text{WPEVVR}_1 \\ -0.67h_1^2 + 28.82h_2^2 - 2.6h_1h_2 + 4.22h_1 + 4.23h_2 + 16.54 = \text{WPEVVR}_2 \end{cases} \quad (7.44)$$

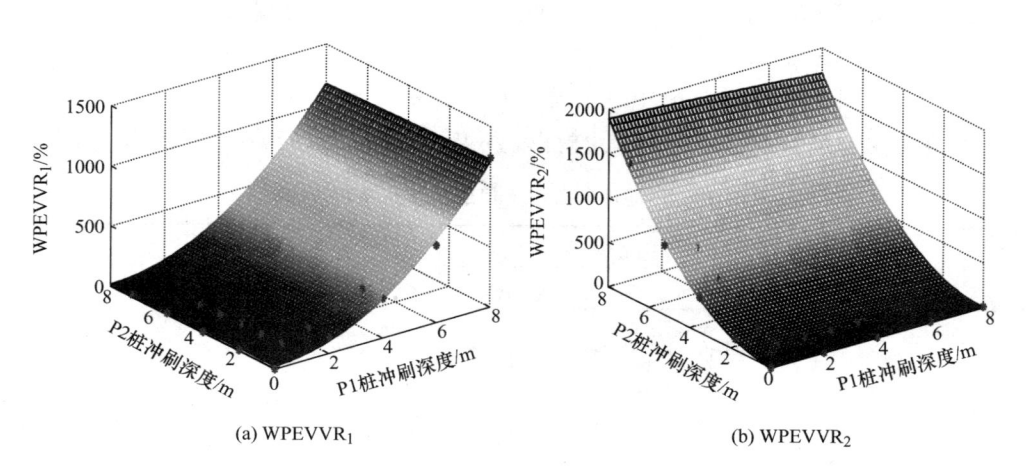

(a) WPEVVR$_1$

(b) WPEVVR$_2$

图 7.29 WPEVVR 拟合函数图像

为验证上述拟合公式对 P1 及 P2 桩冲刷深度识别的有效性，分别设置 P1 及 P2 桩的冲刷为其最大冲刷深度的 25%、25%、50%、75% 及 100%，各冲刷工况的识别结果见表 7.14，分析可知反演结果误差较小。

表 7.14 不同冲刷工况下识别结果验证

设定冲刷深度/m		反演冲刷深度及误差			
P1	P2	P1/m	误差/%	P2/m	误差/%
2	1.75	2.13	6.50	1.78	3.41
4	3.5	3.81	4.75	3.57	3.98
6	5.25	5.81	3.17	5.35	3.79
8	7	7.87	1.63	6.84	4.55

7.8.3 反演分析样本数对识别结果的影响

在损伤识别的过程中，样本数的变化不仅影响拟合函数反演冲刷深度的精度，在计算效率上也会有较大差异。随着样本数量的增加，损伤识别的计算精度会提高，同时计算代价会增加，计算效率也将降低。为了找到合适的样本数量，达到在可以接受的计算代价内提高计算精度的目的，本节将讨论不同样本数量下对冲刷深度的反演能力。分别选取 6 个、8 个、10 个、15 个及 20 个样本工况进行损伤指标 WPEVVR 函数拟合，相应的函数图像如图 7.30 所示，反演得到的冲刷结果见表 7.15。

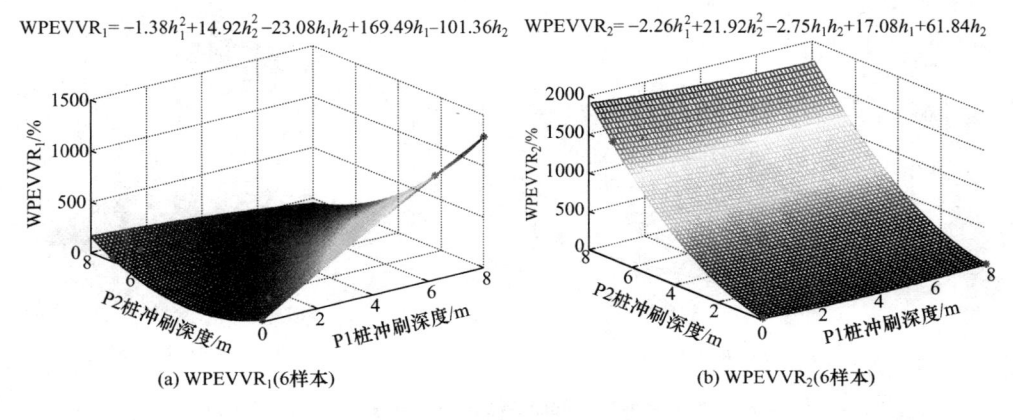

$WPEVVR_1 = -1.38h_1^2 + 14.92h_2^2 - 23.08h_1h_2 + 169.49h_1 - 101.36h_2$　　$WPEVVR_2 = -2.26h_1^2 + 21.92h_2^2 - 2.75h_1h_2 + 17.08h_1 + 61.84h_2$

(a) $WPEVVR_1$(6样本)　　(b) $WPEVVR_2$(6样本)

图 7.30 不同样本数工况下 WPEVVR 拟合函数图像

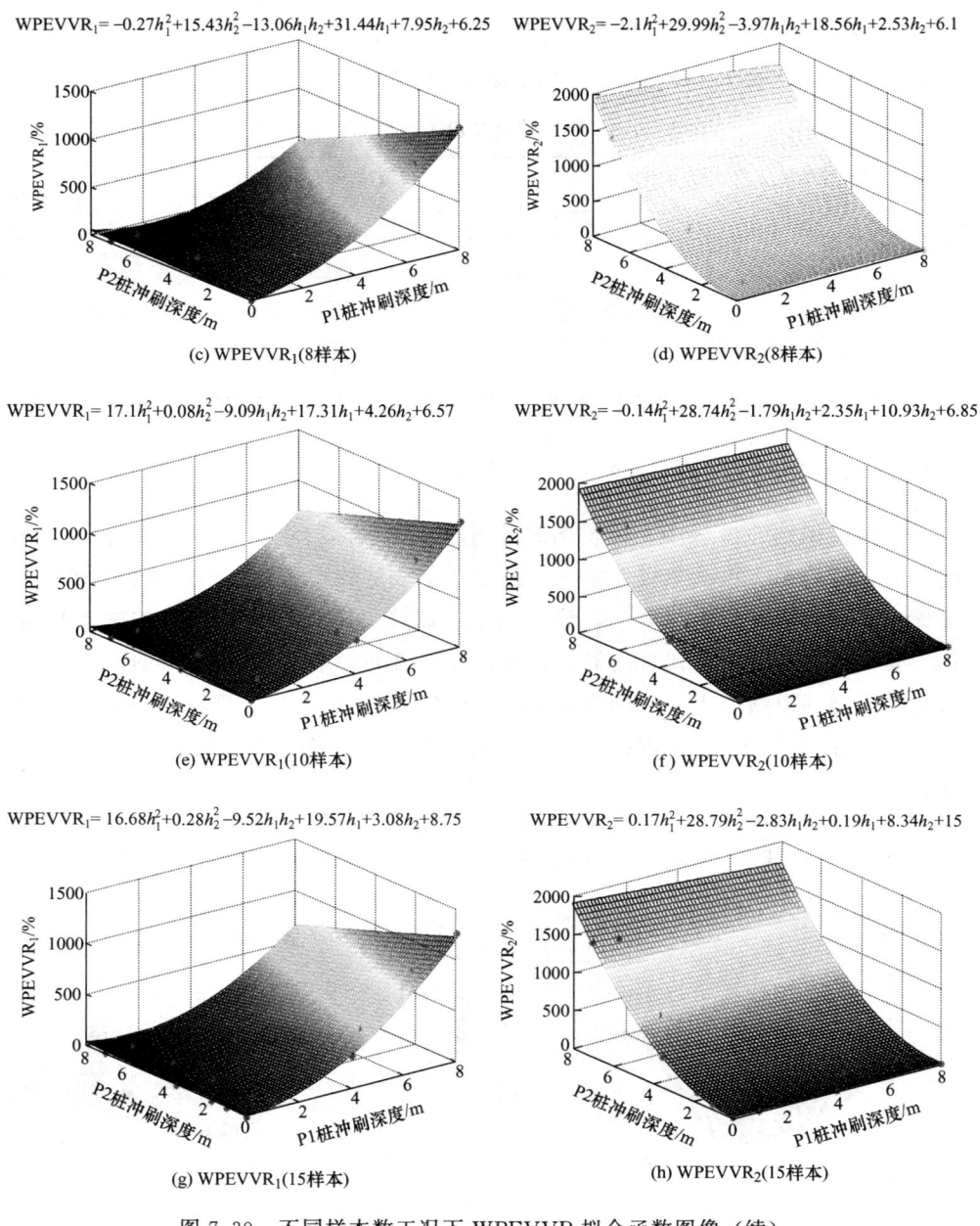

$WPEVVR_1 = -0.27h_1^2 + 15.43h_2^2 - 13.06h_1h_2 + 31.44h_1 + 7.95h_2 + 6.25$

$WPEVVR_2 = -2.1h_1^2 + 29.99h_2^2 - 3.97h_1h_2 + 18.56h_1 + 2.53h_2 + 6.1$

(c) $WPEVVR_1$(8样本)

(d) $WPEVVR_2$(8样本)

$WPEVVR_1 = 17.1h_1^2 + 0.08h_2^2 - 9.09h_1h_2 + 17.31h_1 + 4.26h_2 + 6.57$

$WPEVVR_2 = -0.14h_1^2 + 28.74h_2^2 - 1.79h_1h_2 + 2.35h_1 + 10.93h_2 + 6.85$

(e) $WPEVVR_1$(10样本)

(f) $WPEVVR_2$(10样本)

$WPEVVR_1 = 16.68h_1^2 + 0.28h_2^2 - 9.52h_1h_2 + 19.57h_1 + 3.08h_2 + 8.75$

$WPEVVR_2 = 0.17h_1^2 + 28.79h_2^2 - 2.83h_1h_2 + 0.19h_1 + 8.34h_2 + 15$

(g) $WPEVVR_1$(15样本)

(h) $WPEVVR_2$(15样本)

图 7.30 不同样本数工况下 WPEVVR 拟合函数图像（续）

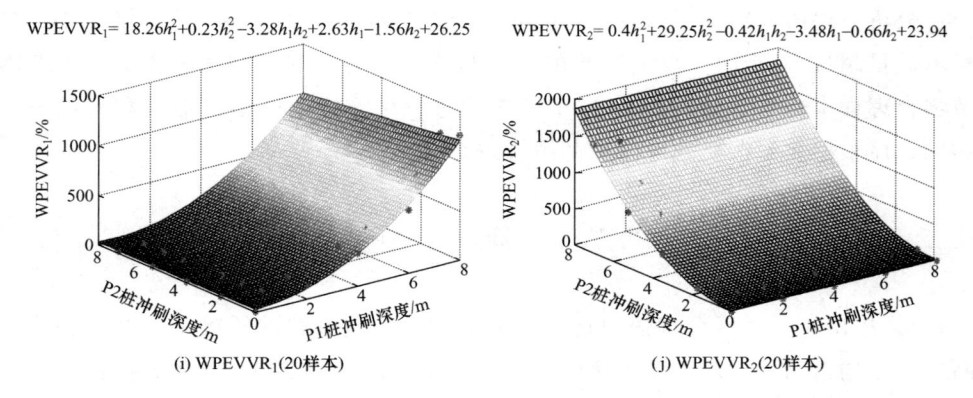

WPEVVR$_1$ = 18.26h_1^2+0.23h_2^2−3.28h_1h_2+2.63h_1−1.56h_2+26.25   WPEVVR$_2$ = 0.4h_1^2+29.25h_2^2−0.42h_1h_2−3.48h_1−0.66h_2+23.94

(i) WPEVVR$_1$(20样本)　　　　　　　　(j) WPEVVR$_2$(20样本)

图 7.30　不同样本数工况下 WPEVVR 拟合函数图像（续）

表 7.15　不同样本数下的识别结果验证

样本数/个	设定冲刷深度/m		反演冲刷深度及误差			
	P1	P2	P1/m	误差/%	P2/m	误差/%
6	2	1.75	3.01	50.50	1.94	21.61
	4	3.5	5.36	34.00	3.32	10.23
	6	5.25	13.56	126.00	4.4	32.22
	8	7	24.87	210.88	4.06	83.58
8	2	1.75	2.38	19.00	1.89	15.92
	4	3.5	4.58	14.50	3.58	4.55
	6	5.25	6.83	13.83	4.94	11.75
	8	7	9.6	20.00	6.7	8.53
10	2	1.75	2.18	9.00	1.83	9.10
	4	3.5	4.35	8.75	3.57	3.98
	6	5.25	6.18	3.00	5.37	4.55
	8	7	8.36	4.50	6.77	−6.54
15	2	1.75	2.17	8.50	1.8	5.69
	4	3.5	4.29	7.25	3.47	1.71
	6	5.25	6.3	5.00	5.08	6.44
	8	7	8.55	6.88	6.95	1.42
20	2	1.75	2.05	2.50	1.72	3.41
	4	3.5	4.05	1.25	3.52	1.14
	6	5.25	5.55	−7.50	5.14	4.17
	8	7	7.33	−8.38	6.87	3.70

分析上述研究结果可以发现：随着拟合点个数的增加，误差值逐渐减小。当样本数量超过 10 个时，反演误差在 10% 以内，但计算代价将大幅上升，因此本节将合理样本数量选定为 10。在实际应用过程中，桥梁的结构形式和跨度不尽相同，应根据实际需要选取合适的拟合点个数。

7.9 结　　论

1) 提出了一种联合车辆制动荷载激励和小波包分解的桥梁下部结构损伤诊断方法，构造出一种新的基于桥墩动力响应小波包能量方差变化率的损伤指标。

2) 工程实例数值分析结果表明所提出的损伤识别方法可实现下部结构损伤的准确识别，且对基础冲刷最为敏感。同时，桥面不平度、制动位置、汽车初始速度、车重及噪声对损伤识别效果并无明显影响，以上方法具有较好的鲁棒性和抗噪能力。

3) 考虑各墩基础冲刷对损伤指标的耦合影响，建立 WPEVVR 值与不同桥墩基础冲刷深度之间的拟合关系模型，提出基于损伤模式反演分析的基础冲刷深度识别方法，并对其适用性进行了验证。

4) 相关的试验研究工作仍待继续开展和深化。

参考文献

[1] 陈朝辉. 振动测试法识别桥梁下部结构损伤的研究 [J]. 上海铁道科技，2014 (3)：53 - 54.

[2] 彭子祥. 洪水环境下群桩基础桥梁易损性分析与评估 [D]. 成都：西南交通大学，2017.

[3] 李泽新. 公路双柱式桥墩健康状态动力评估方法研究 [D]. 北京：北京交通大学，2013.

[4] DIAZ E E M, MORENO F N, MOHAMMADI J. Investigation of common causes of bridge collapse in Colombia [J]. Practice Periodical on Structural Design & Construction，2009，14 (4)：194 - 200.

[5] KRYŽANOWSKI A, BRILLY M, RUSJAN S, et al. Review article：structural flood-protection measures referring to several European case studies [J]. Natural Hazards & Earth System Sciences，2014，14 (1)：135 - 142.

[6] 周海林，王星华. 桥墩病害动力测试分析 [J]. 中国铁道科学，2001，22 (5)：128 - 132.

[7] BAO TING, LIU ZHEN LEO, BIRD KELSEY. Influence of soil characteristics on natural frequency-based bridge scour detection [J]. Journal of Sound and Vibration，2019 (446)：195 - 210.

[8] 熊文，邹晨，叶见曙. 基于动力特性识别的桥墩冲刷状态分析 [J]. 中国公路学报，2017，

30(5):89-96.

[9] 战家旺,夏禾,张楠,等.一种基于冲击振动响应分析的桥梁橡胶支座病害诊断方法[J].振动与冲击,2013,32(8):153-157,182.

[10] 郭健,裘力奇,张新军,等.基于小波包分析的桥梁支座损伤识别试验研究[J].浙江工业大学学报,2016,44(6):695-698.

[11] 尹江南.装配式钢筋混凝土空心板桥支座与铰缝损伤的数值仿真分析[D].天津:天津大学,2009.

[12] 梁栋,陈红霞,杜延昭,等.基于高斯曲率模态相关系数判断简支T梁桥支座损伤的方法研究[J].四川建筑科学研究,2017,43(2):53-58.

[13] 王辉.基于动力响应的铁路桥梁橡胶支座病害评估方法研究[D].北京:北京交通大学,2014.

[14] 闫宇智,战家旺,张楠,等.铁路桥墩损伤识别模型试验研究[J].振动与冲击,2016,35(14):188-194.

[15] 田红岩.基于动力响应灵敏度分析的铁路桥墩状态评估方法[D].北京:北京交通大学,2014.

[16] 袁茂林.基础冲刷对铁路桥梁服役安全性能的影响研究[D].北京:北京交通大学,2016.

[17] 王正林.基于小波变换的非平稳信号瞬时频率分析方法[J].舰船电子对抗,2007,30(5):110-112.

[18] 刘习军,孙良,张素侠,等.改进的小波包能量指标在结构损伤识别中的应用[J].机械科学与技术,2016,35(5):657-661.

[19] 王唯嘉,肖明清,张磊,等.小波变换在模拟滤波器选型问题中的应用[J].空军工程大学学报(自然科学版),2015,16(5):70-73.

[20] 杨建国,夏松波,须根法,等.小波分解与重建中产生频率混淆的原因与消除算法[J].哈尔滨工业大学学报,1999,31(2):61-64.

[21] LIN K C. Wavelet packet feature extraction for vibration monitoring [J]. IEEE Transactions on Industrial Electronics, 2000, 47(3): 650-667.

[22] 蒋欣.基于小波分析的梁损伤识别方法研究[D].长沙:长沙理工大学,2007.

[23] 张一,成礼智.小波变换图像压缩中最优小波基的选取方法[J].电视技术,2004(10):4-7.

[24] 孙雅丹.基于小波包能量的桥梁结构损伤识别指标研究[D].天津:天津大学,2014.

[25] LIANG F Y, BENNET C R, PARSONS R L, et al. A literature review on behavior of scoured piles under bridges [C]//International Foundation Congress and Equipment Expo. Orlando, ASCE, 2009, GSP186: 482-489.

[26] 李克冰,张楠,方翔宇,等.考虑河流冲刷作用的车桥耦合系统动力分析[J].振动与冲击,2014,33(19):40-47.

[27] 中华人民共和国行业标准. 公路工程水文勘测设计规范（JTG C30—2015）[S]. 北京: 人民交通出版社, 2015.

[28] PRENDERGAST L J, HESTER D, GAVIN K. Determining the presence of scour around bridge foundations using vehicle-induced vibrations [J]. Journal of Bridge Engineering, 2016, 21 (10): 04016065.

[29] 魏锦辉, 任伟新. 基于响应面方法的桥梁静动力有限元模型修正 [J]. 公路交通科技, 2015, 32 (2): 68-73.

[30] 单德山, 李乔. 桥梁结构模态参数的时频域识别 [J]. 桥梁建设, 2015, 45 (2): 26-31.

[31] 赵崇基, 张巍, 刘志华, 等. 基于动力测试的混凝土连续梁桥有限元模型修正 [J]. 广西大学学报（自然科学版）, 2016, 41 (4): 1264-1270.